퀀트 UX 리서치

정량 **데이터**로 사용자를
이해하고 제품을 **혁신**하는 법

퀀트 UX 리서치

크리스 채프먼 · 케리 로든 지음   이선민 · 김현진 옮김

에이콘

 에이콘출판의 기틀을 마련하신 故 정완재 선생님 (1935-2004)

크리스 채프먼^{Chris Chapman} 박사

아마존 Lab126의 수석 UX 리서처이자 퀀트 UX 콘퍼런스의 창립자 겸 공동 의장이며, 퀀트 사용자 경험 협회의 회장이다. 프로그래밍과 분석에 관한 스프링거 북스^{Springer Books}의 인기 도서인 『R for Marketing Research and Analytics』(Springer, 2019)와 『파이썬으로 하는 마케팅 연구와 분석』(에이콘출판, 2022)을 공동 저술했다. 심리학자이며 인간 중심 연구와 사용자에 대한 통합적인 양적, 질적 이해의 필요성을 강조한다.

케리 로든^{Kerry Rodden} 박사

코드 포 아메리카^{Code for America}의 책임 수석 리서처다. 2007년 구글에서 정량적 UX 리서치 직무를 신설하고, 업계 최초로 퀀트 UX 리서치 팀을 이끌었다. 사용자 경험을 위한 HEART 지표 프레임워크와 사용자 행동의 시퀀스 선버스트 시각화 등 인기 있는 UX 도구와 기술을 개발했다. 컴퓨터 사이언스와 인간 컴퓨터 인터랙션^{HCI, Human Computer Interaction}을 전공했으며, A/B 테스트를 포함한 대규모 사용자 데이터 분석과 시각화에 중점을 두고 연구해 왔다.

제임스 알포드^{James Alford} **박사**

15년 이상의 경력을 가진 퀀트 UX 전문가이며, 프론트엔드 제품 개발 연구를 전문으로 하는 컨설팅 회사인 언어배시드 리서치 Unabashed Research의 설립자이자 수석 연구원이다. 특정 전략적 비즈니스 문제를 해결하는 리서치 프로젝트를 시작부터 끝까지 주도한다. 비교적 큰 규모의 시장에서 일반화할 수 있는 조사를 전문으로 하며, 초기 세분화 연구, 특정 니즈를 가진 사용자 그룹 식별, 새로운 제품 기능이 주는 부가가치에 대해 인지도를 기반으로 가격을 책정하는 시장 진출 조사 등 제품 개발의 전 영역을 아우르는 업무를 수행한다. 주요 고객으로는 테크 회사, 온라인 판매업체, 여행 예약 사이트, 구직 사이트 등이 있다.

캐서린 조이스^{Katherine Joyce}

사용자 경험 전문가이자 접근성 옹호자, 디자인 리더로서 9년 이상 금융, 정부 등 다양한 분야의 실무 경력을 지니고 있다. 혁신적이고 직관적인 고객 경험을 창출하며 접근성 높은 디자인을 강조한다. 캐피털 퍼블릭 서비스 Capital Public Services의 디자인 책임자로서 디자인 팀을 다학제적으로 확장하고, 시민 대상 제품에 사용자 니즈를 반영하는 UX 비전을 이끌고 있다. 또한, 디자인랩 DesignLab의 디자인 멘토로 활동하고 있으며, 제품 디자인 분야에서 경력을 쌓고자 하는 사람들을 위해 경력 개발 및 포트폴리오 조언 등 다양한 과정을 통해 전문적인 글로벌 멘토링을 제공하고 있다. ADP리스트 ADPList에서는 콘텐츠, 리서치 및 디자인 멘토링을 제공하고 있으며, 루마 인스티튜트 LUMA Institute의 인간 중심 디자인 실무자이며, 닐슨 노먼 그룹 Nielsen Norman Group에서 인증을 받은 UX 매니지먼트 전문가다.

6

| 감사의 글 |

이 책은 하나의 정해진 프로젝트가 아닌 퀀트 UX 리서치라는 새로운 분야가 등장하면서 저자의 경력 전반에 걸쳐 많은 사람과 함께 학습하고 성찰하며 협력하는 과정에서 이뤄진 내용을 담고 있다. 여기 일일이 나열할 수 없을 정도로 많은 사람과 기관에 감사를 표한다.

이 책을 집필하는 데 도움을 준 동료들, 특히 퀀트 UX 콘퍼런스의 공동 창립자인 키티 쉬Kitty Xu에게 특별한 고마움을 전한다. 키티는 초기 구상부터 시작해 전체 원고를 여러 차례 읽어 주는 등 모든 단계에서 격려와 피드백을 아끼지 않았다.

또한, 초판의 독자였던 타네시아 베벌리Tanesia Beverly, 리가드 부이Regard Booy, 마리오 칼레가로Mario Callegaro, 마리아 치폴로네Maria Cipollone, 페이 가오Fei Gao, 조 팩스턴Joe Paxton, 맥켄지 선데이Mackenzie Sunday, 매트 스팀슨Matt Stimpson, 케이티 웨인라이트Katie Wainwright 등 훌륭한 리서처들researcher로부터 피드백을 받을 수 있었던 것도 큰 행운이었다.

에이프레스Apress의 뛰어난 기술 검토자인 캐서린 조이스Katherine Joyce와 제임스 알포드James Alford, 편집자인 샤울 엘슨Shaul Elson, 질 발차노Jill Balzano, 조나선 제닉Jonathan Gennick에게 감사를 표한다. 에이프레스의 모든 구성원이 이 책을 수정하고 검토해 줬고, 출판 과정 전반을 원활하고 매끄럽게 해줬다.

크리스는 지난 몇 년간 훌륭한 UX 리서치 커뮤니티에 그를 소개해 준 5명의 리더, 폴 엘리프Paul Elrif, 앤지 카길Angie Cargile, 리사 캄Lisa Kamm, 돈 샤이크Dawn Shaikh, 매트 로블리Matt Roblee를 잊지 못한다. 폴은 2000년 마이크로소프트에 신입 심리학 박사 후 연구원으로 크리스를 채용했고, 앤지는 마이크로소프트 하드웨어에서 성장과 우수성의 문화를 조성했으며, 리사는 평생 친구를 만들어 준 뉴욕 구글로 크리스를 초대했고, 던은 구글 클라우드 UX 팀을 이끌었으며, 매트는 아마존 Lab126의 산업 디자인 리서치 팀에서 크리스의 리더십을 통해 UX 커뮤니티를 소수의 UX 관련직에서 세계적인 규모의 거대 조직으로 성장시켰으며, 최첨단의 양적, 질적 리서치 사례를 만들어 가고 있다.

크리스는 퍼시픽 노스웨스트Pacific Northwest 서점 연합 회원인 시애틀의 엘리어트 베이 북

컴퍼니Elliott Bay Book Company, 포틀랜드의 파월 북스Powell's Books, 시애틀의 유니버시티 북 스토어University Book Store, 프라이데이 하버의 그리핀 베이 북스토어Griffin Bay Bookstore, 오날래스카의 파리야티Pariyatti, 홀든의 홀든 빌리지 스토어Holden Village Store, 프라이데이 하버의 세렌디피티 북스Serendipity Books에 감사 인사를 전한다. 또한, 책과 커뮤니티에 대한 여러분의 관심에 감사를 표한다.

케리는 기꺼이 나서서 새로운 역할을 정의하는 데 도움을 준 구글의 초기 퀀트 UX 리서치 팀원인 애런 세들리Aaron Sedley, 제프 데이비스Geoff Davis, 힐러리 허친슨Hilary Hutchinson, 신 푸Xin Fu에게 감사 인사를 전한다. 마리아 스톤Maria Stone은 이 직무를 규정하는 데 큰 기여를 했고, 옌스 리겔스베르거Jens Riegelsberger는 채용 및 성과 검토 기준을 명확히 하고 발전시키는 데 핵심적인 조력자였다.

이 책에 설명된 UX 리서치 프로젝트에 기여하거나 더 많은 독자를 찾도록 도움을 준 이들에게도 감사를 표한다.

- 7장에서 설명한 것처럼 구글 벤처스GV, Google Ventures UX 팀이 HEART 프레임워크를 대대적으로 채택하고 활용한 것은 이 프레임워크가 구글 외부에서도 널리 사용되는 데 기반이 됐다고 할 수 있다. 마이클 레깃Michael Leggett은 7장에서 설명한 Gmail 라벨의 디자인 책임자로 디자이너들이 UX 지표를 활용하도록 일찍부터 장려해 왔다.

- 9장에서 조쉬 새순Josh Sassoon은 시퀀스 선버스트 시각화에 대한 주요 디자인 개선 사항을 제안했다. 켄트 러셀Kent Russell의 선버스트 R 라이브러리 구축을 통해 R 사용자가 이 시각화를 사용할 수 있게 됐으며, 이 책에 담을 수 있게 돼 고맙게 생각한다.

마지막으로, 지난 2년 동안 주말과 저녁 시간을 할애해 글을 쓰고 편집하는 동안 많은 지지와 인내를 보여 준 가족, 크리스티Cristi, 매디Maddie, 리즈Liz, 테오Theo에게 감사의 마음을 전하고 싶다.

2023년 3월
워싱턴 시애틀, 프라이데이 하버에서
크리스 채프먼

캘리포니아 샌프란시스코에서
케리 로든

| 옮긴이 소개 |

이선민(proj.elsewhere@gmail.com)

이화여자대학교에서 산업디자인을 전공했고, 미국 로드아일랜드 디자인스쿨RISD, Rhode Island School of Design에서 산업디자인 석사 학위를 받았다. 이후 삼성전자 디자인경영센터에서 13년 간 디자인 전략가로 근무하며, 심층적 사용자 리서치를 기반으로 사회문화 트렌드와 이머징 기술을 반영한 UX·서비스·제품 디자인의 선행 콘셉트를 개발하고 중장기 전략을 수립하는 업무를 수행했다.

현재는 이화여자대학교 디자인학부에서 AI 디자인 및 프로덕트 UX 디자인 과정을 강의하며, 실무 경험과 학문적 탐구를 접목해 학생들을 지도하고 있다. 기술 진화에 따라 제품 디자인의 복잡성이 높아지는 가운데 인간 중심 디자인 방법론에 깊은 관심을 두고 있다.

김현진(bright.st.insight@gmail.com)

포항공과대학교 산업경영공학과에서 학사와 박사 학위를 받았다. 통계와 최적화 기법을 바탕으로 한 모바일 UX 평가 체계 연구 논문을 토대로 2013년 삼성전자 UX 센터에 정량적 UX 평가 전문가로 합류했다. 10년간 정성적·정량적 사용자 리서치를 통해 양산 제품의 디자인 평가 및 개선, 선행 디자인 기획과 전략 수립을 담당했다.

이후 2025년 8월까지 Vision AI 기반 B2B 스타트업 딥핑소스에서 고객사 리서치와 데이터 분석을 통한 액셔너블 비즈니스 인사이트 도출 업무를 리드하며, 실제 사업 개발과 데이터 프로덕트 인텔리전스 구축 및 UX 개선 방향성 제시를 함께 수행했다.

2025년 9월부터 TVING AI Transformation 팀 리더로서 데이터 기반 UX(사용자 맞춤형 추천, 검색 등)와 내부 직원 업무 효율화를 AI/LLM 기술로 혁신하는 역할을 수행하고 있다.

오랜 시간 디자인 전략가로 일하면서, 언제나 사용자의 맥락을 들여다보고 그들의 목소리에 귀를 기울이는 것을 가장 중요한 근간으로 삼아 왔다. 심층 인터뷰, 현장 관찰, FGI^{Focus Group Interview} 등을 통해 얻은 정성적 인사이트는 사용자의 행동이 왜 그런지, 경험의 본질적 의미는 무엇인지 알게 해주며, 전략의 실마리를 던져 줬다. 그러나 항상 이런 질문이 따라왔다.

'이 인사이트가 얼마나 많은 사용자를 대표하는 걸까?'

'이 방향이 수십만, 어쩌면 수백만 사용자에게도 유효할까?'

이 지점에서 정량적 UX 인사이트의 필요성을 절실히 느꼈다. 정성적 접근은 전략을 설득하기 위한 공감의 씨앗이 될 수 있지만, 조직을 움직이고 제품에 관한 의사결정을 내리며 리소스를 확보하기 위해서는 숫자로 증명된 확신이 필수적이었다.

정성적 인사이트는 실증적인 퀀트 UX 리서치와 결합될 때, 신뢰성을 높이고 설득력을 한층 더 강화할 수 있다. 기술이 빠르게 진화하고 제품의 복잡도가 높아지면서, 기업은 그 어느 때보다 방대하고 다양한 사용자 데이터를 보유하게 됐다. 따라서 퀀트 UX 리서치는 제품 개발과 전략적 방향 설정에서 필수적인 도구가 아닐 수 없다.

이 책은 퀀트 UX가 단순히 양적 데이터를 분석하는 기법에 그치지 않고, 디자인의 가치를 실질적으로 입증하며, 제품을 둘러싼 조직적 의사결정을 가능케 하는 전략적 도구임을 실제 사례와 방법론을 통해 상세히 보여 준다. 또한, 저자들은 오랜 실무 경험을 바탕으로 퀀트 UX 리서처^{Quant UX Researcher}라는 새롭고 전문적인 직무에 대해 필요한 역량과 자질, 미래의 커리어 전망까지 현실적이고 구체적인 조언을 제공한다.

이 책이 퀀트 UX 리서치에 입문하려는 UX 리서처뿐만 아니라 UX 디자이너, 개발자, 기획자, PM은 물론 데이터 기반의 정량적 확신을 바탕으로 더 나은 사용자 경험을 설계하고자 하는 데 관심을 가진 모든 독자에게 바로 활용 가능한 지침과 전략적 무기가 되기를 진심으로 기대한다.

이선민

UX 디자인 현장에서는 '어떤 디자인이 더 좋은가?'에 대한 의견이 끊임없이 갈린다. 좋은 디자인이 심미성과 기능성, 사용성을 모두 갖춰야 한다는 데는 모두 동의하지만, 구체적인 판단 기준은 사람마다 다를 수밖에 없다. 독보적인 역량의 크리에이티브 디렉터가 있지 않은 이상, 서로 다른 직관과 의견을 어떻게든 정리해서 객관적 판단을 내려야 하는 것이 현실이다. 정량적 UX 리서치는 바로 이런 주관적 판단을 데이터로 뒷받침하는 핵심 방법론이다. 하지만 단순한 설문조사를 넘어 복잡한 사용자 경험을 신뢰할 만한 수준으로 분석하려면 디자인, 통계, 프로그래밍 등 다양한 전문 지식이 필요하다.

구글 출신 저자들은 이러한 어려움을 해결하기 위해 '퀀트 UXR'이라는 전문 영역을 정의하고, 필요한 핵심 지식과 역량을 체계적으로 정리했다. 이론적 설명에 그치지 않고 실제 사례와 기업 현장의 다양한 상황까지 다뤄 실용성을 크게 높인 점이 이 책의 가장 큰 장점이다. 파편화된 온라인 정보들과 달리, 실전 경험을 바탕으로 한 체계적인 학습 경로를 제공한다는 점에서 이 책만의 고유한 가치가 있다.

역자에게 이 책의 상당 부분은 학계와 실무를 통해 익혀 온 익숙한 영역이었지만, 퀀트 UXR이라는 개념하에 이렇게 체계적으로 정리된 서적은 처음이어서 번역 작업이 즐거웠고, 때로는 이런 책으로 시작할 수 있는 독자가 부럽다고 느끼기도 했다.

이 책은 정량적 UX 리서치 업무를 수행해야 하는 실무자나 이 분야에 관심을 갖게 된 사람들에게 특히 유용할 것이다. 데이터를 통한 접근은 제품 개발뿐만 아니라 경영 전반에서 핵심적인 과정인 만큼, 역자 또한 현재 사업 개발 업무에서 이를 적극 활용하며 견고한 리더십의 자양분이 됨을 몸소 느끼고 있다.

데이터 속에서 사용자의 진짜 목소리를 찾아내는 여정이 때로는 어렵고 복잡하지만, 그 과정에서 얻는 통찰과 성취감은 이 분야만의 특별한 보상이 될 것이다. 모든 독자가 더 나은 사용자 경험을 만들어 가는 데 이 책이 든든한 동반자가 되기를 바란다.

김현진

| 차례 |

1부. UX 및 퀀트 UX

1장. 시작하기   29

4부. 조직 및 커리어

11장. UX 조직   277

정량적 UX 리서치는 복잡한 분야로, 이 책은 UX의 기본 정의부터 통계적 분석의 고급 예제까지 모든 것을 다룬다. 이 책을 읽는 데 방향을 잡을 수 있도록 각 장에 대해 간략히 설명하면 다음과 같다.

1부. UX와 퀀트 UX 이 책의 접근 방식과 UX 및 퀀트 UX의 역할에 대한 배경을 설명하고 방향을 제시한다.

- **1장. 시작하기** 이 책의 주요 독자와 정량적 UX 직무에 대한 접근 방식을 소개한다. 이미 다른 곳에서 쉽게 찾을 수 있는 정보를 반복하기보다는, 독자의 이해를 돕기 위해 최대한 고유한 정보를 담으려 노력했다. 또한, 이후의 장들에서 다룰 데이터 집합과 R 코드 활용에 대한 기본적인 지침과 도움말도 함께 제공한다.
- **2장. UX와 UX 리서치** UX 리서치를 포함한 UX 팀의 일반적인 구조와 역할에 대해 소개한다.
- **3장. 정량적 UX 리서치: 개요** 정량적 UX 리서치를 정의하고, 다른 UX 연구직, 데이터 사이언스, 비즈니스 분석, 기타 직무와의 차이점에 대해 설명한다.

2부. 핵심 기술 퀀트 UX 리서치에 필요한 역량을 설명한다. UXR User eXperience Researcher은 인간 대상 리서치에 있어 전문가이며, 통계와 프로그래밍에 대한 소양도 필요하다.

- **4장. UX 리서치** 퀀트 UX의 핵심인 인간 중심 리서치에 대한 독보적인 접근 방식을 설명한다.
- **5장. 통계** 퀀트 UX 직무의 역할과 프로젝트에 필요한 통계 지식의 수준을 살펴본다.
- **6장. 프로그래밍** 권장하는 프로그래밍 지식 수준을 다루고, 기본 프로그래밍이 퀀트 UX에 중요한 이유를 설명한다.

3부. 도구와 기법 퀀트 UX 리서치에 필요한 도구와 기법을 살펴본다. 이 책의 목표는 모든 것을 설명하는 것이 아니라, 중요하지만 다른 책에서 잘 다루지 않는 기술과 방법을 다루는 것이다. 3부 후반의 마지막 세 장에서는 데이터셋과 R 코드를 활용해서 실무에서 데이터를 어떻게 분석하고 해석하는지 보여 준다.

- **7장. UX 지표** 팀이 사용자 중심적 지표를 잘 정의할 수 있도록 돕는 HEART 프레임워크를 소개한다. 여러 데이터 소스와 UX에 대한 다양한 관점을 활용해 다차원적으로 평가하는 것을 강조한다.

- **8장. 고객 만족도 조사** 사용자 만족도를 평가하기 위한 설문 작성에 대한 지침을 제시하고, 기본 분석을 위한 R 코드를 공유한다. 만족도 설문은 가능한 한 짧게 작성해야 하고, 설문 조사에서 흔히 발생하는 몇 가지 문제를 설명한다.

- **9장. 로그 시퀀스 시각화** 선버스트 차트를 이용해 순차적인 사용자 행동을 분석하는 방법을 보여 준다. 이는 애플리케이션, 웹사이트 또는 유사한 순차적 데이터에 있어서 사용자가 시간이 지남에 따라 어떻게 행동하는지 파악할 수 있는 강력한 탐색 도구다.

- **10장. MaxDiff: 기능 및 사용자 요구 사항 우선순위 설정** 기능, 사용자 니즈, 사용 사례, 제품 메시지 등의 목록에서 우선순위를 정하는 데 유용한 MaxDiff Maximum Difference Scaling 조사 방법을 살펴본다. 또한, 퀀트 UX 리서치에 도움이 되는 능숙한 프로그래밍 능력에 대해 강조한다.

4부. 조직과 커리어 퀀트 UX 리서처가 프로덕트 팀에서 어떻게 적응하는지, 어떻게 채용되고, 어떤 방식으로 다른 팀원들과 협업하며 커리어를 쌓아가는지에 대해 설명한다.

- **11장. UX 조직** UX 조직의 일반적인 모델과 그 장단점에 대해 설명한다.

- **12장. 인터뷰 및 채용 공고** 퀀트 UX 연구 지원자를 대상으로 한 일반적인 채용 절차를 살펴보고, 인터뷰에 임하는 법에 대한 권장 사항을 제시한다.

- **13장. 리서치 프로세스, 보고 및 이해관계자** 업계 내 주요 이해관계자들과 협업하는 법을 설명한다. 기술적 어려움이나 성과보다는 제품, 디자인, 비즈니스 의사결정에 집중하는 것이 중요하다는 점을 강조한다.

- **14장. 퀀트 UX 리서처를 위한 커리어 개발** 퀀트 UX 리서처의 커리어 경로에 대해 짚어본다. 다양한 역할 및 승진을 위해 요구되는 역량과 개인의 행복 사이에서 균형을 찾는 것이 중요하다는 점을 강조한다. 또한, 고위급 실무진을 위한 세 가지 커리어 모델을 제안한다.
- **15장. 퀀트 UX의 미래 전망** 퀀트 UX의 새로운 동향과 잠재적인 미래 전망에 대해 고찰한다.

각 장은 독립적인 내용으로 순서에 상관없이 읽을 수 있으며, 주제별로 서로 참조해 가며 볼 수 있다. 1장에서는 서로 다른 배경과 관심사에 따라 몇 가지의 읽기 경로를 추천한다.

1

UX 및 퀀트 UX

1부의 1장에서는 이 책의 독자와 접근 방식에 대해 설명한다. 2장에서는 UX의 역할, 제품 개발, 리서치 활동, 일반적인 질문에 대해 살펴본다.

UX를 처음 접하는 독자라면 1부의 모든 장을 읽는 편이 좋다. 이미 UX 경험이 있는 독자라면 3장에서 퀀트 UX의 고유한 특징을 데이터 사이언스 같은 다른 직무와 비교해 설명한 부분부터 읽어 보는 것을 추천한다.

01

시작하기

환영한다! 이 책은 정량적 사용자 경험 리서치에 대한 전반적인 내용을 소개하며, 이를 퀀트 Quant, Quantitative UX 리서치 또는 퀀트 UXR이라고 약칭한다. 이 책이 퀀트 UX 리서치의 실무와 방법을 익히고, 퀀트 UX 리서치 직무가 자신에게 적합한지 판단하는 데 도움을 주는 최고의 지침서가 될 것이다.

퀀트 UXR이라고 하면 정량적 리서치를 수행하는 방법과 퀀트 UX 리서처라는 직무, 두 가지를 지칭하는 복합적인 용어다.[1] 이 책은 두 가지 모두에 주목한다. 업무와 더불어 역할을 강조하는 이유는, 최근 퀀트 UX 직무가 UX 커뮤니티에 등장해 빠르게 성장하고 있으며, 다른 리서치 직군과 차별화되기 때문이다. 이런 상황에도 불구하고 퀀트 UXR이 하는 업무를 지칭하기에 이보다 적절한 용어는 없다.

일반 UXR, 데이터 사이언티스트, 프로덕트 매니저PM, Product Manager, 엔지니어 혹은 디자이너라면 퀀트 UXR 직무에 관심이 없을 수도 있다. 그렇다 하더라도 활용하면 좋을 방법론과 프레임워크를 자세히 설명하는 장이 도움이 될 것이다. 1장의 뒷부분에 명시한 바와 같

---

1   이 책에서는 명확한 구분을 위해 UXR이 '리서치'를 의미하는 경우 'UX 리서치'로 번역하고, '리서처'를 의미하는 경우 'UXR'로 번역했다. – 옮긴이

이, 방법론을 다루는 장에서는 통계 및 프로그래밍에 대한 기술적 배경 지식이 있다는 가정 하에 설명하고 있다.

1.1 저자는 누구인가? 이 책에 귀를 기울여야 하는 이유

이 책의 두 저자는 총 25년 이상 퀀트 UXR로 일해 왔으며, 아마존, 코드 포 아메리카Code for America, 구글, 마이크로소프트에서 근무했다. 케리는 인간 컴퓨터 인터랙션HCI, Human Computer Interaction으로 컴퓨터 사이언스 박사 학위를 받았다. 구글의 초창기 퀀트 UXR 중 한 명으로 퀀트 UXR의 공식적인 역할을 정의했으며, 구글의 퀀트 UXR 전체를 총괄하는 첫 번째 매니저였다. 케리의 초기 퀀트 UX 프로젝트 중 일부는 다른 기업에서도 채택할 만큼 유용한 도구와 기법으로, 이 책에 수록돼 있다(7장, 9장).

심리학 박사 학위를 취득한 크리스는 마이크로소프트에서 11년간 일반 UXR로 근무했다. 그 후 구글에 입사해 10년 이상 퀀트 UXR로 일했으며, 전사 UXR 채용 위원으로 활동했다. 현재 크리스는 아마존 Lab126의 수석 리서처로 재직 중이다. 그는 업계 전체를 대상으로 하는 퀀트 UX콘(www.quantuxcon.org)의 창립자이자 공동 의장이다. 또한, 그의 전문성은 정량적 마케팅 리서치 영역까지 아우르며, 세 차례 마케팅 애널리틱스 콘퍼런스의 의장을 맡았고, 『R for Marketing Research and Analytics』[25]과 『파이썬으로 하는 마케팅 연구와 분석』[127]이라는 두 권의 인기 도서를 공동 집필했다. 이 책들은 100곳 이상의 대학에서 교재로 사용되고 있다.

케리는 구글에서 처음으로 퀀트 UXR을 위한 채용 기준을 만들었다. 크리스는 퀀트 UXR의 채용 인터뷰 및 채용 프로세스를 업데이트하고 확장하는 팀을 이끌었으며, 모든 UXR을 위한 전사 채용위원회에서 활동했다. 수년 동안 케리와 크리스는 200명 이상의 퀀트 UXR 후보자를 인터뷰하고 40명 이상의 퀀트 UXR 직원들에게 멘토링을 해왔다.

이 책에 담겨 있는 지식이 여러분의 커리어를 성장시키는 데 도움이 되기를 바란다.

1.2 이 책의 다른 점은 무엇인가?

리서치 디자인, 프로그래밍, 통계, 사용자 리서치에 관한 내용을 포함해 퀀트 UXR이 다루는 기술에 관한 책은 많다. 하지만 퀀트 UX 리서치의 역할과 실무를 심도 있게 다루고, 퀀트 UX의 고유한 특징과 퀀트 UX가 다른 분야의 리서치 및 개발과 어떻게 연관돼 있는지 설명하는 책은 지금까지 없었다.

이 책에서 퀀트 UXR에 필요한 모든 기술을 다 설명하진 않을 것이다. 이러한 기술을 다루는 책은 이미 많이 있으므로 필요한 정보를 쉽게 찾을 수 있도록 소개했다(전체 참조 목록은 부록 C에 있다). 우리가 추가한 것은 맥락이다. 수많은 지식 중에서 무엇을 알아야 하는가? 퀀트 UXR 업무의 예로는 어떤 것이 있는가? 다른 직무와 어떻게 다른가? 단순한 기술적 지식을 넘어 성공적인 업무 수행에 도움이 되는 것은 무엇인가? 요컨대 우리의 목표는 논문이 아닌 실무에서 오랜 세월 경험해야만 배울 수 있는 것들을 공유하는 것이다.

그 과정에서 명시적으로, 때로는 강력하게 저자인 우리의 의견을 표명하기도 할 것이다. 퀀트 UX에는 우리가 우려하는 트렌드와 실수라고 생각하는 관행이 있다. 우리의 의견을 우호적인 토론의 일부로 봐주길 바란다. 우리의 의견이 설득력이 있기를 바라지만, 우리의 목표는 여러분의 의견을 바꾸도록 설득하려는 것이 아니다. 우리의 의견을 통해 문제에 대해 생각하도록 자극하기 위한 것이다. 우리의 의견에 동의하지 않더라도 새로운 것을 알게 되거나 여러분의 신념을 강화하게 된다면 그 또한 훌륭한 성과라고 생각한다.

1.3 이 책의 독자는 누구인가?

이 책은 퀀트 UX에 대해 배우고 오랜 실무자로부터 조언과 지침을 얻고자 하는 모든 이를 위한 것이다. 특히 다음과 같은 독자를 대상으로 한다.

- 커리어를 빠르게 성장시키고자 하는 퀀트 UXR
- 퀀트 UX 리서치에 대해 자세히 알아보고자 하는 일반 UXR
- 사용자 리서치에 참여하거나 UX 파트너와 협력하는 데이터 사이언티스트

- 퀀트 UXR을 고용하거나 관리하는 UX 매니저
- 학계나 다른 직종에서 이 분야로의 전환을 고려 중인 사람
- 퀀트 UXR 직무 인터뷰를 준비하는 모든 사람

앞서 언급했듯이 이 책은 퀀트 UX의 기술적 기본서가 아니다. 이 책에서는 여러분이 퀀트 UX에 필요한 다양한 기술을 보유하고 있거나 습득할 것이라고 가정하고, 그러한 기술과 필요한 전문 지식의 수준에 대해 설명한다. 여기서 우리의 역할은 여러분이 그 기술을 융합해 프로젝트에 적용하고, 보다 잘 활용해 퀀트 UXR로 성공할 수 있도록 돕는 것이다. 퀀트 UXR이 되지 않는다 하더라도 데이터 사이언스나 다른 분야에 관심을 갖게 될 수도 있으며, 이 역시 가치 있는 성과다. 어느 쪽이든 이 책에 소개된 방법이나 접근 방식은 사용자를 이해하는 데 큰 도움이 될 것이다.

1.3.1 관심사 확인

다음 질문에 당신은 어떻게 답할 것인가?

1. 기본적인 기술 통계와 추론 통계를 이해하고 있는가? 예를 들어, 비전문가에게 표준 오차standard error가 무엇을 의미하는지 또는 t-검정t-test을 통해 무엇을 하는지 정확히 설명할 수 있는가?
2. 통계 작업을 할 때 포인트 앤드 클릭point-and-click 또는 스크립트 도구(예: JMP, SPSS 또는 엑셀) 대신 R, 파이썬 또는 매트랩MATLAB과 같은 언어 환경을 선호하는가?
3. 재사용할 수 있는 함수reusable function를 작성하는 수준의 프로그래밍을 할 수 있는가?
4. 프로그래밍을 좋아하는가?
5. 정기적으로 새로운 문제를 다루면서 신속하고 정확하게 해결하는 것을 즐기는가?
6. 인간 행동 연구 및 리서치 설계에 대한 경험이 있는가? 또는 관심이 많은가?
7. 사용자의 니즈에 맞는 더 나은 제품을 만들고자 하는 의욕이 있는가?

대부분의 질문에 '예'라고 대답하는 사람이라면 퀀트 UXR 직무에 적합하다고 볼 수 있다.

퀀트 UXR의 직무 적합성과 다른 직무와의 차이점에 대해 이 책에서 자세히 설명할 것이다. 3장의 3.5절에서는 퀀트 UXR과 다른 여러 직무에 대한 자신의 역량을 확인할 수 있는 간단한 퀴즈를 제공한다.

1.4 이 책을 통해 무엇을 배울 것인가?

이 책은 교재, 지침서, 참고 가이드를 넘어 다년간의 실무 경험을 통해서만 배울 수 있는 다음과 같은 내용을 담고 있다.

- 퀀트 UX의 실질적인 역할은 무엇인가?
- 퀀트 UX는 데이터 사이언스 같은 다른 분야와 어떻게 다른가?
- 퀀트 UXR 직무가 엔지니어링 또는 UX 조직에 적합할까?
- 일반적인 UX 프로젝트에는 어떤 것들이 있으며 어떤 문제를 다루는가?
- 퀀트 UXR로 성공하려면 무엇이 필요할까? 불필요한 것은 무엇인가?
- 채용 인터뷰에서 예상되는 질문은 무엇인가?
- 커리어 개발은 어떻게 이뤄지는가?

우리는 면담, 멘토링, 조언, 채용, 성과 리뷰 보고 등을 할 때 동료나 경영진에게 하는 것과 같은 실질적인 조언을 공유할 것이다. 또한, 기존에 출판된 도서들에서 충분히 다루지 않았다고 생각되는 중요한 기술적 주제도 다룰 것이다. 다양한 프로젝트에서 유용하게 활용할 수 있는 개념, 리서치를 계획하고 소통하는 데 도움이 되는 개념적 프레임워크, 새로운 방법론이나 기술적 역량을 확장하는 방법 등 다음과 같은 기술적 주제가 포함될 것이다.

- 기억에 남는 프레임워크를 사용해 사용자 경험의 지표를 정의하는 데 도움이 되는 HEART(Happiness행복, Engagement참여도, Adoption채택, Retention리텐션, Task success태스크 성공) 모델
- 설문 조사 설계 및 분석 방법을 모두 다루는 고객 만족도 조사
- '선버스트' 시각화를 적용한 제품 사용 데이터 로그의 시퀀스 시각화

- 사용자 요구 사항, 기능, 메시지의 우선순위를 정하는 데 도움이 되는 MaxDiff 설문 조사 설계 및 통계 분석

코드의 경우, 프로그래밍 및 특정 통계 방법에 대한 논의와 같이 연관성이 있는 부분에서는 직접 실행하거나 프로젝트에서 재사용할 수 있는 R 코드 및 예제 데이터셋을 제공한다.

1.5 이 책의 활용 방법

이 책은 차례로 읽거나 원하는 부분을 찾아 읽을 수 있다. 각 장은 논리적인 진행 순서를 따르지만, 순서에 상관없이 선택적으로 읽을 수 있다.

개인의 상황에 따라 다음과 같이 읽어 보길 권장한다.

- 퀀트 UX를 처음 접하는 경우, 2장, 3장, 11장 그리고 개별적 스킬^{skill}에 대한 장부터 읽어 보길 권한다.
- 현직 퀀트 UXR인 경우, 이 책의 모든 내용이 흥미로울 수 있지만, 3장, 4장, 14장을 추천한다.
- 퀀트 UXR 매니저라면, 3장, 11장, 13장, 14장을 참고하길 바란다.
- 퀀트 UXR의 직무보다 프로젝트 예시와 접근 방법에 관심이 있다면, 3장, 7장, 8장, 9장, 10장을 살펴보길 바란다.

각 장의 끝부분에는 핵심 포인트 및 요약과 자세한 내용을 살펴볼 수 있는 참고 도서 목록이 있다. 이 책을 통해 여러분이 참고 도서 중 몇 권을 더 구입하게 될 수도 있을 것이다.

책, 논문 또는 기타 자료를 인용할 때는 부록 C의 항목에 해당하는 괄호로 된 번호를 사용한다. 예를 들어, 『The C Programming Language』[68]을 인용하는 경우, 부록 C의 해당 번호 항목은 'The C Programming Language, Kernighan and Ritchie'이다.

1.5.1 가정

어떤 주제의 모든 측면을 다루거나 역할, 방법, 접근 방식의 변형을 전부 정의하는 것은 불가능하다. 과제를 단순화하기 위해 다음과 같은 가정과 선택을 하고자 한다.

- 테크 업계나 이와 유사하게 프로덕트 엔지니어링 팀을 구성한 조직의 직무와 프로젝트에 대해 다룬다. 우리의 리서치 주제는 컴퓨터 소프트웨어, 하드웨어, 애플리케이션, 서비스를 위한 제품 디자인 및 엔지니어링에 적용할 수 있다. 하지만 접근 방식과 방법론은 인적 서비스, 공공 정책 또는 기타 다양한 분야에서 광범위하게 활용될 수 있다.
- 이 책에서는 퀀트 UXR의 역할과 퀀트 UXR 혹은 다른 직무에서 활용할 수 있는 방법론에 집중하기로 한다. 방법론이 아닌 직무에 대해 논의할 때는 대부분 정규직이거나 정규직 포지션과 동등한 직책을 의미한다.
- '인간'과 연관된 리서치에 대해 논의한다. 간접적이더라도 우리가 주목하는 데이터는 인간의 행동에 의해 생성되며, 리서치 참여자는 사람이라고 가정한다.
- 우리는 주로 '구글 UX 용어'를 사용한다. 직함이나 기타 용어는 회사마다 다르므로 모든 용어를 나열할 수는 없다. 우리에게 익숙하고, 퀀트 UX가 시작된 곳이며, 2023년 현재 가장 많은 퀀트 UXR을 보유하고 있기 때문에 구글 용어를 표준으로 채택했다. 소규모 조직의 경우 여기서 논의하는 모든 종류의 데이터, 리소스, 직무가 존재하지 않는다 하더라도 개념과 주제는 어떤 규모의 조직에도 적용될 수 있다.
- 가장 일반적인 주제, 직무, 방법의 다양한 유형에 대해 설명한다. 리서처, 디자이너, 엔지니어, 매니저 등의 직무는 서로 다른 업무를 수행하기 때문에 이들이 수행하는 업무에 대해 모두 자세히 설명하지는 않을 것이다. 대신 우리가 생각하는 핵심 활동을 포함한다.

대부분의 주제와 논의는 '테크' 업계뿐만 아니라 인간 행동에 대한 정량적 이해에 관심을 두는 모든 분야 또는 조직에 적용될 수 있으며, 여기에는 의학, 건축, 항공, 군대, 호텔, 엔터테인먼트 등이 포함될 수 있다. 제품 개발에 있어서 테크 업계와 거의 동일한 패턴을 보이는 분야도 있고, 상당한 편차가 있는 분야도 있다. 도메인 전문 지식을 활용해, 테크 업계의 사례를 해당 분야에 어떻게 적용할지 고민해 볼 수 있다.

특정 회사에서 관심이 있다면, 우리가 정의한 용어를 그 회사에 맞게 해석해야 할 것이다. 예를 들어, 어떤 조직에서는 'UX 리서치' 대신 '디자인 리서치' 또는 '사용자 리서치'로 쓰기도 하고, '소프트웨어 엔지니어' 대신 '개발자'라는 명칭을 쓰기도 한다.

1.5.2 전문 용어에 대한 참고 사항

용어와 약어를 사용할 때에는 처음 사용할 때뿐만 아니라 그 이후에도 정의를 내리려고 노력했다. 처음 소개할 때는 한글과 영문을 병기했다. 그러나 우리가 정의한 용어가 여러분의 기대와 다를 수도 있다. 그럴 경우 친숙한 검색 엔진을 활용하기 바란다.

이 책에서는 업계 전문 용어, UX 속어, 약어 등을 의도적으로 정의하지 않고 사용하기도 한다. 이를 통해 보다 간소화된 소통이 가능하며, 더 중요한 것은 새로운 용어가 등장할 때 어떻게 사용되는지 파악함으로써 UX 업계 사람으로서 적응력을 갖출 수 있다. 앞서 언급했듯이 2023년 기준 구글의 표준 용어를 사용했다.

현업의 전문 용어를 이해하고 활용하면 인터뷰에서 좋은 결과를 얻고, 동료들과 더 잘 소통하고, 그러한 개념을 바탕으로 더 복잡한 아이디어를 개발하는 데 훨씬 수월해질 것이다.

1.5.3 각 장의 예제

코드가 포함된 기술 관련 장에서는 필요한 경우, 예제가 포함돼 있다. 어떤 예제는 개념을 설명하거나 새로운 데이터 소스에 방법을 어떻게 적용할지 묻는 사고력 연습을 위한 것이다. 또 다른 예제는 특정 문제를 해결하기 위해 코드를 작성하도록 요청한다. 이러한 연습은 각 장에서 사용하거나 직접 생성한 데이터 또는 온라인에서 호스팅된 데이터를 사용한다.

코딩 연습은 이 책의 개념에 대한 이해를 높이고, 간단하면서도 현실적인 코드 작성 능력을 키우며, 퀀트 UXR에게 권장되는 대략적인 코딩 스킬 수준을 가늠할 수 있게 고안됐다 (반드시 필요한 것은 아니지만, 6장 참조). 이러한 예제는 인터뷰 예상 질문은 아니다. 인터뷰에서는 대개 더 구체적이거나 어려운 질문이 나온다.

모든 예제를 완료하길 강력히 추천한다. 여러분이 직접 해결하도록 솔루션 코드를 제공하지는 않지만, 모든 예제는 적당한 시간 내에 풀 수 있는 것들이다. 여러분에게 도움이 되

ㄱ 즐거운 시간이 되길 바라며, 예제를 테스트로 생각하지 말고 학습의 기회로 삼길 바란다.

1.6 온라인 자료

이 책의 웹사이트(https://quantuxbook.com)에서 기술을 설명하는 장과 예제 분석에서 참조한 R 코드와 데이터셋 예시를 찾을 수 있다. 코드를 설명하는 각 장에서는 R 코드 파일의 URL을 제공하며, 각 R 코드 파일은 CSV Comma-Separate Value 또는 RDS Relational Database Service(네이티브 R) 데이터 파일인 다른 URL에서 자체 데이터를 불러들일 수 있다.

오프라인으로 작업하거나 네트워크에 의해 차단될 수 있는 데이터에 액세스해야 하는 경우, 코드와 데이터 파일을 미리 다운로드할 수 있다. 이 웹사이트에서 모든 코드 및 데이터 파일을 다운로드할 수 있는 ZIP 파일을 제공한다.

1.6.1 코드와 데이터 소스

이 책에 포함된 모든 코드와 데이터는 이 책을 위해 새로 만들었거나 이전에 출판된 것들이다. 두 저자의 현재 또는 이전 직장과는 무관한 코드와 데이터임을 밝혀 둔다.

특히 아마존, 코드 포 아메리카, 구글, 마이크로소프트의 사용자나 고객으로부터 수집한 데이터는 없으며, 회사의 독점적인 코드나 데이터는 사용하지 않았다. 다만 이들이 제공하는 오픈 소스 코드를 일부 사용했다.

MIT 라이선스(https://opensource.org/licenses/MIT)에 따르면 개인 작업에 코드를 재사용할 수 있다. 이 책의 코드를 인용할 경우 필수는 아니지만 출처를 밝혀 주길 바란다. 이 책의 코드는 교육적 목적을 위해 작성된 것이며, 다른 프로젝트에 대한 적합성 여부는 사용자가 판단할 사항이다. 라이선스에 언급된 바와 같이 소프트웨어는 명시적이든 묵시적이든 어떠한 종류의 보증 없이 '있는 그대로' 제공된다.

1.6.2 도움말, 업데이트, 오류

오류 없는 책을 만들기 위해 노력했다. 모든 기술적 세부 사항을 출판 직전까지 검토했지만, 상황이 변할 수 있다. 기술적인 문제가 발생할 경우, 다음의 제안을 시도해 보길 바란다.

1. 우리의 생각에 동의하지 않아도 좋다. 우리의 목표는 독자의 생각을 자극하는 것이지 모든 이견에 대해 설득하려는 것이 아니다.

2. 이 책 웹사이트(https://quantuxbook.com)의 정오표 페이지에서 문제를 해결했는지 확인할 수 있다.

3. 코드 파일은 R에서 실행되며, 이 책은 Mac OS X 13.1상의 RStudio 2022.12.0.353에서 실행되는 R 4.2.2를 사용해 완성했다. 모든 패키지는 2023년 1월 30일에 업데이트됐다. 통계 모델의 세부 사항은 버전, OS 또는 난수 라이브러리random number libraries에 따라 달라질 수 있다. 결과가 근접한다면 정확하지 않더라도 괜찮다.

4. 충돌이 발생하면 전원을 껐다가 다시 켜 보자. 즉, 재부팅을 해야 한다. 이 솔루션을 추천하는 훌륭한 TV 프로그램으로 The IT Crowd(www.channel4.com/programmes/the-it-crowd)가 있다.

5. 위의 방법으로도 문제가 해결되지 않는다면 저자에게 이메일을 보내도 좋다(quantuxbook@gmail.com). 모든 질문에 답변할 수는 없지만 가능한 한 읽어 보고 도움을 줄 것이다.

1.7 핵심 포인트

퀀트 UXR의 역할이 무엇인지, 무엇을 알아야 하는지 궁금하다면 이 책이 도움이 될 것이다. 또한, 퀀트 UX 방법론을 사용하거나 퀀트 UXR로 업무를 수행하는 데 있어 탁월한 능력을 발휘하는 법 등 퀀트 UXR의 전반적인 직무에 대해 이해하고자 한다면 이 책이 도움이 될 것이다.

프로그래밍이나 일반 통계를 작성하는 방법과 같은 기술적 지식을 전달하는 교재를 찾고 있다면 이 책은 적합하지 않다. 몇 가지 기술 프로젝트를 다루지만 통계와 프로그래밍에 대한 기본 지식을 전제로 한다. 그런 경우 『R for Marketing Research and Analytics』[25]와 『파이썬으로 하는 마케팅 연구와 분석』[127]이 더 나은 선택일 수 있다. 두 책은 우리가 종종

R과 파이썬으로 부르는 이 책의 '동반서companion text'이기도 하다. 우리는 이 두 책에서 학습한 기술을 기반으로 하며, 동일한 데이터셋을 일부 사용했다.

자, 퀀트 UX에 대해 더 자세히 알아보려면 페이지를 넘겨 시작해 보자!

02

UX 및 UX 리서치

2장에서는 'UX란 무엇인가?', 'UX 조직에서 일하는 사람은 누구인가?', 'UX 리서치란 무엇인가?', 'UX는 제품 개발과 어떤 관련이 있는가?', '일반적인 UX 리서치 활동에는 어떤 것들이 있는가?'라는 질문에 답한다.

2장은 UX 조직에 익숙하지 않은 독자들에게 가장 흥미로울 것이다. UX 조직의 역할을 간략하게 설명하고, 전형적인 UX 리서치 과제들을 알려 주며, 이러한 과제들이 제품 개발의 라이프사이클lifecycle 모델과 어떻게 연관돼 있는지 설명한다. 2장을 마치면 UX 조직의 기능, UXR이 하는 업무에 대한 일반적인 구조를 이해할 수 있을 것이다.

UX 조직에 익숙한 독자는 3장을 읽기 전에 먼저 2장을 훑어보는 것이 좋다. 이 경우 한 가지 기억해야 할 핵심 사항이 있다. 정량적 UX 리서치는 UX 리서치에 속하는 전문 분야라는 점이다.

2.1 사용자 경험

사용자 경험^{UX}은 사용자가 제품을 인식하고, 사용법을 배우고, 이해하고, 상호 작용하고, 작업을 수행하며, 제품에 대해 전반적으로 어떻게 생각하는지를 모두 포괄한다.

이러한 의미에서 제품은 사람이 사용하거나 상호 작용하도록 설계된 모든 것을 뜻한다. 가장 일반적으로 'UX'라는 용어는 컴퓨터 소프트웨어, 하드웨어, 가전제품과 같은 테크 제품에 쓰인다. 이러한 제품은 전통적인 테크 기업뿐만 아니라 금융, 의료, 소매, 서비스, 제조, 운송, 정부 기관 등 다양한 분야의 기업에서도 만들어진다. 은행은 사용자 애플리케이션을 만들고, 정부 기관은 웹사이트가 있으며, 놀이 공원은 방문객 경험을 설계하고, 제조 회사는 내부 제어 애플리케이션을 개발한다. 이 모든 조직에는 제품의 UX를 이해하고 개선하는 데 전념하는 팀이 있을 것이다.

더 나아가 넓은 의미의 UX는 어디에나 존재한다. 문에도 사용자 경험이 있고[101], 집, 주차장, 책, 옷, 등산로, 음식, 의자, 수도꼭지, 교회, 진료실, 처방약, 페인트 도장, 자동차, 지도, 우주 왕복선, 기타 인간이 만든 모든 상품, 서비스, 환경에도 있다. 이 모든 것에는 학습, 상호 작용, 잠재적인 성공과 좌절이 수반된다.

UX의 범주는 이렇게 넓지만, 이 책에서는 주로 컴퓨터 소프트웨어와 하드웨어, 가전제품 및 이와 유사한 시스템에 국한해 'UX'라는 용어를 적용할 것이다. 왜냐하면 테크 기업에서 일하든, 다른 산업의 기술 및 UX 팀에서 일하든, 대부분의 UX 실무자가 이러한 분야에서 일하고 있기 때문이다. 우리가 아는 한, 현재 모든 퀀트 UXR은 이러한 분야의 제품을 연구하고 있다.

한편, UX 리서치 기술과 접근 방식은 더 광범위하게 적용되며 앞서 언급한 모든 제품 및 서비스에 활용될 수 있다.

2.1.1 UX 직무

일반적으로 사용자 경험 팀은 사용자가 상호 작용하는 제품의 부분 디자인을 담당한다. 마찬가지로 일반적인 소프트웨어 엔지니어는 효율적이고, 확장 가능하고, 유지 관리할 수 있으며, 신뢰할 수 있도록 해당 디자인을 구현하는 코드를 작성한다.

UX 팀 내에는, 정확한 명칭은 다를 수 있지만, 다음과 같은 여러 직무가 있다.

- UX 디자이너UXD, UX Designer
- UX 리서처UXR, UX Researcher
- UX 매니저UX manager
- UX 라이터UX writer
- UX 프로듀서UX producer
- UX 리서치 운영자UX ResearchOps, UX Research Operations

UX 디자이너의 역할은 제품의 인터랙티브interactive한 경험을 설계하는 것이다. UX 디자이너는 인터랙션 디자인, 산업 디자인, 시각 디자인 또는 특화된 분야를 전문으로 할 수 있다(영상 디자인, 사운드, 타이포그래피, 기타 여러 분야 전문가가 있다). 이 책에서는 간단히 모두 디자이너라고 하겠다. 그중에서 UXR은 전문 인터랙션 디자이너나 시각 디자이너와 함께 일하는 경우가 가장 많다.

UXR은 사용자와 제품 간 상호 작용 및 제품 인식에 대한 질문에 답을 얻고자 정성적 혹은 정량적 연구를 수행한다. 이러한 질문은 단순히 기술적인 질문(예: 사용자는 무엇을 하고 있는가?)부터 추론적인 질문(예: 어떤 제품을 선호하는가?)에 이르기까지 다양하며, 1차, 2차 연구가 있을 수 있다.

UX 매니저는 UX 팀을 이끌며 개별 팀원을 지도하고 관리 감독한다. 매니저는 동료 팀, 엔지니어링 같은 다른 분야의 매니저 및 경영진과 협력한다. UX 매니저는 UX 분야의 백그라운드를 갖고, 다양한 직무의 팀원들을 관리한다. 예를 들어, UXR에게 UX 디자이너 출신 매니저가 있을 수 있다. UX 관리와 팀 조직에 대해서는 11장에서 설명할 것이다.

UX 라이터는 사용자 인터페이스의 언어, 텍스트와 같은 콘텐츠를 관리한다. 간결하고 명확하며 정확하게 사용자가 이해할 수 있도록 콘텐츠를 작성하는 일을 한다. UX 라이터는 텍스트와 라벨을 작성하는 것 외에도 UX 디자이너와 협력해 제품 내 어조에서 격식을 차릴지 말지, 어느 정도 격식을 갖출 것인지 결정하기도 한다. UX 라이터는 제품 전반에 걸쳐, 도움말 페이지와 같은 보조적인 문서에서도, 언어와 어조의 일관성을 유지하기 위해 노력한다. 이는 마케팅 커뮤니케이션이나 기술적인 글쓰기와는 상당히 다르다는 점을 강조하고 싶다.

UX 라이팅^{writing}은 제품 자체의 언어를 설계하는 일이다.

일부 팀에는 UX 프로듀서(UX 프로그램 매니저 또는 디자인 프로듀서라고도 함)라는 직무가 있다. UX 프로듀서는 UX 디자인과 리서치 프로세스의 여러 측면을 조율한다. 예를 들어, UX 프로듀서는 복잡한 제품의 서로 다른 부분을 작업하는 디자이너들과 사용자 리서처들 사이에서 전반적인 활동을 조율하는 경우가 많다. 여기에는 디자인 실력뿐만 아니라 훌륭한 프로젝트 관리 및 커뮤니케이션 능력이 필요하다.

마지막으로, UX 리서치 운영자는 UX 리서치 팀을 지원하는 프로젝트 매니저다. 이 직무는 리서치를 위한 사용자 모집, 리서치 실험실 공간 관리, 리서치 데이터 처리, 외부 연구 시설과의 협력 등 리서치가 효율적으로 수행되도록 필요한 모든 업무를 담당한다. 대기업에서는 이 역할이 중앙 집중화돼 한 팀이 여러 제품의 UX 그룹을 지원하는 경우가 많다. 그러나 가능하면 각 UX 팀 내에 전담 리서치 운영자를 두는 것이 유리하다. 왜냐하면 전담 리서치 운영자가 담당 제품의 사용자 집단을 더 잘 이해하고, 제품 리서치에 적합한 참여자들을 모집하는 효율적인 전략을 도출할 수 있기 때문이다.

2.1.2 UX 디자인과 소프트웨어 엔지니어링

UX는 소프트웨어 엔지니어링과 어떤 관련이 있을까? 전자상거래 웹사이트를 생각해 보자. UX 디자이너는 페이지의 레이아웃, 사용자에게 정보가 표시되는 방식, 버튼, 메뉴, 장바구니, 결제 등 작업을 완료하는 데 필요한 일련의 프로세스를 계획한다. 또한, 디자이너는 글꼴, 그래픽, 컬러 구성, 모바일 기기에서 사이트의 반응 방식, 사용자가 도움을 얻는 방법 등을 결정한다.

소프트웨어 엔지니어^{SWE, SoftWare Engineer}는 사용자 경험을 제공하는 코드의 대부분 또는 전부를 구현한다. 여기에는 사용자, 제품, 재고, 제품 리뷰의 데이터베이스를 제공하는 백엔드^{backend} 시스템, 그리고 백엔드 시스템을 프론트엔드^{frontend}에 연결하는 미들웨어^{middleware}와 갑작스러운 수요에 대응하기 위해 스케일업하는 클라우드 서비스나 주문 처리를 위한 결제 서비스와 같은 파트너 서비스와의 연계, 그리고 시각적 디자인, 내비게이션 구조, 다양한 브라우저와 기기에 대한 처리 등을 구현하는 사용자 인터페이스 자체인 프론트엔드 프로그래밍이 포함된다.

UX와 소프트웨어 엔지니어링 간의 명확한 구분은 거의 존재하지 않으며, 직무가 중복되는 경우가 많다. 예를 들어, 일반적으로 디자이너보다 소프트웨어 엔지니어가 훨씬 더 많으며, 엔지니어들은 제품의 사용자 인터페이스의 일부를 직접 디자인하기도 한다. 디자이너는 제품의 가장 '중요한' 부분에만 투입될 수도 있다. 반면에 디자이너가 소프트웨어 엔지니어에게 코딩을 위임하지 않고 직접 코드를 작성해 디자인을 구현할 수도 있다. 사용자 인터페이스를 디자인할 때는 충실도 높은high-fidelity 프로토타입prototype을 코드로 짜는 것이 좋다. 이를 통해 디자이너는 정확한 인터랙션 모델을 시연할 수 있고, 리서처는 보다 현실적인 사용자 테스트를 수행할 수 있다. 나중에 프로토타입을 폐기할 수도 있지만, 경우에 따라서는 프로토타입의 코드 일부가 그대로 최종 제품에 포함될 수도 있다(보안 및 강건함을 위해 훨씬 더 많은 코드 추가).

테스트를 담당하는 소프트웨어 엔지니어SWET, SWEs who works in Test의 역할 또한 중요하다. 이들은 코드 및 제품 신뢰성을 전담하는 전문 소프트웨어 엔지니어다. SWET는 버그를 찾아 제거하고, 코드 품질을 점검하고 개선하며, 취약한 사용자 데이터 보안에 있어서 위협을 발견하고 완화하기도 하며, 디바이스 및 실제 상황에서 안정적이고 빠르게 작동하도록 성능을 보장하는 업무를 담당한다.

사용자를 직접 관찰하는 것이 버그를 찾는 좋은 방법이기 때문에 SWET는 종종 UX 리서치를 참관하기도 한다.

2.1.3 프로덕트 관리

프로덕트 팀에는 또 다른 중요한 직무가 있다. 많은 UX 담당자에게 중요한 파트너는 PM이다. '프로그램 매니저program manager'라고도 하지만, 이는 다른 직무일 수 있다. PM은 대기업과 엔지니어링 팀 간의 연결고리 역할을 하며, 엔지니어링 팀이 성공적인 제품을 제공할 수 있도록 이끌어 가는 책임을 갖고 있다.

PM은 제품 기능 및 우선순위에 대한 정보를 제공하고 의사결정을 리드한다. 구현할 기능의 우선순위와 특정 기능의 중요도에 따라 엔지니어링 리소스 및 일정이 가능할지 파악해 의사결정에 도움이 되도록 한다. PM은 UX 및 마케팅과 협력해 제품의 타깃target 고객을 정의할 뿐 아니라, 타깃이 아닌 고객을 정의하는 것 또한 중요시한다. PM의 핵심 역할은 제품의 기능을 정의하는 요구 사항 문서^{PRD, Product Requirement Document}를 작성하는 것이다. 요구 사항 문서에는 제품의 주요 기능이 자세히 설명돼 있고, 고객에게 제공하는 예상 가격이 명시돼 있으며, 개발 목표 일정과 같은 정보가 포함된다.

고객이 '제품'이라고 인식하는 모든 것을 한 명의 PM이 책임지는 것은 아니다. 일반적으로 PM은 보통 큰 제품 안에서 부분을 담당한다. 창작 워드 프로세서 애플리케이션인 Zenith Write를 예로 들어보자. 고객은 Zenith Write라는 애플리케이션 전체를 제품이라고 인식할 것이다. 하지만 소프트웨어 엔지니어링 관점에서 보면 Zenith Write는 편집기 창, 맞춤법 검사기, 인쇄 기능, 그리기 도구 등 여러 가지 개별적인 컴포넌트로 구성돼 있다. 이러한 컴포넌트에는 서로 다른 PM이 있을 수 있으며, PM의 관점에서 개별 컴포넌트는 어느 정도 독립적인 제품으로 간주된다. 각 PM은 해당 컴포넌트에 대한 의사결정을 주도하는 반면, PM 매니저는 전체 제품인 Zenith Write와 같은 더 큰 범위의 의사결정을 리드한다.

PM의 중요한 역할은 상사가 아니라 다른 팀원들과 긴밀하게 협력하는 영향력 있는 조언자이자 의사결정권자다. PM은 소프트웨어 엔지니어로부터 제품의 잠재적인 기능과 한계를 파악하고, UXR을 통해 사용자 요구 사항을 이해하며, UX 디자이너로부터 시각 및 인터랙티브한 디자인 옵션에 대해 배우고, 마케팅 조사를 통해 시장 동향과 요구 사항을 인식하고, 고위 경영진으로부터 기업 전략에 대해 숙지한다. PM의 역할은 이러한 모든 정보 소스를 한데 모아 제품에 대한 의사결정을 조율하는 것이다.

PM이 UX 리서치에 영향을 미치는 모든 요인을 다 알고 있다 해도 과언이 아니다. 따라서 PM은 UXR과 가장 긴밀하게 일하는 직무라고 할 수 있다.

2.2 UX 리서치

UXR은 기존 연구에 대한 2차 검토와 함께 1차(신규) 연구를 수행해 사용자에게 무엇이 필요한지, 제품을 어떻게 사용하는지, 만족도는 어느 정도인지, 개선할 점은 무엇인지 등 제품 경험의 여러 측면에 대한 중요한 문제를 해결하는 업무를 수행한다.

사용자 리서치의 초창기에는 UXR을 사용성 엔지니어usability engineer라고 불렀으며, 이들의 주된 임무는 제품을 유용하게 만드는 것이었다. 리서치는 종종 실험실 기반 사용성 테스트에서 사용자의 문제를 관찰하는 것이었다. 사용성의 선구자인 제이콥 닐슨Jakob Nielsen은 리서치에서 고려해야 할 다섯 가지 주요 영역을 다음과 같이 설명했다[99].

- **학습 용이성**learnability: 사용자가 제품을 사용하는 것이 얼마나 쉬운가?
- **효율성**efficiency: 사용자가 효율적인 방식으로 목적을 수행할 수 있나?
- **기억 용이성**memorability: 사용자가 학습한 내용을 잊지 않고 이후에도 효율적으로 사용할 수 있는가?
- **오류**error: 제품이 오류 없이 작동하며 사용자가 오류를 거의 범하지 않는가?
- **만족도**satisfaction: 사용자가 제품에 만족하는가?

이는 사용자의 목표와 그 목표를 달성하기 위해 수행되는 작업에서 사용자의 행동을 연구할 수 있다고 가정하는 전통적인 HCI 모델이다.

이 모델은 작업을 완료하는 데 걸리는 시간이나 키 입력 횟수[13], 작업 중에 발생하는 오류 및 오해와 같은 인터랙션의 효율성을 측정한다.

오늘날 UX에서 이러한 고려 사항은 많은 제품에서 여전히 중요하다. 그러나 사용성 실험실에서 연구할 수 있는 주제 외에도 사용자의 작업 콘텍스트context를 이해하기 위한 탐색적 현장 조사, 대상 고객의 정의, 실제 사용 패턴 분석 등 다른 많은 주제를 포함하도록 UX 리서치의 역할과 범위가 상당히 확장됐다. 거의 모든 산업에서 조직의 운영과 성공에 필수적인 인터랙티브 기술을 널리 채택하고 있다. 이로 인해 UXR과 리서치 활동은 점점 더 다양한 영역으로 확산되고 있다.

2.2.1 UXR의 유형

가장 흔한 UXR 유형은 구체적인 명칭 없이 단순히 'UXR'이라고 일컫는 직함이다. 이 책에서는 이들을 일반 UXRgeneral UX Researcher이라고 부르기로 한다. 일반, 퀀트, 또는 기타 모든 유형의 UXR을 포함할 때 UXR이라는 명칭을 사용한다.

일반 UXR과 정량적^{quantitative} UXR을 구분할 때 흔히 일반 UXR을 정성적^{qualitative} UXR로 상정해 지칭하는 경우가 많다. 이는 정량적 리서처가 아니라면 정성적 리서처일 것이며, 그들의 리서치가 비교적 작은 크기의 표본일 것이라는 관념에 따른 것이다. 하지만 이러한 정성적 리서처 개념은 오해의 소지가 있다. 왜냐하면 많은 일반 UXR이 정량적 방법론을 사용하기도 하고, 에스노그래피^{ethnography}와 같은 전통적인 정성적 방법론에 대한 심층 교육을 받지 않았을 수도 있기 때문이다. 이러한 오해를 방지하기 위해 혼합 방법 연구^{mixed-methods research}라는 용어를 사용하기도 하지만, 이는 더욱더 혼란을 야기한다. 혼합 방법론이 무엇을 의미하는가? 단 한 가지 방법만 사용하는 연구자가 있기는 한가? '일반 UXR'이라는 용어를 사용해 이러한 질문을 피하고자 한다.

이와 같은 맥락으로 일부 조직에서는 일반 UXR을 사용성 엔지니어 혹은 디자인 리서처^{design researcher}라고 부른다. 안타깝게도 이러한 직함은 UX 리서치가 전통적 사용성이나 디자이너의 결과물을 평가하기 위해서만 존재한다는 것을 암시한다.

이 책은 정량적 UX 리서치에 관한 것이므로 퀀트 UXR을 일반 UXR과 구분하고, 다른 리서치 직무와의 구분은 무시하기로 한다. 하지만 알아두면 도움이 되는 몇 가지 전문 분야가 있다. 이러한 직무는 다음과 같이 명시된 기능을 수행하면서 다른 직함을 가질 수도 있다.

- **에스노그래퍼^{ethnographer}**: 실제 상황에서의 사용자와 그들의 니즈를 이해하기 위해 심층적인 현장 조사를 수행한다.
- **사용성 리서처^{usability researcher}**: 제품 디자인의 사용성을 평가하고 디자인 변경에 대한 자세한 권장 사항을 제공한다.
- **휴먼 팩터 엔지니어^{human factor engineer}, 또는 인체 공학 엔지니어^{ergonomics engineer}**: 터치, 기기 조작, 시각, 지각 등 사용자와 시스템의 물리적 상호 작용을 연구한다. 대표적인 예로는 항공, 군사 시스템, 원자력, 자동차와 같이 높은 인지적 요구와 함께 높은 위험이 따르는 환경에서의 연구를 들 수 있다.
- **설문 조사 과학자^{survey scientist}**: 사용자 요구와 제품 경험을 평가하기 위해 설문 조사를 설계해 실시하고 분석한다.

UX 리서치 팀은 요구되는 제품에 따라 위와 같은 직무에 인력을 배치할 수 있다. 예를 들어, 키보드나 스마트폰과 같은 하드웨어 제품에는 휴먼 팩터 엔지니어가 필요한 반면, 기업이 새로운 시장으로 확장하고자 하는 제품의 경우 에스노그래피 연구로부터 큰 인사이트insight를 얻을 수 있다. 개별 UXR은 종종 이러한 전문 영역 중 하나 이상에서 경험을 쌓아간다.

2.2.2 UXR의 리서치 라이프사이클

UX 리서치는 일반적으로 그림 2-1에 표시된 제품 개발 라이프사이클을 따른다. 실무에서 리서처는 어느 시점이든지 이 주기에 진입할 수 있지만, 대개는 자연스레 처음부터 새로운 제품을 만든다고 생각하고 상단의 기획에서 시작한다. 그림 2-1의 이 시점부터 시장의 충족되지 않은 니즈에서 인사이트를 받아 초기 개발, 개선, 제품 출시까지 진행한다.

라이프사이클에는 각 단계별 일반적인 UX 리서치 활동이 있다. 초기 단계의 UX 리서치는 중요한 제품 요구 사항을 파악하는 데 집중한다. 개발이 진행됨에 따라 제품의 성능과 제품이 사용자 니즈를 얼마나 잘 충족하는지 평가하는 데 더 많은 연구가 이뤄진다. 제품이 출시된 후에 UXR은 새로운 행동이나 예상치 못한 문제를 파악할 수 있고, 이는 다음 버전 또는 미래 제품에 대한 요구 사항으로 반영될 수 있다.

라이프사이클에는 주목해야 할 세 가지 중요한 사항이 있다. 첫째, 제품의 여러 부분은 주어진 시간에 따라 각기 다른 개발 단계에 있을 수 있기 때문에 실무적으로는 단계가 겹칠 수 있다. 앞서 예로 든 워드프로세서 애플리케이션을 생각해 보자. 에디터 기능은 충분히 개발돼 버전이 바뀌어도 변경되지 않는데, 기본적인 사용성 테스트나 만족도 평가를 받아야 할 수 있다. 동시에 인공 지능AI, Artificial Intelligence 기반 기능과 같은 새로운 기능의 경우, 초기 단계의 요구 사항에 대한 평가가 필요할 수 있다. UXR은 여러 단계에 걸쳐 작업하거나 사용성 실험 평가 또는 설문 조사 연구와 같이 한두 단계에 특화될 수 있다. 구체적인 리서치 활동은 2.2.3절에서 설명할 것이다.

그림 2-1의 순차적 배치는 현실에 존재하지 않는 이상적인 모델이다. 사용자 니즈가 역동적으로 변하고, 팀은 경쟁사 제품에 대응해야 하며, 일부 기능이 다음 출시로 연기될 수 있기 때문에 모든 단계에 걸쳐 장기적인 계획을 세워야 한다.

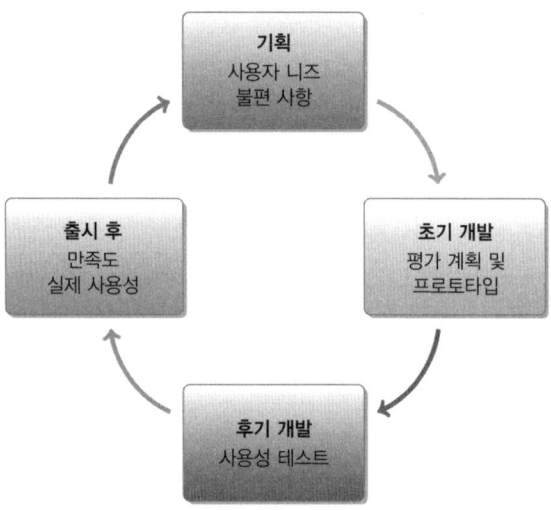

그림 2-1 제품 라이프사이클 및 일반적인 UX 리서치 활동. UX 리서치는 엔지니어링이 시작되기 전 (주어진 제품 출시에 대해) 사용자 니즈를 평가하고, 엔지니어링 단계에서는 개발 중인 제품을 평가하며, 제품 출시 후 실제 사용 경험을 파악하기 위해 지속적으로 수행된다.

둘째, 일부 UX 리서치 활동은 라이프사이클 모델에 국한되지 않는다. 기초 연구foundational research는 제품 개발의 모든 단계에 걸쳐 통용되는 사용자와 사용자 니즈에 대한 지식을 확립한다. 예를 들어, 사용자 세분화 모델(사용자를 서로 다른 유형으로 분류)은 제품에 대한 전체적인 정보를 제공할 수 있다. 의료 장비, 항공기 조종석, 키보드, 기타 여러 물리적인 제품의 경우 인체 측정anthropometry은 특정 제품 기획과 상관없이 중요하고 지속적인 리서치 주제가 될 수 있다. 또한, UX 리서치는 새로운 제품이나 혁신의 기회 영역을 제안하기 위한 사용자 니즈를 발견하는 것을 목표로 하는 생성적 리서치generative research를 수행할 수도 있다.

셋째, 특정 단계에 필요한 리서치에는 정성적 리서치와 정량적 리서치가 혼합돼 있어야 한다. 사용자 경험에 대해 '왜?'(좀 더 정성적인 측면)와 '얼마나?'(좀 더 정량적인 측면)에 대한 인사이트를 결합할 때 리서치 결과가 더 완전하고 영향력이 있다. 이것이 바로 리서처들이 다양한 방법을 전문적으로 사용하더라도 UX 리서치는 하나의 통합된 학문이라고 생각하는 이유 중 하나다.

2.2.3 제품 라이프사이클에 따른 일반적인 리서치 프로젝트

제품 라이프사이클의 각 단계(그림2-1)에는 UX 리서치를 위한 구체적인 질문이 제시돼 있다. 일반적으로 기획 단계에서는 비교적 광범위한 질문이 중심이고, 개발이 진행됨에 따라 더 좁고 구체적인 질문으로 발전한다. 제품 출시 후에는 다시 기획 단계로 넘어가면서 질문의 범위가 다시 넓어진다. 앞서 언급했듯이 이는 도식적으로 단순화한 것으로, 실제로는 각 단계가 서로 겹치고 섞여 있을 수 있다.

표 2-1에서는 라이프사이클의 각 단계에 적용될 수 있는 일반적인 UX 리서치 프로젝트와 방법이 제시돼 있다. 이러한 프로젝트는 대부분 일반적인 UX 리서치 관련 문헌에서 잘 다루고 있기 때문에 여기서는 자세히 설명하지 않을 것이다. 이 논의에 대한 요점은 2장의 마지막 절인 2.4절을 참조하기 바란다. 이후의 장들에서 이러한 다양한 프로젝트에 대해 정량적 관점에서 자세히 설명할 것이다.

표 2-1 제품 라이프사이클 전반의 일반적인 UX 리서치 프로젝트

단계	일반적인 리서치 프로젝트
기획	• 에스노그래피, 인터뷰, 고객 사이트 방문 • 태스크(task) 및 워크플로(workflow) 분석 • 태스크의 문제점 및 방해 요소 파악 • 기능 선호도 및 제품 요구 사항 평가 • 경쟁사 제품 평가 • 고객 세분화
초기 개발	• 인터랙티브 프로토타입 테스트 • 기능의 장단점 절충(trade-off), 지불 의향 • 경쟁 우위 설정
후기 개발	• 사용성 테스트 • 얼리어답터 '베타' 테스트 • 기능 대안을 위한 A/B 테스트
출시 후	• 만족도 조사 • 사용 및 관련 행동 로그 분석 • 제품 사용 다이어리 연구 • 경험 샘플링

표 2-1에 제시된 모든 종류의 프로젝트에서 전문가인 UXR은 없다. 합리적인 기대치는 UXR이 T자형 스킬 세트를 개발할 수 있다는 것이다. 이는 UXR이 여러 방법에서 기본적

인 역량과 폭(T의 머리 부분)을 보여 주는 동시에 일부 방법에서는 전문성(T의 아래 꼬리 부분)을 보여 줄 수 있다는 의미다. T자형 스킬에 대한 자세한 내용은 4장(4.1.1절)에서 설명한다.

UXR에 대한 기대치(및 'T'의 범위)는 경력에 따라 달라진다. 경력 초기 단계에서 UXR은 주로 사용성 평가, 설문 조사 분석, 에스노그래피 등 학력이나 기타 출신 배경에 따라 한 분야만 전문적으로 다룬다. 이후 전문성을 발전시키면서 제품 전반에 걸쳐 더 넓은 범위의 새로운 프로젝트와 질문을 다루게 된다. 시니어 레벨 경력이면 표 2-1에 제시된 프로젝트 중 절반 이상에 해당하는 많은 프로젝트에서 높은 역량을 발휘할 것으로 예상되며, 그중 몇 가지 프로젝트에서는 더 높은 전문성을 발휘할 수 있을 것이다.

2.3 핵심 포인트

2장에서는 사용자 경험과 UX 역할의 기본 개념, 그리고 이러한 개념이 UX 리서치와 어떻게 연관돼 있는지 잘 이해해야 한다. 중요한 포인트는 다음과 같다.

- UX는 제품 개발의 일부이며 소프트웨어 엔지니어 및 PM과 협력하는 직무다(2.1절, 2.1.2절).
- UX 직무에는 디자인 및 사용자 조사 및 기타 다른 직군도 포함된다(2.1.1절).
- 제품 개발의 간소화된 방법으로는 제품 기획에서 시작해 엔지니어링을 거쳐 제품 출시로 이어지는 순환하는 라이프사이클 모델을 사용하는 것이다. 이 모델은 실무에서는 단계가 중복되는 경향이 있지만 유용한 개념이다(2.2.2절).
- UX 리서치는 대부분 제품 라이프사이클에 맞춰 진행된다. 리서치 활동은 사이클이 진행됨에 따라 사용자 니즈에 관한 초기 평가에서 보다 좁혀진 집중적인 제품 평가로 전환된다(2.2.3절).
- UX 리서치는 특정 제품 디자인 및 결정 사항을 평가하는 연구 외에도 라이프사이클과 무관하게 제품 및 비즈니스 전략에 기반이 되는 기초 연구에서도 수행될 수 있다(2.2.2절).
- UX 리서치 프로젝트에 있어서 엄밀하게 질적 연구인지 양적 연구인지 명확한 구분은

존재하지 않는다. 대부분의 프로젝트는 정성적 접근 방식이나 정량적 접근 방식 또는 이 두 가지를 혼합해 해결할 수 있다(2.2.2절).

- 개별 UXR은 실행 가능한 UX 프로젝트 및 방법 중 특정 영역에 대해 전문 지식과 개인적인 관심을 갖고 있는 경우가 많다. UXR은 커리어를 쌓는 동안 T자형이 의미하는 추가적인 스킬의 폭과 깊이를 개발할 수 있다(2.2.3절).

2.4 더 알아보기

돈 노먼Don Norman은 비전문가를 위해 쓴 책, 『The Design of Everyday Things』[101]에서 UX 전문가처럼 사고하는 법을 설명한다. 엄선된(때로는 오래된) 사례를 통해 거의 모든 곳에서 UX 문제를 발견할 수 있음을 알려 준다. 또한, 기술적인 내용은 아니지만, UX를 처음 접하는 사람들에게 노먼이 제시하는 일종의 직관을 개발하는 것이 충분히 가치가 있다고 설명한다. 반대로 이런 분석을 좋아하지 않는다면, UX가 자신에게 적합한 분야가 아니라는 것도 파악할 수 있다.

UXR의 관점에서 UX 조직에 대해 개관할 수 있는 책으로는 백스터Baxter, 커리지Courage, 케인Caine의 『Understanding Your Users: A Practical Guide to User Research Methods』[4]가 있다. 이 책은 UX 리서치의 역할을 설명한 후 일반적인 UX 리서치 활동에 대해 자세히 기술한다. 참가자 모집 및 연구실 관리와 같은 실질적인 고려 사항과 함께 다이어리 연구, 인터뷰, 제품 평가 세션과 같은 일반적인 사용자 리서치 활동을 수행하는 방법에 대한 지침이 나와 있다. 이 책은 일반적인(정성적) UX 리서치의 현행 실무에 대한 훌륭한 소개서다.

'후기 개발' 단계에서 평가 리서치의 경우, 특히 사용성 실험실usability lab에서 진행되는 리서치라면 기억할 만한 기본 지침서는 닐슨Nielsen의 『Usability Engineering』[99]이다. 닐슨은 평가해야 할 중요한 영역을 개괄적으로 설명하고, 방법론상에서 비용 대비 이익의 절충, 표본 크기 요구 사항, 실험실 평가 수행 방법, 기존 연구에 대한 감가 사용성discount usability, 휴리스틱 평가heuristic assessment 대안과 같은 중요한 주제에 대해 논의한다.

03

정량적 UX 리서치: 개요

퀀트 UX 리서치란 무엇인가? 그리고 마찬가지로 중요한 질문으로, 퀀트 UX 리서치가 아닌 것은 무엇인가? 퀀트 UX 리서치가 자신에게 적합한지 궁금하다면 3장에서 그 답을 찾을 수 있다.

먼저, 퀀트 UXR이 하는 일과 그들이 다루는 문제의 종류를 살펴본다. 3장의 뒷부분에서는 퀀트 UXR 역할이 데이터 사이언티스트나 일반 UXR 등 다른 직군과 어떻게 다른지 논의한다.

3.1 정량적 UX 리서치

정량적 UX 리서치는 사용자 중심의 제품 디자인에 기여하기 위해 규모 있는 데이터를 기반으로 한 실증적인 연구 방법을 활용하는 활동이다. 좀 더 자세히 살펴보면, '규모가 있다'라는 것은 퀀트 UXR이 적절한 양의 데이터를 기반으로 한 프로젝트를 수행한다는 의미다. 적절한 양이라는 것은 제품 로그나 웹사이트 수십억 건의 관찰일 수도 있고, 소수의 중요한 사용자로부터 얻은 몇 건의 관찰 세트일 수도 있다. 퀀트 UXR은 언제 대규모 데이터셋을 사용해야 하는지, 그리고 언제 데이터셋에서 무작위 샘플을 사용하는 것이 적절한지를 잘 알고 있다. 또한, 기술적 측면에서 퀀트 UXR은 통계적 추론, 프로그래밍, 데이터베이스 관리 기술을 갖추고 있어 적절한 규모를 파악하고 필요에 따라 프로젝트를 실행할 수 있다 (5장, 6.1절, 6.4.2절 참조).

'제품 디자인'에서 퀀트 UXR은 주로 디자인과 엔지니어링에서 발생하는 문제를 해결하는 데 초점을 맞춘다. 이 역할은 재무, 수요 예측, 비즈니스 운영, 영업, 채널 마케팅 또는 비즈니스 데이터와 관련된 다른 여러 영역에는 거의 또는 전혀 관여하지 않는다. 이러한 영역은 3.4.5절과 3.4.6절에서 설명하는 것처럼 데이터 사이언티스트와 비즈니스 애널리스트 analyst가 주로 담당한다. 이들 역시 중요한 분야이지만, 제품 디자인과는 직접적으로 연관이 없다.

'사용자 중심'이란 퀀트 UXR이 주로 사람과 사람들이 생성하는 행동 및 태도 데이터에 초점을 맞춘다는 것을 의미한다. 이는 두 가지를 내포한다. 첫째, 물류, 재무, 데이터 센터 운영, 기기, 소프트웨어 성능 등 사람이 간접적으로 생성하는 데이터는 어느 정도 무시하고, 둘째, 비즈니스, 프로세스, 자동화, 기기 등에서 발생한 데이터에는 주된 관심을 두지 않는다는 의미다. 사용자 중심 리서치는 사용자가 무엇을 하고 있으며, 그 이유가 무엇인가를 묻는 것이다(4.2절 참조).

'특정 연구 방법을 적용한다'는 것은 퀀트 UX 연구가 리서치 활동임을 정의하며, 이는 1차 데이터 수집 및 분석과 함께 리서치를 설계한다는 의미다. 퀀트 UXR은 리서치 계획 및 데이터 수집 설계에 긴밀히 관여한다. 적절한 분석 방법을 선택하고, 분석을 해석하고, 결과를 다른 사람에게 전달하는 역할을 담당한다. 퀀트 UXR은 단순히 다른 사람으로부터 데이터를 수집하고 분석하는 데 그치지 않는다.

'실증적 리서치empirical research'는 실제 환경에서 수집한 관찰 또는 실험 데이터와 관련된 활동이라는 점에서 다소 불완전하다. 이는 이론, 논리, 데이터 시뮬레이션 또는 프로그래밍을 주로 다루는 업무와는 대조적이다.

정량적 UX 리서치의 여러 측면은 경계가 모호하며, 퀀트 UXR은 다른 직군과 완벽하게 구분되지 않는다. 일반 UXR과 데이터 사이언티스트 중 일부도 전체적인 역할이 다소 다르더라도 유사한 리서치에 참여할 수 있다. 3장에서는 퀀트 UXR의 경계를 명확히 하고 퀀트

UX 리서치가 어떻게 구성돼야 하는지에 대한 우리의 생각을 담았다.

3.2 퀀트 UX 리서치의 주 단위 업무

퀀트 UX 리서치를 하루 단위로 살펴보는 것은 용도나 효율성 측면에서 적합하지 않다. 퀀트 UXR의 일과는 회의, 코딩, 이동 또는 교육 등이 대부분을 차지한다. 대신 이들이 일주일 동안 어떤 일을 하는지 살펴볼 필요가 있다. 일반적으로 유의미한 프로젝트는 최소 일주일이 걸리며, 프로젝트에 필요한 업무를 예상할 때 주 단위로 생각하는 것이 유용하다.

참고로 우리는 주^{week}를 40시간의 업무량^{effort}이 아니라 경과 시간으로 사용한다. 어떤 차이가 있을까? 프로젝트에 따라 하루의 노력은 적더라도 장기간이 소요될 수 있다. 설문 조사를 위한 데이터 수집을 완료하는 데 몇 주가 걸릴 수 있으며, 이 기간 동안 또 다른 프로젝트를 자유롭게 수행할 수도 있다.

3.2.1 일반적인 주간 활동

일주일 동안 퀀트 UXR이 해야 할 가장 중요한 활동은 리서치의 주요 이해관계자들과 미팅을 하거나 그 외 방법으로 소통하는 일이다. 이해관계자란 리서치 결과와 성과에 특별한 관심을 갖는 사람, 특히 제품(또는 리서처의 성과)에 대한 의사결정을 담당하는 사람을 말한다. 가장 중요한 이해관계자는 리서치의 시작 단계부터 참여하는 것이 가장 이상적이다. 리서치 문제를 정의하고, 리서치 결과를 통해 무엇을 할 것인지 설명하며, 의사결정에 유용한 답변의 유형을 구체화할 수 있다. 13장에서는 이해관계자와의 소통에 대해 설명한다.

퀀트 UX 리서치 프로젝트의 일반적인 이해관계자는 PM, UX 디자이너, 소프트웨어 엔지니어, 경영진 그리고 특히 중요한 동료 UXR이다. 이러한 직군에 대한 설명은 2장에 나와 있다.

이해관계자와 소통하는 가장 중요한 업무 형태는 리서치 결과를 발표하는 것이다. 일반적으로 슬라이드 방식 또는 기타 다른 형식의 보고서를 실시간으로 공유하는 것이다. 그러나 이런 프레젠테이션도 중요하지만, 퀀트 UXR은 다른 이해관계자의 참여 방식에 비해 상대적으로 드러나지 않는 면이 있어, 평소에는 모호하게 가려져 업무를 하다가 프레젠테이션만 하는 것처럼 보일 수 있으니 주의해야 한다. 오히려 리서치 결과는 긴 업무 과정에서 자연스럽게 도출되는 결실이어야 한다. 그 과정에서 이해관계자의 참여가 이뤄지면 리서치의 목표가 더 명확해지고 영향력도 커진다(13장 참조).

이해관계자와의 소통에 이어 중요한 업무는 한 주에 하나 이상의 프로젝트(보통 여러 개)를 진행하는 것이다. 리서치 라이프사이클 단계에 따라 퀀트 UX 리서치 활동이 따라 달라진다(2.2.2절 참조). 단계에 따라 리서치 문제 정의, 데이터 수집, 코드 작성, 분석 모델 구축, 결과 보고서 작성 또는 결과 발표에 집중할 수 있다. 어떤 주에는 데이터 수집에 집중하고, 다른 주에는 분석 코드 작성에 전념할 수 있다. 하지만 몇 주에 걸쳐서 보면 다양한 업무를 수행하게 된다.

세 번째 업무는 조직 관리다. 여기에는 팀 회의, 관리자와의 일대일 면담, 교육, 출장, 경비 보고서, 성과 검토, 채용 인터뷰, 멘토링 등 조직을 운영하는 데 필요한 모든 일이 포함된다.

안타까운 현실은 방금 설명한 각 활동에 소요되는 시간이 때로는 리서치와 반비례한다는 것이다. 세 번째 업무인 조직 관리에 가장 많은 시간을 할애하면서, 분석, 코드 작성, 이해관계자와의 미팅에 더 적은 시간을 할애하는 경우가 종종 있다. 효율적인 조직 관리가 이러한 불균형을 바로잡는 데 도움이 될 수 있으며, 11장에서 그 제안 사항을 다룰 것이다.

3.2.2 퀀트 UXR의 일반적인 리서치 질문

2.2.2절의 리서치 라이프사이클 모델을 참조하면 퀀트 UX 리서치 질문은 제품 개발 단계에 따라 달라진다. 표 3-1에서는 2장의 일반 UX 리서치 표를 따르되 일반적으로 퀀트 UXR을 포함하는 프로젝트만 정리했다.

이러한 프로젝트 중 상당수는 일반적으로 정성적 리서치도 함께 진행되며, 별표로 표시했다. 예를 들어, 고객 세분화 프로젝트에서 퀀트 UXR은 통계적 방법을 사용해 데이터로부터 군집화 작업을 수행하는 반면, 일반 UXR은 사용자와 인터뷰를 실시해 세그먼트에 대한 구체적 설명이 담긴 프로필을 구축할 수 있다.

표 3-1 제품 라이프사이클의 단계별 퀀트 UX 리서치

단계	리서치 활동 (*정성적 리서치 포함)	일반적인 퀀트 리서치 방법
기획	• 태스크 및 워크플로 분석* • 기능 선호도 및 제품 요구 사항 평가 • 경쟁 제품 평가* • 고객 세분화*	로그 분석 MaxDiff 선택 모델링 컨조인트(conjoint) 분석 브랜드 인지도 군집화, 분류 컨조인트 분석
초기 개발	• 기능의 장단점 절충, 지불 의향 • 경쟁 우위*	컨조인트 분석 A/B 및 다변량 실험
후기 개발	• 기능 대안을 위한 A/B 테스트	제품 내 조사 또는 온라인 설문 조사 로그 분석
출시 후	• 만족도 조사* • 사용 및 관련 행동 로그 분석 • 경험 샘플링* • 결과 지표 정의 및 측정 • 결과 지표에 대한 기능 영향력	생태학적 순간 평가 등 다양 정의 및 평가 구축 인과관계 모델링

3.2.3 이해관계자의 질문

프로젝트는 리서처가 먼저 방법을 정하고 시작하는 것이 아니라 이해관계자의 질문에 따라 프로젝트 방법을 설계한다. 표 3-2에서는 이해관계자가 묻는 일반적인 질문과 이를 해결하기 위한 일반적인 퀀트 UX 리서치 프로젝트를 간략하게 설명한다. 표 3-2의 질문을 표 3-1의 관련 방법과 연계해 볼 수 있다.

표 3-2 퀀트 UX 라이프사이클의 이해관계자 질문

질문	프로젝트 (*정성적 리서치 포함)
'사용자가 현재 우리 제품으로 무엇을 하는가?'	태스크 및 워크플로 분석*
'다음 버전에서는 어떤 기능에 우선순위를 둬야 하는가?'	기능 선호도 및 요구 사항 평가
'경쟁사와 비교했을 때 우리는 어떻게 우위를 점하고 있는가?'	경쟁 제품 평가*
'사용자 유형을 더 깊이 있게 이해할 수 있을까?'	고객 세분화*
'사용자가 기능 X에, 혹은 우리 제품에 얼마를 지불할 것인가?'	기능 절충, 지불 의향
'경쟁사 제품 대비 얼마나 많은 고객이 우리 제품을 구매할 것인가?'	경쟁 우위*
'디자인 A와 디자인 B 중 어느 것이 더 높은 사용률/성공률을 가져올 것인가?'	기능 대안에 대한 A/B 실험

질문	프로젝트 (*정성적 리서치 포함)
'사용자가 만족하고 있는가? 무엇을 개선해야 할까?'	고객 만족도 조사*
'사용자 채택 및 유지를 위한 목표를 달성하고 있는가?'	사용 행태에 대한 로그 분석
'사용자가 실제로 제품을 매 순간 어떻게 사용하고 있나?'	경험 샘플링*
'기능 A가 더 높은 사용률/성공률을 유도하는가?'	결과 지표에 대한 기능 영향력

표 3-1과 표 3-2의 질문과 프로젝트에 대해 유의해야 할 중요한 사항이 있다. 첫째, 표에 제시된 특정 리서치 방법만이 특정 이해관계자의 질문에 답할 수 있는 유일한 방법은 아니다. 퀀트 UXR마다 다양한 방법을 사용해 본 경험을 바탕으로 자신의 전문성과 관심사에 적합한 접근 방식을 선택해야 한다.

둘째, 모든 이해관계자의 질문이 좋은 질문이거나 답변할 만한 가치가 있는 것은 아니다. 리서치에는 기회 비용이 존재하며, 특정 프로젝트를 수행하게 되면 다른 프로젝트는 진행하지 못한다. 따라서 퀀트 UXR은 이해관계자와 협의해 적합한 프로젝트를 선택하는 것이 중요하다. 이러한 스킬은 다양한 방법론의 일반적인 프로세스, 타이밍, 수고, 함정에 대한 통찰력을 얻으면서 경험을 통해 발전한다. 이 책의 후반부에서는 이러한 장단점들을 절충하는 데 도움이 될 수 있는 경험을 공유한다. 13장에서는 이해관계자의 기대치와 관련된 일반적인 문제에 대해 설명한다.

셋째, 한 명의 퀀트 UXR이 모든 방법의 전문가가 될 수는 없다. 3.3절에서는 스킬, 배경, 전문성 측면에서 퀀트 UXR의 일반적인 패턴에 대해 설명한다.

3.3 다양한 유형의 퀀트 UXR

퀀트 UXR은 사회과학자social scientist, 설문 조사 과학자, 지표 전문가metrics specialist, 대규모 데이터 모델러large-scale data modeler 등 크게 네 가지로 나뉜다. 실제로 대부분의 퀀트 UXR은 이 중 두세 가지 범주에 대한 스킬을 갖추고 있는데, 네 가지 범주 모두에서 심도 있는 스킬을 기대하는 것은 비현실적이다.

사회과학자 퀀트 UXR은 상대적으로 복잡한 인지 및 행동 구성의 정의, 평가, 함의에 초점을 맞춘다. 예를 들어, '얼마나 많은 사용자가 데이터 보안에 대해 걱정하고 있는가?'라는 질문은 기본 가정(사용자는 누구인가? 어떤 데이터인가? 어떤 종류의 보안인가?)을 명확히 해야 한다. 그 다음에는 데이터 보안상 우려되는 구성 요소를 체계화하고, 측정하는 작업이 뒤따른다. 사회과학자 UXR은 심리학, 정치학, 이와 유사한 분야를 전공한 경우가 많다. 가장 중요한 스킬은 인간 대상 리서치 설계, 통계, 실험 신뢰도, 유효성을 평가하는 능력이다(4.3절 참조).

설문 조사 전문가는 중요한 질문에 답을 구하고 사용자 평가를 위한 장기적인 플랫폼을 개발하기 위해 단기간의 일회성 설문 조사를 실시, 분석, 보고한다. 이러한 작업의 예로 구글의 '행복 추적 설문 조사HaTS, Happiness Tracking Survey'를 들 수 있다. 각 팀은 HaTS를 통해 다양한 구글 제품 내에서 짧은 설문 조사를 시행하고 사용자의 정서적 반응을 추적할 수 있다 [95]. 8장에서는 이러한 설문 조사에 대해 자세히 설명한다. 여기서 '전문가specialist'라는 용어는 설문 조사 방법론에 대한 학위 또는 전문적인 교육을 받은 설문 조사 과학자의 보다 공식적인 역할과 구분하기 위해 사용한다(3.4.3절 참조). 이 구분이 혼란스러운가? 여러분만 그런 것이 아니니 걱정할 필요는 없다.

지표 전문가는 사용자 경험의 결과를 측정하는 데 중점을 두고 제품 내에서 일어나는 사용자 행동을 분석하는 리서치를 수행한다. 이는 시간 경과에 따른 목표 달성 상황을 추적하거나, A/B 테스트에서 디자인 안을 비교하기 위한 것이기도 하다(5.3.4절 참조). 예를 들어, 지표 전문가는 사용자 관점에서 성공적인 검색 인터랙션으로 간주되는 요소를 구체적으로 정의한 다음, 검색 결과를 표시하는 새로운 디자인이 기존 디자인보다 개선됐는지 평가하기 위한 지표를 구현하는 업무를 수행한다. 이 작업에는 제품 로그 분석, 데이터베이스 분석, 대시보드 또는 다른 형태의 데이터 시각화가 포함될 수 있다.

이러한 퀀트 UXR들은 다양한 배경을 갖고 있으며, 특히 데이터 시각화, 데이터베이스 기술, 리서치 커뮤니케이션 등 여러 가지 스킬을 분석에 활용한다. 7장에서는 팀이 사용자 경험 지표를 정의할 때 유용한 출발점이 될 수 있는 HEART 프레임워크를 소개한다.

대규모 데이터 모델러는 대규모 데이터를 기반으로 사용자 중심 리서치를 수행한다. 검색 엔진, 소셜 미디어 제품, 광고 플랫폼, 운영체제 및 수백만 또는 잠재적으로 수십억 명의 사용자를 보유한 제품의 사용 로그와 같은 대규모 데이터셋을 활용한다. 이 분야의 일반적인 질문은 실제 제품 사용 패턴, 제품 간의 상호 작용 및 관련된 다른 행동과의 관계 등이 포함된다. 예를 들어, 모델러는 '사용자가 제품에서 X를 한다면 그 외에 또 무엇을 할 수 있을까? 그것이 제품을 계속 사용하는지 여부와 어떤 관련이 있을까?'와 같은 질문을 한다. 대규모 데이터를 기반으로 하는 리서처들은 종종 컴퓨터 사이언스와 데이터 사이언스 석사 또는 박사 학위 같은 통계학과 컴퓨터 사이언스에 특화된 배경을 가진 경우가 많다. 지표 전문가에 비해 이러한 리서처들은 설명적 통계 보고보다는 사용자 데이터를 갖고 통계 모델링을 하는 경향이 더 많다. 이 분야의 핵심 기술은 범용 프로그래밍, 통계, 데이터베이스 분석이다. 5장, 6장, 9장에서 이러한 기술에 대해 설명한다.

이 책의 저자 크리스의 리서치는 주로 사회과학 및 설문 조사 전문 분야와 관련이 있고, 케리의 리서치는 대규모 데이터 모델링 및 지표와 관련 있다. 하지만 이 둘은 네 가지 영역의 업무를 모두 수행해 왔다.

어떤 분야를 강점으로 가져가야 할까? 자신의 스킬과 관심사에 따라 다르겠지만 한 가지 제안을 하면, 최근 몇 년 동안 설문 조사 영역에 대한 수요가 특히 높아, 퀀트 UXR의 역량만으로는 이를 감당하기 어려운 경우가 많이 나타나고 있다.

설문 조사 리서치가 퀀트 UXR에게 인기 있는 이유는 무엇일까? 사용자로부터 뭔가를 알아내는 가장 빠르고 효과적인 방법은 단순히 (유효한 방법으로) 물어보는 것일 때가 많으며, 사용자 경험에는 관찰이나 로그만으로는 포착할 수 없고 직접적인 질문이 필요한 부분이 많다. 또한, 구조 방정식 모델SEM, Structural Equation Model, 심리 측정psychometrics, 층화 샘플링stratified sampling과 같은 고급 설문 조사 방법은 퀀트 UXR의 통계적 지식을 활용하기에 적합하다. 그러나 많은 퀀트 UXR은 컴퓨터 사이언스, 인지 과학, 신경 생물학, 수학 등의 학문 분야 출신으로, 효과적이고 잘 설계된 설문 조사를 수행하기 위한 준비가 거의 돼 있지 않다. 전문성을 개발하는 한 가지 방법은 대학의 설문 조사 방법론 프로그램에서 제공하는 여름 과정을 수강하는 것이다(3.7절 참조).

3.4 퀀트 UXR과 다른 직군의 차이점

퀀트 UXR의 직무는 리서치 설계, 실증적 리서치, 통계, 데이터 시각화, 프로그래밍, 데이터베이스 기술, 사용자 경험, 리서치 커뮤니케이션에 중점을 둔다는 점에서 다른 직군과 겹칠 수 있다. 다른 분야의 애널리스트는 각기 다른 기술적 역량을 발휘하는 반면, 퀀트 UXR은 모든 영역에 걸쳐 기본적인 역량을 갖춰야 한다는 점에서 특별하다. 퀀트 UXR과 다른 직군 간에는 몇 가지 일반적인 차이점이 있지만, 이 차이는 명확하지 않고, 중점을 두는 분야의 차이이거나 조직 구조의 문제이기도 하다. 3.4절에서는 개별 리서처와 그들의 주간 업무 관점에서 본 차이점을 설명한다. 11장에서는 상호 보완적인 조직관을 제시하고 있다.

3.4.1 퀀트 UXR vs 일반 UXR

퀀트 UXR과 일반 UXR은 서로 밀접한 관련이 있다. 두 역할 모두 UX 전문 분야이며, 일반적으로 같은 팀에서 일하거나 밀접하게 연관된 프로젝트에서 협력하는 경우가 많다(11장 참조). 이는 저자들의 경험에서 잘 드러난다. 케리는 일반 UXR 직군에서 퀀트 UXR 업무를 개발했다. 크리스는 일반 UXR로 시작해 퀀트 UXR로 자리를 옮겼으며, 통합 리서치에서 정량적 방법과 정성적 방법을 계속 함께 사용해 오고 있다.

이러한 유사성에도 불구하고 일반 UXR 직무와 정량 UXR 직무 사이에는 두 가지 특징적 차별화 요소가 있다. 첫째, 퀀트 UXR은 일반적으로 통계, 프로그래밍 및 다양한 형식의 데이터 작업에 더 많은 전문 지식을 갖고 있다. 일반 UXR은 HCI 분야에 대한 전문 지식과 사용성 실험실 리서치 및 에스노그래피와 같은 소규모 샘플 연구에 더 많은 경험을 갖고 있다.

둘째, 두 직무가 중시히는 이해관계지기 약간 다르다. 일반 UXR과 퀀트 UXR은 모두 PM과 긴밀하게 협력하지만, 다른 직군과의 협업 패턴에 있어서는 좀 다르다. 일반 UXR은 종종 UX 디자이너와 긴밀하게 협력하는 반면, 퀀트 UXR의 경우 프로젝트에 따라 다르다. 퀀트 UXR은 종종 더 광범위하고 다양한 이해관계자와 함께 일하며, 경영진과 더 직접적으로 소통하는 경우가 많다.

3.4.2 퀀트 UXR vs 혼합 방법 UXR

최근 자신을 '혼합 방법mixed method' UXR이라고 소개하는 UXR과 그런 지원자를 찾는 채용 매니저HM, Hiring Manager가 증가하는 추세를 보인다. 혼합 방법에 대한 명확한 정의는 없지만 정성적 리서치와 정량적 리서치를 모두 수행하는 경우를 의미한다.

우리가 관찰한 바에 따르면 혼합 방법 UXR은 다음과 같은 특징이 있다. 통계에 대한 심도 있는 경험을 갖고 이러한 지식을 전통적인 정성적 방법과 융합해 사용할 수 있다는 것이다. 혼합 방법 UXR은 현장 조사와 대면 사용자 조사부터 통계적 모델링에 이르기까지 다양한 방법을 수행하는 제너럴리스트generalist 역할을 할 수 있다. 또는 퀀트 UXR 직무에 있어 프로그래밍을 중요시하는 조직에서 코딩 관련 경험이 없는 혼합 방법 UXR이 업무를 하는 경우도 있다.

그 차이점은 바로 퀀트 UXR은 비교적 광범위한 실증적 방법과 통계 전문가여야 하는 반면, 혼합 방법 UXR은 개인의 지식과 프로젝트의 요구 사항에 따라 이러한 방법들을 적절히 혼합해 사용한다고 볼 수 있다. 6장에서 설명하는 바와 같이 기본적인 프로그래밍 기술은 퀀트 UXR에게는 강력한 요구 사항이지만, 혼합 방법 UXR에게는 필수 요건이 아니다.

3.4.3 퀀트 UXR vs 설문 조사 과학자

설문 조사 과학자는 설문 조사 설계, 방법론, 샘플링, 설문 조사 데이터의 통계 분석에 대해 심도 있는 전문가인 반면, 퀀트 UXR은 설문 조사 방법에 대해 높은 수준의 전문성이 없을 수 있다(3.3절에서 언급했듯이 설문 조사가 업무의 일부분이다). 설문 조사 과학자는 일반적으로 설문 조사 방법론이나 이와 밀접하게 관련된 분야의 석사 또는 박사 학위를 갖고 있다. 일반 UXR과 마찬가지로 설문 조사 과학자도 프로그래밍, 통계 또는 다양한 데이터 형식에 대한 깊이 있는 경험은 없을 수 있다.

퀀트 UX의 직무와 설문 조사 과학자의 직무에는 두 가지 중요한 조직적 차이점이 있다. 첫째, 설문 조사 과학자는 UX 팀이나 프로덕트 엔지니어링 팀 외부에 속해 있다는 것이다. 이들은 마케팅, 운영 또는 기타 비엔지니어링 조직에 속해 있는 경우가 많다. 둘째, 퀀트

UXR은 일반적으로 다양한 1차 연구[1] 프로젝트에 참여해 끊임없이 변화하는 이해관계자의 질문에 대한 인사이트를 제공한다. 반면, 설문 조사 과학자는 주로 외부 업체를 관리하며 장기 프로젝트를 맡는 경우가 많고, 상대적으로 1차 연구에는 중점을 두지 못하는 경향이 있다.

3.4.4 퀀트 UXR vs 마케팅 리서처

마케팅 리서치는 퀀트 UX 리서치와 중복되는 또 다른 직무다. 예를 들어, 표 3-1에는 지불 의향, 기능의 가치, 고객 세분화에 대한 질문이 있는데, 이러한 질문은 전통적으로 마케팅 리서치와 관련이 있다. 크리스는 공식적인 퀀트 UXR 직무를 수행하면서 마케팅 콘퍼런스의 의장을 맡았고 마케팅 리서치 서적을 공동 저술했다[25, 127].

종종 잘못 혼용되는 용어인 마케팅 리서치marketing research와 시장 조사market research를 구분할 필요가 있다. 시장 조사(일반적으로 관찰 및 설명적 조사)는 상품, 서비스, 돈의 거래 장소인 시장에 관한 것이다. 시장 조사에서는 해당 제품이 어떤 시장(국가, 고객 그룹, 유통 채널 등)에 가장 매력적인지 조사할 수 있다. 특정 시장에서 경쟁자가 누구인지, 소비자 수요에 대한 중요한 트렌드가 무엇인지 알아볼 수 있다.

마케팅 리서치는 광고, 제품 홍보 및 기타 개입에 대한 소비자 반응을 파악하기 위한 실험, 소비자들의 브랜드 및 제품 인지도, 인식, 선호도 조사, 기능 정의와 같은 제품 최적화, 가격 책정 등 다양한 활동을 포함하는 보다 큰 범주다. 여기에는 시장 관찰과 함께 사회과학 또는 계량경제학적 방법을 사용해 개인의 행동을 조사하는 것이 포함된다. 이는 퀀트 UXR의 사회과학적 측면과 상당히 겹치는 부분이 많다(3.3절 참조).

마케팅 리서치와 퀀트 UXR의 가장 두드러진 차이점은 아마도 테크 기업의 조직적 차이일 것이다. 테크 기업에서 마케팅은 구조적으로 엔지니어링과 떨어져 있는 경우가 많고, 제품 정의에 직접 관여하지 않는 경우가 많다. 반면에 퀀트 UX 리서치는 일반적으로 엔지니어링에 포함되거나 엔지니어링과 긴밀하게 연계돼, 제품을 정의하고 엔지니어링 리더에게 직접적인 의견을 제공하기도 한다. 다른 산업에서는 일반적으로 그렇지 않은 경우가 많다.

---

1   1차 연구는 비즈니스나 조직 내에서 특정 리서치 문제에 답을 얻기 위해 직접 수행하는 현장 연구로 설문 조사, 포커스 그룹, 인터뷰, 관찰 등의 방법을 사용해 새로운 데이터를 수집하는 활동을 의미한다. – 옮긴이

많은 소비재 회사, 제조 회사, 서비스 제공업체, 기타 조직에서 마케팅 리서치는 제품 정의와 밀접하게 관련돼 있다. 이러한 조직에서 마케팅 리서치는 표 3-1의 퀀트 UX 리서치로 여겨지는 많은 활동을 수행한다[27, 28, 85].

종합적으로 볼 때, 퀀트 UXR은 정량적 마케팅 리서치 기법[28]을 채택하고 활용하는 데 필요한 기술을 충분히 갖추고 있다. 다만 현재 테크 기업 내에서는 이 두 역할이 조직 차원에서 여전히 구분돼 있다. 앞으로는 두 직무 간의 조직적 인식과 협력이 더욱 활발해지기를 기대한다.

3.4.5 퀀트 UXR vs 데이터 사이언티스트

퀀트 UXR과 가장 중복되는 직군은 바로 데이터 사이언스다. 데이터 사이언스는 아직 명확히 정립되지 않은 분야로, 이 책에서는 데이터 사이언스가 '원시 데이터를 이해하고, 인사이트 및 지식으로 전환하기 위해' 도메인 지식, 리서치 설계, 데이터 수집, 통계 계산, 데이터 시각화의 융합을 수반한다는 점만 언급할 뿐 다른 정의를 제시하지 않겠다[149]. 사실 이는 모든 종류의 과학적 탐구에 공통적으로 해당된다.

퀀트 UX 리서치와 데이터 사이언스의 차이점은 무엇일까? 한 가지 답은 하위 집합 관계라는 것이다. 퀀트 UX 리서치는 보다 더 큰 데이터 사이언스 분야의 부분 집합^{subset}이다. 퀀트 UX는 데이터 사이언스 기술이 UX 리서치 문제에 적용될 때 발생하는 교집합이라고 할 수 있다.

이는 기술적으로는 맞는 말이지만, 관련 도메인 지식의 가치를 과소평가하기 때문에 오해의 소지가 있을 수 있다. 퀀트 UX 리서치는 UX 조직에서 인간을 대상으로 한 리서치 설계와 1차 연구에 특히 중점을 둔다는 점에서 데이터 사이언스와 다르다. 이러한 특징은 데이터 사이언스에는 해당되지 않지만, 퀀트 UX 직무의 성격에 큰 영향을 미친다.

이러한 차이점에는 몇 가지 시사점이 있다. 우선, 무작위로 선발된 데이터 사이언티스트가 퀀트 UX 리서치에 대한 전문성을 갖추고 있을 것이라고 가정해서는 안 된다. 인간을 대상으로 한 1차 연구 수행에 대한 전문성은 특화된 스킬이다. 데이터 사이언스 기술은 퀀트 UXR을 위한 툴키트^{toolkit}의 중요한 부분으로 필요하긴 하지만 충분하지는 않다.

스킬의 차이와 밀접한 관련이 있는 부분은 각 직무가 제품에 영향을 미치는 방식의 차이다. 데이터 사이언티스트는 종종 심도 있는 기술 프로젝트에 참여하거나 보고 파이프라인과 같은 프로덕션production 시스템을 구현한다. 여기서 프로덕션은 외부 또는 내부 사용자에게 직접 노출되는 시스템이나 프로세스를 말한다. 프로덕션의 운영은 제품이나 비즈니스의 핵심 요소이며, 중요한 데이터를 처리하는 기능을 수행한다. 예를 들어, 머신러닝 모델machine learning model을 적용해 사용자에게 결과를 제공하는 코드는 프로덕션의 통계 모델이다.

반면에 퀀트 UXR은 대부분 단기간의 집중적인 리서치 설계나 구현에 참여하며, 이들의 코드는 일반적으로 프로덕션에 투입되지 않는다. 전략을 수립하기 위한 사용자 행동 모델은 프로덕션 시스템이 아니다. 대시보드와 같은 내부 제품의 경우 그 경계가 모호할 수 있다.

퀀트 UXR 직무의 백그라운드를 살펴보면, 대학원 과정에서 리서치 설계에 대한 학위를 받았을 가능성이 높다. 반면에 데이터 사이언스 기술은 더 다양한 경로로 습득할 수 있다.

3.4.6 퀀트 UXR vs 비즈니스 또는 프로덕트 애널리스트

비즈니스 및 프로덕트 애널리스트 직무는 데이터 사이언스와 겹치는 경우가 많다(3.4.5절 참조). 하지만 실제로 퀀트 UXR이나 데이터 사이언스와는 다음과 같은 차이점이 있다.

첫째, 애널리스트가 맡은 프로젝트에는 문제 정의, 리서치 설계, 통계 분석과 관련된 사항이 더 적은 편이다. 애널리스트는 사전에 용도와 요구 사항이 정해져 있는 비교적 정제된 데이터로 작업하는 경향이 있다. 이러한 데이터는 사용자 활동, 참여 시간, 수익, 제품 또는 지역 내 매출 등이 포함될 수 있다.

애널리스트의 작업 결과물은 월별 트렌드 보고서, 국가별 사용량 또는 매출 분석, 지표 대시보드dashboard와 같이 정기적이고 주기적일 가능성이 높다. 애널리스트의 역할은 일차적인 리서치 설계나 통계 분석보다는 명확하고 시의 적절하며 정확한 보고를 더 강조하는 경향이 있다.

애널리스트는 지식과 스킬에서 차이점이 있다. 데이터 사이언티스트나 퀀트 UXR은 R, 파이썬 또는 줄리아Julia를 사용하고 상당한 양의 분석 코드를 작성하는 반면, 프로덕트 및 비즈니스 애널리스트는 마이크로소프트 엑셀Microsoft Excel, 태블로Tableau 또는 구글 애널리틱스Google Analytics와 같은 플랫폼에 대한 전문 지식을 보유하고 있을 가능성이 더 높다. 애널리스트를 위한 맞춤형 코드는 SQL 또는 VBAVisual Basic for Applications와 같은 플랫폼 특화 언어로 작성되는 경우가 많다.

애널리스트는 종종 관리 계층 구조상 여러 부서에 보고한다. 퀀트 UXR은 UX 및 엔지니어링 부서에 보고하는 반면, 애널리스트는 마케팅, 영업, 지원, 운영 및 재무 부서의 전담 분석 팀에 소속돼 있는 경우가 더 많다.

차이점을 간략히 설명했지만, 직무의 많은 부분이 겹치기 때문에 퀀트 UXR 역량을 보유한 사람이라면 애널리스트 직무에서도 충분히 역량을 발휘할 수 있다. 한 가지 질문을 던진다면, 실패할 가능성이 상당히 높은 사용자 중심의 모호하고 열린 결과를 도출하는 1차 연구 문제를 다루는 것을 선호하는지, 아니면 경영진이 활용하는 도구, 프로세스, 보고서를 개선하는 것으로 성공이 좌우되는 보다 구조적이고 명확한 프로젝트를 선호하는지 자문해 보길 바란다. 전자는 퀀트 UXR이 적합하고, 후자는 애널리스트 직무가 더 잘 맞는다고 할 수 있다.

3.4.7 퀀트 UXR vs 리서치 사이언티스트

일부 테크 기업에서는 리서치 사이언티스트 직무를 따로 지정하고 있다. 마이크로소프트 리서치Microsoft Research 그리고 역사적으로 볼 때 벨 연구소Bell Labs와 제록스 PARCPalo Alto Research Center 같은 조직이 그 예다. 이러한 조직에서는 리서처가 특정 프로덕트 팀이나 사업 성과와 관련성이 낮은 프로젝트를 추진하면서 학술 연구자와 같은 활동을 할 수 있다.

이러한 직군은 매력적이긴 하나, 업계에는 이런 자리가 상대적으로 매우 적은 편이다. 최근 수십 년 간의 추세는 자율적인 리서치 그룹보다는 프로덕트 팀 내에 리서처를 배치시키는 경향이 높다. 또한, 리서치 그룹에는 사회과학, 인간 컴퓨터 인터랙션, 통계 및 이와 유사한 분야와 관련된 직군이 거의 없으며, 대신 컴퓨터 사이언스를 중시한다. 이러한 직군에 적합한 지원자라면, 업계와 연계된 전문 학위 프로그램을 통해 이미 해당 직무에 대해 알고 있을 것이다.

3.4.8 퀀트 UXR vs 학술 연구

학계의 많은 사회과학자는 인간 행동 연구에 대한 깊은 지식과 통계 및 프로그래밍 기술 등 퀀트 UX 리서치에 필요한 기술에 탁월하다. 물론 근무 환경, 보상, 근무지, 종신 재직권tenure 과 같은 분명한 차이점이 있지만, 이 외에도 학계 종사자들이 종종 고민하는 몇 가지 다른 문제에 대해 살펴보고자 한다.

한 가지 의문은 리서치 프로젝트의 출처다. 경험상 퀀트 UXR에게 '프로젝트가 주어지거나', 어떤 방법이나 분석을 사용해야 하는지 정확히 알려 주는 경우는 많지 않다. 대신, 퀀트 UXR은 자신의 능력과 관심사를 바탕으로 가능한 프로젝트를 선택해 적절한 리서치를 설계하고 이해관계자의 참여를 이끌어 낸다. 어떤 면에서 이는 연구비를 지원받는 프로젝트에서 수석 연구책임자PI, Principal Investigator가 하는 일과 유사하다. 연구비 지원 기관에서 제시한 일반적인 문제 영역을 바탕으로 리서치를 제안하고 완료될 때까지 관리하는 것이다. 퀀트 UXR은 자신이 근무하는 조직으로부터 '연구비를 지원받는' 연구책임자다.

퀀트 UXR의 대상은 학계와는 다르다. 퀀트 UXR은 주로 디자이너, 엔지니어, 마케터, 또는 비즈니스 임원 등 비전문가를 대상으로 리서치를 발표한다(13장 참조). 퀀트 UX 리서치 프레젠테이션은 학술 발표보다 기술적인 내용이 적고 비즈니스 및 제품 제안에 초점을 맞춰야 한다. 이러한 리서치 보고서는 학술 연구보다 면밀한 조사와 기술적 검토를 덜 받기 때문에 장단점이 있다고 할 수 있다.

학계에서는 종종 출판 및 외부 활동에 대한 업계 정책에 의문을 품곤 한다. 회사마다 정책은 다르지만 공통적으로 출판과 교육은 부수적인 활동으로 소극적으로 지원하는 것이 현실이다. 민감한 독점 정보나 알고리듬을 공유하지 않고 개인 데이터를 유출하지 않는 한, 많은 기업에서 리서치 발표, 콘퍼런스 위원회 활동을 허용한다. 또한, 콘퍼런스 참석이나 저널을 구독하는 등 관련 비용을 부담하기도 한다. 반면에 출판이 더 나은 성과 평가, 더 높은 보상 또는 승진과 같은 단기적인 경력 보상으로 이어지지는 않는다. 기업들은 출판을 원론적으로 좋은 활동이라고 여기지만, 매주 하는 업무보다 중요시하지는 않는다.

일반적으로 UXR로서 강의를 하거나 출판을 하고 싶다면 단기적으로는 경력에 별다른 영향을 미치지 않겠지만, 장기적으로는 매우 도움이 될 수 있다. 강의를 통해 많은 사람을 만나고 전문가로서 명성을 얻을 수도 있다. 학회에서 논문을 출판하거나 발표함으로써 역량을 키우고 다른 전문가들로부터 배우기도 한다. 이러한 경험은 수년 또는 수십 년에 걸쳐 다양한 방식으로 결실을 맺게 되며, 궁극적으로 성과 평가와 경력에 도움이 된다. 따라서 이러한 활동을 적극 권장하지만, 그 과정에서 자신의 시간, 에너지, 열정을 투자해야 한다는 점은 감수해야 한다.

3.5 퀀트 UXR 직군에 적합한가?

앞에서 살펴본 바와 같이 퀀트 UX 리서치와 데이터 사이언스를 비롯한 다른 직군들 간에는 상당한 공통점이 있다. 다음 질문은 일반 UXR, 퀀트 UXR, 데이터 사이언티스트, 애널리스트 사이의 차이점을 정리하는 데 도움이 될 수 있다. 이 질문들이 검증된 평가 도구는 아니지만, 자기 성찰을 위한 간단한 점검 방식으로 활용할 수 있다.

종이 한 장을 들고 (1) 일반 UXR, (2) 퀀트 UXR, (3) 데이터 사이언티스트, (4) 비즈니스 애널리스트 또는 프로덕트 애널리스트에 대한 항목을 적는다. 그런 다음 질문에 답하고 자신의 답변에 점수를 매긴다.

1. 학부 통계학 전공자나 사회과학 석사나 박사 과정 수준으로 통계에 능통한가?
   - **예**: 퀀트 UXR과 데이터 사이언티스트 모두 1점
   - **아니오**: 일반 UXR과 비즈니스 또는 프로덕트 애널리스트 모두 1점

2. 프로그래밍에 얼마나 능숙한가?
   - **레벨 0**: 프로그래밍이 새롭거나 불편하거나 즐겁지 않다. 일반 UXR 1점
   - **레벨 1**: 기본 R 또는 SQL 코드와 같은 스크립트 작성을 즐긴다. 비즈니스 또는 프로덕트 애널리스트 1점, 퀀트 UXR 0.5점
   - **레벨 2**: R, 파이썬, C/C++, 줄리아 등과 같은 범용 언어로 프로그래밍하는 경우가 많다. 일상적으로 수백 줄의 코드를 작성하고 재사용 가능한 함수, 복제, 공식적인 (단위) 테스트를 수행한다. 퀀트 UXR과 데이터 사이언티스트 모두 1점
   - **레벨 3**: 컴퓨터 사이언스 학위 또는 이와 동등한 학위를 소지하고 알고리듬 및 공식 시스템에 대한 풍부한 경험이 있으며, 소프트웨어 엔지니어로 근무한 경험이 있다.

데이터 사이언티스트 1점, 퀀트 UXR 0.5점

3. 인간 대상 리서처로 근무했거나 사회과학 박사 학위를 보유하는 등 인간 또는 인간 행동 연구를 설계하고 주도한 경험이 있는가?

- **예**: 일반 UXR과 퀀트 UXR 모두 1점
- **아니오**: 데이터 사이언티스트 및 비즈니스 또는 프로덕트 애널리스트 모두 1점

4. 다음 중 어느 하나에 해당하는 대학원 학위를 갖고 있는가?

- **MBA 또는 기타 비즈니스 대학원 학위**: 비즈니스 또는 프로덕트 애널리스트 1점
- **통계학**: 데이터 사이언티스트 1점, 퀀트 UXR 0.5점
- **HCI 또는 휴먼 팩터**: 일반 UXR 1점, 퀀트 UXR 0.5점
- **컴퓨터 사이언스**(HCI 및 휴먼 팩터 외): 데이터 사이언티스트 1점
- **심리학, 사회학 또는 정치학**: 일반 UXR과 퀀트 UXR 모두 1점
- **신경과학**: 퀀트 UXR 1점, 데이터 사이언티스트 0.5점
- **인류학, 에스노그래피 또는 정보 과학, 기타 사회과학**: 일반 UXR 1점
- **자연과학 또는 수학**: 데이터 사이언티스트 1점
- **위 항목에 해당 없음**: 비즈니스 또는 프로덕트 애널리스트 1점

5. UX 리서치, HCI, 인터랙션 디자인 또는 사용자 인터페이스UI, User Interface 디자인(웹 디자인 또는 애플리케이션 프론트엔드 디자인 또는 프로그래밍) 등 UX 업무 경험이 있는가?

- **예**: 일반 UXR과 퀀트 UXR 모두 1점
- **아니오**: 데이터 사이언티스트와 비즈니스 또는 프로덕트 애널리스트 모두 1점

6. 다음 중 가장 선호하는 프로젝트 유형은 무엇인가?

- **디자이너와 협력해 앱 UI 제작**: 일반 UXR 1점
- **사용자가 생성한 피드백 데이터를 가공해 제품 평가에 활용하는 데이터 파이프라인 개발**: 데이터 사이언티스트 1점
- **고객 만족도 평가 또는 사용자 참여 지표의 동향을 검토하고, 다음 버전 제품에 적용할 인사이트 파악**: 퀀트 UXR 1점
- **경영진과 지역별 마케팅 팀에 제품 판매 현황 보고**: 비즈니스 또는 프로덕트 애널리스트 1점

7. 아직 확신이 없는가? 이 책의 뒷부분에서 역량과 프로젝트 예시를 살펴보기 바란다. 그리고 가장 적합한 두 가지 직무에 지원하고 인터뷰 과정을 통해 더 자세히 알아보기 바란다(12장 참조).

부록에서는 가상의 퀀트 UXR 직군에 대한 직무 설명(부록 A)과 채용 기준(부록 B)의 예를 소개한다.

3.6 핵심 포인트

3장에서는 퀀트 UX 리서치에 대한 일반적인 정의를 내리고, 퀀트 UXR의 주요 활동을 설명했으며, 퀀트 UX 리서치 직무를 데이터 사이언스와 같은 다른 직군과 비교해 살펴봤다. 3장에서 다루는 핵심 사항은 다음과 같다.

- 퀀트 UX 리서치는 사용자 중심 제품 디자인을 위해 규모의 정보를 제공하는 실증적 리서치 방법을 적용하는 것이다(3.1절).
- 리서치 질문과 방법은 이해관계자 및 제품 요구 사항의 변화에 따라 제품의 라이프사이클 전반에 걸쳐 달라진다(3.2.2절). 라이프사이클의 여러 부분에 걸쳐서 단기 및 장기 프로젝트를 동시에 진행하는 것이 일반적이다(3.2.1절).
- 퀀트 UXR을 위한 단일한 스킬셋은 존재하지 않는다. 퀀트 UXR은 사회적 또는 심리적 구조, 행동 지표, 설문 조사, 대규모 데이터 모델링 등 한두 가지 영역에 전문성을 가질 수 있다(3.3절).
- 퀀트 UX는 일반 UX 리서치, 데이터 사이언스, 프로덕트 및 비즈니스 분석 등 여러 다른 직무와 상당 부분 중복된다(3.4절).
- 퀀트 UX 리서치는 실험적 리서치 설계, 프로그래밍, 통계를 융합해, 다소 모호하지만 인간 중심적인 리서치 문제를 해결하는 것을 즐기는 사람들에게 가장 매력적이다(3.5절). 따라서 퀀트 UX 분야는 학계, 데이터 사이언스, HCI, 통계학, 사회과학, 기타 전공의 지원자에게 적합할 수 있다.

3.7 더 알아보기

사회과학자, 특히 심리학자를 위해 크리스는 다른 저서에서 인간을 대상으로 한 리서치 스킬이 일반적인 UX 리서치 활동과 요구 사항에 어떻게 도움이 되는지 설명한다[17]. 팀 헤스터 베르그Tim Hesterberg는 통계학자를 위해 구글의 통계학자의 업무에 대해 자세히 알아볼 수 있는 일반적인 프로젝트, 직무 기회, 방법을 설명한다[59].

자신의 관심 분야가 일반적인 UX 리서치에 가장 적합하다고 판단된다면, UX에 대한 설명 및 기본적 추론 통계에 대한 훌륭한 가이드인 사우로Sauro와 루이스Lewis의 『Quantifying the User Experience』[124]를 참고하기 바란다. 퀀트 UX 직무는 이 책에서 설명하는 것보다 더 높은 수준의 통계 및 실험 설계 역량을 요구한다는 점에 유념해야 한다.

퀀트 UXR은 설문 조사 리서치 역량을 개발하는 데 관심이 많을 것이다. 미국과 유럽의 여러 대학에서 1주에서 6주에 걸쳐 설문 조사 방법론에 대한 몰입형 교육을 제공하는 여름 프로그램을 운영하고 있다. 최근 몇 년 동안 미국 미시간 대학교University of Michigan, 독일 라이프니츠 사회과학연구소The GESIS Leibniz Institute for the Social Sciences, 스페인 바르셀로나 폼페우 파브라 대학교Pompeu Fabra University, 영국 에섹스 대학교University Essex, 네덜란드 위트레흐트 대학교Utrecht University에서 설문 조사 방법론 및 관련 분야의 여름 프로그램이 개설돼 운영 중이다.

3장에서 반복되는 주제는 퀀트 UX 리서치와 데이터 사이언스를 비교할 때 필요한 스킬과 수행하는 프로젝트에 있어서 중복된다는 점이다. 로빈슨Robinson과 놀리Nolis는 그들의 저서, 『Build a Career in Data Science』[114]에서 데이터 사이언스 관점에서의 지침을 제공한다.

표 3-1에서는 퀀트 UXR이 사용하는 몇 가지 일반적인 방법을 살펴봤다. 이러한 각 방법에는 전문적인 문헌이 있으며, 초보자라면 자칫 갈피를 잡지 못하고 헤매기 쉽다. 다음 참고 문헌은 퀀트 UXR 적용 프로젝트의 출발점으로 특히 유용할 수 있다.

- **로그 분석**: 로그 분석에는 여러 가지 종류가 있다. UX에서는 애플리케이션이나 웹사이트의 사용자 세션 로그, 사용자 행동의 순차적 패턴, 즉 시퀀스를 분석한다. 시퀀스 분석에 대한 소개는 이 책의 9장에서 설명한다.
- **MaxDiff 선택 모델링**: MaxDiff는 기능, 사용 사례, 제품 메시지의 상대적 중요성을 평가하는 데 유용한 필수 선택 설문 조사forced-choice survey 방법이다. MaxDiff에 대한 소

개는 10장을 참조하기 바란다.

- **컨조인트 분석**: 이 책의 동반서[25]에 컨조인트 분석의 소개와 함께 R에서의 활용법이 나와 있다. 실무자 및 리서치 매니저를 위한 광범위한 지침이 포함돼 있지만 비교적 덜 전문적인 입문서를 브라이언 오르메Bryan Orme가 집필했다[106].

- **브랜드 인지도**: 경쟁 브랜드의 인지도를 평가하는 데 널리 사용되는 접근 방식은 복합 지각도 기법CPM, Composite Perceptual Mapping이다. CPM은 이 책의 동반서인 [25]의 8.2절과 [127]의 9.2절에 설명돼 있다. 또 다른 접근 방식은 제품 리뷰나 설문 조사에 대한 사용자 응답과 같은 주관적인 글로부터 감정을 분석하는 방법이다. 이에 관한 훌륭한 소개서는 [132]를 참조하기 바란다.

- **군집 분석**(일명 세분화): 에버릿Everitt 외 몇몇이 저술한 『Cluster Analysis』[43]는 군집 분석에 대한 일반적이고 접근하기 쉬운 입문서다. R과 파이썬을 활용한 군집 분석의 예는 각각 [25]와 [127]에 나와 있다. 리서처와 이해관계자가 군집 분석에 대해 이해해야 할 가장 중요한 점은 이 방법이 주로 분석자에게 많은 판단을 요구하는 탐색적 방법이라는 점이다. 군집 분석은 단순히 데이터셋에 통계적 방법을 적용해 '최선의 답'을 얻는 문제가 아니다.

- **분류**: 분류는 많은 통계학 교재에서 다루고 있으며, 그중에서도 특히 쿤Kuhn과 존슨Johnson의 『실전 예측 분석 모델링Applied Predictive Modeling』[76]을 추천한다. 관련 R 패키지 캐럿에서는 수백 가지 분류 모델(이 글을 쓰는 현재 238개 모델)에 대한 체계적인 접근 방법을 제공한다[75]. R[25] 및 파이썬[127] 동반서에서도 분류에 대해 설명하고 있다.

- **A/B 및 다변량 실험**: 분류와 마찬가지로, 실험은 기본적인 추론 테스트의 변형이기 때문에 수많은 통계학 교재에서 전반적으로 다뤄진다. 그러나 일반적인 교재에서 다루지 않는 잠재적인 함정과 문제점이 많이 있다. 비즈니스 환경에서 R을 사용하는 애널리스트를 위한 맥컬로프McCullough의 『Business Experiments with R』[92]은 적용 사례를 제시하고 모범 사례를 논의하는 훌륭하고 읽기 쉬운 가이드다.

- **제품 내 설문 조사 및 온라인 설문 조사**: 설문 조사에서 흔히 저지르는 실수는 응답자가 말할 수 있는 것이 아니라 리서처가 알고 싶은 것을 묻는 것이다[20]. 너무 많은 설문 조사가 제대로 기획되지 않고 명확하게 작성되지 않으며, 사전 테스트도 거치지

않는다. 자렛Jarrett의 『Surveys That Work』[63]는 설문 조사 결과에 따라 취할 수 있는 결정을 신중하게 고려한 다음, 그러한 결정을 뒷받침할 수 있는 적절한 조사 계획과 항목을 설계하는 방법을 설명하는 실용적인 가이드다. 보다 자세한 지침과 경험에 기반한 조언이 담긴 종합적 문헌으로는 칼레가로Callegaro 외 저자들이 집필한 『Web Survey Methodology』[12]를 추천한다. 설문 조사를 많이 하는 경우, 설문 척도 개발과 심리 측정에 대해 전반적으로 학습하는 것이 좋으며, 드벨리스DeVellis의 『Scale Development』[39]는 접근하기 쉬운 훌륭한 입문서다.

- **경험 샘플링**: 이 방법은 다이어리 연구와 같이 거의 전적으로 정성적인 질적 연구 접근 방식부터 종단 구조 모델longitudinal structural model에 이르기까지 다양하다. 실비아Silvia와 코터Cotter의 리서치인 『Researching Daily Life』[133]가 좋은 소개서다. 볼거Bolger와 로렌소Laurenceau의 저서[7]는 개인 단위의 종단적 사건과 응답을 분석하기 위한 기술적 방법에 대해 설명하며, R에서 뿐만 아니라 SASStatistical Analysis System, SPSSStatistical Package for the Social Sciences, Mplus, HLMHierarchical Linear Modeling에서 사용할 수 있도록 여러 예제에 대한 코드를 제공한다.

- **인과관계 모델링, 인과관계 추론**: 모든 애널리스트는 인과관계와 상관관계를 혼동하며, 인과적으로 관계를 해석하는 이해관계자와 부딪히게 된다.('사용자 만족도가 떨어졌다고? 또 뭐가 바뀌었지? 그게 원인일 거야!') 통계학자들은 잠재적인 인과관계를 평가할 수 있는 모델을 개발해 왔다. 수학적인 지식과 R 및 Stata 코드만 있으면 누구나 쉽게 따라할 수 있는 재미있는 입문서로는 커닝햄Cunningham의 『Casual Inference: The Mixtape』[38]가 있다.

위에 나열된 스킬 목록에 겁먹을 필요는 없다. 퀀트 UXR이라고 해서 이 모든 스킬의 전문가가 될 수는 없다. 오히려 커리어를 쌓는 과정에서 다른 많은 기술의 기본을 배우면서 그 중 몇 가지 스킬에 대해 점차 전문가가 될 수 있다(4.1.1절 참조).

퀀트 UXR의 가장 큰 장점 중 하나는 배울 기회가 항상 많다는 점이다.

2
핵심 기술

2부에서는 퀀트 UX에 필수적이면서도 특화된 세 가지 스킬, 즉 UX 리서치(4장), 통계(5장), 프로그래밍(6장)을 살펴본다. 2부의 목표는 필요한 스킬을 정의하는 것이다. 각 주제는 광범 위하기 때문에 모든 기술을 다루지는 않을 것이다. 대신 각 기술이 중요한 이유를 설명하고, 그 경계를 간략히 짚어 보며, 필수는 아니지만 전문가 수준의 스킬에 대해 논의하고, 스스로 평가하고 학습할 수 있는 분야를 추천한다.

2부에서는 자신의 스킬이 퀀트 UX에 필요한 스킬과 어떻게 다른지 비교해 보고자 하는 독자, 퀀트 UX 직군에 지원하려고 하는 데 무엇을 알아야 하는지 궁금한 독자, 그리고 퀀트 UX 직무를 만들거나 팀원들의 역량 개발을 돕고자 하는 UX 매니저와 이해관계자들에게 도움이 될 것이다.

어떤 독자는 자신의 스킬이 퀀트 UX에 잘 부합한다는 사실을 깨닫고 안심할 수 있을 것이다. 누군가는 추가 학습이 필요한 영역을 발견할 수도 있다. 또 다른 독자는 퀀트 UX가 자신의 스킬이나 관심사에 적합하지 않다는 결론을 내릴 수도 있을 것이다. 이 모든 것은 가치 있는 결과라고 생각한다.

04

UX 리서치

퀀트 UX 리서치에는 리서치 설계, 통계 분석, (일반) 프로그래밍을 비롯한 여러 분야의 스킬이 필요하다. 4장에서는 리서치 설계에 대한 퀀트 UX 접근 방식을 살펴본다.

퀀트 UXR이 갖춰야 할 능력 중 가장 중요한 것은 리서치 스킬을 활용함에 있어 UXR로서 본질적으로 사고하고 고민하는 것이다. 이 점을 강조하는 데는 몇 가지 이유가 있다. 첫째, 이런 접근 방식이 특정 기술적 지식보다 더 중요하다고 믿기 때문이다. 접근 방식을 올바르게 정립하면 세부 사항도 잘 파악할 수 있다. 둘째, 가능한 기술에 대한 지식의 범위가 너무 방대해 어느 누구도 이를 모두 다룰 수는 없다. 셋째, 분석에 관한 기술적인 자료는 쉽게 구할 수 있지만 퀀트 UX 실무의 '방법과 이유'에 대해 설명해 놓은 자료는 훨씬 적다.

4장에서는 정성적 및 정량적 UX 리서치에 모두 적용되는 몇 가지 기본 사용자 중심 개념에 대해 설명한다. 정량적이든 정성적이든 특정 방법에 대해 자세히 설명하기보다는 체계적인 원칙을 제시한다. 해당되는 경우, 퀀트 UX 리서치에서 발생할 수 있는 사례를 예로 들어 설명할 것이다.

4장을 마칠 때 쯤이면 UXR과 퀀트 UXR이 리서치 문제를 어떻게 접근하는지 좀 더 이해하게 될 것이다. 이를 통해 퀀트 UX 리서치 프로젝트(및 인터뷰)를 위한 적절한 리서치 계획을 수립하고 데이터 사이언스와 같은 관련 분야와의 차이점을 더 잘 이해할 수 있을 것이다(3.4.5절).

4장과 다음 5~6장의 통계 및 프로그래밍 관련 권장 스킬을 살펴볼 때 부록 B에 요약된 가상의 채용 기준을 참고하면 도움이 될 것이다.

4.1 퀀트 UXR을 위한 기본 및 고급 기술

퀀트 UXR에게 일반적으로 강조되는 세 가지 기술 전문 분야는 통계, 프로그래밍, UX 리서치(더 넓게는 인간과 컴퓨터 인터랙션 리서치)다. 통계는 5장에서, 프로그래밍은 6장에서 다룬다. 4장에서는 UX 리서치에 집중한다.

퀀트 UX 리서치의 상위 기술 간의 관계는 드류 콘웨이^{Drew Conway}의 데이터 사이언스 벤 다이어그램[34]을 기반으로 한 그림 4-1에 나와 있다. 퀀트 UX 리서치는 프로그래밍, UX 리서치, 통계의 세 가지 스킬 세트가 교차하는 지점에 있다.

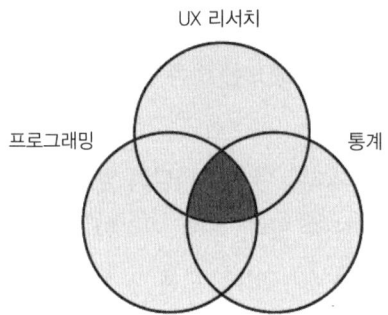

그림 4-1 퀀트 UX 리서치에 필요한 세 가지 핵심 기술인 프로그래밍, UX 리서치, 통계가 포함된 벤 다이어그램이다. 이 세 가지 기술이 서로 융합돼 퀀트 UX 리서치의 중심을 이룬다.

그림 4-1은 구조가 단순하지만, 통계와 프로그래밍에 대한 지식만으로는 충분하지 않다는 중요한 의미를 담고 있다. UX 리서치에서 도메인에 대한 전문성은 위와 같은 기술적 영역만큼이나 중요하다. 사실 UX 리서치도 기술적인 영역이며, 해당 도메인에 대한 깊은 연구와 경험을 통해 얻은 전문 지식의 가치를 과소평가해서는 안 된다.

그림 4-1의 실질적인 의미는 퀀트 UX 직무에 지원하는 경우 이러한 영역별로 인터뷰를 하게 될 것이라는 점이다. 일반적인 인터뷰 과정에는 최소 기준 이상의 역량을 평가하는 4~6 개의 영역이 있다. 퀀트 UXR의 경우 일반적으로 통계 및 UX 리서치 디자인에 대한 평가가 포함되며, 프로그래밍이 포함되는 경우가 많고, 모든 직무에서 공통적이거나(예: 커뮤니케이션 능력) 특정 직무에 필요한(예: 특정 언어 또는 데이터베이스 경험) 영역이 추가되는 경우가 많다. 채용 절차에 대한 자세한 내용은 12장에서 확인할 수 있다.

4.1.1 'T자형' 기술

기본 수준에서 요구되는 폭넓은 기술(그림 4-1 참조) 외에도 모든 퀀트 UXR은 적어도 한 가지 영역에서 입증 가능한 전문성을 갖추고 있어야 한다. 이를 T자형 역량이라고도 한다. T의 머리 부분인 가로 막대의 폭은 보유한 기술 범위를 나타내며, 꼬리 부분의 세로 막대는 한 영역에 대한 전문성의 깊이를 나타낸다.

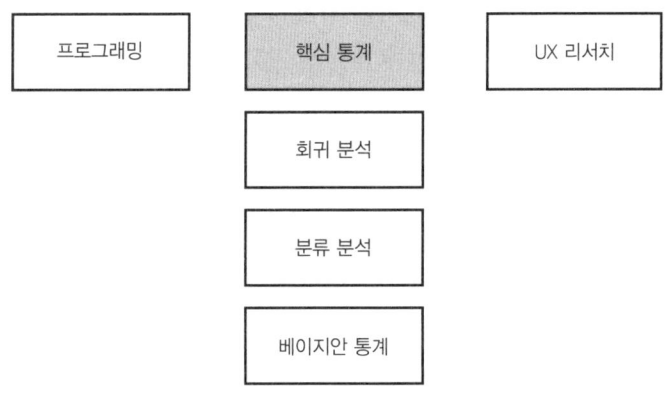

그림 4-2 퀀트 UXR의 기술에서 T자형 관계의 예시. 모든 퀀트 UXR은 최소 요건(T의 머리 부분)을 충족하는 광범위한 기본 스킬과 최소 요건보다 훨씬 깊이 있는 전문 지식(T의 꼬리 부분)을 적어도 한 가지 영역 이상 보유해야 한다. 이 그림은 프로그래밍, 통계, UX 리서치에 대한 폭넓은 지식과 통계에 대한 심층적인 전문성을 보여 준다.

T자형 기술은 개인의 스킬 또는 팀이나 조직에 따라 심도 있는 역량이 필요한 특정 퀀트 UXR 직책을 설명하는 데 사용할 수 있다. 여기서 고려해야 할 중요한 질문은 다음과 같다.

- 모든 영역에서 기본적인 역량을 갖추고 있는가?
- 어떤 영역에서 심도 있는 전문성을 갖고 있는가?
- 이러한 전문성을 어떻게 전달할 수 있는가?
- 경력 개발을 위해 폭을 더 넓히는 것을 선호하는가, 아니면 전문 분야를 더 깊이 있게 개발하는 것을 선호하는가?

이러한 질문에 대한 자세한 내용은 12장과 14장에서 설명한다.

4.2 사용자에게 집중하기

초창기 구글은 조직 철학을 반영하기 위해 '우리가 진실로 알고 있는 10가지'라는 목록을 만들었다. 첫 번째 항목은 아마도 가장 잘 알려진 '사용자에게 집중하면 다른 모든 것은 따라온다Focus on the user and all else will follow'였을 것이다[51]. 저자 둘 다 구글에서 오랫동안 일했기 때문에 UX 리서치와 디자인의 목적을 생각할 때 이 문장을 떠올리지 않을 수 없다. 사용자에게 집중하는 것이 UXR이 할 수 있는 가장 중요한 일이라고 생각한다.

4.2절에서는 사용자에게 집중한다는 것이 무엇을 의미하는지, 그리고 다른 접근 방식과 어떻게 다른지 자세히 설명한다. 이를 설명하기 위해 사용자 중심이라는 용어를 사용한다. 사용자 중심 리서치의 접근 방식에는 다섯 가지 핵심 원칙이 있다.

1. 사용자의 관점을 채택하기
2. 사용자 중심의 변수 및 결과 평가하기
3. 인지적 접근 방식으로 '왜?'라는 질문에 답하기
4. 충족되지 않은 니즈에 집중하기
5. UX 실행 및 이해관계자와 연계하기

4.2절에서는 이러한 각 원칙에 대해 살펴본다.

4.2.1 사용자의 관점 채택하기

첫 번째 원칙은 사용자의 관점을 채택하는 것이다. UX 리서치 질문은 사용자가 문제나 제품을 어떻게 생각할지에 먼저 초점을 맞춰야 한다. 다음은 크리스가 UX 리서치를 담당했던 프로젝트에서 인사이트를 얻은 예시다[26]. 팀이 사용자가 쓴 내용을 기록하고 그 필기를 전자 문서로 만들어 주는 '디지털 펜digital pen'을 조사하고 있다고 가정해 보자. 합리적인 비즈니스 질문은 다음과 같다.

- 팀에서 이 제품을 왜 만들어야 하는가?
- 엔지니어링의 핵심 과제는 무엇인가?
- 팀이 엔지니어링 과제를 극복할 수 있는가?
- 시장 점유율을 얼마나 확보할 수 있는가?
- 제품이 수익성이 있는가?

하지만 위 질문 중 그 어느 것도 사용자 중심적인 질문은 아니다.

- 디지털 펜은 사용자에게 어떤 도움을 주는가?
- 기존의 펜과 종이보다 나은 이유는 무엇인가?
- 사람들이 실제 상황에서 어떻게 사용하는가?
- 사용자의 글쓰기 작업 중 어느 정도의 비율을 차지할 수 있는가? 혹은 개선할 수 있는가?
- 사용자가 디지털 펜을 갖고 있지 않거나 충전이 되지 않거나 고장나거나 분실하는 등의 상황이 발생하면 어떻게 되는가?
- 장단점을 고려했을 때 그만한 가치가 있는 제품인가?

사용자가 제품의 가치를 느끼지 못하면 제품을 판매하는 비즈니스도 어려움을 겪게 되므로 이러한 사용자 중심의 질문은 비즈니스 질문에 대한 답을 찾는 데도 도움이 된다. UX 리서치의 목표는 사용자 관점을 도입해 엔지니어링 및 비즈니스 방향이 사용자가 실제로 필요로 하는 것에 가장 잘 부합하도록 하는 것이다. 리서치 계획이 사용자보다 비즈니스와 더 관련이 있다면 사용자 중심 리서치를 통해 추가적인 관점을 얻을 수 있는 방법을 고려해야 한다.

참고로, 크리스와 동료들의 디지털 펜 리서치(2000년대)에 따르면 전통적인 아날로그 펜과 종이는 저렴하고, 쉽게 사용할 수 있고, 어디에나 있고, 누구에게나 친숙하며, 수천 년에 걸쳐 진화해 왔다는 것이다. 사용자 관점에서 볼 때 전통적인 필기의 행동 가치는 디지털 필기의 폭넓은 사용을 가로막는 큰 장벽으로 작용하고 있었다[16, 26].

4.2.2 사용자 중심의 변수 및 결과 평가하기

사용자 중심의 변수와 결과를 평가하는 것 또한, 사용자 중심 리서치와 밀접하게 관련된 핵심 원칙이다. 퀀트 UXR은 리서치를 설계하고, 사용 데이터를 사용 결과와 연결하는 데이터 셋으로 작업을 수행해야 한다. 이는 종종 통계 분석의 형태를 취하는데, 입력(예측 변수 또는 독립 변수라고 함)은 사용자 행동에서 비롯되며, 사용자 중심 결과와 관련이 있다.

예를 들어, 방문 빈도 및 지속 시간 등 웹사이트와 사용자 간 인터랙션에 대한 자세한 행동 데이터와 사이트 만족도에 대해 일부 사용자로부터 직접 수집한 설문 조사 데이터가 있다고 가정해 보자. 행동 데이터를 통계적 예측 변수(입력)로 사용하고, 만족도 데이터를 종속 변수 또는 결과 변수로 사용해 어떤 사용자 행동이 만족도와 가장 관련이 높은지 이해하는 데 도움이 되는 모델을 개발할 수 있을 것이다. 이러한 이해는 새로운 디자인을 평가하기 위한 A/B 테스트에 사용할 행동 지표를 개발하는 데 도움이 된다(5.3.4절 참조).

일반적인 사용자 중심 데이터에는 사용자 행동, 원하는 태스크, 태스크 성공, 제품 선택, 기능 사용, 선호도, 환경(예: 집 또는 사무실 설정), 설문 조사 응답, 구매, 반품, 제품 리뷰, 설문 조사 댓글, 지원 요청, 오류 보고서, 주관적인 이해도 등이 포함된다. 가장 일반적으로 이러한 데이터는 제품 출시와 같은 처리 또는 사용자의 상황이나 인구 통계와 같은 요인과 관련된 결과 변수outcome variable로 활용될 수 있다. 그러나 리서치 질문에 따라 이러한 데이터는 다른 변수의 예측 변수predictor variable 또는 공변량covariate으로 간주될 수 있다.

사용자와 관련이 없는 변수란 무엇인가? 개별 사용자와 밀접하게 또는 직접적으로 관련이 없는 변수는 무엇인가? 입력/예측 변수 측면에서는 지리적 위치, 사용자에게 숨겨진 엔지니어링 세부 정보, 내부 부서, 엔지니어링팀, 영업팀 또는 목표에 대한 업무 배정 등의 조직 변수, 경제 동향, 정치적 사건, 날씨와 같은 비개인적 데이터 등이 그 예가 될 수 있다. 결과 또는 종속 변수 측면에서 사용자 중심이라고 볼 수 없는 데이터의 예로는 매출, 이익, 시장 점유율, 전문가 리뷰, 뉴스 기사, 인력 수준, 시스템 오류, 데이터 센터 수요, 에너지 사용량, 제조 세부 정보 등이 있다.

물론 모든 데이터셋은 사용자와 직간접적으로 관련이 있다. 사용자 중심 데이터와 그렇지 않은 데이터의 차이점을 파악하기 위해 특정 데이터셋에 대해 사용자 관점에서 논리적으로 말할 수 있는지 자문해 보길 바란다. 대답이 '예'라면 사용자 중심 데이터일 것이다. 그렇지 않다면 UX 리서치의 영역 밖에 있는 데이터일 가능성이 높다. 많은 영역이 서로 중복되지만, 핵심은 사용자가 중심이 있다는 점이다.

4.2.3 인지적 접근 방식으로 '왜'라는 질문에 답하기

사용자가 무엇을 하는지 이해하는 것은 사용자가 왜 그런 행동을 하는지에 대한 이해 없이는 불가능하다. 사용자를 이해하려면 사용자의 행동뿐만 아니라 사고도 이해해야 한다. UXR은 인지적 접근을 통해 이를 수행한다.

다른 리서치 프로젝트와 마찬가지로 인지적 측면을 다루는 방법에 대한 세부 사항은 당면한 질문에 따라 달라진다. 하지만 퀀트 UX 프로젝트에는 다음과 같은 몇 가지 공통적인 고려 사항이 있다.

- 데이터 소스나 질문을 실제 사용자와 함께 검토했는가? 우리가 생각하는 데이터의 의미와 다른 데이터를 수집하는 경우가 종종 있다. 일반적인 설문 조사 질문인 '＿＿＿을 추천할 가능성이 얼마나 되는가?'를 예로 들어 보자. 엄밀히 말하면, 대부분의 답변은 '전혀 없다'에 가까울 것이다. 우리 중 누구도 뭔가를 추천하는 데 많은 시간을 할애할 사람은 매우 드물다. 그렇다면 이 설문 조사의 질문은 어떤 의미가 있을까? 이 질문 자체는 별다른 의미가 없다. 오히려 사용자가 어떻게 해석하느냐에 따라 의미가 달라진다. 이를 파악하려면 사용자에게 직접 물어봐야 한다.

- 사용자의 어떤 행동을 관찰할 때, 왜 그런 행동을 하는지 알 수 있는가? 사실과 다른 이유를 가정하는 것이 일반적이다. 예를 들어, 많은 사용자가 윈도우^{Windows} 운영체제를 선호한다고 응답했다고 가정해 보자(10장 참조). 사용자들에게 윈도우가 왜 그렇게 중요한지 궁금할 수도 있지만, 이는 처음부터 잘못된 질문이다. 먼저, 그들이 생각하는 '윈도우 운영체제'의 의미를 이해해야 한다. 우리가 생각하는 것과 같은 의미일까? 사용자들은 모든 컴퓨터에 윈도우가 설치돼 있다고 생각하거나 윈도우가 마이크로소프트 오피스^{Microsoft Office}와 동일하다고 생각할 수 있다. 왜 그런 선택을 했는지 물어보지 않는 한 알 수 없다.

- 아주 기본적인 수준일지라도 사용자 경험의 행동적 측면과 함께 정서적 측면을 평가해 봤는가? 인간 중심의 학문인 디자인은 객관적인 태스크 성공 여부뿐만 아니라 행복에 기여하는 제품 경험을 디자인하고자 한다. 다르게 말하면, 사용자가 제품을 사용하는 데는 성공했지만 그 제품을 즐기지 않는다면, 그 제품은 미래가 매우 불확실한 실패작이 될 수 있다. 7장에서 행동과 태도를 다차원적으로 평가하기 위한 HEART 모델[118]에 대한 설명을 참고하기 바란다.

4.2.4 충족되지 않은 니즈에 집중하기

엔지니어, 디자이너, PM, 개발 임원진들은 혁신을 좋아한다. UX 분야에서 일할 때 가장 좋은 점 중 하나는 매혹적인 신제품 아이디어에 참여할 수 있다는 점이다.

안타깝게도 혁신에 초점을 맞추다 보면, 새로운 제품 콘셉트에 대한 사용자의 반응을 묻는 UX 리서치에서 흔히 발생하는 문제가 있다. 사용자가 이 제품을 원하는지, 사용할 의향이 있는지, 필요한 기능이 무엇인지, 얼마를 지불할 것인지 등을 묻는 식이다. 이러한 질문은 비즈니스에 도움이 되는 좋은 질문이지만, 이쯤 되면 사용자 중심적인 질문이 아니라는 사실을 알 수 있을 것이다.

사용자 관점의 질문은 '나에게 어떤 도움이 될까?'의 연장선상에 있는 질문일 가능성이 높다. 여기에는 '왜 이 제품이 지금 내가 가진 다른 대안보다 더 나은가?'라는 암묵적인 질문도 포함된다. 4.2.1절의 디지털 펜에 대한 논의에서 이에 대한 예를 살펴봤다.

UX 리서치를 시작하는 좋은 출발점은 사용자에게 충족되지 않는 니즈가 있는지 알아보는 것이다. 사용자는 현재 솔루션에 대해 어떤 문제를 갖고 있는가? 문제를 '고충 사항pain point'이라고 부르기도 하지만, 더 폭넓은 방식으로 접근한다. 이러한 문제가 얼마나 심각한가? 문제 때문에 사용자가 할 수 없는 것은 무엇인가? 이 솔루션이 사용자에게 얼마나 큰 가치를 제공하는가? 사용자가 현재 무엇을 하고 있으며, 앞으로 무엇을 바꿀 수 있는가? 그리고 우리가 제안한 솔루션이 실제로 충족되지 않은 니즈를 해결할 수 있는가? 이러한 탐색은 종종 정성적 리서치를 수행하는 것이 도움이 된다. 사용자를 직접 관찰하면 문제를 발견하고 다른 방법으로는 물어볼 생각도 하지 못했던 것들을 밝혀 내는 데 매우 효과적이다.

이것이 너무 당연하게 느껴질 수 있다. 하지만 제품 개발의 세계에서는 이 사실을 종종 잊어버리는 경향이 있다. 사용자가 더 많이 참여하거나 더 많이 구매하기를 바라면서 사용자에게 필요한 것이 무엇인지 이야기할 때, 경쟁업체에 초점을 맞추는 경우가 이런 경향을 보이는 징조라고 볼 수 있다. 경쟁사의 성공을 보고 '우리도 그 시장에 진출해야 한다'고 반응하는 일이 비일비재하다. 경쟁사가 모든 성공을 거두도록 내버려둘 수는 없다고 생각하기 때문이다.

우리가 뭔가를 개발하려는 이유가 사용자의 요구를 더 잘 충족시킬 수 있기 때문이라면 문제가 없다. 하지만 사용자의 충족되지 않은 니즈를 명확히 파악하지 못하고, 사용자가 해당 제품을 원하게 만드는 방법을 찾는 데 집중한다면, 마법 같은 인사이트를 발견하기 위해 반복적인 리서치를 수행하면서 사용자가 원하지 않는 형편없는 아이디어만 양산할 가능성이 훨씬 더 높다.

존 구르빌John Gourville의 대표 논문인 'Why Consumers Don't Buy'[52]에서는 제품을 만드는 팀이 제품의 가치를 과대평가하는 방식을 설명한다. 동시에 소비자들은 그 가치를 과소평가하고, 예상되는 실망과 행동 변화에 따른 '전환 비용switching cost'을 피하고자 한다. UX 리서치는 이러한 양쪽의 균형을 맞추는 데 도움이 될 수 있으며, 팀이 예상하는 제품 가치를 실제 사용자 요구에 맞추는 동시에 사용자가 맞이할 현실적인 장벽(장벽이 비현실적이거나 과장된 경우라도)을 이해하는 역할을 한다.

사용자에게 필요한 것이 무엇인지, 현재 솔루션이 제공하지 못하는 것이 무엇인지, 새로운 솔루션에 대한 행동 및 인지적 영향이 무엇인지 지속적으로 집중하길 권장한다. 가상의 혜택이 아닌 실제 충족되지 않은 니즈에 맞게 디자인해야 한다.

4.2.5 UX 실행 및 이해관계자와 연계하기

마지막 원칙은 퀀트 UX가 UX의 일부라는 것이다. 우리의 리서치 문제는 일반적으로 디자이너, PM, 엔지니어, 경영진, 다른 UX 동료 등 UX 이해관계자로부터 발생한다. UXR은 UX 이해관계자가 실행할 수 있는 방안을 제안한다.

UX의 몇 가지 일반적인 제안 사항에는 사용자 인터페이스 변경(디자이너가 참조), 추가할 새로운 콘텐츠 반영 또는 불필요한 콘텐츠 제거, 충족되지 않은 니즈 관찰(PM, 디자인 또는 다른 담당자가 우선순위를 결정해야 함), 타깃 사용자 그룹에 대한 설명 등이 있다. 이 책의 모든 내용은 퀀트 UX가 일반적인 UX와 어떻게 관련돼 있는지에 관한 것이므로 반복해서 설명하지 않겠다. 주요 고려 사항으로는 리서치 라이프사이클(2.2.2절 참조), 퀀트 UX와 다른 역할의 관계(3.4절 참조), UX 조직 구조(11장 참조), 이해관계자와의 협력(13장 참조) 등이 있다.

4.3 리서치 유효성

리서치 설계를 하면서 리서치 유효성과 신뢰성에 대한 전반적인 개념을 접했을 것이다. 유효성은, 리서치가 실제로 주장한 내용에 대한 연구인지, 도메인 지식, 선행 연구 및 일반적인 논리에 근거하며 타당성이 있는지 여부와 관련이 있다. 그리고 신뢰성은, 관찰이나 설문 조사 점수와 같은 특정 사용자 평가를 신뢰할 수 있는지, 또 다른 평가를 통해 동일한 결과를 다시 얻을 수 있는지 여부와 관련이 있다.

위의 사항들을 리서치의 기본 원칙으로 볼 수 있다. 왜 이런 원칙을 강조할까? 실제 UX 리서치에서 이러한 원칙을 위반하는 경우가 종종 발생하기 때문이다. 안타깝게도 업계 리서치에서는 불충분한 리서치 계획, 촉박한 일정, 지나친 낙관주의, 이해관계자가 듣고 싶어 하는 결과를 전달했을 때 주어지는 보상이 만연해 있다. 동시에 리서치의 품질에 대한 인식이 거의 없으며, 특히 원치 않는 결과를 제공하는 경우 더욱 그렇다. 아무리 열정적이고 훌륭한 의도를 가진 리서처일지라도 리서치 품질에 주의를 기울이지 않는다면 스스로를 함정에 빠뜨릴 수 있다.

흔한 두 가지 함정은 '데이터가 의미하는 바를 파악하기 위해' 분석을 수행하는 것과 흥미로운 결과를 보장하는 방법을 사용하는 것이다. 첫 번째 함정인 '데이터가 의미하는 바를 파악하기 위해' 분석할 때 모든 데이터셋이 뭔가를 의미하는 것처럼 보이기 때문에 문제가 발생한다. 결과를 도출해야 하고, 리서치를 통해 유용한 인사이트를 얻었음을 입증해야 하는 부담이 있다. 이는 리서처로 하여금 의식적이든 무의식적이든 이해관계자에게 '가치 있는' 인사이트를 제공해야 한다는 엄청난 압박감으로 이어진다. 데이터가 해당 문제에 대해 유효하지 않고 결과를 신뢰할 수 없다면, 리서치의 가치는 제로 또는 마이너스일 가능성이 높다. 하지만 이해관계자 중 이를 인지하는 사람은 거의 없으며, 특히 프로젝트에서 자신들이 듣고 싶은 내용만 원하는 경우에 더욱 그렇다.

두 번째 함정인 흥미로운 결과를 보장하는 방법을 사용하는 것은 결과에 대한 강렬한 욕구, 새로운 방법을 시도하려는 열정, 과대 포장된 방법들이 넘쳐나는 리서치 생태계가 어우러져 발생한다.

이에 대한 대표적인 예는 제품이나 서비스를 추천할 의향이 있는지를 묻는 설문 조사 항목인 순고객 추천지수[NPS, Net Promoter Score]다. 『하버드 비즈니스 리뷰[Harvard Business Review]』에서 '성장에 필요한 단 하나의 숫자'라는 제목의 기사를 통해 NPS를 소개했다. 이 기사는 '최고 매출 성장을 가장 잘 예측하는 지표는 하나의 설문 조사 질문으로 파악할 수 있다'고 주장했다[111]. 비즈니스 성공이 단일 지표로 단순화되거나 하나의 설문 조사 항목으로 측정될 수 있을 만한 근거가 없기 때문에 이는 지나친 주장이다. 이러한 상관관계를 보여 주는 결과는 우연한 기회에 의한 것이거나, 데이터의 일부만 취사선택한 것이거나, 거짓 또는 이기적인 과장일 가능성이 훨씬 더 높다. 그러나 특히 저명한 학술지의 공신력을 등에 업고 있는 리서치 결과라면 사실일지도 모른다는 생각이 들기 마련이다.

한번 직접 시도해 보고 확인해 보는 건 어떤가? 문제는 이러한 노력이 보다 현실적이고, 복잡하며, 근거가 있고, 다차원적인 리서치를 방해한다는 것이다. 사용자 행동을 이해하거나(7장 참조) 충분한 정보에 기반한 의사결정을 내리기에는 부족한 제한된 범위로 리서치를 몰고 간다. 학계에서는 곧 NPS의 타당성과 과도한 주장에 의문을 제기했지만[67,137] 너무 늦었고, 그 주장이 너무 매력적이어서 이러한 비판이 무시되는 경우가 많았다. NPS 및 만족도 점수에 대해서는 8.2.3.2절에 자세히 나와 있다. 요점은 NPS에 대해 묻는 것이 나쁘다는 것이 아니라, 단편적이고 간단한 방법에 대해 부적절하게 높은 기대치를 가져서는 안 된다는 것이다.

이러한 유행은 앞서 설명한 압력과 보상 덕분에 업계에서 정기적으로 나타났다 사라진다. 크리스와 그의 동료들은 페르소나persona(사용자에 대한 가상의 설정)와 카노 모델Kano method(제품 기능의 우선순위를 나타내는 두 가지 항목으로 구성된 설문 조사) 등 과학적 근거가 약하고 과대 포장된 다른 사례에 대해 글을 쓰기도 했다[24]. 사실이라고 믿기에는 너무 좋은 것 같다면, 아마도 그럴 것이라는 것이다. 즉, 사실이 아닐 가능성이 높다.

퀀트 UXR로서 이러한 문제를 피하려면 어떻게 해야 할까? 첫째, 논리와 선행 연구를 바탕으로 리서치를 시작해야 한다. 회의적인 사람에게 단순히 '시도해 보자'고 호소하는 것보다 더 구체적인 근거를 들어 설명할 수 있어야 한다. 둘째, 새로운 것을 시도할 때는 비판적으로 접근해야 한다. 자신(또는 이해관계자)이 듣고 싶어하는 답을 도출하는 것이 아니라 그것이 정말 사실인지 여부를 어떻게 파악할 수 있는지 자문해 봐야 한다. 셋째, 리서치를 중복화redundancy해야 한다. 항상 여러 가지 방법, 평가, 분석 또는 측정 지표를 사용해 문제를 평가하고 그 결과가 일치하는지 확인해야 한다. 넷째, 모호하거나 제한적이거나 신뢰도가 낮은 방법을 사용할 수밖에 없는 경우, 더 신뢰할 수 있고 타당한 다른 요소를 리서치에 추가하는 방식으로 최대한 활용해야 한다. 마지막으로, UX 동료와 협력해 다양한 관점을 포함하고 이해관계자에 대한 영향력을 키워야 한다.

4.4 사용자 및 제품 평가

UX 리서치 평가는 사용자 평가와 제품 평가라는 두 가지 측면을 구분해야 한다. 이 구분은 이해관계자와 파트너가 종종 오해하는 부분이 있지만, 리서치 계획, 통계 분석, 보고, 제품에 대한 일반적인 예측에 있어서 매우 중요하다.

사용자를 평가한다는 것은 어떤 식으로든 사용자 또는 사용자의 행동을 특성화하고자 한다는 것을 의미한다. 이를 위해서 대표 표본 샘플링, 효과 또는 유의미한 차이를 찾기 위한 영향력 분석, 불확실성 및 표본 전체의 효과 분포에 대한 의사소통 등 전통적인 통계적 문제에 의존한다. 핵심은 사용자들은 서로 다르며, 이러한 개인차와 그 차이의 분포를 이해해야 한다는 것이다.

제품을 평가하는 것은 상당히 다른데, 그 이유는 UX 평가의 목적상 일반적으로 제품을 변화하지 않는 단일 대상으로 간주하기 때문이다. 사용자는 서로 다른 시간대에 다른 방식으로 행동하는 반면, 제품은 동일한 조건이 주어졌을 때 반복적으로 동일하게 작동하도록 설계된다. 제조 결함의 빈도나 기기 또는 시스템의 고장 시간 측정과 같은 전문적인 평가 영역은 별도로 진행된다. 이러한 영역은 제품이 특정 시점에 고정돼 있다고 전제할 수 있을 때에만 유효하므로, 일반적인 UX 리서치의 범위나 고려 대상에서 벗어난다. 이 주제에 관심이 있는 경우, 소프트웨어 개발 지표에 대한 소개가 나와 있는 노턴Norton의 책[102]을 참조하기 바란다.

사용자를 평가하는 것과 제품을 평가하는 것의 차이점은 무엇인가? 가상 현실VR, Virtual Reality 헤드셋headset에 대한 UX 리서치의 예를 들어 보자. 사용자가 이 헤드셋을 원하는지, 어떻게 사용하는지, 어떤 우려 사항이 있는지에 관심이 있다면 이는 사용자에 대한 평가이며, 평균 관심도 및 관심 범위와 같은 정보를 얻을 수 있다. 사용자 10명 중 1명이 이 아이디어를 싫어하더라도 다른 사람들이 관심을 보인다면 특별히 신경을 쓰지 않아도 된다.

하지만 사용성 실험 환경에서 사용자에게 기기를 써보게 하는 VR 헤드셋의 물리적 착용감에 대한 문제를 생각해 보자. 조절이 가능하며 10명 중 9명의 사용자에게는 잘 맞는데, 1명의 사용자가 착용 중 상처가 생겨서 피가 났다고 상상해 보자. 이런 경우 사용자에게 결함이 있는 것이 아니라 제품에 결함이 있는 것이다. 사용자가 피가 나는 경우, '평균' 착용감이라는 신뢰 구간이나 보고는 의미가 없으며 디자인을 수정해야 한다.

달리 말하면, 제품에서 버그를 발견하는 데는 단 1명의 사용자만 있어도 충분하다는 뜻이다. 이 경우 UX 리서치의 역할은 버그의 심각도를 평가하는 것이다. 버그가 자주 발생하는가? 그 버그의 중요성은 무엇인가? 이러한 리서치에서는 평균적인 결과를 평가하기보다는 단일 이벤트를 탐지하는 데 중점을 두기 때문에 더 적은 수의 샘플을 사용할 수 있다. 이에 대한 자세한 내용은 닐슨Nielsen[99]의 샘플링 규모 계획에 대한 연구를 참조하기 바란다. 반면에 사용자와 사용자의 다양성을 특성화하고자 할 때는 더 많은 수의 샘플과 함께 통계적 추론이 필요하다.

4.5 리서치 윤리

윤리는 데이터 사이언스와 UX 리서치 현장에서 빠르게 변화하고 있는 분야다. 과거에 많은 리서처가 익명 처리된 데이터를 거의 모든 용도로 사용할 수 있다고 생각했다. 오늘날에는 익명화된 데이터라도 개인에게 해를 끼칠 수 있으며 사회 전체에 대한 윤리적 의무가 있다는 인식이 확산되고 있다.

리서치 윤리의 모든 것을 검토할 수는 없지만, 알아 둬야 할 몇 가지 영역과 이슈를 중점적으로 살펴보겠다. 여러분의 배경 지식에 따라 이 중 일부는 당연한 내용일 수도 있고, 일부는 의외의 내용일 수도 있다.

4.5.1 리서치의 리스크 및 이점

UX 리서치의 목표는 제품을 개선해 사용자를 돕고, 이를 통해 비즈니스에 도움이 되며, 궁극적으로 세상 전체에 기여하는 것이다. 이는 UX 리서치는 유익해야 하며, 이로 인해 발생할 수 있는 손해보다 이점이 훨씬 더 커야 한다는 것을 의미한다. 일반적으로 UX 리서치의 리스크(시간 낭비, 민망함 등의 수준)는 매우 낮지만 모든 리서치 프로젝트에 대해 이러한 리스크를 비공식적으로라도 평가해야 한다.

퀀트 UXR은 A/B 테스트와 관련해 잠재적인 리스크에 직면할 가능성이 가장 높다(5.3.4절 참조). A/B 테스트는 다수의 사용자를 제품의 변경 사항에 노출시키는 것을 전제로 하기 때문이다. 변경 사항이 제품의 특성에 따라 실제 사용자에게 좋지 않은 결과를 초래할 수도 있다. 예를 들어, 세금 신고 제품의 A/B 테스트는 일부 사용자가 실수로 세금 신고에 실패해 환급금을 적게 받는 손실을 겪을 수도 있다. 사용자를 이러한 위험에 빠지게 할 수 있는 테스트는 시작하기 전에 잠재적인 피해와 해결 방법을 미리 고려하는 것이 중요하다.

장애인과 같이 취약한 집단 또는 규제 산업과 같이 위험도가 높은 제품을 다루는 경우에는 해당 분야의 경험이 많은 전문가나 동료와 상의해야 한다. 상당한 위험이 있는 경우, 상세한 정보 공개와 신중한 사전 동의 절차가 중요하다.

4.5.2 개인 정보 보호 및 법적 요구 사항

여기에는 두 가지 중요한 점이 있다. 첫째, 데이터 개인 정보 보호에 대한 규제가 점점 더 강화되고 있으며, 국가 및 다국적 지역(예: 유럽 연합)에 따라 규정이 다르다는 점이다. 데이터를 수집하는 곳마다 기관 변호사와 관련 법률에 대해 협의해야 한다. 둘째, 합법적이라고 해서 윤리적인 것은 아니다. 법은 윤리적 행위를 정의하는 것이 아니라 최소한의 요건일 뿐이다. 리서치 윤리는 최소한 법적 기준 이상이어야 한다.

4.5.3 최소 수집량

리서치 윤리의 관점에서 볼 때, 리서치의 목적을 달성하는 데 필요한 최소량의 데이터를 수집하는 것이 좋다. 많은 기술 시스템이 리서치와 무관하게 방대한 양의 데이터를 수집한다. 특정 시스템이 해당 데이터를 수집해야 하는지에 대한 문제는 차치하더라도, 데이터의 존재 자체가 리서치 목적으로 데이터를 사용할 수 있는 윤리적 권리를 부여하는 것은 아니라는 점에 유의해야 한다. 윤리적 상황은 총체적으로 고려해야 한다. 방대한 양의 데이터가 주어지면 유효하지 않거나 신뢰할 수 없는 결과를 발견할 위험이 높아진다(4.3절 참조).

4.5.4 과학적 표준

퀀트 UX 리서치는 올바른 과학적 방법에 따라 수행돼야 한다. 즉, 적절한 방법을 사용하고, 전문성을 갖고 사용하며, 결과를 정확하게 보고해야 한다.

우리는 UXR(및 다른 많은 분석가)이 과학적 기준을 따르지 않는 두 가지의 일반적 패턴을 관찰했다. 첫 번째 패턴은 잘 이해할 수 없는 방법을 사용하는 경우다. 예를 들어, 최신 통계 소프트웨어는 예측 모델을 매우 쉽게 적용할 수 있게 해주기 때문에 어떤 UXR이라도 모든 데이터셋에 예측 모델을 적용할 수 있다. 한 리서처가 99%의 예측 정확도를 달성하고 이해관계자에게 거의 완벽한 예측 모델을 만들었다고 보고한다고 가정해 보자. 정말 대단하지 않는가? 하지만 결과가 학습 데이터에 의존하지 않도록 학습 데이터와 그 프록시를 적절히 분리했는가? 적절한 기준점을 고려했는가? 만일 기준 발생률이 0.001%라면 99%의 정확도는 상당히 낮은 것이다. 사용하는 모든 방법에 대해 전문가가 될 필요는 없지만, 결과에 의존하기 전에 일반적인 문제를 이해하고 전문가와 상의하는 것은 필수적이다.

두 번째 패턴은 UXR이 연구 결과를 유용하게 활용하려고 시도할 때 발생한다. 기존 제품 디자인 A와 새로운 디자인 B에 대한 A/B 테스트를 실시한다고 가정하고, 사용자가 디자인 B를 선호하지 않으며 불만족하는 이유를 여러 가지 나열했다고 가정해 보자. UXR은 B의 가장 중요한 문제점을 개선하기 위한 제안 사항을 함께 보고할 수 있다.

바람직한 리서치 보고서 같지 않은가? 그렇지 않다! 이 보고서의 암묵적인 메시지는 디자인 B를 평가의 기준으로 삼아야 하며(개선 방법을 논의하고 있기 때문에), 팀에서 가장 중요한 결정이 다양한 세부 사항을 조정하고 개선하는 것처럼 몰아갈 수 있다. 그러나 사용자의 실제 메시지는 디자인 A가 전반적으로 훨씬 낫다는 것이다. 보고서에서 디자인 B에 대한 세부적인 개선 사항만 논의할 때 사용자의 진정한 메시지는 묻혀 버린다. 이러한 경우 좋은 의도로 작성된 리서치 보고서일지라도 실질적인 사용자의 반응을 잘못 전달하게 된다. 이는 사용자에게 해가 되며, 당장 보기에는 제품 리서치에 대한 기대에 부합하는 것처럼 보이지만 조직에도 해가 된다.

4.5.5 사회에 미치는 영향

제품 리서치에서 가장 어려운 질문은 리서치를 통한 결정이 사회에 미치는 궁극적인 영향에 관한 것이다. 우리는 매일 소비재, 기술, 서비스가 사회를 변화시키는 것을 목격하고 있다. 실제로 인류 문명의 발전은 수천 년 동안 기술과 직접적으로 연관돼 왔다. 기술 제품 자체도 윤리적 시스템을 담고 있으며 이에 영향을 미친다[15].

리서처들은 '내 일이 아니다', '내 능력 밖의 일이다', '예측할 수 없다' 등으로 치부해 버리고 싶은 유혹에 빠질 수 있다. 글로벌 윤리와 기술의 문제를 모두 해결할 수는 없지만, 세 가지 구체적인 권고 사항을 제시하고자 한다.

첫째, 일부 윤리적인 문제에는 정확한 해결책이 없지만, 그렇다고 해서 통찰과 개선이 불가능하다는 의미는 아니다. 글로벌 윤리적 문제에 대해 생각할 수 있는 프레임워크가 있으며, 모든 리서처는 이에 대해 더 많이 배울 것을 권장한다(4.8절 참조).

둘째, UX 리서치의 첫 번째 전제인 사용자에게 집중해야 한다는 점을 기억하자(4.2절). 리서처로서 우리는 사용자의 관점에서 윤리적 문제를 이해하기 위해 사용자와 소통할 수 있다.

이는 사용자에게 윤리적 문제를 해결해 달라고 요구하거나 이해해 달라고 요구하는 것이 아니라 건설적인 방식으로 문제를 함께 탐구해야 한다는 의미다[18, 19].

셋째, 리서치 또는 엔지니어링 프로젝트에 대해 윤리적 우려가 있는 경우 참여하지 않아도 된다. 제품이나 리서치 프로세스가 우려되는 경우 믿을 수 있는 동료와 상의하는 것이 좋다. 필요한 경우에는 프로젝트나 직무를 변경할 수 있다. 제품이 세상의 공익에 기여하는지에 대해 의문이 든다면 그 제품에 관여하지 않아도 된다. 세상에는 저자인 우리조차 사용하지 않을 제품도 있다. 이는 모든 리서처의 개인적인 선택이며, 강요받지 않은 각자의 선택이어야 한다. 모든 사람은 자신에게 적합한 선택을 해야 한다.

4.5.6 신문 테스트

리서치 상황의 윤리에 대해 확신이 서지 않는다면 '신문 1면에 이런 내용이 실린다면 어떻게 보일까?'라는 질문을 스스로에게 던져 보자. 어떤 상황에서는 이 질문 대신 '부사장이나 회사 CEO가 이 문제에 대해 어떻게 반응할까?' '내가 한 일에 동의할까?'라고 질문할 수도 있다.

질문에 대한 답변이 우려나 걱정으로 가득하다면 멈춰라! 경험이 많은 동료, 가급적이면 같은 조직에서 일하지만 직접 보고 관계가 아니며 다른 제품을 담당하는 동료에게 자문을 구하고, 가능한 옵션을 다시 생각해 봐야 한다. 리서치를 재구성하거나, 비즈니스 결정에 정보를 제공할 다른 방법을 찾거나, 팀에 우려 사항을 전달하거나, 다른 프로젝트나 업무를 찾아야 할 수도 있다.

4.6 리서치 계획

이해관계자와 신입 리서처들은 종종 리서치 프로젝트의 단계가 다음과 비슷할 것이라고 예상한다.

1. 리서치 문제 부여받기
2. 리서치 실행
3. 결과 도출

이 모델은 과학적 방법에 대한 기본 설명과 일치하지만, UX 리서치의 실제를 설명하기에는 매우 불완전하다.

이 책 전반에서 강조하듯이 '리서치 질문'은 일반적으로 당면한 실제 비즈니스의 의사결정을 도출하기 위해 더 명확한 정의가 필요하다. 결정해야 할 사항이 없다면 리서치를 수행할 필요가 없을 수도 있다. 마찬가지로 '리서치를 실행한다'는 것은 데이터의 수집과 분석 외에도 계획, 타당성 평가, 피드백을 포함하는 복잡한 작업의 총체.

퀀트 UX 프로젝트의 경우 보다 현실적인 단계는 다음과 같다.

1. 리서치 질문을 명확히 한다.
2. 데이터 소스를 파악한다.
3. 질문에 대한 가능한 답변 경로를 살펴본다.
4. 필요한 시간과 노력의 범위를 정한다.
5. 이해관계자와 함께 검토한다.
6. 초기 데이터를 수집하고 분석을 미리 테스트한다.
7. 전체 데이터셋을 수집하고 정리한다.
8. 통계 모델 또는 분석 모델을 구축한다.
9. 필요에 따라 6~8단계를 반복한다(예: 데이터가 불량하거나 방법이 실패하는 경우).
10. 초기 결과의 프레임을 구성한다.
11. 이해관계자와 함께 초기 결과를 검토한다.
12. 10단계 또는 필요에 따라 8, 6, 3, 2, 1단계의 순서로 반복한다.
13. 문서와 회의 등 다양한 형식으로 결과를 전달한다.
14. 필요에 따라 설명, 프레젠테이션 등을 통해 추가 지원을 제공한다.

여기서 모든 단계를 자세히 설명하지는 않겠지만 몇 가지 주의 사항을 추가한다.

첫째, 프로젝트의 전체 일정은 여러 단계의 복잡성에 따라 엄청나게 달라질 수 있다는 점을 분명히 알아야 한다. 퀀트 UX 프로젝트의 속도를 떨어뜨리는 세 가지 요인이 있다.

- 이해관계자가 질문에 대해 답답할 정도로 모호한 답변을 하거나 가능한 방향(1, 3단계)에 대해 관심을 보이지 않을 수도 있다.

- 데이터를 구하기 어렵거나 불가능하거나 수집 오류, 노이즈 또는 형식으로 인해 데이터가 부적합한 것으로 판명될 수 있다(2, 6, 7단계).
- 통계 모델이 실패하거나, 오류가 발생하거나, 부적합한 것으로 판명될 수 있다(8단계). 충분한 시간을 확보하고 모든 단계에서 반복을 허용할 수 있도록 기대치를 설정하는 것이 좋다.

둘째, 대부분의 단계가 엄밀한 의미에서는 딱히 정량적 프로세스라고 말할 수는 없다. 즉 코딩, 데이터셋 작업 또는 통계 모델 구축(6~9단계)이 포함되지 않는다는 것이다. 대부분의 시간과 정신적 에너지는 문제를 명확히 하고, 데이터 소스를 찾고, 이해관계자에게 정보를 제공하고, 프레젠테이션이나 문서를 작성하고, 결과를 발표하고, 질문에 답하는 데 보내게 된다(13장 참조). 퀀트 UX 역할이 주로 '데이터 작업' 같은 한정된 형태의 업무에만 전념할 것이라고 예상했다면 놀라거나 실망스러울 수 있다.

셋째, 다차원적이고, 복합적인 접근 방식을 채택하면 데이터를 확보하고, 효과적인 분석을 수행하고, 이해관계자에게 전달하기에 적합한 결과를 찾는 데 성공할 확률을 극대화할 수 있다. 하나의 결과 지표가 아니라 두 가지 이상의 지표(다차원적 지표)를 갖고 질문에 답하려고 노력해야 한다(7장 참조). 어떤 단일 지표나 통계적 방법도 사용자의 복잡성을 완벽하게 파악할 수는 없다. 몇 가지 지표와 방법을 조합해 사용함으로써 결과에 대한 확신을 얻고 더 다양한 질문에 대응하는 준비를 할 수 있다.

4.7 핵심 포인트

4장에서는 퀀트 UX 리서치가 UX 리서치의 일부라는 점을 강조했다. UX 리서치를 이해하는 데 있어 가장 중요한 점은 사용자 중심 관점을 갖고 리서치 문제에 집중하는 것이다(4.2절).

그 외에도 강조해야 할 핵심 사항은 다음과 같다.

- 퀀트 UX는 인간 중심 리서치와 함께 통계 및 프로그래밍과 같은 기술적 스킬이 융합된 영역이다(4.1절).

- 퀀트 UXR은 T자형 역량을 갖고 있다. 이는 퀀트 UX 영역 전반에 걸친 폭넓은 기본 스킬과 함께 하나 이상의 영역에서 깊이 있는 전문성을 갖고 있다는 의미다(4.1.1절).
- 사용자 중심 리서치의 다섯 가지 원칙은 사용자 관점 채택하기, 사용자 중심 변수 및 결과 평가하기, 인지적 접근으로 '왜'라는 질문에 답하기, 충족되지 않은 니즈에 집중하기, UX 실행 및 이해관계자와 연계하기다(4.2절).
- 리서치 업계에서 리서치 유효성에 대한 기본적인 질문을 소홀히 하는 경우가 많다(4.3절). 방법이나 접근 방식이 논리적이고 현실적인 기대치에 근거한 것인지 항상 고려해야 한다.
- UXR은 사용자를 평가하는 경우가 많으며, 이를 위해 대표성이 있는 대규모 샘플을 수집하는 것이 중요하다. 반면, UXR이 제품을 평가하는 경우에는 중요한 문제가 단한 건이라도 발견되는 것이 중요하다. 연구 계획, 분석 및 보고는 이러한 차이를 고려해야 한다(4.4절).
- 퀀트 UX 리서치 수행의 윤리를 대수롭지 않게 여기거나 당연시해서는 안 된다(4.5절). 리서치 수행과 개인 정보 보호를 위한 법적 요건은 최소한의 기준일 뿐 무엇이 윤리적인지에 대한 정의는 아니다.
- UX 및 퀀트 UXR은 '유용한' 형태로 결과를 보고해야 한다는 함정에 빠지기 쉽다. 사용자 관점에서 가장 중요한 것을 보고하는지 항상 염두에 둬야 한다. 팀의 목표에 지나치게 집중하면 사용자의 의견을 놓칠 수도 있다(4.4절).
- 리서치 계획은 일반적으로 복잡하며 단순히 데이터를 수집하고 분석하는 것보다 더 많은 단계를 거친다(4.6절). 계획하고, 방법을 개발하고, 데이터를 찾고, 반복할 수 있는 시간을 충분히 확보해야 한다.
- 많은 퀀트 UXR은 데이터셋과 통계 분석으로 직접 작업하는 시간보다 이해관계자와 협력하고, 데이터를 찾고, 제대로 작동하지 않는 방법을 추려내고, 팀과 소통하는 데 훨씬 더 많은 시간을 할애한다(4.6절)

4.8 더 알아보기

4장에서 다룬 내용은 퀀트 UX의 'UX' 측면에서 매우 중요한 이슈들이다. 다음은 각 이슈에 대해 더 알아보기 위한 몇 가지 지침이다.

UX 리서처로서 사고하기: 돈 노먼^{Don Norman}의 책, 『The Design of Everyday Things』[101]은 UXR나 디자이너처럼 사고하는 법을 소개하는 고전적이고 재미있는 책이다. 데이비드 트래비스^{David Travis}와 필립 호지슨^{Philip Hodgson}은 『Think Like a UX Researcher』[141]에서 UXR이 리서치에 접근하는 방법(정량보다는 주로 정성적인 측면에 중점을 두는)을 잘 설명해 준다. 퀀트 UX와 함께 전통적인 정성적 연구를 시도해 보고 싶다면, 간결하고 가독성이 뛰어나며 인사이트가 풍부한 제이콥 닐슨^{Jakob Nielsen}의 『Usability Engineering』[99]을 추천한다.

퀀트 UX 리서치 방법: 지금 읽고 있는 이 책 외에 퀀트 UX 분야를 정의하는 특화된 책은 없다. 가장 근접한 선행 문헌인 사우로^{Sauro}와 Lewis^{루이스}의 『Quantifying the User Experience』[120]는 주로 기초 통계에 관심이 있는 정성적 리서치 연구자를 대상으로 한 책이다. 이 책의 저자인 크리스와 그의 동료들이 발표한 논문은 퀀트 UX 리서치 방법에 대한 높은 수준의 개괄적 이해를 제공한다. 퀀트 UX에만 국한된 것은 아니지만, 통계적 방법에 대한 기본적인 학습이 도움이 된다(5장 참조). 인간 컴퓨터 인터랙션 및 시각화를 위한 구글 리서치 아카이브^{Google Research archive}는 일반 UX와 더불어 퀀트 UX와 관련된 가장 큰 규모의 유일한 논문 자료집이라고 할 수 있다.

리서치 유효성: 리서치 타당성과 신뢰도에 관한 다양한 문헌 가운데 리서치 설계나 통계학 석사 과정을 수강한 적이 있다면 즐겨 찾는 교재가 있을 것이다. 우리가 가장 선호하는 책 중 하나는 맥스웰^{Maxwell}, 델라니^{Delaney}, 켈리^{Kelley}의 『Designing Experiments and Analyzing Data』[91]다. 이 책은 통계학 텍스트로 꾸려져 있지만, 훌륭하고 읽기 쉬운 흥미로운 책이다. 특히 리서치 철학을 강조하고 있다는 점에서 높이 평가할 만하다. 단순히 공식화된 방법을 적용하는 것이 아니라 리서치 설계에 대해 신중하게 사고하는 법이 중요하다는 것을 보여 준다. 또한, 심리학 연구에 기반을 두고 있기 때문에 UX 리서치에서 발생하는 인간 중심의 질문과 데이터 문제에 깊이 다가갈 수 있는 책이다.

리서치 윤리: '윤리'라는 용어는 지나치게 많이 사용되고 있다. 문맥에 따라 심리학자의 '윤리 강령' 또는 특정 조직의 정책과 같은 제도적 절차, 공공 정책 및 사회적 영향, 철학적 이론 및 분석을 의미할 수 있다. 윤리에 대한 대화를 나눌 때는 이러한 영역 중 어떤 부분을 다루고 있는지 명확히 해야 한다.

데이터 사이언스에 적용되는 일반적인 절차와 윤리적 프레임 워크에 대한 간결한 요약본으로는 마텐스[Martens]의 『Data Science Ethics』[89]가 있다. 다양한 주제를 다루는 논설과 같은 단편 기사 모음집으로는 프랭크스[Franks]가 엮은 『97 Things about Ethics Everyone in Data Science Should Know』[45]가 있다. 데이터 사이언스와 알고리듬의 공정성에 대한 사회적 함의를 강력하게 고찰한 브랜다이스 힐 마샬[Brandeis Hill Marshall]의 『Data Conscience: Algorithmic Siege on our H-umanity』[88]가 있다.

브라이언 크리스천[Brian Christian]의 저서, 『The Alignment Problem』[32]은 실용적이고 윤리적 기대에 부합하는 머신러닝 시스템을 구축하는 데 따르는 어려움을 설명한다. 실증적 모델을 윤리적 기대치에 부합하게 하는 문제에 대한 개괄적인 설명과 모델 개발자가 예상하지 못한 중요한 실패 사례에 대해 읽기 쉽게 설명했다.

저자인 크리스는 UX 리서치 및 디자인과 관련된 철학적 문제에 대해 디자인과 윤리적 구조의 관계[19]에 대해 저술했으며, 이러한 고찰에 있어 UXR이 사용자를 직접 생산적으로 참여시킬 수 있는 방법[18]을 제안했다.

대표적인 전문가 윤리 강령의 예로는 미국 심리학 협회[APA, American Psychological Association]의 『Ethical Principles of Psychologists and Code of Conduct』[2]가 있으며, 이 내용은 미국의 일부 주에서 전문 심리학자를 위한 법으로 제정돼 있다. APA 윤리 강령은 심리학 실무에 특화돼 있지만, 인간을 대상으로 하는 모든 리서치에 적용 가능한 일반적인 프레임워크와 고려 사항이기 때문에 살펴볼 만한 가치가 있다.

5

통계

퀀트 UXR에게 가장 중요한 기술은 데이터를 다루고 이로부터 결론을 도출하는 것, 즉 통계다. 3장에서 언급한 바와 같이 퀀트 UX는 통계 모델에 대해 기초적 숙련도를 요하며, 반드시 전문가 수준일 필요는 없다.

5장에서는 퀀트 UXR에 필요한 통계의 숙련도 수준을 설명하되, 최소 요건 수준과 전문가 수준 모두를 포함해 설명한다. 또한, (머신러닝보다는) 통계의 중요성을 설명하고, 통계를 실전에서 적용할 때 흔히 경험하는 몇 가지 오해에 대해 알아본다.

더불어 5.5절에서는 부록 B의 채용 평가 기준 예시에서 확인할 수 있는 권장 통계 지식 수준에 대해 요약해 뒀다.

5.1 왜 통계인가?

UX 리서치의 근본적인 목표는 사용자와 그들의 행동에 대해 학습하고, 그 통찰을 바탕으로 제품 개발에 기여할 수 있는 추론을 도출하는 것이다. 이러한 추론은 항상 불확실성이 존재하며, 데이터, 표본, 모델의 수준에 큰 영향을 받는다는 사실을 간과하면 안 된다. UXR

은 높은 품질의 대표성 있는 데이터를 확보하고, 불확실성을 줄이기 위해 노력하며, 다른 이해관계자들과 이런 불확실성에 대해 적절히 소통해야 한다. 통계는 이러한 모든 주제와 깊은 관련이 있다.

5.1.1 통계 vs. 머신러닝

통계와 머신러닝, 두 학문 분야는 서로 겹치는 부분이 넓어, 그 차이점에 대해 혼동하기 쉽다. 통계학자 레오 브레이만Leo Breiman은 유명한 논문[10]에서 이 두 학문을 '2개의 문화'로 규정한다. 그는 머신러닝이 주로 '블랙 박스 예측'에 주안점을 두는 반면, 통계는 모델링 자체에 더 큰 주안점을 두고 있다고 설명한다. 우리는 브레이만과 세세한 부분들에 있어 (겔만Gelman[49]이 제시한 이유와 유사한 이유로) 일부 의견이 다르지만, 그 모든 이슈를 여기서 명쾌하게 짚어 내지는 않을 것이다. 결론적으로 퀀트 UXR은 자연히 통계 쪽에 그 맥락이 더 닿아 있다.

통계 모델링은 리서처가 암묵적으로 가정하는 데이터 생성 과정DGP, Data Generating Process에 기반을 둔다. 예를 들어, 제품에 대한 만족도를 묻는 설문 조사의 답변을 생각해 보자. 설문 조사의 답변은 답변자의 마음속에 존재하지만 명확하게 직접 측정할 수 없는 실제 만족도를 간접적으로 반영하고 있다고 볼 수 있고, 이러한 답변 데이터에는 척도나 응답 편향으로 인해 발생하는 계통 오차systematic deviation와 더불어 응답자의 일관성 결여와 기타 요인들로 인한 우연 오차random error가 포함돼 있다. 통계에서는 수집한 답변과 이를 통해 추정하는 실제 점수, 계통 오차, 우연 오차 각각을 통계 모델에 구체적으로 명시하고, 그 수치를 추정한다. 반면, 머신러닝 접근법은 오로지 예측의 정확도를 최대화하는 것에 중점을 두므로 데이터가 내포하고 있는 실질적 구조에 대해서는 고려하지 않는다.

통계적 접근법이 UX 리서치에 더 어울리는 이유는, 단순하게도 UXR의 근본적인 연구 목표가 바로 사용자를 이해하는 것이기 때문이다. 머신러닝 접근법이 잘못됐거나 쓸모없다는 의미는 아니다. 타당한 접근법은 무엇이든 유용할 수 있다. 그러나 사용자의 응답, 행동 및 이와 관련된 오류와 불확실성의 추정 메커니즘에 초점을 맞추는 통계적 관점에서의 접근이 머신러닝적 접근과 비교했을 때 퀀트 UX 본연의 목표를 달성하는 데 더 유용하다고 볼 수 있다.

5.2 기초: 샘플링[1]과 데이터 품질

좋은 데이터는 분석에 있어 가장 중요한 요소다. 불행히도 데이터 애널리스트들이 낮은 품질의 데이터를 사용하는 경우가 매우 흔하며, 이는 선택의 영역이 아닌 경우가 많다. 경영진이나 이해관계자가 수준 낮은 품질의 데이터를 제공하면서 이를 활용하도록 강요하는 경우가 있다.

또 다른 흔한 패턴은 애널리스트가 데이터가 의심스러운 면이 있음을 알면서도 그 안에서 무엇을 찾아낼 수 있을지 도전하는 것이다. 이때의 문제는 데이터의 품질과 무관하게 그럴듯한 스토리로 보이는 뭔가를 거의 항상 찾아낼 수 있다는 것이다. 그러나 나쁜 데이터로는 그 스토리가 거짓일 가능성이 높다(4.3절 참조).

불행히도 좋은 데이터와 나쁜 데이터를 간단히 구분할 수 있는 테스트는 존재하지 않는다. 이를 구분하기 위해서는 업계 지식과 통계에 대한 이해도를 결합한 해석 능력이 필요하다. 데이터의 품질을 평가하기 위해 다음 요인들을 고려할 수 있다.

먼저, 데이터가 대표성을 띠고 있는 표본에서 수집됐는지 여부다. 이와 관련해 흔히 발생하는 문제는 편의 표본sample of convenience을 사용하는 것이다. 이는 자발적으로 리서치에 참여하거나 설문에 응답하는 사람들로부터 데이터를 수집할 때 발생하기 쉽다. 또한, 베타 프로그램이나 이벤트와 같이 특정 채널을 통해서만 데이터 수집이 이뤄질 때 발생한다. 자발적으로 참여하는 사람들은 그렇지 않은 사람들과 구조적으로 다른 경향을 보일 수 있다. 한 사례에서 크리스는 동일 제품에 대한 2개의 만족도 데이터셋을 수집했다. 하나는 현장 이벤트에서의 설문 조사를 통해 수집했고, 다른 하나는 제품을 등록한 전체 사용자에게 이메일로 설문 조사를 진행했다. 현장 이벤트에 참여한 고객들 중 제품에 만족하는 이들은 80% 이상이었다. 훌륭한 결과로 보이지 않는가? 그러나 불행하게도 더 많은 사용자가 답변한 이메일 설문에서는 70% 이상이 불만족으로 응답했다. 이는 만족과 불만족 간 차이가 최소 50% 이상임을 의미하는데, 표본의 퀄리티와 대표성이 왜 중요한지 보여 주는 사례다.

---

1   원문에 'sampling'으로 표기된 이 단어는 우리말로 '표본 추출'이라는 용어가 있지만, 업계에서는 '샘플링', '샘플링하다'와 같은 표현을 관용적으로 사용하므로 이와 관련된 모든 표현을 원문의 표현 그대로 '샘플링'으로 번역했다. – 옮긴이

이는 편의 표본이 전혀 쓸모없다는 의미는 아니다. 다만 신중하게 사용하고, 다른 지표들과 비교해 봐야 한다. 편의 표본을 통해 어떤 절대적 기준을 가늠해서는 안 된다(예: '90% 만족도'를 목표로 편의 표본을 활용). 대신, 완전한 대표성의 문제는 있더라도 시간의 흐름에 따라 지속적으로 수집하고 비교해 상대적인 변화를 파악하는 용도로 활용할 수 있다(8장에서 만족도 평가에 대한 또 다른 예를 소개한다).

관심 주제에 대해 무작위 샘플링random sampling 여부와 교란 요인confounding factor이 없다고 가정할 수 있는지도 표본의 출처와 밀접한 관련이 있다. 고객과 비고객을 대상으로 어떤 측정치를 비교하고자 그들에게 설문 조사를 보낸다고 가정해 보자. t−검정과 같은 통계 모델을 사용해 두 표본을 비교하려 한다면, 그 표본들이 무작위로 샘플링됐고 두 그룹에 대한 교란 요인도 비슷하다는 암묵적 가정을 전제해야 한다. 그러나 이런 표본들은 그럴 가능성이 낮다. 고객들은 통상적으로 비고객들보다 응답 가능성이 더 높으며, 여러 요인에서 차이가 있을 것이라 예상해야 한다.

온라인 샘플링에서 매우 흔한 교란 요인은 선택 확률이 사용 빈도에 비례하는 경우다. 예를 들어, 우리가 1,000명의 사용자로부터 설문 응답을 수집하기 위해 1,000개의 응답이 모일 때까지 지속적으로 모든 사용자의 1%에게 무작위로 설문을 제시한다고 가정해 보자. 이것은 무작위 표본일까? 중요한 것은 '무엇의 무작위 표본인가?'다. 만약 얻고자 한 답이 '사용자의 무작위 표본'이라면 그 답은 분명히 틀렸으며, 이는 무작위 표본이 아니다. 왜냐하면 이런 방식에서는 자주 사용하는 사용자일수록 표본으로 선택될 확률이 훨씬 더 높기 때문이다. 자주 사용하는 사용자들로부터 피드백을 수집하고자 할 경우와 같이 특정 맥락에서는 적합하지만, 전체 사용자를 대표하는 좋은 표본이라 볼 수는 없다.

또 다른 여러 이슈는 4.3절에서 소개한 데이터의 유효성과 신뢰성과 관련이 있다.

- **유효성**: 수집한 데이터가 실제로 수집하고자 의도한 의미를 담고 있는가? 고려해 볼 만한 전형적인 질문으로, '당신은 _____을 추천할 가능성이 얼마나 되는가?'가 있다. 여기에는 응답자가 제품을 추천할지 매우 불확실하지만, 그럴 가능성이 있다는 기본 가정이 내포돼 있다. 실제로는 대부분의 제품들이 별도로 언급되지 않고, 추천되지도 않는다(4.2.3절 참조). 설문 조사의 경우, 실제 사용자들과 사전 테스트를 실시해 그들이 항목들을 어떻게 해석하는지 파악해야 한다.

- **신뢰성**: 하나의 데이터 포인트에서 데이터를 두 번 수집했다면 그 값들은 서로 일치할까? 좋은 실전 예시는 이상적으로 여러 출처를 통해 파악한 여러 지표를 사용하는 것이다.

이상치outlier는 통계 모델에 대해 예상 범위를 벗어나는 데이터 포인트다. 일반적으로 정확히 의도한 샘플링을 통해 수집한 모든 데이터 포인트는 좋은 데이터 포인트라고 볼 수 있다. 이런 관점에서 이상치를 바로 제거하기보다 모델에 의도하지 않게 잘못된 영향을 미칠지 먼저 고려해 보기를 권한다. 이런 경우 강건한 통계 모델이 유용할 때가 있다. 극단적인 값은 버려야 한다는 선입견에 따라 삭제부터 하는 것을 절대 추천하지 않는다. 그보다는 그런 데이터가 수집된 배경과 원인을 파악해 이에 기반한 결정을 내려야 한다. 의문점이 있을 때는 보통 데이터를 삭제하기보다는 보존하기 바란다.

마지막으로, 데이터 파이프라인data pipeline의 정확성과 신뢰성을 확인하는 데 세심한 주의를 기울여야 한다. 기술적인 문제가 데이터의 손실이나 부정확성을 초래하고 있는가? 모든 데이터 정제 과정에서 데이터가 얼마나 변경되고 삭제될지 판단하기 위한 엄격한 테스트를 고려하길 바란다.

데이터셋은 결코 완벽할 수 없으며, 결함이 있다는 이유만으로 데이터로부터의 학습을 포기하는 것은 합리적이지 않다. 대신, 리서처는 좋은 데이터를 수집하기 위해 노력함과 동시에 한계점을 신중히 고려하고 소통해야 하며, 다른 데이터의 결과치와 비교, 대조해야 한다.

5.3 핵심 통계 분석 스킬

퀀트 UXR은 기본적인 통계에 능숙해야 한다. 퀀트 UXR이 상대적으로 더 깊은 지식과 경험을 갖춰야 할 다섯 가지 중요한 영역이 있다. 우선순위에 따라 퀀트 UXR은 다음 분야에서 전문성을 갖춰야 한다.

1. 탐색적 데이터 분석 및 시각화
2. 기술 통계
3. 추론 통계 검정 및 실질적 유의성

4. A/B 테스트의 기초

5. 선형 모델(선형 회귀)

위 항목 각각은 통계학 교과 수업과 교재에서 충분히 학습할 수 있지만, 세 번째 항목의 뒷부분, '실질적 유의성'만큼은 교재만으로 이해하기가 어려운 부분이다. 통계 결과의 실질적 유의성을 해석하는 능력은 실제 데이터를 다루면서, 그리고 분석 결과를 타인에게 설명하는 과정 속에서 개발할 수 있는 스킬이다. 3부에서 제시하는 예제를 통해 그 이해도를 높일 수 있을 것이다.

다섯 가지 영역을 자세히 다루기 전에 '통계는 데이터에 적용하는 일련의 정해진 절차procedure다'라는 흔한 오해를 먼저 짚고 넘어가려 한다. 실제로 여러 수업과 교재에서 이런 관점을 유도한다. 예를 들어, '＿＿ 종류의 데이터에는 ＿＿ 통계적 검정을 적용하라'와 같은 처방이 자주 등장한다. 이러한 레시피는 실제로 잘못된 경우가 많다. 이를테면, 데이터가 갖는 스칼라 속성(변수의 타입이 서열ordinary인지 혹은 연속continuous인지)이 데이터에 있어 가장 중요하다고 설명하는 경우를 들 수 있다. 더욱 우려되는 점은 데이터의 설명이나 정리reduction, 또는 추론 통계 검정에 있어 명확하게 정의해 잘 짜인 작업을 수행하고 있다고 성급하게 가정하는 것이다.

통계 분석을 고민하는 더 좋은 방법은 이를 데이터로부터 학습하는 과정에 포함시키는 것이다. 갖고 있는 데이터를 자세히 이해하는 것부터 선행해야 데이터를 요약하거나, 통계적 검정을 거치거나, 모델링을 하는 등의 과정을 제대로 진행할 수 있다.

전통적인 학문으로서의 통계학적 접근에 익숙한 독자들에게 이 책에서 다루는 접근법은 가설 검정과는 상당히 다르다. 퀀트 UXR은 보통 사전에 정해진 가설 없이 사용자 행동에 대해 배우기 위해 데이터를 활용한다. 이는 추론 통계 검정이 중요하지 않다는 의미가 아니라, 퀀트 UX 리서치 실전에서는 단지 여러 접근법 중 하나일 뿐이라는 의미다.

5.3.1 탐색적 데이터 분석 및 시각화

데이터로부터 학습하는 첫 단계는 탐색적 데이터 분석EDA, Exploratory Data Analysis이다. 5.2절에서는 적합한 데이터를 확보하기 위해 사전에 고려해야 할 이슈들에 대해 논의했다. 5.3.1절에서는 이러한 기본 요건을 충족하는 데이터셋을 갖고 있다고 가정하고, 이제 그 데이터로부터 어떻게 학습을 시작할지 다루고자 한다.

'탐색적'이라는 용어는 여기에서 핵심 개념이며, 이는 사전 예측을 최소화하고, 데이터가 알려 주는 것을 살펴봐야 한다는 의미다. 이 책의 많은 주제와 마찬가지로 EDA는 방대한 문헌이 있는 큰 주제다. 다음은 최소한의 시작점으로 고려해야 할 몇 가지 일반적인 실전 분석 단계들이다.

- 모든 수치 데이터의 범위(최솟값과 최댓값) 및 분위수를 검토한다. 이 값들이 합리적인가?
- 텍스트 데이터가 있다면 일부를 읽어 본다. 주관식 응답이 있는 설문 조사의 경우 그것들을 읽는다. 어떤 문제들이 존재하는가?
- 중요한 수치형 및 범주형 변수에 대해 적절하게 개별 산점도, 밀도 그래프, 빈도 그래프를 만든다.
- 결측 데이터는 얼마나 되는가? 그것이 수용할 만한 양인가?
- 몇 개의 완전한 관측치들을 선택하고 자세히 검토한다. 현실적인가?
- 데이터를 정리하거나 이상치를 제거했는가? 왜 그랬는가? 그것이 데이터 품질을 개선했다고 어떻게 알 수 있는가, 아니면 편향된 관점을 적용한 것은 아닌가?
- 변수들을 서로 대비해 많은(이상적으로는 모든) 쌍을 그래프로 그린다. 산점도 행렬은 이를 수행하는 한 가지 방법이다(4.4절 [25] 참조).

위의 분석들부터 진행한 다음, 평균^{mean}, 중앙값^{median} 등으로 데이터를 요약하거나 통계 모델을 적용해 보는 등의 추가 분석을 하기 바란다. 일부 데이터 유형과 리서치 문제에 대해서는 상관 분석이나 탐색적 요인 분석과 같은 추가적인 탐색적 데이터 분석이 필요할 수도 있다.

데이터 시각화는 어떨까? 이는 별도의 기술이 아니라 데이터 분석의 거의 모든 단계에 포함돼야 한다. 데이터를 받았다면 그것을 그래프로 그려라. 평균과 분포와 같은 데이터 요약? 그것을 그려라. 통계 모델? 그것도 그려라. 결과? 그것도 그려라! 이해관계자를 위한 핵심 포인트? 그것도 그려 보라.

특정 종류의 데이터를 위한 전문적이고 유용한 데이터 시각화 방법들도 있다. 예를 들어, 시퀀스 선버스트sequences sunburst(9장 참조)와 같은 것들이 있다. 그렇지만 기본적으로 데이터 시각화는 선택적 요소가 아니며, 화려하거나 어렵거나 독보적인 스킬이 아님을 강조하고 싶다. 데이터 시각화는 모든 통계 분석의 핵심 스킬이며, 데이터를 이해하는 데 필수적이기 때문이다.

5.3.2 기술 통계

통계적 숙련도에 있어 두 번째 중요한 영역은 기술 통계로, 데이터셋을 간단한 방법으로 설명하는 것이다. 평균, 중앙값, 표준편차가 모두 기술 통계에 해당한다.

이 영역에서 고려해야 할 네 가지 중요한 측면은 다음과 같다.

1. 어떤 요약 통계가 해당 데이터에 적합한가? 연속 데이터의 경우, 산술적 중심 경향과 범위를 고려할 수 있으며, 서수 또는 명목 데이터는 빈도로 요약할 수 있다. 이런 고려 사항은 모든 기초 통계 과정에서 가르친다.

2. 데이터를 어떤 과정을 통해 변환하는 것이 유용한 경우가 있는데, 특히 데이터가 전형적으로 왜곡 분포를 보이는 경우를 들 수 있다. 사용자 데이터는 멱법칙power law이나 로그 분포 형태의 값을 보이는데, 이는 많은 수의 작은 값들과 간혹 큰 값들이 함께 섞인 긴 꼬리의 형태로 구성된다. 예를 들어, 가구 소득, 웹사이트 방문 횟수, 개발자당 생산성, 제품에 대한 지불 의사, 자동차 뒷좌석의 소다 캔 수 등이 있다. 왜곡된 데이터를 로그, 역수, 또는 다른 수학적 함수를 사용해 변환하는 것을 고려하길 바란다(이에 대한 목록은 [25]의 4.5.4절 참조).

3. 덜 명확한 질문은, '데이터를 설명하는 데 있어 특별히 관심을 가질 포인트는 무엇인가?'다. 애널리스트들은 무심코 습관적으로 평균과 표준편차를 보고한다. 그러나 왜 그 값들이 최선인가? 왜곡된 데이터의 경우 중앙값이 더 적절할 수 있다. 또는 주어진 비즈니스 문제에 대해 상위 10%의 고객이나 특정 기준점 아래에 있는 고객들에 대해 더 관심을 가질 수 있다. 예를 들어, 불만족하는 고객은 많은 정보를 제공하기 마련인데, 그렇기에 그런 고객들이 실제로 몇 명이나 존재하는지 궁금해질 수 있다. 분포의

특정 지점(평균, 중앙값 또는 어떤 백분위수)뿐만 아니라 분포의 특성(밀도, 분산 등)을 함께 고려하는 것이 중요하다.

4. 작은 비중의 극단값에 영향을 받지 않는 강건한 통계robust statistics를 고려하라. 이는 앞의 항목과도 밀접하게 관련돼 있다. 크리스가 마이크로소프트에서 일할 때, '많은 동료가 평균적으로 억만장자였다, 빌 게이츠를 동료로 만났다고 했을 때'라는 농담이 있었다.

빌 게이츠가 방에 들어왔을 때 개개인의 재산은 당연히 변함없었지만, 그 방에 있는 사람들 재산의 평균값은 변했다. 이런 경우 더 나은 통계는 중앙값이나 일련의 백분위수일 것이다.

앞의 절에서 언급했듯이 적절한 데이터 시각화를 고려하지 않고는 통계적 스킬이 완전할 수 없다. 탐색적 데이터 분석 중 기술 통계의 시각화에 있어서는 상자 수염box-and-whisker 그림, 밀도, 빈도, 바이올린 플롯violin plot 등이 좋은 후보들이다. 그러나 통계에 대해 깊은 지식이 없는 이해관계자들에게는 이러한 그래프를 공유할 때 주의해야 한다(13장 참조).

놀랍게도 퀀트 UX 프로젝트는 기술 통계 이상의 통계 분석이 필요하지 않은 경우가 많다. 예를 들어, 전자상거래 웹사이트를 고려해 보자. 만일 팀이 사용자의 만족도, 지출 금액, 제품의 신규 사용자 수, 기존 사용자들의 사이트 재방문 빈도, 그리고 계정 가입을 성공적으로 마치는 사용자의 비율을 알고 싶어한다면, 모든 질문을 기술 통계로 답할 수 있다. 이러한 질문들은 7장에서 논의하는 HEART 프레임워크의 행복, 참여도, 채택, 리텐션, 태스크 성공 카테고리에도 해당된다. 고급 모델링에 착수하기 전에 퀀트 UX 팀은 기본 사용자 데이터에 대한 깊은 이해를 갖춰야 한다.

5.3.3 추론 통계 검정 및 실질적 유의성

종종 통계적 검정 또는 유의성 검정으로도 불리는 추론 통계 검정은 2개(또는 그 이상)의 변수 사이의 관계를 살펴보는 방법이다. 이는 관찰한 관계성(예: 고객 유형에 따른 사이트 방문 차이)이 무작위가 아닌 실제 차이일 가능성이 있는지를 묻는다. 앞 문장에서 '묻는다'는 단어는 의도적으로 사용한 표현이다. 추론 통계 검정은 실제 차이에 대해 질문을 제기하지만, 그 자체만으로는 확실한 답을 제공하기 어렵다.

어떤 차이에 대해 통계적 검정을 하고 그 유의성을 보고할 때 중요한 것은, 우리가 여기서 정말 알고 싶은 것이 이 차이가 제품 팀, 사용자 또는 비즈니스에 유의한지 여부다. 통계적 유의성은 일반적으로 평균의 차이, 표본 분산, 표본 크기에 기반한 복합적인 지표로 볼 수 있다. 이 세 가지 중에서 평균 차이와 관찰된 분산은 우리의 결정에 중요할 수 있지만, 표본 크기 자체는 별 문제가 되지 않는다. 큰 표본도 심각하게 편향될 수 있고, 작은 표본이 오히려 유용한 정보를 제공할 수도 있다. 5.2절에서 언급했듯이 표본에 대한 더 중요한 질문은 수집한 표본이 분석하고자 하는 집단을 잘 반영하는지 여부다.

그렇다면 통계적 유의성이 중요하지 않은가? 그렇지 않다. 통계적 유의성은 분석이 유용한지 여부를 판단하는 데 있어 중요한 부분이지만 궁극적으로는 그 비중이 적다. 참고로, 이는 모델 비교에 있어 신뢰 가능한 또는 호환 가능한 인터벌을 활용하는 베이지안 변형Bayesian variations에 대한 내용을 포함한다(베이지안 방식에 대한 논의는 [25]의 6.2절과 6.6절 참조). 통계적 유의성은 결과를 보고하는 데 필요 조건이지만 충분 조건은 아니다. 어떤 효과라는 것은 사용자나 제품에 의미가 있을 만큼 충분히 커야 한다. 대체로 통계적 유의성을 보고에 활용하지 않기를 권장한다. 애널리스트는 맥락에 따라 통계적 유의성을 고려할 수도, 고려하지 않을 수도 있지만, 결국 그 자체는 이해관계자와 파트너들의 흥미를 끄는 주제가 아니다. 오히려 효과 크기와 신뢰 구간이 더 흥미롭고 유용하다.

효과의 크기가 얼마나 커야 충분한가? 그것은 상황에 따라 다르다. 5.3.4절에서 논의될 A/B 테스트를 생각해 보자. 여기서 서로 다른 디자인 간 1%의 차이를 봤을 때, 수천 명의 사용자를 기반으로 했다면 그 차이는 통계적으로 유의하다. 1% 차이가 중요한가? 이것이 수백만 명의 사용자나 수백만 달러에 직접적으로 관련된다면 (1,000만의 1% = 10만 명의 사용자 또는 10만 달러를 의미) 결정을 내리기에 충분할 수 있다. 반면, 이 효과가 불분명하거나 간접적인 영향을 반영한다면, 훨씬 더 큰 차이나 다른 확실한 증거를 찾아야 한다.

퀀트 UXR로서 추론 통계 검정에 있어 다음 개념들에 익숙해야 한다.

- 표본의 표준편차
- (표본 또는 그룹의) 평균의 표준오차
- 카이제곱 검정chi-square test 및 빈도와 명목 데이터를 평가하는 다른 방법들

- 상관 계수와 같은 검정 통계량의 표준 오차
- t-검정 및 그것이 적절한 경우
- 선형 모델과 그 평가(5.3.5절 참조)

이 책의 모든 스킬과 마찬가지로, 여러분의 관심이나 특정 기관의 요구에 따라 배울 내용이 훨씬 더 많다. 특히 두 가지 영역인 부트스트래핑bootstrapping 방법과 통계적 유의성에 대한 베이지안 대안들이 있다. 5.6절에 보다 상세한 방법론이 제시돼 있다.

5.3.4 A/B 테스트의 기초

A/B 테스트는 2개 이상의 디자인 또는 다른 개입intervention이 관심 있는 결과에 미치는 영향을 비교하기 위해 병렬로 수행되는 무작위 실험이다. 예를 들어, 두 가지 디자인의 가입 과정(개입)을 테스트해 어느 것이 더 많은 신규 사용자(관심 있는 결과)를 유치하는지 확인할 수 있다. 또는 버튼의 여러 크기나 색상을 테스트해 어느 것이 더 많은 클릭이나 전환을 유도하는지 확인할 수 있다. 하나의 조건(보통 현재 디자인안)을 대조군control이라 부르고, 다른 조건들은 실험군treatments 또는 변형군variations이라 부른다.

이러한 테스트를 통해 팀은 제품 디자인을 변경할 수 있으며, 이러한 변경이 측정 가능한 개선 결과로 이어진다는 확신을 갖게 해준다. 이는 팀에게 매우 유용하다. 왜냐하면 아무리 경험이 많은 실무자라 할지라도 특정 변경으로 인한 개선 효과를 예측하기란 의외로 어렵기 때문이다.

A/B 테스트 분석은 (앞서 언급했듯) 추론 통계 검정의 특별한 경우로서, 예측 변수(디자인 개입)가 종속 변수(관심 있는 결과)에 미치는 통계적 및 실질적 효과를 파악하는 것을 목표로 한다. 그러나 추론 통계 검정의 '테스트' 측면에만 과도하게 집중하다 보면 잠재적인 추론에 충분한 주의를 기울이지 못할 수 있다. 실험이 잘 설계됐다면 통계적 분석 자체는 t-검정과 같이 단순할 수도 있고, 일치 샘플링 모델matched sampling model과 같이 더 복잡할 수도 있다. 분석은 내부 도구나 타사의 A/B 테스트 소프트웨어를 활용해 자동으로 진행할 수도 있다. 그러나 더 중요한 질문은 '실험이 당면한 추론 문제에 충분히 대응할 수 있을 만큼 얼마나 잘 설계됐는가'다.

추론에 집중한다는 것의 의미는 무엇인가? A/B 테스트에서 가장 중요한 측면은 실험 설계다. 이는 정확히 무엇을 테스트하고, 어떻게, 어떤 대상과 함께하는지 등을 설정하는 것을 의미한다. 퀀트 UXR은 종종 UX 팀의 일원으로서 이러한 실험을 설계하는 데 도움을 요청받는다. 예를 들어, UX 디자이너가 퀀트 UXR에게 디자인을 비교하기 위한 A/B 테스트를 설정해 달라고 요청하거나, PM이 두 기능을 비교하기 위해 A/B 테스트를 사용할 수 있는지 퀀트 UXR에게 문의할 수 있다. 이를 수행하기 위해 퀀트 UXR은 실험 설계에 대한 많은 질문을 고려해야 한다. 그 질문은 다음과 같다.

- 제품의 사용자는 정확히 누구인가?
- 이 사용자들의 표본을 어떻게 효과적으로 샘플링할 수 있는가?
- A/B 개입에 적합한 형식은 무엇인가?
- 분석에 문제를 일으킬 수 있는 교란 변수 및 관찰되지 않은 변수가 있는가?
- 이 결과 지표는 다른 결과 지표와 어떤 관련이 있는가?

많은 경우, 이러한 질문에 대한 답은 매우 복잡하다. 여기에 하나의 예를 들어 보자. 우리가 무료 스트리밍 동영상 서비스를 운영하고 있고 유료 구독 서비스로의 전환을 원한다고 가정해 보자. 우리 디자이너들은 두 가지 방식으로 가입을 유도했다. '사용자가 언제든지 클릭할 수 있는 사이드바sidebar 초대장'과 '계속 진행하기 전에 응답('지금 가입하기' 또는 '나중에')을 요구하는 팝업pop-up 창'이다. 한 가지 관점에서 보면 문제는 간단하다. 각 디자인을 무작위로 선택된 시청자들에게 보여 주고 각 그룹의 구독률을 살펴보면 된다. 이것은 t-검정과 같은 이항 처리를 포함하는 선형 모델일 수도 있고, 분산 분석ANOVA, ANalysis Of VAriance과 같은 다항 처리된 선형 모델일 수도 있다.

그러나 그 지점에 도달하기 전에 퀀트 UXR은 다음과 같은 몇 가지 사항을 고려해야 한다. 첫째, '사용자'란 무엇인가? 사람을 의미하는가? 아니면 스트리밍 디바이스를 의미하는가? 또는 고유 식별자가 있는 로그인 계정을 의미하는가? 아니면 유료 고객을 의미하는가? 제품과 디자인에 따라 이러한 차이는 의미가 크다. 둘째, 해당 집단에서 표본을 샘플링할 수 있을까? 예를 들어, 계정을 표본으로 샘플링하는 것은 사람을 추출하는 것이 아니며, 디바이스를 표본으로 샘플링하는 것은 계정을 샘플링하는 것이 아니다. 셋째, 샘플링이 결과 해석에 의문을 제기할 수 있는 다른 행동들과 어떻게 상호 작용하는가?

동영상 구독의 경우, 리서처가 유료 구독자에 관심이 있다면 아마 계정이 사람보다 더 쉽게 샘플링할 수 있고, 유료 고객 여부도 측정할 수 있다는 관점에서 계정 샘플링에 가장 관심이 있을 것이다. 그리고 디바이스 간의 차이를 단순화한다. 그러나 이는 A와 B 조건의 제시가 디바이스마다 어떻게 다를 수 있는지 미리 고려해야 함을 의미한다.

온라인 샘플링에서 흔히 발생하는 문제는 선택 확률이 종종 사용 빈도에 비례한다는 것이다(5.2절 참조). A/B 테스트에서는 한 조건이 다른 조건보다 사용 빈도와 더 밀접한 관계를 가질 수 있으며, 이로 인해 어느 디자인이 더 낫다고 명확하게 결론 내리기 어려울 수 있다. 동영상 스트리밍 서비스 예시에서 사이드바와 팝업 조건에 동일한 수의 계정이 선택됐다고 가정해 보자. 이 중 일부 계정은 다른 계정보다 사이트 사용 빈도가 더 높을 것이다. 사이드바 조건에서는 사용 빈도가 높은 사용자들이 사이드바를 좀 더 쉽게 알아차릴 수 있을 것이다. 팝업은 더 방해가 되므로 (정기적인 간격으로 트리거된다고 가정할 때) 사용 빈도가 높은 사용자들이 더 자주 마주치게 될 것이고, 이러한 조건에 의해 불공평한 요인이 작용할 수 있다. 이 상황에서는 한 디자인을 선택하는 데 정성적 연구 방법을 사용하는 것이 더 합리적일 수 있으며, 그런 다음 A/B 테스트를 사용해 그 디자인을 최적화할 수 있다.

마지막으로, (테스트가 사용자 경험의 개선을 측정하고 있음을 보장하기 위해) 올바른 결과 지표를 선택하는 것이 매우 중요하다. 그리고 단일 지표의 과도한 최적화를 피해야 한다. 팝업 디자인이 가입자 수를 늘리는 데는 도움이 되지만 사용자의 불편을 증가시키거나 제품의 포기율을 높인다면 그 가치가 있는가? 이러한 문제들은 7장에서 더 자세히 논의한다.

A/B 테스트의 모든 측면을 여기서 자세히 설명할 수는 없으며, 5.6절에서 추가 자료를 참조하도록 한다. 다만 한 가지 일반적인 포인트를 강조한다. 통계 분석의 가장 중요한 측면들은 데이터 수집 이전 단계, 즉 실험의 세부 사항을 설계하고 결정할 때 발생한다. 퀀트 UXR에게 최종 통계 분석에 대해 요청하는 것과는 별개로, 팀은 디자인과 기능 옵션에 관한 비즈니스 질문에 적절한 해답을 제공할 실험 방법에 대해 퀀트 UXR이 함께 고민해 주기를 기대한다.

5.3.5 선형 모델

퀀트 UX 통계의 기초를 마무리하는 마지막 요소는 선형 모델linear model에 대한 숙련도다. 선형 모델이라 함은 하나 이상의 예측 변수가 연속형 또는 준연속형 결과 변수에 미치는 영향의 정도를 추정하는 일련의 통계적 방법론들을 의미한다. 선형 회귀 모델은 가장 보편적인 유형이며, 필수적으로 이해해야 하는 분석 모델이다.

안타깝게도 선형 회귀 분석 도구의 단순성과 접근성(예: 스프레드시트 애플리케이션의 통계 관련 애드온add-on이나 포인트 앤드 클릭 통계 패키지)으로 인해 많은 애널리스트와 이해관계자가 이러한 모델에 대한 본인들의 지식을 과대평가하는 경향이 있다. 어떤 모델을 추정해 볼 수 있다는 것 자체가 모델에 대한 이해도, 분석에 대한 적합도, 또는 결과 해석 능력까지 의미하는 것은 아니다.

퀀트 UXR로서 고전적 ('빈도주의') 관점과 베이지안 관점에서 선형 모델링의 다음과 같은 이슈들에 대한 적절한 이해가 필요하다.

- 선형 모델에서 적절한 예측 변수와 결과 변수로 사용될 수 있는 데이터 유형
- 변수 간 상관관계인 다중공선성multicollinearity의 효과와 그 영향을 줄이는 방법
- 데이터를 더 잘 해석하고 표준화하기 위해 변환하기(예: 0 중심으로 설정하고 표준편차 단위로 변환)
- 변수에 대해 (특히 결과 변수) 적절한 모델 선택하기(예: 선형 회귀 모델을 사용해야 하는 경우와 달리 다른 종류의 모델 또는 분석을 사용해야 하는 경우를 이해하기)
- 왜곡된 데이터나 극단적 값의 존재하에서 모델을 강건하게 만드는 방법
- 상호 작용 효과를 포함할지, 주요 효과만 포함할지 결정하기
- 모델을 추정하고, 잔차를 포함해 적합도를 평가하기
- 모델 비교를 통해 상대적 적합성을 평가하고, (더 중요한 것은) 현재의 연구 질문에 대한 적합성을 평가하기
- 표준화된 계수와 비표준화된 계수를 주어진 비즈니스 질문에 적합하게 해석하기
- 추정된 값에 대한 신뢰 구간을 보고하고 표준 오차를 해석하기
- 모든 결과를 시각화하기

이러한 요소들의 실질적 중요성을 이해하는 것이 중요하다. 일련의 공식을 알고 있는 것은 필수가 아니며, 오히려 직접 경험을 하고 다양한 모델링 선택지의 장단점을 설명할 수 있어야 한다. 이런 방식으로 선형 모델링에 접근하는 실습 예시는 R[25] 및 파이썬[127] 동반서에서 확인할 수 있다.

필수적이지 않은 (비록 유용할 수는 있지만) 선형 모델링 주제에는 더 복잡한 다변량 모델, 다항 모델, 구조 방정식 모델, 다층 및 혼합 효과 모델, 그래프 및 인과 모델$^{causal\ model}$, 요인 분석 및 주성분 분석, 잠재 클래스 모델이 포함된다. 통계가 당신의 전문 분야가 아니라면 이러한 내용은 신경 쓰지 않아도 된다.

5.4 자주 관찰되는 문제점

반복해서 관찰되는 몇 가지 문제점을 강조하고자 한다. 퀀트 UXR로서 이러한 문제들이 이해관계자들, 다른 애널리스트들과의 협업, 채용 면접에서 자주 나타날 것으로 예상할 수 있다. 이 중 일부는 5장과 다른 장에서 언급됐지만, 이를 보강해 한 곳에 모으고자 한다. 이러한 문제들 중 어느 것도 완벽한 해결책이 있는 것은 아니지만, 각각의 문제를 인식하고 고려해 잠재적으로 완화시키는 노력이 필요하다.

5.4.1 부정확하거나 편향된 데이터

5.2절에서 설명한 바와 같이 애널리스트들은 많은 경우에서 불완전한 데이터셋으로 작업한다. 데이터 포인트는 수집 방법이나 기술적 결함으로 인해 구조적으로 편향될 수 있으며, 데이터 클리닝 과정에서 오류가 발생할 수 있다. 그리고 데이터 포인트 자체가 당신이 가정하는 것을 의미하지 않을 수도 있다. 이와 관련해 통계학자 존 투키$^{John\ Tukey}$의 다음과 같은 유명한 말이 있다. '어떤 데이터와 답을 얻고자 하는 간절한 욕구의 결합이 주어진 데이터로부터 합리적인 답을 추출할 수 있음을 보장하지 않는다'[143].

5.4.2 발견에 집중하느라 의사결정에 대한 관점 상실

데이터를 다루는 많은 사람이 사용자를 이해하는 즐거움에 사로잡히게 되며, 이해관계자들 역시 UX 리서치의 목표가 사용자를 이해하는 것이라는 견해를 보이는 경우가 많다. 이런 현상은 칭찬할 만하지만, 옳다고 보기 어렵다. 우리의 임무는 이해관계자들이 제품에 대해 의사결정을 내릴 수 있도록 돕는 것이다. 사용자의 니즈, 행동, 태도를 이해하는 것은 우리가 더 나은 결정을 내리는 데 유용하지만, 이해하는 것 자체가 목표는 아니다. 이를 기대 효용 측면에서 살펴볼 수 있다. 사용자에 대한 지식의 범위는 무한하기 때문에 특정 니즈와 무관하게 가공된 어떤 특정 지식의 기대 효용은 거의 제로에 가깝다. '우리가 어떤 결정을 하려고 하는가?'라는 질문으로 계속 돌아가보기를 강조한다.

5.4.3 결과를 성급히 가정하기

활용 가능한 사용자 데이터와 제품 고려 사항 간 역학 관계는 복잡해서 다루기 쉽지 않다. 이를 단일 결과 지표나 몇 개의 세트로 정리할 수 있으면 좋겠지만, 그것이 잘못될 가능성이 더 높다고 볼 수 있다. 사람들도 복잡하고, 제품도 복잡하며, 사람과 제품의 인터랙션도 복잡하다. 그리고 다른 제품들이 보이는 경쟁적 반응도 복잡하다. 이해관계자 측에서는 고객 만족도, 수익, 활성 사용자 수, 제품 추천 가능성과 같은 단일 '북극성' 지표[2]로 평가를 단순화하고자 하는 욕구가 종종 있다. 이는 '90% 고객 만족 달성'과 같이 데이터에 앞서 정의된 목표와 결합될 수 있다.

이 문제는 애널리스트가 단순한 가정을 바탕으로 뭔가를 강조하기로 결정했을 때 발생할 수 있다. 이를테면, '물론 우리는 [어떤 지표]를 중요하게 생각한다. 왜냐하면 [타당한 이유] 때문이다'라는 식이다. 예를 들어, '물론 우리는 이익을 중요하게 생각한다. 왜냐하면 모든 비즈니스는 이익을 고려해야만 하기 때문이다' 또는 '물론 우리는 활성 사용자 수를 중요하게 생각한다. 왜냐하면 활성 사용자가 모든 것을 주도하기 때문이다'라는 식이다.

---

2   조직이나 제품이 고객에게 전달하고자 하는 핵심 가치를 가장 잘 나타내는 단일 지표로, 조직 전체가 한 방향으로 나아갈 수 있도록 안내하는 나침반 역할을 하며, 제품이나 서비스의 성공을 가늠하는 핵심 척도다. – 옮긴이

문제는 데이터가 복잡한 방식으로 서로 연결돼 있을 가능성이 높고 단일 결과로는 실제 세계의 복잡성을 대표할 수 없다는 것이다. 이미 언급했듯이 우리는 결정해야 할 사항에 초점을 맞추고 거기서부터 관련 데이터와 모델을 식별하기 위해 거꾸로 작업할 것을 권장한다. 저자들의 경험에 따르면, 제품 결정이 하나의 결과 지표로 결부되는 경우는 매우 드물다. 이에 대해 7장에서 심도 있게 논의하고, 8장과 9장에서 추가 예시를 검토한다.

5.4.4 통계적 유의성 해석하기

'결과가 통계적으로 유의미한가?'라는 질문에 답하기로 결정했을 때, 이해관계자와 애널리스트들은 종종 '얼마나 유의미한가?'를 알고 싶어한다. 이는 추론 검정 환경의 특성 때문에 긍정적으로 장려되는데, 이를테면 p–값이 연속적인 것처럼 보이는 현상과 '통계적 유의성, p < .05'를 입증해야 한다는 저널들의 지속적인 관행 등이 있다. 이는 피해야 할 잘못된 해석들이다. 통계학자들은 수십 년 동안 통계적 유의성의 오해와 '환상들'[14]에 대해 경고해 왔다.

5.3.3절에서 논의했듯이 어떤 효과의 크기와 분석을 통한 발견이 의사결정에 있어 실질적인 의미를 갖는지에 대한 질문에 훨씬 더 많은 주의를 기울여야 한다.

5.4.5 고급 모델 적용하기

애널리스트가 복잡한 모델을 사용하지만, 그 모델이 실제로 무엇을 하는지, 그리고 그것을 적용함에 있어 어떤 상충 관계가 있는지 확실히 인지하지 못한 경우를 자주 보게 된다. R이나 파이썬의 라이브러리, 또는 SPSS의 메뉴에서 수천 가지 통계 분석 절차 중 하나를 선택하는 것은 상대적으로 쉽다. '하이퍼플레인 커널hyperplane kernel 모델로 사용자를 세분화한다'라는 말은 훌륭하게 들리지만, 오직 그 분석이 필요할 때에만 훌륭하다고 할 수 있다.

모델을 사용할 때마다 실제로 어떤 추정이 일어나는지, 모델의 가정은 무엇인지, 사용하지 않기로 한 대안은 무엇인지, 결과를 어떻게 해석할지를 반드시 숙지해야 한다. 이상적으로는 모델을 비교하고 스스로 선택한 모델이 타당한 대안보다 나은 이유를 입증해야 한다(이해관계자는 별 관심이 없을 것이다).

통상적으로는 기술 통계, 데이터 시각화, 비교적 흔한 모델을 통해 퀀트 UX 리서치에서 직면하는 대부분의 질문에 대한 답을 구할 수 있다.

5.5 핵심 포인트

퀀트 UXR들에게는 고급 모델링보다 기초 통계에 능숙한 것이 훨씬 중요하다. UX 데이터 분석의 문제는 데이터 소스에 대한 세심한 주의, 탐색적 분석, 간단한 모델들을 통해 대부분 해결할 수 있다. 사용자에 대해 특정 관점 없이 정보를 수집하지 말고, 제품과 비즈니스 의사결정에 집중하자.

퀀트 UX 리서치를 수행하는 데 있어 기본적인 스킬은 다음과 같다.

- 효과적인 표본 설계와 데이터 품질에 주의하기(5.2절).
- UX 데이터를 인간 데이터 생성 과정에서 비롯된 것으로 이해하고, 이것이 노이즈, 공선성, 응답 편향에 어떤 영향을 미치는지 이해하기(5.1.1절).
- 모든 분석 프로젝트를 철저한 탐색적 데이터 분석과 데이터 시각화로 시작하기(5.3.1절). 데이터 클리닝에 있어 데이터 범위, 분포, 가정에 특별히 주의하기.
- 기술 통계를 적절히 사용하기(5.3.2절). 데이터를 기술 통계적인 포인트와 분포를 효과적으로 시각화해 많은 질문의 답을 구할 수 있다.
- 추론 검정을 수행하고 통계적 유의성과 실질적 유의성 사이의 중요한 차이를 이해하기(5.3.3절). 이해관계자와의 대화에서 통계적 유의성에 집중하지 않기.
- 질문에 답할 수 있는 A/B 테스트를 위한 실험을 설계하고, 이에 유효한 통계 접근법을 활용하기(5.3.4절).
- 선형 모델링, 특히 기본 가정과 효과적인 사용법, 비즈니스 질문에 대응할 수 있게 결과 추정치를 해석하는 방법에 대해 이해하기(5.3.5절).

이러한 기술의 이면에는 피해야 할 몇 가지 문제가 있다.

- 부정확하거나 편향된 데이터를 사용하고, 증거 없이 그 데이터가 좋거나 '충분히 좋다'고 가정하기(5.4.1절).

- 사용자에 대한 사실을 '발견'하는 데 너무 많은 주의를 기울이기보다는 제품 결정을 다루기(5.4.2절).
- 만족도, 수익, 또는 사용량과 같이 명시된 어떤 결과 지표가 명확한 의미를 갖고 있고, 분명한 주요 목표라고 가정하기. 대부분의 경우, 제품 팀은 여러 지표를 고려해야 하며, 단일 지표는 신뢰성이 떨어질 수 있다(5.4.3절).
- 통계적 유의성을 중요성의 지표로 해석하기(5.4.4절).
- 더 단순한 모델이 질문에 효과적으로 답할 수 있음에도 불구하고 이해하지 못하는 복잡한 모델을 사용하기(5.4.5절).

7장에서 10장에 걸쳐 이러한 점에 부합하는 구체적인 리서치 및 분석의 예시를 제시했다.

5.6 더 알아보기

많은 애널리스트에게 통계 방법론을 학습하는 것은 평생에 걸친 과제다. 통계 방법론 분야는 깊고, 세부 학문에 따라 다양하며, 새로운 수학 모델, 시각화 기법, 계산 도구 및 그 적용 방법이 개발됨에 따라 지속적으로 발전하고 있다. 이 분야의 다양성과 깊이를 보고 겁먹기보다는 오히려 인사이트를 받고 안심하길 바란다.

기초: 통계를 비교적 처음 접하는 독자들을 위해 기본 방법과 실제 관심 있는 문제에 대한 실습 적용에 초점을 맞추는 것을 추천한다. 실제 데이터셋을 다루고 데이터에 대한 가정이 실전에서 어떤 한계를 갖는지 직접 고민해 보는 것보다 좋은 방법은 없다.

A/B 테스트는 통계를 배우는 데 있어 좋은 출발점이다. 이는 UX 리서치에서 매우 일반적인 분석 영역이기 때문이다. 업계에서 A/B 테스트가 어떻게 사용되는지 더 알고 싶다면, 큰 테크 기업에서 수년간의 경험을 쌓은 저자들의 책 두 권을 추천한다. 코하비Kohavi, 탕Tang, 쉬Xu가 공동 집필한 『A/B 테스트 신뢰할 수 있는 온라인 종합 대조 실험』[72]은 이 주제에 대한 포괄적이고 실용적인 가이드이며, 킹King, 처칠Churchill, 탄Tan이 공동 집필한 『Designing with Data』[69]은 디자인과 UX에 A/B 테스트를 적용하는 것에 초점을 맞췄다. 이 책의 R[25] 및 파이썬[127] 동반서는 각각 A/B 테스트에 필요한 가장 일반적인 통계를 5.2절과 6.5절에 걸

처 다룬다. 맥컬러프^{McCullough}의 『Business Experiments with R』[92]은 실험 설계와 그 실험 결과를 통계 분석하는 세부 사항 전반을 완전히 소개한다.

퀀트 UXR은 A/B 테스트뿐만 아니라 일반적인 통계 방법에 대해서도 적당한 깊이의 지식을 갖추고 싶을 것이다. 이 책의 R[25] 및 파이썬[127] 동반서는 제공된 데이터로 시작해 나중에는 자신의 데이터셋을 분석하도록 장려하는 실용적 접근 방식을 채택하고 있다. 이스메이^{Ismay}와 킴^{Kim}의 『Statistical Inference via Data Science』[62]도 R을 사용해 실제 데이터를 다루는 경험을 제공하며, 5장에서 추천하는 스킬과 거의 유사한 주제를 다룬다.

만약 R이나 파이썬(또는 유사한 언어)을 프로그래밍하고 싶지 않다면, 일단 프로그래밍은 좋은 것이라고 설득해 보겠다(6장 참조). 완전히 프로그래밍 환경으로 뛰어들 준비가 되지 않았다면, JASP[64]와 같은 최신 데이터 분석 도구를 사용해 보기를 권장한다. 5장에서 다룬 모든 통계적 스킬을 소개한 훌륭한 도서로 『Learning Statistics with JASP』[96]를 들 수 있다. JASP는 R 기반으로 구축돼 GUI^{Graphical User Interface} 환경에서 통계를 배운 후 복잡한 R 언어로 넘어가는 것을 고려할 수 있다.

기초를 넘어: 그다음 단계의 통계 분석 스킬 중, 퀀트 UX에 특히 유용한 다섯 가지 영역, 심리측정학, 구조 모델, 베이지안 데이터 분석, 인과 모델, 군집 분석 및 분류를 권장한다. 이러한 고급 주제들이 퀀트 UXR에게 필수는 아니지만, T자형 스킬(4.1.1절 참조)을 갖추는 데 도움이 된다. 이들은 통계에 큰 관심이 있는 사람이 개인적으로 더 깊이 있게 파고들 만한 영역이다. 각각의 영역은 특정 퀀트 UX 프로젝트에 매우 유용하기 때문이다.

- **심리 측정:** 인간 데이터의 데이터 생성 측면에 초점을 맞춘다. 사용자 데이터를 수집할 때 (특히 자가 보고나 설문 데이터), 이것을 신뢰할 수 있는가? 우리가 생각하는 것을 의미하는가? 다른 측정치와 어떤 관련이 있는가? 심리 측정은 이러한 모든 질문에 답할 수 있도록 도와준다. 포괄적이면서도 접근하기 쉬운 가이드는 퍼^{Furr}의 『Psychometrics: An Introduction』[46]이다.

- **구조 모델**^{structural model}: 선형 모델보다 더 복잡한 방식으로 여러 관찰 결과의 관계를 분석한다. 예를 들어, 사용자의 제품 추천 가능성이라는 개념을 고려해 보자. 이는 만족도와 추천 기회에 의해 영향을 받을 수 있다. 만족도는 사용자의 제품 사용 행동, 처한 환경에서의 필요성, 제품에 대한 기대치에 의해 영향을 받을 것이다. 추천 기회는 처

한 환경에서의 필요성뿐만 아니라 위치, 상태와 같이 다른 요인에 의해서도 영향을 받을 수 있다. 적절한 데이터가 주어진다면, 구조 모델(예: 구조 방정식 모델, 유향 비순환 그래프DAG, Directed Acyclic Graph)은 이러한 상호 작용을 모델링하고 각 변수가 다른 변수에 미치는 영향을 평가한다. R[25] 동반서의 10.1절에서 구조 모델을 소개한다. 클라인Kline의 『Principles and Practice of Structural Equation Modeling』[70]은 최고의 실전 사례들에 집중해 만든 최고의 가이드라 할 수 있다.

- **베이지안 데이터 분석**: 베이지안 방법은 특히 전통적인 '유의성' 개념을 제거하고 복잡한 관계와 희박한 데이터 상황에서 모델의 추정을 허용하는 것과 같은 여러 가지 장점을 제공한다. 이 책의 R[25] 및 파이썬[127] 동반서는 기존 모델과 함께 베이지안 모델을 소개한다. 베이지안 통계 방법에 대해 기초를 다지는 데 있어, 내용을 빠짐없이 다루며, 즐겁고 쉽게 읽을 수 있고, 시야를 갖추게 도와주는 등 모든 면에서 우수한 참고 자료로 리처드 맥엘레스Richard McElreath의 『Statistical Rethinking』[94]을 강력히 추천한다.

- **인과 모델**: 통계 모델이 인과관계를 알아내는 것으로 오인되는 경우가 많은데, 이는 일반적으로 사실이 아님을 독자들이 알고 있다고 가정하겠다. 최근 몇 년 동안, '상관관계는 인과관계가 아니다'라는 단순한 진리를 넘어서 인과관계를 평가하기 위한 새로운 통계 접근법을 개발하는 데 많은 작업이 이뤄져 왔다. 단순 실험을 넘어서 인과관계를 평가하는 데 통계가 도움이 될 수 있을까? 대답은 '때로는 그렇다'며, 이를 위한 많은 연구가 진행 중이다. 인과 모델은 위에서 언급한 구조 모델의 토대 위에 구축된다. 스캇 커닝햄Scott Cunningham이 제공하는 『Causal Inference: The Mixtape』[38]는 훌륭하고 재미있는 입문서다.

- **군집 분석 및 분류 분석**: 퀀트 UXR은 데이터 군집화 작업도 진행하는 경우가 많으며, 특히 사용자 세분화user segmentation를 위해 이를 활용한다. 이러한 프로젝트 중 상당수가 제품 의사결정에 있어 기꺼이 활용할 만한 방식인지 의구심이 들지만, 군집 분석은 통계에서 중급 수준의 핵심 요소다. 사용자 세분화 또는 다른 어떤 분석 대상에서 이미 어떤 종류의 그룹 할당이 주어졌다고 했을 때, 분류 분석 방법론은 주어진 그룹을 넘어선 새로운 그룹을 발견하는 데 유용하다. 입문자를 위해서는 R[25] 및 파이썬[127]

동반서에서 군집 분석과 분류 분석에 대한 설명이 포함돼 있다. 군집 분석의 더 자세한 내용은 에버릿Everitt 외의 『Cluster Analysis』[43]에서 다루고 있다. R을 활용한 분류 분석은 쿤Kuhn과 존슨Johnson의 『실전 예측 분석 모델링Applied Predictive Modeling』[76]에서 훌륭하게 다루고 있다.

마지막으로, 4장에서 언급했듯이 통계나 머신러닝 모델을 구축하는 사람이라면 누구든지 크리스찬Christian의 『The Alignment Problem』[32]에서 설명하는 사례와 도전 과제, 윤리적 고려 사항을 숙지해야 한다.

5.7 질문 및 예제

5.6절에서 언급된 통계 교재들은 통계 분석을 연습할 때 참조할 수 있는 최고의 자료다. 5.7절에서는 인터뷰 중에 발생할 수 있는 질문들을 제시하고, 탐색적 데이터 분석 및 기초 통계에 대한 연습을 진행한다.

다음 질문들에 대해 상상해 보자. PM이 퀀트 UXR에게 모바일 애플리케이션에서 20개의 제품 기능에 대한 5만 명의 사용자 행동 관찰 데이터를 포함하는 데이터셋을 제공한다. 2,000명의 사용자들은 제품에 대한 만족도를 5점 만점의 서열 척도로 제공했다. 20개의 기능 사용 관측 데이터 중 18개는 이진 데이터(기능의 사용 유무)이고, 2개는 연속 데이터(사용자의 세션 수 및 관측 기간 동안 애플리케이션에서의 총 사용 시간)다. 마지막으로, 사용자를 '캐주얼 사용자', '전문 사용자', '무관심 사용자'의 세 그룹으로 나누는 변수가 있다.

1. 데이터셋에 대해 더 알고 싶은 것은 무엇인가?
2. 데이터의 품질을 어떻게 판단할 것인가?
3. 관측한 행동 데이터가 합리적으로 보이는지 어떻게 판단할 것인가? (힌트: 이는 PM과의 상호 작용 및 통계 분석을 포함할 수 있다.)
4. 만족도와 시간 관측 데이터가 합리적인지 어떻게 판단할 것인가?
5. 데이터셋에서 상관관계를 어떻게 조사할 것인가? 상관관계가 높다면 이에 대해 어떤 조치를 취할 것인가?

6. PM은 어떤 변수들로 고객 만족도를 예측할 수 있는지 알고 싶어한다. 이를 모델링하기 위해 어떻게 접근할 것인가? 모델이 데이터에 잘 맞는지 어떻게 알 수 있는가?

7. PM은 캐주얼 사용자와 전문 사용자 각각에게 어떤 기능이 더 중요한지 묻는다. 이 질문에 어떻게 답할 것인가? (힌트: 중요하다는 것이 무엇을 의미하는가?)

다음 예제는 여러 단계로 구성돼 있다. 전체 단계를 통해 5장에서 설명한 여러 중요한 방법론들을 활용해 볼 수 있다. 만약 예제를 푸는 데 1시간 이상 걸린다면, 5.6절에 제시한 실용 통계 교재 중 하나를 통해 연습하는 것이 좋다. 그러나 이 예제는 퀀트 UXR에 필요한 스킬을 빠짐없이 테스트한다고 볼 수는 없으며, 다른 추천 교재들의 예제들도 검토해 보길 바란다.

1. 이 책의 웹사이트(https://quantuxbook.com/data)에서 statistics-dat1.csv 및 statistics-dat2.csv 데이터셋을 불러온다. 데이터가 올바르게 로드됐는지 확인했는가? 어떻게 확실히 알 수 있는가?

2. 각 데이터셋에는 v1과 v2라는 두 변수가 있다. 통계 분석에서 볼 때 이들은 좋은 관찰 데이터인가? 반드시 그래프를 그려 확인하라.

3. 각 데이터셋에서 v1과 v2는 유사한 데이터 생성 과정에서 비롯된 것인가? 어떻게 알 수 있는가? (참고: 이 질문은 특정 통계 검정이나 절차가 아니라 통계 분석의 해석에 관한 질문이다.)

4. 각 데이터셋에서 v1과 v2 사이에 통계적으로 유의한 차이가 있는가?

5. 각 데이터셋에서 선형 모델을 사용해 v1로부터 v2의 값을 얼마나 잘 예측할 수 있는가? 이에 대해 이해관계자에게 어떻게 설명할 것인가?

06

프로그래밍

프로그래밍 능력은 퀀트 UXR에게 중요한 스킬이다. 이는 당연하게 느껴질 수도 있고, 의외로 여겨질 수도 있다. 6장에서는 프로그래밍이 중요한 이유와 퀀트 UXR에게 필요한 프로그래밍의 핵심 요소를 설명한다.

퀀트 UXR은 컴퓨터 사이언티스트가 될 필요는 없지만, 프로그래밍을 충분히 잘 할 수 있어야 한다. 이 책에 나오는 모든 스킬처럼 전문가가 되고 싶다면 이 또한 훌륭한 일이다. 6장에서는 기초에 대해 간단히 설명하겠다.

프로그래밍을 가르치려는 것이 아니라 프로그래밍이 퀀트 UX와 어떤 관련이 있는지 확신하지 못하는 사람들에게 동기부여를 하고, 실무자, 관리자, 인터뷰 담당자, 채용 지원자에게 적절한 기대치를 설정해 주려는 것이다.

프로그래밍 스킬의 사용 기준에 대한 간단한 목록은 6장의 6.5절과 부록 B에 제안된 루브릭rubric에서 확인할 수 있다.

6.1 개요

프로그래밍이 퀀트 UXR에게 중요한 스킬인 이유는 무엇인가? 데이터를 얻고 SPSS나 엑셀과 같은 그래픽 분석 패키지를 사용해 통계 분석을 수행하는 것만으로는 왜 충분하지 않은가?

프로그래밍 능력을 갖추면 다음과 같은 이점이 있다.

- 분석을 위한 데이터를 수집하고, 처리하고, 구성하는 능력이 크게 확장된다.
- 통계 분석과 머신러닝을 위한 가장 다양한 도구와 방법에 접근할 수 있다.
- 분석을 반복하고 개선하기 쉬워져 분석의 정확성이 향상된다.
- 재사용 가능한 개인 코드 라이브러리를 구축하면서 작업 효율성이 크게 향상된다.
- 온라인에서 공유되는 코드를 사용하고 수정할 수 있는 기회가 생긴다.
- 데이터를 시각화해 더 깊이 있는 탐색과 더 효과적인 리서치 발표를 할 수 있다.
- 코드를 동료들과 공유해 협업이 강화된다.

이러한 이점들은 매우 인상적이지만, 그만큼 대가도 따른다. 첫째, 프로그래밍을 처음 배우는 경우, 상당한 동기부여와 연습이 필요하다. 연습은 필수적인데, 마치 자연어처럼 패턴은 반복을 통해 각인돼야 하기 때문이다. 그리고 개인적으로 흥미로운 관심사로 동기부여를 해야 지속할 수 있고, 패턴을 개발할 수 있다. 업무에서든 업무 외에서든 관심 있는 프로젝트를 선택해 완료할 때까지 지속하라. 그런 다음 또 다른 프로젝트를 진행하라!

둘째, 주관적인 대가도 있다. 일부 사람들은 단순히 프로그래밍을 즐기지 않는다. 프로그래밍은 세부 사항에 대한 집중과 고도로 구조화된 사고를 요구하는 작업으로, 이는 성실성과 같이 성격적인 특성과도 관련이 있다[66]. 이전에 이미 동기가 부여된 프로젝트로 프로그래밍을 시도했는데 즐기지 못했다면, 퀀트 UX 리서치가 즐겁지 않을 수 있다.

6.1.1 프로그래밍의 필요성

미래의 퀀트 UXR나 UX 채용 매니저들로부터 프로그래밍이 단순히 권장되는 것이 아니라 정말로 필요한 것인지에 대한 질문을 자주 받는다. 그 답은 조직과 직무의 세부 사항에 따라 다르다. 일부 회사에서는 프로그래밍이 공식적인 요구 사항이며, 코드나 의사 코드^{pseudocode}

다르다. 일부 회사에서는 프로그래밍이 공식적인 요구 사항이며, 코드나 의사 코드[pseudocode]
(코드처럼 구성된 텍스트로, 논리와 형식적 구조는 있으나 정확한 문법, 함수 이름 등은 고려하지 않은 것)를
작성하는 면접을 진행할 것이다. 다른 회사에서는 퀀트 UXR이 데이터 수집이나 통계 분석
에 집중하고, 코딩 작업은 데이터 엔지니어나 다른 사람들에게 의존할 수도 있다.

코딩을 배우는 이점이 너무 커서 코딩 기술이 없는 퀀트 UXR은 장기적으로 불리할 것으
로 예상된다. 채용 관점에서 보면, 비록 직무에서 코딩을 요구하지 않더라도 코딩 스킬은 매
우 유리하다. 따라서 우리의 의견은 적어도 퀀트 UXR이라면 코딩 기술을 갖추려고 노력해
야 한다는 것이다.

6.1.2 프로그래밍 언어

퀀트 UXR로서 프로그래밍을 한다면, 몇 가지 예외를 제외하고는 R이나 파이썬을 사용해
야 한다. R과 파이썬은 퀀트 UXR뿐만 아니라 데이터 사이언스와 같은 관련 역할을 하는
동료들이 가장 많이 사용하는 언어다. R과 파이썬은 데이터 처리, 통계 분석 수행, 결과 시
각화, 코드 테스트, 공유를 위한 지원이 가장 많다. 이 중 하나라도 사용하지 않으면 불리
할 것이다.

그러나 C, C++, C#, Go, 자바[Java], 자바스크립트[JavaScript], 코틀린[Kotlin], 루비[Ruby], 스킴
[Scheme], 스위프트[Swift] 등과 같은 다른 범용 프로그래밍 언어를 배우면 R이나 파이썬을 쉽게
익힐 수 있다. 이러한 언어 중 하나가 주어진 상황에 적합하다면 해당 언어 스킬을 개발하고,
준비가 되면 R이나 파이썬을 배우는 것을 권장한다.

매트랩, SAS, 매스매티카[Mathematica], 메이플[Maple], 옥타브[Octave], 스타타[Stata]와 같은 통계 및
수학 언어는 특수한 경우다. 이러한 언어를 사용하면서 일반적인 프로그래밍 스킬을 개발할
수 있지만, 6.2절에서 설명하는 세부 사항에 특별히 주의를 기울여야 할 수도 있다. SPSS만
으로 프로그래밍하는 것은 범용 프로그래밍 언어로서의 한계 때문에 퀀트 UXR에게는 대
부분 부족하다.

마지막으로, SQL은 데이터베이스에서 데이터를 추출하고 분석하기 위한 특수 목적 언어
다. 이는 퀀트 UXR에게 흔한 작업이며, 조인 및 데이터 필터링과 같은 많은 작업이 SQL에

서 매우 효율적이다. 그러나 SQL은 범용 프로그래밍 언어가 아니므로 퀀트 UX 업무에 충분하지 않으며, 필수적이라 여기기도 어렵다. 6장에서는 SQL을 배울지 결정하는 데 도움을 주기 위해 SQL에 대한 절을 포함했다.

6.2 절차적 프로그래밍 기초

퀀트 UXR로서 프로그래밍을 하기로 결정했다고 가정해 보자. 어떤 수준의 프로그래밍 스킬이 필요할까? 상한선은 없지만 하한선은 있다. 일반적인 업무와 특히 데이터 처리를 위해 절차적 코드^{procedural code}를 작성할 수 있어야 한다. 절차적 프로그래밍은 구조화된 데이터를 처리하고 결과를 생성하는 알고리듬을 적용하는 것을 의미하며, 이는 유명한 컴퓨터 사이언스 책 제목 『Algorithms + Data Structures = Programming』[153]에 반영돼 있다.

6.2.1절에서는 퀀트 UX와 관련해 알고리듬과 데이터 구조의 필수 요소를 설명한다.

6.2.1 알고리듬

퀀트 UX 프로그래밍을 위해서는 알고리듬의 세 가지 측면에 능숙해야 한다. 문제를 논리적인 단계로 변환하는 것(앞서 언급한 것처럼 의사 코드를 사용할 수도 있음), 루프 및 기타 제어 구조를 사용해 이러한 단계를 코드로 작성하는 것, 솔루션을 함수(프로시저^{procedure} 또는 서브루틴^{subroutine}이라고도 함)로 모듈화하고 재사용 가능한 구현으로 일반화하는 것이다.

6.2.1.1 논리적 단계

문제를 논리적 구조와 의사 코드로 변환하는 스킬은 거의 전적으로 실전을 통해 습득된다. 6.6절에서 언급된 프로그래밍 입문 서적들은 매우 간단한 예제에서 점점 더 복잡한 예제로 발전하는 순서를 제시하는 데 도움이 된다. 이 스킬을 개발하기 위해서는 직접 수백 개의 프로그램을 작성해야 한다. 교재를 통해서든 혹은 바람직하게는 자신의 업무에서든 실제로 프로그래밍을 해야만 배울 수 있다.

의사 코드 스킬은 화이트보드 스킬과 밀접하게 관련돼 있다. 화이트보드는 코딩 전에 솔루션의 전체적인 논리와 흐름을 화이트보드(또는 종이 등 다른 매체)에 정리해 보는 것을 의미한다. 프로그래밍 면접 시 화이트보드 스킬이 종종 요구된다(12장 참조). 가능한 한 의사 코드를 작성해 상세한 코드를 시작하기 전에 솔루션의 개요를 작성하는 것을 권장한다. 우리는 종종 프로그래밍 편집기에서 직접 이를 수행하며, 주석으로 접근 방식의 일반적인 개요를 작성한 후, 작은 블록을 실제 코드로 점진적으로 변환해 나간다.

6.2.1.2 제어 구조

효과적으로 프로그래밍하기 위해서는 프로그램 흐름의 논리적 메커니즘, 특히 if/then 조건문과 for 및 while(또는 repeat until) 루프에 능숙해야 한다. 이는 프로그래밍에 있어 최소한의 기본이며, 대부분의 프로그래밍 인터뷰는 제어 구조control structure를 사용해 논리적 단계를 구현하는 데 중점을 둔다.

제어 구조 사용 시 발생하는 몇 가지 일반적인 문제는 다음과 같다.

- 입력 변수의 길이가 0인 경우를 고려하지 않는다(1에서부터 length(X)까지 반복하는 for문의 경우, X에 실제 데이터가 없어 길이가 0일 때 오류가 발생한다).
- 문자열의 첫 인덱스가 0부터 시작하는 언어에서 문자열의 인덱싱을 1부터 시작하거나, 루프의 반복을 결정하는 카운터의 값을 코드에서 실제로 활용도 하기 전에 먼저 증가시킨다.
- 데이터 타입에 대해 잘못된 가정을 내린다. 예를 들어, 논리 연산 if(INPUT==0)에서 INPUT이 문자열이라면 어떤 일이 발생할까?

인터뷰 중에는 이런 실수와 연관된 기본 가정들을 체크하고, 그에 대해 주의 깊게 서술해 이런 문제들에 대해 인지하고 있음을 보여 주는 것이 좋다. 일반적으로 후보자가 모든 가능한 에지 케이스edge case를 처리하는 코드를 명시적으로 작성할 필요는 없지만, 몇 가지 가능성을 고려하고 잘 알려진 문제 한두 개 정도는 고려해야 한다.

6.2.1.3 함수

필요한 연산을 한 줄씩 써서 작성해 일단 원하는 최종 결과를 달성하는 코드를 완성했다면, 이를 일반화해 독립적으로 재사용할 수 있는 함수로 변환할 수 있어야 한다. 좋은 함수들에는 몇 가지 특징이 있다. 첫째, 전체 코드 중 여러 위치에서 반복 실행돼야 하는 특정 태스크를 분리시킨다. 공통적으로 활용되는 코드를 하나의 함수로 정의하면, 업데이트 시 한 번에 전체 코드에 적용할 수 있고, 여러 위치에서 거의 동일한 코드를 여러 번 반복하는 대신 이함수를 호출하는 것만으로 코드의 가독성까지 향상된다.

이렇게 재사용이 가능한 함수는 8.4.2 절에서 만족도 차트를 생성하기 위해 다룰 것이다. 함수가 어떤 방식으로 점차 이점을 발휘하는지 확인할 수 있으므로 참조하기 바란다. 이 함수는 퀀트 UX 분석에서 갖춰야 할 프로그래밍 복잡도 수준을 가늠하는 좋은 예시이기도 하다.

둘째, 좋은 함수는 명확한 입력 파라미터를 전달받아 의도한 작업을 완수할 수 있게 잘 정의된 결과 값을 반환하며, 다른 부작용을 유발하지 않는다. 예를 들어, 함수는 명시적으로 반환하는 값(결과) 외에는 어떤 변수의 값도 바꿔서는 안 된다. 이를 함수의 모듈성 가정이라 부른다.

셋째, 명확한 의미 전달이 가능한 함수명과 입력 파라미터 명을 사용해야 한다. 42란 숫자를 전달받아 '$42.00'와 같이 화폐 단위를 나타내는 문자열로 변환하는 함수가 있다고 가정해 보자. 이 함수를 convert(X)라 선언하는 것은 바람직하지 않다. 어떤 값이 변환되는가? X의 정체는 무엇인가? 무엇을 결괏값으로 반환하는가? convertToCurrency(xNum, to='USD')와 같은 정의가 더 바람직하다. 이런 명명 방식을 통해 이 함수는 값을 화폐로 변환하고, 숫자를 입력으로 받으며, 미국 달러를 기본값으로 활용하지만 다른 화폐를 선택할 수도 있다.

넷째, 함수는 원래 기대했던 입력값과 이를 벗어나는 입력값 모두에 대해 의도한 대로 작동함을 보여 줄 수 있는 테스트 케이스를 수반해야 한다. 만약 convertToCurrency(42, to="JPY"), convertToCurrency("Hello!"), convertToCurrency(1, 2, 3), convertToCurrency(), convertToCurrency(42, from="JPY", to="KRW")와 같이 함수를 호출한다면 어떤 일이 일어날까? 만약 데이터가 명확하다면, 단지 몇 가지의 경우만 테스트해도 되는 단순한 함수가 적절할 것이다. 하지만 일어날 수 있는 에지 케이스들도 처리할 수 있도록 항상 대비해야 한다.

이것이 곧 작성한 함수에 대한 단위 테스트unit test를 설계해야만 한다는 의미일까? 중요하거나 널리 쓰이는 함수에 대해서라면 이는 좋은 생각이다. 단위 테스트란, 작성한 함수가 의도한 케이스에 대해 올바른 값을 반환하고 있는지, 그리고 에지 케이스를 원하는 대로 처리하고 있는지 확인하는 코드를 작성하고 본 코드에 포함시키는 것이다. 이러한 단위 테스트를 명확히 작성해 두면 최적화나 버그 수정과 같이 사후에 코드를 수정한 뒤에도 여전히 함수가 의도한 대로 작동하는지 점검할 수 있다.

마지막으로, 좋은 함수는 문서화가 명확히 돼 있어야 한다(일반적으로 코드 주석을 활용하지만 별도 문서로 작성하기도 한다). 면접에서는 주석을 작성하는 것이 필수라 할 수 없지만, 날마다 작성한 코드에 대한 주석을 세세히 추가해 기록해 두면 결국 본인 스스로에게 감사할 날이 올 것이다.

이것이 전부일까? 알고리듬 설계, 효율성, 연결 리스트를 순회하거나 값을 정렬하는 것과 같은 전형적인 문제 해결과 같은 스킬에 능숙할 필요는 없을까? 몇몇 포지션, 특히 데이터 사이언스와 엔지니어링을 겸하는 직무라면 그런 스킬들도 필요하겠지만, 이는 전형적인 컴퓨터 사이언스에 더 가깝다. 경험에 비춰 보건대 퀀트 UXR에게는 프로그래밍 기초에 대한 숙련도가 더 중요하다.

6.2.2 데이터 구조

컴퓨터 사이언스에서는 다양한 용도로 사용되는 벡터vector, 행렬array, 연결 리스트, 스택stack, 해시 테이블hash table, 트리tree, 방향 그래프 등 많은 종류의 데이터 구조data structure를 다룬다. 각각은 특정 용도에서 최적인 동시에 다른 용도에서는 차선이 되기도 하며, 자연히 특정 알고리듬과 짝을 이뤄 사용된다(예를 들면, 연결 리스트는 순회 알고리듬을 수반하며, 트리는 이진 탐색 알고리듬을 수반한다).

정량적 UX 리서치에서는 대체로 이 중에 벡터와 행렬을 주로 다루며, 이에 더해 행렬과 비슷한 형태를 갖는 하이브리드 타입의 데이터 구조인 데이터 프레임data frame을 다룬다. 해시 테이블과 관련된 기본 개념들도 중요하다. 6.2.2절에서는 각각에 대해 간략히 설명하고자 하며, 이 내용들은 프로그래밍 인터뷰에서도 중요하다.

6.2.2.1 벡터

벡터는 단일 데이터 타입으로 이뤄진 일차원 행렬이다. 그 예는 (2, 4, 10), ("a", "b", "c"), 501:505(501부터 505까지 이어지는 숫자열) 등을 들 수 있다. 벡터는 정량적 UX 프로그래밍에서 어떤 행동을 몇 번이나 수행했는지 추적하거나, 특정 관측치들을 선택하거나, 어떤 사건이 몇 번이나 관측됐는지 세는 데 중요하게 쓰인다.

예를 들어, 위의 벡터 예시 중 첫 번째 예시인 (2, 4, 10)을 이루는 각 숫자 2, 4, 10에 동일한 연산을 수행하거나, 세 번째 예시인 501:505 벡터를 활용해 특정 데이터 표본 중 501번째부터 505번째의 관측치만 선택할 수 있다.

벡터는 데이터를 선택할 때 가장 명료하면서 쉽게 활용된다. 예를 들어, R에서 벡터를 활용해 my.data 중 특정 관측치들을 선택해 보자. 벡터의 범위를 직접 명시하거나 벡터의 이름을 입력하는 방식 모두 활용할 수 있다.

```
my.data <- data.frame(matrix(rnorm(10000), ncol=5))
my.data[501:505, ]

##            X1         X2         X3         X4          X5
## 501 -1.5595899 -2.1325391  0.7096897 -0.5663836 -0.13364897
## 502  1.2723982 -1.0330504 -1.1961304  1.8289368  1.80451982
## 503 -0.4406392  0.2545082  1.8022930 -1.3140974 -0.05186331
## 504 -0.3645085 -0.3537969  0.8219231 -0.7321998 -0.97498126
## 505  2.1178460 -0.7359523 -0.6294509  1.3619285  1.05892972

rows.select <- 501:505
my.data[rows.select, ]

##            X1         X2         X3         X4          X5
## 501 -1.5595899 -2.1325391  0.7096897 -0.5663836 -0.13364897
## 502  1.2723982 -1.0330504 -1.1961304  1.8289368  1.80451982
## 503 -0.4406392  0.2545082  1.8022930 -1.3140974 -0.05186331
## 504 -0.3645085 -0.3537969  0.8219231 -0.7321998 -0.97498126
## 505  2.1178460 -0.7359523 -0.6294509  1.3619285  1.05892972
```

조금 더 어렵지만 여전히 기본적인 스킬은 연산자를 벡터화하는 것이다. 벡터화는 벡터를 구성하는 값들마다 특정 연산을 반복해 수행하는 것을 의미한다. 이는 매우 간단한 수학이며, R에서 이를 활용해 복수의 값들에 연산을 수행하는 예시는 다음과 같다.

```
c(2, 4, 10) ^ (1/2)   # (2, 4, 10)의 제곱근 구하기

## [1] 1.414214 2.000000 3.162278
```

함수를 호출할 때도 벡터화를 활용할 수 있다. 앞선 예제를 다음 예제와 같이 my.vector라는 벡터에 사용자 정의 함수 mathFunct를 적용하는 것으로 재구성할 수 있다.

```
my.vector <- c(2, 4, 10)
mathFunct <- function(x) { sqrt(x) }
sapply(my.vector, mathFunct)

## [1] 1.414214 2.000000 3.162278
```

이 예제를 통해 앞서 함수 관련 절에서 다뤘던, 잘 정의된 함수의 가치를 발견할 수 있다. 함수 mathFunct는 음수를 입력받을 때의 예외 처리를 추가하는 것과 같이 추후에 업데이트될 수 있는데, 이때 이 함수가 호출되는 코드는 전혀 건드리지 않고 함수만 수정하면 된다. 비슷한 원리로 벡터화 연산을 활용하면 (위 예제에서는 R 함수인 sapply()) 대상에 대한 길이와 같은 세부 사항을 프로그래밍 언어가 처리하도록 맡겨 두고, 오로지 달성하고자 하는 연산 자체의 세부 사항에 집중할 수 있다.

코딩 인터뷰에 대비해 벡터화를 마스터해야만 할까? 데이터를 선택하거나 벡터 연산을 수행하는 정도의 수준이라면 그렇다. 임의함수를 벡터화하는 것과 같이 복잡한 수준이라면 그렇지 않다. 그런 경우라면 실전에서 아마도 for 루프를 대신 활용하게 될 것이다. for 루프 활용 자체가 인터뷰에서 평가해야 할 기초 스킬이기도 하고, 심지어 더 명확하고 단순한 솔루션이기도 하다. 그러나 벡터화는 더 높은 수준의 프로그래머를 지향한다면 익혀야 할 중요한 스킬이다.

6.2.2.2 빠른 점검: 당신의 생각은?

프로그래밍을 완전히 새로 접했다면 지금까지의 내용에 대해 어떻게 생각하는가? 6장의 내용에 흥미가 가는가? 예제들을 실행시켜 보기 위해 R을 설치했는가?

흥미롭지만 다소 벅차다고 느껴진다면, 예제들을 직접 실행해 보고 프로그래밍 전문 서적을 탐독해 보기를 다시 한번 권장한다. 반대로 관심이 가지 않거나 전혀 흥미를 느끼지 못한다면, 이 또한 당신이 프로그래밍과는 어울리지 않다는 것을 알려 주는 중요한 신호라고 할 수 있다. 사람들은 각기 다른 스킬과 열정을 갖고 있다. 프로그래밍은 실제로 모든 사람에게 적성이 맞을 수가 없으며, 단순히 프로그래밍을 배워야 한다고 느끼는 것만으로는 학습 곡선을 그리기 위해 필요한 꾸준함을 만들어 내기 어렵다.

6.2.2.3 행렬과 데이터프레임

행렬은 전체 숫자 혹은 문자와 같이 단일 데이터 타입의 값들로 구성된 다차원 객체다. 정량적 UX 리서치에서 가장 흔히 사용되는 행렬의 형태는 매트릭스matrix이며, 특정 프로그래밍 언어에서는 하나의 데이터 타입에 대해 2차원 행렬의 값들을 갖는 형태로 제공된다. 예를 들어, R에서는 `matrix(rep(NA, 10000), ncol=10)`를 통해 총 1만 개의 요소를 10개의 열(1,000개의 행)으로 구성되며, 각 요소는 결측치(NA)로 기록된 매트릭스를 정의한다. 매트릭스는 선형 모델을 추정하기 위해 값들을 곱하거나(보통 이런 연산은 사용자가 직접 하기보다는 함수에 내장돼 있음), 특정 사건들의 조건부 확률을 매핑mapping하는(웹브라우징 활동에 적용된 예시를 들 수 있으며, 자세한 내용은 참고 문헌 [25] 14.4.1절 참조) 등의 수학적 연산을 하는 데 흔히 사용된다.

데이터 프레임은 행과 열로 구성된 2차원 객체라는 점에서 행렬 및 2차원 배열과 유사하다. 그러나 열에는 이름이 있으며 관측 식별자(사례 ID), 범주형 변수, 숫자 값, 문자열 등 다양한 데이터 타입을 가질 수 있다.

6.2.2.4 해시 테이블

해시 테이블은 벡터의 값과 유사하지만, 선택할 수 있는 인덱스 필드가 추가된다. 벡터나 배열은 일반적으로 [5] 또는 [1:10]과 같은 순차적인 정수 인덱스 값으로 접근하지만, 해시 테이블은 "Bill"이나 fbca6485ddce와 같은 임의의 값으로 접근할 수 있다. 해시 테이블의 각 항목은 키-값 쌍으로, 항목을 인덱싱하는 고유한 키와 얻어지는 값으로 구성된다.

이러한 구조는 프로그래밍 언어마다 다른 이름으로 불린다. 예를 들어, 파이썬에서는 해시 테이블을 딕셔너리dictionary라고 하며, 다른 언어에서는 맵map, 해시hash, 연관 리스트associative list, 키리스트keylist 등의 용어를 사용한다. 이들은 모두 유사하게 작동하며, 선호하는 언어에서 개념을 이해하는 것이 중요하다.

해시 테이블의 일반적인 예로는 번역 사전이 있다. 여기서 원래 단어(키)와 번역(값)이 쌍을 이룬다. 또 다른 일반적인 예는 이름(키)과 전화번호(값)로 구성된 전화번호부다.

인터뷰할 때는 해시 테이블 개념에 능숙해진 다음, 인터뷰 중에 사용할 특정 구현 방법을 찾아 연습하는 것이 좋다.

6.3 SQL

SQL Structured Query Language(흔히 '시퀄'이라고 발음함)은 데이터베이스에서 데이터를 추출하고 분석하기 위한 특수 목적 언어다.

웹 및 모바일 제품은 거의 항상 데이터베이스를 백엔드(2.1.2절 참조)로 사용하며, 제품 분석을 위해서도 사용할 수 있다. 퀀트 UXR로서 제품 사용 데이터 분석을 작업에 포함할 것으로 예상된다면 SQL을 배우는 것이 유익하다.

예를 들어, 사용 로그 데이터가 events라는 데이터베이스 테이블에 저장된 소셜 미디어 제품을 상상해 보자. 이 테이블에는 사용자 ID, 이벤트가 발생한 시간의 타임스탬프timestamp, 기능 사용(로그인, 게시물 작성, 게시물 게시 등)에 해당하는 이벤트 유형 등의 필드가 포함돼 있다. SQL을 사용하면 특정 기간 동안 고유 사용자가 가장 많은 기능을 쉽고 빠르게 계산할 수 있다. 예를 들면, 다음과 같다.

```
SELECT event_type, COUNT(DISTINCT user_id) AS unique_users
FROM events
WHERE timestamp > '2022-01-01'
GROUP BY event_type
```

```
ORDER BY unique_users DESC;
```

이 쿼리는 주어진 기간 동안 각 이벤트 유형별 고유 사용자 수를 계산하고, 그 결과를 고유 사용자 수에 따라 내림차순으로 정렬한다. SQL 코드를 자세히 살펴보자. 먼저, SQL의 관례는 키워드(SQL 언어의 일부인 내장 단어)를 대문자로 작성하는 것이다. 이 쿼리에서 SELECT 부분은 출력에 표시할 필드를 식별한다. 그 SELECT 절에서 두 번째 요소(COUNT)는 각 이벤트 유형에 대해 고유한 사용자 ID 수를 세는 집계자다.

WHERE 절은 주어진 시간 범위 내의 행만 포함하도록 데이터베이스 행을 필터링한다. GROUP BY는 COUNT 집계자가 이벤트 유형별로 개수를 분리하도록 지시한다. 마지막으로, ORDER BY는 출력이 고유 사용자 수에 따라 내림차순(DESC)으로 정렬돼야 함을 지정한다.

전통적인 프로그래밍 언어에서는 이러한 단계들이 수십 줄 필요할 수 있다. SQL은 이러한 기본 데이터 추출 및 분석 작업에 대해 매우 효율적이고 간결하며, 공통 필드에서 대규모 데이터셋을 조인하는 데도 매우 빠르다. 그렇다면 왜 모든 작업에 SQL을 사용하지 않을까? SQL은 데이터셋 작업에 특화돼 있지만, 범용 언어는 훨씬 더 다양한 데이터 조작, 분석, 통계, 시각화 작업에 유연하다. SQL 외에도 범용 프로그래밍 언어를 배우는 것을 강력히 권장한다. 저자들의 경험에 따르면, 일반 프로그래머는 필요할 때 SQL을 빠르게 배울 수 있다.

6.4 기타 코딩 주제

프로그래밍에서 최소한 기본적으로 알고 있어야 하는 두 가지 영역이 있는데, 재현 가능성 reproducibility과 성능performance이다. 퀀트 UXR이 이 두 분야의 전문가가 될 필요는 없지만, 기본적인 이해는 중요하며, 프로그래머로 성장하고 동료들과 생산적으로 협력하는 데 도움이 될 것이다.

6.4.1 코드의 재현 가능성

경험 많은 프로그래머는 이미 재현 가능성의 개념에 익숙할 것이다. 그러나 프로그래밍이 처음이라면 이 부분에 주의를 기울여야 한다. 분석의 재현 가능성과는 서로 별개의 개념이지만, 재현 가능한 코드는 재현 가능한 분석을 수행하는 기초가 된다.

프로그래밍의 가장 가치 있는 측면은 분석, 데이터 처리, 시각화, 기타 작업을 반복할 수 있게 된다는 점이다. 그렇다면 이를 어떻게 관리할지에 대한 질문이 생긴다. 설정은 어떻게 하는가? 코드를 어떻게 테스트하는가? 동료들과 어떻게 공유하는가?

이 질문들에 대해 여기서 자세하게 답변하는 것은 어려우나, 이들은 신중한 주의가 필요한 사항이다. 또한, 인터뷰에서 이러한 질문을 받을 것으로 예상해야 한다. 시작하는 데 도움이 되도록 다음과 같은 방향을 제안한다.

1. 설정은 어떻게 하는가? 통합 개발 환경IDE, Integrated Development Environment(예: RStudio)이나 노트북 솔루션(예: Jupyter)을 선택하고, 최소한 다른 표준화된 환경을 사용하기 시작할 때까지는 해당 환경을 사용하라.

2. 코드를 어떻게 테스트하는가? 단위 테스트(6.2.1.3절 참고)와 설정 환경에서 코드 디버깅 방법을 배워라. 또한, 단위 테스트가 유용한 경우와 유용하지 않은 경우(예: 탐색적 일회성 코드)에 대해 고려하라.

3. 동료들과 코드를 공유하는가? 여기서 표준 방법은 공유 Git 저장소를 사용하는 것이다. 이는 일반적으로 GitHub 또는 유사한 개인 시스템을 통해 이뤄진다. Git과 GitHub을 배우는 것은 좋은 투자다. GitHub와 같은 저장소 시스템은 코드 및 기타 파일에 대한 모든 변경 사항을 추적하고, 협력자들이 오프라인에서도 동시에 작업할 수 있도록 한다. 개인에게는 이러한 시스템이 과할 수 있지만, 협업을 시작하면 중요하거나 필수적이 된다. 좋은 시작점은 치토아라Tsitoara의 『Beginning Git and GitHub』[142]다(참고로, 저자들은 이 책의 모든 단어를 공유하고 백업하며 협업하기 위해 Git 저장소를 사용했다).

6.4.2 성능과 확장성

좋은 프로그래밍 접근 방식은 리서치를 사전 테스트하는 방식과 비슷하다. 작게 시작해서 작동하는지 확인한 후 점진적으로 확장하는 것이다. 예를 들어, 감성 분석을 위해 1,000개의 큰 텍스트 파일을 처리해야 한다면, 한 파일의 작은 조각으로 시작하는 것이 좋다. 해당 조각에 대해 코드가 제대로 작동하면, 전체 파일을 처리하도록 확장한다. 그런 다음 다시 확장해 1,000개의 파일을 모두 처리한다.

확장하기 전에 실제로 확장이 필요한지 검토해야 한다. 데이터셋이 방대하다면 모든 데이터를 처리할 필요가 없을 수도 있다. 종종 가장 좋은 답은 더 큰 데이터셋에서 관리할 수 있는 무작위 샘플링을 하는 것이다.

예를 들어, '얼마나 많은 사용자가 기능 X를 사용하는가?'라는 질문에 답하고자 한다고 가정해 보자. 한 가지 방법은 모든 사용자의 기록을 조사해 기능 X의 발생 횟수를 세는 것이다. 사용자가 수백만 또는 수십억 명인 경우, 이 방법은 너무 느릴 수 있다. 또 다른 방법은 1만 또는 10만 명 정도의 작은 비율을 샘플링하는 것이다. 그중 기능 X를 사용하는 비율을 찾아 전체 사용자 수에 곱하는 것이다. 마찬가지로, 통계 모델을 적합시킬 때 10만 명 이상의 사용자(관측 세트)를 모델링할 필요는 거의 없다. 보통 그 정도 규모에서 감지할 수 있을 만큼 큰 효과에 관심이 있기 때문이다(5.3.3절 참조).

그러나 일부 문제는 대량의 데이터를 처리해야 할 수도 있다. 일반적인 경우는 데이터를 사전 처리해 추가 분석 준비를 하는 것이다. 예를 들어, 기능 X의 사용이 별도로 기록되지 않고 일련의 이벤트나 다른 관측에서 추론돼야 한다고 가정해 보자. 먼저, 모든 데이터를 처리해 기능 X의 사용을 식별한 다음, 샘플링을 고려해야 할 수도 있다.

대규모 처리가 필요할 때는 단순 샘플링 이상으로 다음 세 가지를 고려해야 한다.

1. 코드가 적절하게 최적화돼 있는가? 코드 프로파일링code profiling에 시간을 투자하고 코드의 병목 지점을 식별해야 한다. 코드 프로파일은 각 코드의 줄, 섹션 또는 함수가 소요하는 시간과 메모리를 보여 준다. 그런 다음, 느리거나 시스템 자원을 과도하게 사용하는 부분을 최적화할 수 있다.

2. 확장성이 좋은 알고리듬을 선택했는가? 이는 항상 가능하지는 않지만, 선형 비율보다 낮은 비율로 확장되는 알고리듬을 선택하는 것이 좋다. 즉, 데이터 양이 100배가 돼도 처리 시간이 100배 이상 걸리지 않는다는 의미다. 알고리듬 복잡도complexity는 여기서 다루기 어렵고, 이러한 문제가 발생할 때는 컴퓨터 사이언티스트와 상의하는 것이 좋다. 이에 관심이 있다면 6.2.2.1절과 6.6절을 참조하라.

3. 문제를 단순한 분할 정복 방식으로 해결할 수 있는가? 많은 문제를 해결하는 간단한 방법은 이를 여러 머신이나 프로세싱 코어에 분산시키는 것이다. Amazon Web Services, Microsoft Azure, Google Cloud와 같은 클라우드 서비스를 통해 이를 수행할 수 있다. 핵심 개념은 맵리듀스^{MapReduce} 접근 방식이다. 먼저, 문제를 한 번 해결한 후 그 해결 방법을 여러 프로세싱 유닛에서 병렬로 실행하도록 매핑한다. 그런 다음, 병렬 소스로부터 결과를 모아서 필요한 결과를 산출하도록 축소한다. 이전 예시에서 1,000개의 감성 분석 텍스트 파일을 생각해 보자. 1,000개의 감성 분석 텍스트 파일 각각을 컴퓨팅 클러스터에 매핑하고, 각 파일에서 처리된 감정 점수를 수집한 후, 필요한 경우 이러한 점수를 요약하거나 다른 통계 분석을 수행할 수 있다.

6장에서 다룬 다른 고급 프로그래밍 주제와 마찬가지로, 퀀트 UXR이 코드 성능과 확장성의 전문가가 될 필요는 없다. 대신, 개념을 이해하고 방대한 데이터를 처리해야 할 때 가능한 솔루션을 고려할 수 있어야 한다.

6.5 핵심 포인트

퀀트 UXR들 사이에서는 프로그래밍 스킬이 퀀트 UX에 필수적인지에 대한 의견이 다르지만, 최소한 바람직하고 유리하다는 데에는 동의한다. 퀀트 UXR은 다음과 같은 프로그래밍 영역에 능숙할 것을 권장한다.

- 데이터 분석에 일반적으로 사용되는 R 또는 파이썬과 같은 언어(6.1.2절)
- 해당 언어를 위한 인터랙티브 환경
- 데이터 처리를 위한 일반적인 패키지 또는 라이브러리
- 재사용 가능한 함수 작성 및 입출력 테스트(6.2.1.3절)
- 특히 데이터 프레임과 같은 일반적인 데이터 타입 처리(6.2.2절, 6.2.2.3절)
- 코드 결과의 재현(6.4.1절)
- 매우 큰 데이터를 처리하기 위한 코드 확장 기본 개념(6.4.2절)

반면, 대부분의 퀀트 UXR에게 요구되지 않는 고급 스킬은 다음과 같다.

- 언어 간 상호 작용, 이를테면 R과 C++를 함께 사용하는 것
- 다른 사람들이 사용할 패키지 및 라이브러리 작성
- 모든 종류의 컴퓨터 사이언스 알고리듬
- 코드의 세부적인 최적화
- 클라우드 컴퓨팅 시스템에 대한 능숙함

이러한 고급 스킬은 관심이 있다면 확실히 가치가 있지만, 대신 인간 중심 리서치(4장 참조) 또는 통계(5장 참조)에서 추가 스킬을 개발할지 고려할 수 있다.

6.6 더 알아보기

프로그래밍 초보자이면서 분석에 관심이 있다면, 퀀트 UXR, 데이터 애널리스트, 그리고 많은 다른 사람이 가장 많이 사용하는 두 가지 언어인 R 또는 파이썬 중 하나로 시작하는 것을 권장한다. 이들 중 하나를 선택하는 것은 주로 통계에 더 관심이 있는지(R) 아니면 일반적인 데이터 처리와 엔지니어링에 더 관심이 있는지(파이썬)에 따라 다르다. 이들은 각각 R[25] 및 파이썬[127] 동반서에서 다룬다.

초보자가 고려할 수 있는 또 다른 경로는 분석과 크게 관련이 없는 범용 언어로 프로그래밍을 배우는 것이다. 이 접근 방식의 장점은 통계 모델이나 분석의 세부 사항을 고려하지 않으면서 모든 맥락에 적용할 수 있는 일반적인 프로그래밍 스킬을 배울 수 있다는 것이다. 단점은 동기 부여가 덜 되고 즉각적인 분석 작업에 적용하기 어렵다는 점이다. 이 접근 방식에 적합한 고전 텍스트이자 모든 프로그래머에게 훌륭한 책, 『The C Programming Language』[68]를 추천한다.

중급 프로그래머라면 코딩 스킬을 더 발전시키고 싶을 것이다. 파이썬의 경우, 파이썬 프로그래머처럼 사고하고 스킬을 강화하는 데 도움이 되는 훌륭한 두 번째 책은 『Beyond the Basic Stuff with Python』[138]이다. R에서는 R의 작동 방식과 많은 모범 사례를 가르치고 기본 컴퓨터 사이언스를 설명하는 유사한 책인 『The Art of R Programming』[90]을 추천한다.

성공적인 퀀트 UXR이 되기 위해서는 일반적으로 중급 이상의 프로그래밍 스킬은 필요하지 않다. 그러나 만약 강한 동기를 갖고 계속해서 발전하고 싶다면 두 가지 추가 추천 사항이 있다. 『Cracking the Coding Interview』[93]는 광범위한 프로그래밍 질문에 대한 집중 과정을 제공한다(초보자에게는 적합하지 않다). 알고리듬에 대해 더 배우고 컴퓨터 사이언스를 공식적으로 이해하고 싶다면, 세지윅^{Sedgewick}과 웨인^{Wayne}의 『Algorithms』[128]은 뛰어난 입문서다. 불행히도 이 책은 자바를 기본 언어로 사용하지만 큰 문제는 아니다. 파이썬, R 또는 다른 언어로 프로그래밍을 한다면 자바도 읽을 수 있을 것이다.

6.7 예제

대부분의 입문 프로그래밍 책에는 해결해야 할 많은 문제가 포함돼 있지만, 일반적으로 퀀트 UX 리서치의 활동과는 거리가 있다. 퀀트 UXR이 코드로 해결할 수 있는 문제와 유사한 다음 두 가지 예제를 제시하며, 퀀트 UXR에게 권장하는 최소한의 프로그래밍 스킬 수준을 보여 주겠다.

1. 번호판 변환
   - 일반적인 번호판 문자열을 받아 NATO 음성 기호(https://en.wikipedia.org/wiki/NATO_phonetic_alphabet)로 변환하는 함수를 작성하라. 예를 들어, 번호판 입력 'QUANT 1'은 'Quebec Uniform Alpha November Tango One'이라는 결과를 제공해야 한다.
   - 이제 네 자리에서 여덟 자리 사이의 임의의 번호판 문자열 1,000개를 생성하는 함수를 작성하라. 모든 문자열을 NATO 음성 기호로 번역하라.
   에지 케이스: 다음 입력값에 대해 함수가 어떻게 작동하는가? "", "QU@NT", NULL(R에서 주어지는 null 값, 언어에 따라 다름)

2. 두 파일 교차 처리
   - **파트 1**: 2개의 파일 이름을 입력으로 받는 독립적이고 명명된 함수를 작성하라 (6.2.1.3절). 파일은 표준 영어 알파벳 순서에 따라 정렬된 텍스트 파일이라고 가정

한다. 파일을 한 줄씩 결합해 정렬된 순서를 유지하는 단일 출력 파일로 만든다.

- **파트 2**: "#" 문자로 시작하는 모든 줄을 무시하고, 나타날 때마다 출력 파일에 단순히 복사만 한다. 함수는 두 파일 중 하나에서 한 번에 한 줄 또는 두 줄만 처리해야 하며, 파일이 너무 커서 메모리에 모두 들어갈 수 없다고 가정한다.

- **파트 3**: 이제 임의의 파일 이름 개수(예: 5개, 10개 또는 1,000개 파일)를 입력으로 받아 동일한 방식으로 출력을 결합한 뒤, 파일이 어디에서 왔는지에 상관없이 각 줄을 정렬된 순서로 나열하는 함수를 작성하라.

- **짚어 볼 점들**: 파일이 존재하지 않으면 어떻게 되는가? 파일들이 다른 텍스트 인코딩을 갖고 있다면 어떻게 되는가? 각 파일에 10억 줄이 있는 10만 개의 파일을 결합하고 두 시간 내에 결과를 얻어야 한다면, 어떻게 접근할 것인가?

3

분석 도구와 기법

7장부터 10장에서는 이 책의 다른 부분보다 상대적으로 일반적이지 않은 접근 방식을 취할 것이다. 퀀트 UXR이 사용하는 가장 일반적이거나 중요한 방법을 다루기보다 어디서나 찾을 수 있는 정보에 가장 독특하고 부가적인 방법을 설명하려고 한다. 각 장에서는 이 책에서만 독보적으로 제시하는 개념, 방법 또는 코드에 대해 설명할 것이다.

이 4개의 장 중에서 앞의 두 장은 정량적 방법에 관심이 많은 대부분의 UXR이 흥미와 가치를 느낄 수 있을 것이다. 7장에서는 사용자 경험을 평가하기 위한 지표를 정의하는 간단하면서도 강력한 HEART 프레임워크에 대해 설명한다. 8장에서는 UXR이 가장 많이 사용하는 데이터 소스 중 하나인 고객 만족도 설문 조사에 대해 살펴본다. 수백 건의 설문 조사 프로젝트를 통해 얻은 관점에서 모범 사례, 도전 과제, 잠재적인 함정에 대해 설명한다.

뒤의 두 장은 보다 전문적이며 집중적인 R 코드를 다룬다. 9장에서는 제품이나 웹사이트에서 수집할 수 있는 행동 로그를 살펴보고, 사용자 행동 시퀀스를 인터랙티브 선버스트 시각화로 집계하는 방법을 설명한다. 10장에서는 UXR 사이에서 빠르게 인기를 얻고 있는 MaxDiff 설문 조사 방법에 대해 설명한다. 퀀트 UXR은 MaxDiff를 통해 제품 기획 및 정의 단계인 초기부터 자신의 스킬을 적용할 수 있다.

7

사용자 경험 지표

사용자 경험 지표는 UX 팀이 퀀트 UXR을 고용하는 가장 주된 이유 중 하나로 매우 중요하다. 사용자 경험 지표는 프로젝트에서 UX 업무의 성과를 측정하기 위한 것이다. 대규모 A/B 테스트(5.3.4절)를 통해 디자인을 비교할 수 있다. UX 팀의 경우 사용자 경험의 질을 평가하기 위해 이러한 비교를 수행하는 것이 필수적이다.

기본적으로 디자인은 어떤 비즈니스 지표가 적용되든 그 지표에 따라 평가된다. 이러한 지표는 주로 사용자 경험과 관련이 많은데, UX가 좋지 않은 제품은 비즈니스적으로 성공할 가능성이 낮다. 그러나 이러한 관계는 간접적이며, UX 개선이 주요 비즈니스 지표에서 명확하고 즉각적인 변화로 이어지지 않을 수도 있다. 경우에 따라 사용자를 위한 더 나은 디자인임에도 이러한 기본 측정 지표에서는 좋지 않은 결과를 초래해 불만과 추측을 불러일으킬 수도 있다. 예를 들어, 웹사이트의 검색 기능을 개선하면 사용자가 더 적게 클릭해서 원하는 정보를 찾을 수 있기 때문에 건당 페이지 조회수가 감소할 수 있다. 퀀트 UXR은 의도적이고 집중적인 노력을 통해 설문 조사나 사용 데이터에서 사용자 경험의 실마리를 찾아냄으로써 더 나은 성과를 얻을 수 있다.

7장에서는 디자인이 사용자에게 효과가 있는지 파악하고, 프로젝트의 목적에 대해 팀원들이 공통된 이해를 갖도록 하기 위해 퀀트 UXR이 그들만의 고유한 기술을 활용해 팀에 기여하는 방법에 대해 설명한다. 여기에는 두 가지 방법인 HEART 프레임워크(사용자 경험의 품질을 나타내는 지표를 선택하는 방법)와 목표-시그널-지표 프로세스goals-signals-metrics process(제품 또는 프로젝트의 목표를 나타내는 지표를 개발하는 방법)가 있다.

이 방법은 케리Kerry가 이끄는 구글의 초기 퀀트 UXR이 개발했으며, 10년 이상 사용돼 왔다. 다른 많은 조직에서 이 방법을 채택했다. 7장은 이 방법을 실제로 사용하면서 얻은 교훈으로 마무리할 것이다.

7.1 HEART 프레임워크

구글의 초기 퀀트 UXR은 종종 제품 팀으로부터 사용자 경험 지표를 정의하는 데 도움을 요청받았고, 시간이 지남에 따라 그들이 제안하는 지표들이 다섯 가지 범주로 분류되는 경향이 있음을 발견했다. 기억하기 쉽도록 키워드로 정리했는데, 바로 행복, 참여도, 채택, 리텐션, 태스크 성공을 묶어 HEART라고 정의했다.

이러한 항목을 활용해 '사용자 경험'이라는 넓은 영역을 팀이 목표로 하는 성과를 반영한 구체적인 개념으로 세분화하는 것이 도움이 된다. 예를 들어, 특정 기능의 리디자인redesign을 통해 기대하는 사용자 편익은 무엇이며, 이는 사용자 태도나 행동에 어떻게 반영될 수 있는가? 이에 대한 프로세스는 7.2절에서 자세히 설명하겠지만, HEART의 항목과 이것이 사용자 중심 프로젝트 성과와 어떻게 연관되는지 먼저 설명하고자 한다.

7.1.1 행복

행복은 사용자 만족을 측정하는 포괄적인 용어로, 설문 조사를 통해 수집하는 경우가 많다. 여기에는 만족도, 인지된 사용 편의성, 행동 데이터에서 수집하기 어려운 사용자 경험의 특정 요소에 대한 표적 질문 등이 포함될 수 있다.

'행복'이라는 용어는 구글의 'HaTS'[95]에서 따온 것으로, 이는 제품 전반에 걸쳐 일관된 사용자 경험에 대한 설문 조사를 실시하고, 사용자 만족도에 대한 지속적인 시그널을 수집할 수 있도록 자료를 제공하기 위한 것이었다. 물론 이러한 지표가 넓은 의미에서 사용자의 행복을 대표하지는 않는다. 사용자가 제품에 만족한다고 해서 반드시 제품이 사용자의 삶을 개선하고 있다는 것을 의미하지는 않는다(4.5절 참조).

7.1.2 참여도

참여도란 일반적으로 사용자의 상호 작용의 빈도, 강도 혹은 심도와 같은 행동 지표를 통해 측정한다. 예를 들어, 특정 기간 동안 방문 횟수 또는 주요 제품 기능의 사용량(예: 사진 공유 제품에 업로드된 사진 수)을 측정하는 방법이 있다.

일부 사용자는 단순히 제품을 무심코 둘러보기만 하는 반면, 어떤 사용자는 적극적으로 참여하기 때문에 참여도를 측정하는 것은 유용하다. 이러한 구분은 장기적인 제품 성공을 위해 중요한 요소다.

일반적으로 제품에는 매우 낮은 참여도부터 매우 높은 참여도에 이르기까지 다양한 수준의 사용자가 있으므로 모든 사용자의 평균 참여도가 증가하더라도 그 결과를 해석하기 위해서는 추가적인 분석이 필요할 수 있다. 예를 들어, 제품 변경 사항으로 인해 참여도가 가장 높은 사용자가 제품을 더 많이 사용하게 됐는가 아니면 일반 사용자에게서 더 높은 참여를 유도했는가? 제품의 목표에 따라 다르지만 후자가 장기적으로 더 나은 성과일 수 있다.

7.1.3 채택

채택은 제품이나 기능의 신규 사용자를 계산하는 것으로 단순히 하나의 수치로 합산하는 것이 아니라 신규 사용자와 기존 사용자를 명확하게 구분하는 것을 말한다. 특정 기간 동안 제품의 순사용자 수는 쉽게 계산할 수 있으며, 제품 대시보드에는 일반적으로 일일 실사용자DAU, Daily Active Users 수 또는 월간 실사용자MAU, Monthly Active Users 수와 같은 지표가 포함돼 있다.

신규 사용자와 기존 사용자를 구분하면 사용자 층이 얼마나 빠르게 성장하고 있는지 파악할 수 있으며, 이는 새로운 제품이나 기능을 출시할 때 특히 중요하다. 일반적으로 신규 사용자를 식별하는 방법으로 계정 가입이나 애플리케이션 설치를 파악하지만, 더 적극적인 제품 채택으로 간주할 수 있는 몇 가지 추가 작업을 정의하는 것도 도움이 된다. 예를 들어, 구글 독스^{Google Docs}는 사용자가 첫 번째 문서를 만든 후에만 채택이 이뤄진 것으로 간주한다.

7.1.4 리텐션

리텐션이라고도 하는 '유지'율은 사용자가 제품을 다시 사용하는 비율로, 참여의 장기적인 버전으로 생각할 수 있다. 예를 들어, 특정 주에 제품을 사용한 사용자 중 그다음 주에 다시 사용한 사용자의 비율을 측정할 수 있다. 사용자가 제품이 가치가 있다고 여기면 오랜 기간에 걸쳐 계속해서 제품을 사용하게 될 것이다. 일부 팀은 '이탈^{churn}'로 알려진 리텐션 실패에 더 주목하기도 한다.

리텐션을 이해하기 위한 일반적인 접근 방식은 코호트 분석^{cohort analysis}으로, 모두 같은 기간에 가입한 사용자 그룹(코호트)을 대상으로 이후 이들의 사용 현황을 추적해 계속해서 제품을 재방문하는지 확인하는 것이다.

7.1.5 태스크 성공

태스크의 성공 여부는 사용성 실험에서 측정하는 것과 같은 사용자 경험의 전형적인 행동 지표와 관련이 있다(2.2절 참조). 여기에는 **효율성**(예: 태스크 완료 시간), **효과**(예: 태스크를 완료한 사용자의 비율), 오류 발생률이 포함된다.

이 항목은 UX 변경과 관련해 가장 구체적이고 민감한 지표이지만, 필요한 데이터를 대규모로 수집하는 것은 어려울 수 있다. 태스크의 시작, 완료 또는 중단을 나타내는 신뢰할 수 있는 지표인 이벤트를 추적할 수 있어야 하기 때문이다. 이는 검색이나 업로드 흐름과 같이 사용자가 잘 정의된 태스크를 수행하는 제품 영역에서 수행하는 것이 가장 쉽다. 예를 들어, 사용자가 업로드 버튼을 클릭하면 이 이벤트는 후속 단계의 로그를 통해 완료(또는 포기)까지 진행 상황을 추적할 수 있는 태스크의 시작을 나타낸다. 이를 통해 업로드에 성공한 비율을 측정할 수 있으며, 이벤트에 타임 스탬프가 있는 경우 완료까지 걸린 시간도 측정할 수 있다. 또한, 일반적으로 프로세스의 각 단계에서 태스크를 포기하는 사용자의 비율을 시각화하기도 하는데, 이를 퍼널 분석^{funnel analysis}이라고 한다.

일부 어떤 유형의 태스크는 더 복잡해 로그 데이터의 이벤트에 쉽게 매핑되지 않는다. 이 경우 벤치마킹이라고 하는 대규모 사용성 연구에서 지정된 태스크를 사용하는 것이 하나의 대안이 될 수 있다. 이 접근 방법은 설문 조사와 마찬가지로 유료 타사 플랫폼을 사용해야 한다.

7.2 목표-시그널-지표 프로세스

HEART 카테고리에서 인사이트를 받아 단순히 긴 목록을 작성하는 것으로 지표를 설정할 수도 있지만, 그렇게 하면 금방 복잡해지고 우선순위를 정하기 어려워질 수 있다. 팀원 모두가 중요하게 생각하는 핵심 지표를 몇 가지로 정리하는 것이 이상적이다. 이러한 지표를 선정하려면 보다 높은 차원에서 접근해야 한다. 즉, 목표를 파악해 목표에 대한 진행 상황을 측정하는 데 도움이 되는 지표를 선택해야 한다.

7.2.1 목표

프로젝트의 목표를 명확하게 표현하는 것은 프로젝트에 참여하는 사람들에게도 의외로 어려울 수 있다. 구글에서는 업무 시간 중 UX 지표에 대한 많은 대화가 다음과 같이 진행된다.

> **디자이너**: 대시보드를 만들고 있습니다! 어떤 지표를 사용해야 하는지 알려 주실 수 있나요?
> **퀀트 UXR**: 프로젝트의 목표는 무엇인가요?
> **디자이너**: 음... 다시 연락 드리겠습니다.

처음에는 팀원들에게 '제품의 트래픽 증가'와 같은 기존 비즈니스 지표의 관점에서 목표를 제시하는 것이 일반적이었다. 예를 들어, '팀은 기존 사용자의 제품 참여도를 높이는 방법에 집중하고 있는가 아니면 신규 사용자가 더 쉽게 시작할 수 있도록 하는 데 초점을 맞추고 있는가?'와 같은 것이다.

앞에서 설명한 대로 이 부분에서 HEART 프레임워크를 도입하는 것이 도움이 된다.

HEART 프레임워크는 제품 팀이 사용자 경험 개선과 관련된 목표에 계속 집중할 수 있도록 도와준다.

많은 경우 팀원마다 프로젝트의 사용자 경험 목표에 대해 서로 다른 생각을 갖고 있으며, 이를 깨닫지 못할 수도 있다. 예를 들어, 탐색 모음navigation bar을 리디자인하는 팀을 상상해보자. PM은 유용한 새 기능을 홍보할 공간의 확보가 리디자인의 주된 목적이라고 생각할 수 있고, 엔지니어는 애니메이션을 더 부드럽게 만들 기회라고 생각할 수 있다. 또한, UX 디자이너는 새로운 사용자의 기대에 맞게 카테고리를 재구성하는 데 집중할 수 있고, UXR은 기존 사용자가 디자인 변경으로 인해 혼란을 느끼지 않도록 하는 데 관심을 둘 수 있다. 프로젝트의 성공을 측정하는 방법을 결정하는 구체적인 상황에서는 목표에 대한 직접적인 토론이 서로 다양한 관점을 드러내고 우선순위에 대한 합의를 도출할 수 있는 기회를 제공한다. 따라서 목표를 정의하는 것은 UXR(또는 모든 팀원)이 혼자서 하는 것이 아니라 팀 전체 노력으로 이뤄지는 것이 중요하다.

동영상 공유 애플리케이션의 잠재적인 목표를 살펴보자. 가장 높은 수준의 목표는 '사용자가 동영상을 시청하고 즐긴다'이다. 이는 실제로 참여(동영상 시청)와 행복(동영상 즐기기)이라는 두 가지 목표로 세분화할 수 있다. HEART 항목은 특정 기능 수준에서도 적용할 수 있으며, 제품 팀은 동영상 공유와 같은 주요 기능의 사용률을 추가 지표로 측정할 수 있다. 마지막으로, 검색 기능은 사용자가 검색어와 가장 관련성이 높은 동영상을 빠르고 쉽게 찾을 수 있어야 한다는 태스크 성공 목표를 갖고 있다.

'시청 시간 10% 증가'와 같은 높은 수준의 목표에서 시작하는 것이 중요한 이유는 사용자 경험 고려 사항을 명확하게 파악할 수 있는 기회를 제공하고, 팀에게 목표를 향한 진척 상황을 측정할 수 있는 다양한 방법을 제시하기 때문이다.

7.2.2 시그널

제품의 목표에 합의한 후에는 이러한 목표를 가능한 한 낮은 수준의 시그널로 변환할 수 있다. 목표의 성공 또는 실패가 사용자의 행동이나 태도에서 어떻게 나타날 수 있을까? 예를 들어, 7.2.1절의 동영상 공유 애플리케이션의 경우, 참여 시그널은 사용자가 시청하는 동영상의 수 또는 동영상 시청 시간이 될 수 있다. 검색 기능의 태스크 성공 시그널은 사용자가 결과를 클릭하는지 여부일 수 있다.

일반적으로 하나의 목표에 대해 잠재적으로 유용한 시그널은 매우 많다. 가능성 있는 후보 시그널을 생성한 후에는 잠시 멈추고 사전 데이터를 분석한 다음, 이해관계자와 논의해 가장 가능성이 높고 유용해 보이는 시그널을 정하고, 그것이 사용자 경험 향상에 부합하는 시그널인지 스스로 확신할 수 있어야 한다. 예를 들어, 특정 단기 참여도 시그널이 장기적인 리텐션이나 만족도를 예측할 수 있는지 여부를 확인할 수 있다.

가능한 시그널 중에서 선택할 경우:

- 개별 행동을 추적하는 것이 얼마나 쉬운지 또는 어려운지 생각해 봐야 한다. 제품이 관련 행동을 기록할 수 있는 도구를 갖고 있는가? 후보 시그널이 사용자의 태도와 관련이 있다면, 시간에 따른 변화를 측정하기 위해 정기적으로 제품 내 설문 조사를 시행할 수 있는가?
- 시그널이 디자인 변경 사항에 얼마나 민감하게 반응할지 고려해야 한다. 이미 잠재적으로 유용한 시그널을 수집하고 있다면 보유하고 있는 데이터를 분석해 어떤 시그널이 관련 목표를 가장 잘 예측하는 것인지 파악할 수 있다. 예를 들어, 팀이 특정 기능을 리디자인하는 경우, 리디자인이 전체 제품 사용량이나 만족도의 변화로 이어질 가능성이 적기 때문에 그 기능과 관련된 시그널에 특히 집중할 수 있다.

여기서 시그널은 아직 측정 가능한 지표가 아니라는 점에 유의해야 한다. 시그널은 목표(또는 목표의 일부)를 측정 가능한 대상으로 변환해 주지만, 대시보드에 구현될 정확한 지표를 아직 자세히 설명하지는 못한다. 다음에 자세히 살펴보겠지만, 주어진 목표에는 하나 이상의 잠재 시그널이 있을 수 있으며, 시그널에는 하나 이상의 잠재 지표가 있을 수 있다.

7.2.3 지표

시그널을 선택한 후에는 대시보드에서 시간 경과에 따라 추적하거나 A/B 테스트에서 비교할 수 있는 지표로 더 세분화할 수 있다. 동영상 공유 애플리케이션의 예를 이어 살펴보자면,

'사용자가 동영상을 시청하는 시간'이라는 일반적인 시그널을 '사용자당 하루 평균 동영상 시청 시간'이라는 지표로 구체화할 수 있다(7.5.2.3절 참조). '사용자가 검색 결과를 클릭했는지 여부'라는 시그널을 '사용자가 추가 조치를 취하지 않거나 결과 페이지로 이동하거나 검색어를 다른 것으로 변경하는 첫 페이지 쿼리의 비율'이라는 구체적인 지표로 구현할 수 있다(이는 검색 성공이 아닌 검색 실패의 지표가 될 수 있음에 유의해야 한다).

시그널과 지표의 차이점을 다시 한 번 살펴보자. 시그널은 수집해야 하는 데이터로, 지표는 해당 데이터를 분석해 대시보드에서 숫자나 차트로 전환하는 방법이라고 생각할 수 있다. 주어진 시그널에서 만들 수 있는 지표는 여러 가지가 있을 수 있으며, 이미 수집한 데이터를 분석해 무엇이 가장 적절한지 결정해야 한다. 검색 예시에서는 '결과 클릭 여부'를 정확히 무엇으로 간주할지 결정해야 한다.

예를 들어, 평균이나 백분율을 사용해 원시 데이터 합계raw total 또는 수치를 더 의미 있게 만들려면 이를 표준화해야 한다. 또한, 특정 기간(예: 하루 또는 일주일)을 기준으로 집계해, 한 기간에서 다음 기간으로 지표가 어떻게 변화하는지 추적해야 한다. 월별로 분석하는 것은 각 월의 일수가 달라 까다롭기 때문에 30일을 기준으로 분석하는 것이 일반적이지만, 주말이 포함되지 않아 발생하는 불일치를 피하려면 28일을 기준으로 하는 것이 좋다.

대시보드 엔진과 같은 지표를 다루는 도구의 범위는 매우 방대하고 끊임없이 변화하므로 이 책에서 추천 사항을 제시하지는 않을 것이다. 하지만 가장 유용한 지표는 제품이나 프로젝트에 따라 다르므로, 이미 출시된 분석 도구의 기본 제공 지표가 모든 요구 사항을 충족시키지 못할 수도 있다는 점은 분명히 알 수 있다.

이 지점에서 지표 구현 작업에 깊이 빠져들다 보면, 원래의 목록에서 벗어나 '흥미로운 통계'를 추가하고 싶은 유혹에 빠질 수 있다. 원래 정의한 목표와 직접적인 관련이 없는 통계도 추가할 수 있다. 모든 새로운 차트는 대시보드를 확인하는 이에게 혼란과 인지적 부담을 가중시키고, 향후 이를 유지 관리하는 데 부담을 초래하며, 이해관계자의 주의를 산만하게 하거나 잘못된 데이터 요소를 선택할 여지를 줄 수 있다는 점에 유의해야 한다. 새로운 아이디어에 대한 일회성 분석으로 시도해 보고 정기적으로 추적할 필요가 있는지에 대해 팀으로부터 피드백을 받는 것이 좋다.

7.3 방법 통합 적용

지금까지 HEART 프레임워크와 목표-시그널-지표 프로세스의 개념에 대해 파악했는데, 중요한 부분은 실제로 적용하는 것이다. 7.3절에서는 이러한 방법을 실제 프로젝트에 적용할 때 고려해야 할 실질적인 사항을 살펴볼 것이다. 이러한 방법은 팀과 집중적인 논의를 진행할 수 있는 기반을 마련하는 데 가장 효과적이다.

목표-시그널-지표 프로세스는 사용자 경험 지표에만 국한되는 것이 아니라, 지표를 개발해야 하는 모든 상황에 적용할 수 있다. 프로젝트 목표를 논의할 때 사용자 경험과 관련된 목표를 포함하고 있는지 확인하는 지름길이 바로 HEART 항목을 검토해 보는 것이다. HEART라는 명칭은 기억하기 쉽도록 개발됐기 때문에 회의 시 항목을 쉽게 떠올리고 화이트보드에 적을 수 있다. 하지만 HEART는 단지 하나의 유용한 시작점일 뿐이다. 이 항목에 맞지 않는 목표를 갖고 있어도 괜찮다. 목표가 이 항목 중 하나에 들어가지 않는다고 해서 이 항목들이 전부 유효하지 않다는 의미는 아니니 억지로 끼워 맞추려고 하지 말자. HEART에서 중요한 것은 다섯 가지 항목을 모두 고려한 다음, 제품과 목표에 적합한 항목을 유지하거나 추가하는 것이다.

어떤 프로젝트든 추적할 수 있는 지표는 매우 많으며, 팀이 이를 구현하려면 매우 많은 노력이 필요할 뿐만 아니라 결과 차트를 모두 검토하거나 이해하려면 많은 노력이 요구된다. 목표-시그널-지표 프로세스를 통해 다양한 지표의 우선순위를 자연스럽게 정할 수 있어야 한다. 가장 우선적 목표와 관련된 지표를 추적하는 것이 가장 중요하다.

모든 프로젝트에 모든 HEART 항목이 적용되는 것은 아니다. 예를 들어, 사람들이 일상 업무의 일부로 사용해야 하는 기업용 제품을 개발하는 경우에는 제품 차원에서의 참여도, 채택, 리텐션을 고려하는 것이 적절하지 않을 수도 있다. 사용자들은 제품을 채택하고 사용할지 여부에 대한 선택의 여지가 거의 없을 수 있다. 대신 팀은 사용자의 만족도나 태스크 성공에 더 집중할 수 있다. 또한, 특정 사용자의 하위 그룹에 대한 기능의 유용성을 나타내는 기능 차원의 참여도, 채택, 리텐션을 살펴볼 수도 있다. 예를 들어, 기능이 출시된 후, 첫 주에 조직 내에서 기능을 사용한 사용자의 비율이나 특정 주에 기능을 사용한 실제 사용자의 비율을 측정할 수도 있다.

7.4 Gmail의 라벨 리디자인

케리가 구글에서 진행했던 초기 퀀트 UX 리서치 프로젝트 중에서 HEART와 목표–시그널–
지표를 적용한 실제 사례를 살펴보자.

구글의 웹 기반 이메일 제품인 Gmail에는 메일을 정리할 수 있는 라벨 기능이 추가됐다.
기존 방식인 폴더에 비해 라벨은 이메일 대화 내용에 여러 개의 라벨을 지정할 수 있어서 더
유연하게 사용할 수 있다. 예를 들어, 항공편 예약 확인에 '여행travel'과 '영수증receipt'이라는
라벨을 지정할 수 있다. 하지만 이 기능은 찾기 어려워 많은 사용자에게서 Gmail에는 메일
정리 기능이 없다는 오해를 불러일으켰고, 가장 많은 기능 요청이 폴더를 추가해 달라는 것
이었다.

이 문제를 해결하기 위해 Gmail 팀은 2009년에 라벨링 기능을 더 잘 보이도록 리디자인
하기 시작했다.

- 도구 모음Toolbar에 '다음으로 이동Move to' 및 '라벨Labels' 같은 드롭다운drop-down 기능이 새
  롭게 추가돼, '추가 작업More actions' 드롭다운에서 해당 기능이 분리됐다(그림 7–1 참조).
  '다음으로 이동'은 대화 내용에 라벨을 지정하는 동시에 받은 편지함inbox에서 제거
  되도록 설계됐다. 폴더를 기대하는 사용자들이 새로운 용어에 대해 걱정할 필요 없
  이 친숙하게 느낄 수 있어야 한다는 의도였다. '라벨' 드롭다운은 대화 내용에 단순히
  라벨을 적용하는 기존 기능보다 눈에 띄는 방식으로 쉽게 접근할 수 있는 방법을 제
  공했다.
- 라벨은 왼쪽 탐색 모음에서 '임시 보관함Draft' 및 '보낸 메일Sent Mail' 같은 시스템 라벨
  옆에 표시돼 더 눈에 잘 띄는 위치에 배치됐다.

이 두 가지는 몇 개월 간격으로 각각 별도로 출시됐지만, 여기서는 이해를 돕기 위해 하나
의 리디자인으로 간주하려고 한다. 사용자 교육 및 마케팅이 필요할 정도로 변경 사항이 충
분히 컸기 때문에 A/B 테스트 대상이 아니었고, 리디자인 전후의 라벨 사용량을 비교하는
방식으로 분석이 이뤄졌다.

이 프로젝트는 사용자의 요구와 피드백에 의해 추진됐기 때문에 UX 팀에서 우선순위로

고려한 프로젝트였다. 디자인 프로세스에서 많은 반복적 수정 작업, 프로토타입, 사용자 리서치가 포함되는 등 신중하고 철저한 과정을 거쳤으며 UX 팀의 많은 노력이 필요했다. 출시 당시에는 사용자들이 라벨을 발견하고 메일을 정리하는 데 도움이 됐다는 사실을 보여 줌으로써 그 노력이 가치가 있었음을 증명하는 것이 중요했다.

HEART와 목표-시그널-지표가 유용한 이유를 설명하기 위해, 이 도구가 없었다면 분석이 어떤 모습이었을지 잠시 생각해 보자. 대부분의 로깅 시스템이 설정되는 방식을 고려할 때, 라벨 사용량에 대한 가장 간단한 차트는 그림 7-2와 같이 전체 라벨링 작업(대화에서 라벨을 추가하거나 제거하는 작업) 수를 시계열로 표시하는 것이다.

출시 시점에 일시적인 상승이 나타나고, 시간이 지남에 따라 라벨링 작업의 수가 증가하는 것을 볼 수 있다. 이는 리디자인이 성공적이었다는 의미일까?

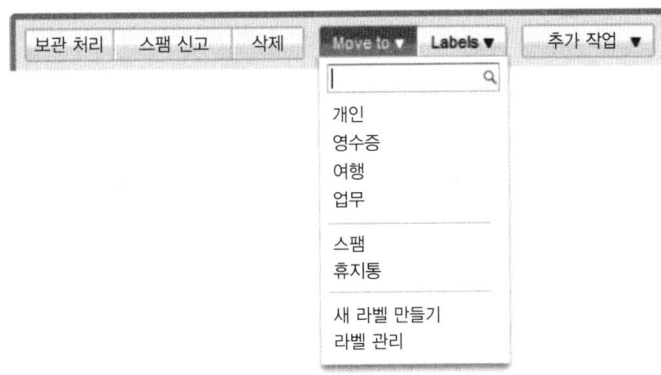

그림 7-1 라벨링 기능의 리디자인에서 Gmail은 새롭게 '다음으로 이동(Move to)' 및 '라벨(Labels)' 드롭다운을 도입했다.

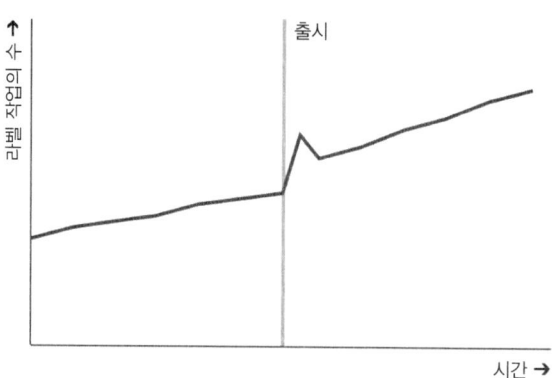

그림 7-2 시간 경과에 따른 라벨링 작업의 수는 리디자인의 효과를 살펴보는 데 그다지 유용하지 않다.

그렇지 않다. 이 차트는 디자인 변경의 의도에 대해 구체적으로 알려 주는 내용이 많지 않다. 특히 시간 경과에 따른 증가가 다음과 같은 이유 때문인지 알 수 없다.

- 라벨을 사용하는 Gmail 사용자 비율 증가
- 이미 라벨을 사용하는 Gmail 사용자의 라벨 사용 빈도 증가
- 시간이 지남에 따라 Gmail 사용자의 증가

이제 팀이 목표-시그널-지표를 적용한 방법을 재현해 볼까 한다. 먼저, HEART 항목을 활용해 리디자인의 목표를 명확히 정의하면, 메일을 정리하려는 사용자가 라벨로 정리할 수 있다는 사실을 발견하도록 돕는 것이 목표였다. 따라서 가장 관련성이 높은 HEART 항목은 채택이었으며, 팀은 더 많은 사용자가 라벨을 발견하고 활용해 메일을 정리하기를 원했다.

그러고 나서 목표-시그널-지표 프로세스를 수행했다.

- **목표**: 더 많은 Gmail 사용자가 라벨을 발견하고 사용해 메일을 정리한다.
- **시그널**: 라벨을 사용하는 Gmail 사용자 수(여기서 '사용'은 대화 내용에서 라벨을 추가하거나 제거하는 것으로 정의됨)
- **지표**: 7일 활성 Gmail 사용자 중 7일 동안 하나 이상의 라벨을 추가하거나 제거한 사용자 비율

이 지표의 구체적인 목표치가 없었던 이유는 메일을 정리하려는 사용자의 비율을 팀이 몰랐기 때문이다. 그러나 기존 라벨링 기능을 발견하는 데 문제가 있었기 때문에, 라벨을 사용하는 Gmail 사용자의 비율이 증가하기를 기대했다. 필요하다면 사용자 설문 조사를 통해 보다 정확한 목표를 설정할 수 있을 것이다.

이 새로운 지표를 적용함으로써 분석 결과는 그림 7-3과 비슷해졌다. 두 가지 출시의 조합으로 인해 라벨을 사용하는 Gmail 사용자의 비율이 디자인을 변경하기 전에 비해 80% 증가했다.

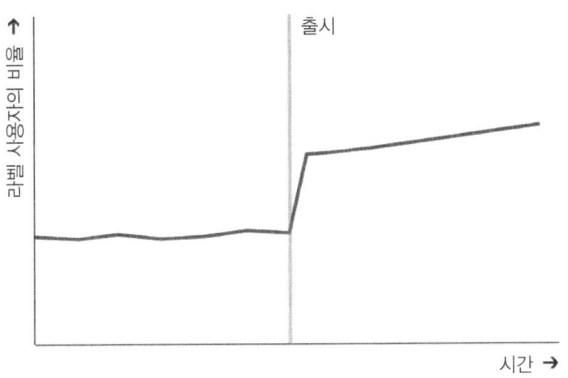

그림 7-3 리디자인 목표에 맞는 지표를 정의한 후 더 효과적인 도표: 7일 활성 Gmail 사용자 중 7일 동안 라벨을 하나 이상 추가하거나 제거한 사용자의 비율을 확인할 수 있다.

특정 사용자 집단에 미치는 영향도 고려해야 할 경우가 많은데, 이 경우 팀은 신규 Gmail 사용자를 구체적으로 살펴본 결과, 두 디자인이 모두 출시되고 나서 가입 후 첫 2주 동안 라벨을 적용할 가능성이 이전 디자인에 비해 약 2배 더 높다는 사실을 발견했다.

채택이 주요 목표였지만, 팀은 안전 장치로 다른 항목의 지표도 함께 고려했다.

- **참여도**: 한 사용자당 라벨링 작업의 수는 시간이 지나도 동일하게 유지됐다. 이는 이 지표가 사용자가 처리해야 하는 기본 이메일 대화 수에 의해 주로 결정되며, 이는 리디자인에 영향을 받지 않기 때문에 예상된 결과였다.

- **태스크 성공**: 출시 당시에는 라벨링과 관련된 실행 취소와 같은 액션(라벨 추가 후 바로 제거) 발생률이 증가했는데, 이는 사용자가 태스크 진행에서 실수를 많이 한다는 것을 의미했다. 하지만 곧 이전 수준으로 회복됐기 때문에 걱정할 필요는 없었다.

7.5 경험에서 얻은 교훈

HEART 프레임워크와 목표-시그널-지표 프로세스는 10여 년 전에 처음으로 개발됐으며, 그동안 구글 안팎의 많은 팀에서 다양한 제품과 서비스에 이를 적용했다. 이러한 경험을 통해 구글은 UX 지표를 실제로 활용하는 방법에 대해 많은 것을 배웠다. 7.5절에서는 이러한 개념을 성공적으로 적용하는 데 방해가 될 수 있는 잠재적인 함정과 조직 전반의 문제를 다루는 동시에 이를 극복하는 방법을 제안한다.

7.5.1 개별적인 함정

이러한 개념을 적용하려고 할 때 리서처로서 직면할 수 있는 몇 가지 문제를 살펴보자.

7.5.1.1 팀 참여 부족

목표-시그널-지표 작업을 혼자서 진행하고 팀원들에게 정리된 요약본을 보내 피드백을 받을 수 있다고 생각할 수 있다. 팀원들의 일정에 따라 시간을 맞춰 함께 작업하는 것보다 더 쉽고 빠른 것처럼 느낄 수 있다. 하지만 이렇게 하면 팀원들이 결과에 대한 주인 의식을 갖기 어렵기 때문에 영향력이 떨어질 수밖에 없다. 또한, 팀원들의 적극적인 참여가 이뤄지지 않으면 지표 아이디어의 질이 떨어지기 마련이다.

7.5.1.2 너무 크게 시작하기

HEART 프레임워크는 세부 사항에 대해 꼼꼼히 살피는 개별 팀에서 활용하는 것을 염두에 두고 설계됐다. 조직 전체를 위한 'HEART 대시보드'를 만들려고 하면 어려울 수 있다. 하나의 프로젝트와 수용할 수 있는 팀으로 작게 시작하길 바란다. 세부 사항에 주의를 기울이고 그 경험을 통해 학습해 나가야 한다. 그러면 다른 팀에서도 배울 수 있는 내부 참고 사례가 될 수 있다.

7.5.1.3 다음 단계에 대한 과소평가

팀과 함께 높은 수준의 목표를 브레인스토밍하고, 심사숙고해 구체화하고, 합의한 다음, 시그널과 지표에 대한 세부 아이디어를 도출하는 일련의 작업에 있어서 HEART는 첫 부분에 가장 도움이 된다. 하지만 여기서 끝이 아니다. 데이터를 분석하고, 시그널과 지표를 반복해서 검토하고(팀과 계속 소통하면서), 선택한 지표를 어떻게 구현할지 알아내는 과정을 거쳐야 한다. 이 모든 프로세스는 시간이 걸리는 일이다.

7.5.1.4 너무 많은 지표

HEART 프롬프트는 목표, 시그널, 지표에 대한 브레인스토밍에 매우 도움이 되지만, 팀이 특정 아이디어에 지나치게 흥미를 느껴 모든 것을 한꺼번에 실행하는 것은 위험하다. 예를 들어, 프로젝트 대시보드를 만들거나 A/B 테스트를 수행할 때 어떤 지표가 가장 우선순위가 높은지 명확히 하고, 그런 지표와 그렇지 않은 지표를 구분하는 것이 중요하다.

이런 노력을 하지 않으면, 주요 결과만 알고 싶어하는 이해관계자들이 보기에 부담스러운 거대한 대시보드만 남게 될 것이다. A/B 테스트에서 너무 많은 지표를 사용하는 것은 거짓 긍정^{false positive} 결과를 낳을 위험도 증가한다. 왜냐하면 통계 테스트를 많이 할수록 그 중 하나가 우연히 중요한 결과로 나타날 가능성이 높아지기 때문이다. 물론 실험에서 무엇이 잘못됐는지 디버깅하는 등 특정 질문을 더 깊이 파고드는 데 도움이 되는 다양한 지표를 사용해야 하지만 그렇다고 해서 모든 지표를 미리 또는 같은 시점에 구현해야 한다는 의미는 아니다.

여기서 다시 한번 강조하지만, HEART에 다섯 가지 항목이 있다고 해서 모든 항목을 사용할 필요는 없다. 프로젝트와 가장 관련성이 높은 항목만 선택하길 권한다.

7.5.2 조직 관련 문제

팀 또는 조직과 관련된 광범위한 문제로 UX 지표를 개발하고 실행할 때 자주 나타난다.

7.5.2.1 평가 회피

새로운 지표를 도입할 때마다, 특히 여기 소개된 방식과 같이 구체적인 목표를 설정하는 경우, 프로젝트가 실패한 것으로 드러날 가능성이 높아진다. 팀원과 리더는 이러한 리스크를 부담 없이 받아들일 수 있어야 하는데, 실패에 대해 공개적으로 토론하고 배우는 조직 문화가 없는 경우(예: 비난 없는 사후 분석) 어려울 수 있다. 정의 단계에서는 문제가 발생하지 않겠지만, 이후 지표가 '제대로' 설정되지 않았다는 것이 드러나면 작업 가치에 대한 의문이 제기될 수 있다는 점에 유의해야 한다.

이는 지표를 정의하고 실행하는 과정에서 팀의 나머지 구성원(주요 이해관계자 포함)을 참여시켜야 하는 또 다른 이유다. 구성원들이 프로세스를 신뢰하고 주인의식을 느낀다면 부정적인 결과라도 신뢰하고 받아들일 가능성이 높기 때문이다.

7.5.2.2 단일 지표에 대한 최적화

7.5.2.1절에서 '너무 많은 지표'의 함정에 대해 언급했지만, 일부 조직에서는 반대로 너무 멀리 나아가 하나의 지표만 선택하는 경우도 있다. 리더는 종종 명확성과 집중력을 제공하기 위해 단일 지표를 중심으로 조직을 통합하고자 하는 욕구가 있다. 하지만 팀에서는 이 주요 지표에 긍정적인 변화가 있으면 모든 것이 잘 진행되고 있다는 암묵적인 (그리고 잘못된) 가정을 할 수 있다. 5.4.3절에서 설명한 것처럼 팀은 여러 지표를 사용해야 한다. 지표는 서로 상관관계가 없는 경우가 많으며, 다른 핵심 지표는 필수적인 견제 및 균형의 역할을 하므로 팀은 지표를 지속적으로 모니터링하고 지표 간에 존재하는 장단점을 이해해야 한다.

특히 주요 지표가 최적화 대상이 되는 경우(예: 머신러닝 사용)에는 주요 지표가 평가 수단으로서 쓸모 없어지기 때문에 문제가 더욱 심각해진다. 이 특이한 함정은 메릴린 스트래선 Marilyn Strathern이 '어떤 측정 지표가 목표가 되면, 이는 더 이상 좋은 측정 지표가 되지 못한다'라고 말한 굿하트의 법칙Goodhart's law[137]으로 잘 알려져 있다.

7.5.2.3 윤리적 결과를 고려하지 않은 실패

HEART 항목은 사용자 경험의 품질을 측정하는 데 도움을 주기 위한 것이지만, 여기서 도출된 지표는 사용자의 실제 경험에 대한 대리 지표일 뿐이다. 윤리적 고려 사항에는 장기적인 결과에 초점을 맞춰 더 높은 수준의 가치와 적절한 경계를 정의하려는 조직 차원의 의지가 필요하다. 7.2절에서 동영상 공유 애플리케이션의 참여도를 측정하기 위해 동영상 시청 시간을 사용하는 실행 사례를 제시했다. 그러나 이는 진정한 참여도를 측정하지 못하며 단기간에 국한되는 등 여러 가지 한계가 있다. 하루에 몇 분 정도의 참여가 사용자의 삶에 부정적인 영향을 미치는 중독으로 이어질까? 사용자가 제품에 너무 많은 시간을 소비하고 있다고 생각하면 제품 사용을 중단할 수도 있을까? 정성적 리서치는 이와 같은 질문에 대한 인사이트를 제공하고, 실제로 무엇이 좋은 사용자 경험을 구성하는지 조직 차원에서 더 잘 이해할 수 있게 도와주며, 필요에 따라 주요 지표를 반복적으로 개선하는 데 도움이 될 수 있다.

7장 전체에서 강조했듯이, 지표를 신중하게 선정하려면 단순히 제품 간에 동일한 지표 세트를 재사용하는 것이 아니라 제품별 미묘한 차이를 고려해야 한다. 예를 들어, Gmail의 경우 이메일을 확인하는 데 소요되는 시간이나 절대적인 빈도로만 참여도를 파악하는 것은 의미가 없다. 이메일에 더 많은 시간을 보내길 원하는 사용자는 거의 없다. 좋은 제품 디자인은 이메일을 더 효율적으로 만드는 것이지 덜 효율적으로 만드는 것이 아니다. 대신 사용자가 일주일에 며칠이나 자신의 이메일 계정을 확인하는지(최댓값이 7일인 낮은 한계가 있음) 또는 사용자가 특정 주에 해당 계정을 통해 메일을 보내는지 여부로 참여도를 측정하는 것이 더 의미 있을 수 있다. 또한, 리텐션이나 태스크 성공률과 같은 다른 항목에 초점을 맞추는 것이 더 의미 있을 수 있다.

리서치 윤리에 대한 자세한 내용은 4.5절에서 확인할 수 있다.

7.6 핵심 포인트

7장에서는 목표-시그널-지표 프로세스와 UX 지표를 위한 HEART 프레임워크를 소개했다. 이러한 도구는 팀이 대규모 사용자 경험 지표를 정의하는 데 도움이 되는 유용한 방법이다.

- 퀀트 UXR의 일반적인 책임은 프로젝트에 대한 UX 업무의 효과를 측정하는 것이며, 이를 위해서는 프로젝트의 사용자 경험에 대한 구체적인 지표를 정의해야 한다(7.2절).

- 팀과 협력해 사용자 경험과 관련된 프로젝트의 주요 목표에 합의하는 것이 중요하다. 이러한 목표를 시그널로 구체화한 다음 시그널을 지표로 세분화한다(7.2.2절, 7.2.3절).
- HEART 항목(행복, 참여도, 채택, 리텐션, 태스크 성공)은 긍정적인 사용자 경험과 관련된 주요 목표 유형을 쉽게 떠올릴 수 있도록 도와준다(7.1절). HEART 명칭이 각 항목을 기억하기 쉽게 해주며 형식에 구애 받지 않고 논의할 때 유용하다.
- 이 업무는 실제로는 복잡하고 미묘한 차이가 있으며, 이를 효과적으로 수행하기 위해서는 정량적 분석만큼이나 조직의 역학 관계를 고려해야 한다. 그 과정에 많은 함정이 있으며, 프로세스에 익숙해지고 동료들에게 인사이트를 줄 수 있는 성공 사례가 생기면 소규모로 시작해 시간이 지남에 따라 범위를 넓혀 가는 것이 좋다(7.5절).

7.7 더 알아보기

HEART 프레임워크와 목표-시그널-지표 프로세스는 케리와 동료들의 '대규모 사용자 경험 측정: 웹 애플리케이션을 위한 사용자 중심 지표Measuring the user experience on a larger scale'[118] 라는 논문으로 ACM CHI 2010 콘퍼런스에서 처음 소개됐다.

Gmail 라벨 예시는 같은 콘퍼런스의 사례 연구 논문[119]에 더 자세히 나와 있다.

HEART 항목 중 어떤 항목들은 다른 항목보다 훨씬 더 많은 문헌으로 다음과 같이 발표돼 있다.

- 행복 항목은 사용자 태도에 대한 대규모 측정치에 해당하며, 가장 일반적으로 구글의 HaTS[95]와 같은 설문 조사를 통해 수집된다. 사용자 경험을 측정하기 위한 다른 많은 조사 도구가 수년에 걸쳐 개발됐고, 『Quantifying the User Experience』[124]에 요약돼 있다. 고객 만족도 조사는 이 책의 8장에서 자세히 살펴볼 것이다.
- 태스크 성공 항목은 실험실 기반 사용성 연구에서 사용되는 효율성 및 효과 측정 지표와 같이 사용자 경험에 대한 기존의 소규모 행동 측정과 유사하다. 이에 대한 좋은 참고 문헌으로는 툴리스Tullis와 앨버트albert의 『Measuring the User Experience』[144]가 있다.

참여도, 채택, 리텐션은 대규모 사용 데이터의 가용성에 의존하는 새로운 종류의 지표이므로 현재까지 참조할 수 있는 사례가 적다. 『Lean Analytics』[36]와 같이 스타트업 창업자를 대상으로 하는 책에서 비슷한 개념이 언급돼 있다. 이 책의 9장에서는 제품과 데이터 소스에 따라 참여도, 채택, 리텐션을 평가하는 데 자주 사용되는 로그 분석에 대해 설명한다. 이는 독자들이 퀸트 UX 커뮤니티와 사례 연구를 공유할 수 있는 좋을 기회가 될 것이다[30].

A/B 테스트에서 지표를 실제로 사용하는 방법에 대해 자세히 알아보려면 코하비Kohavi, 탕Tang, 쉬Xu의 『A/B 테스트, 신뢰할 수 있는 온라인 종합 대조 실험』[72]을 추천한다. 그 책[72]의 6장에서는 목표 지표(조직의 장기적인 '북극성' 목표를 향한 진행 상황을 추적하는 지표)와 동인 지표(장기 유지의 척도인 참여도 지표와 같은 목표 지표의 단기적인 대리 지표), 가드레일 지표(실험에 문제가 발생한 경우 신속하게 파악하기 위한 지표) 간의 유용한 구분을 제시하고 있다.

7.8 예제

첫 번째 예제는 7장에서 제시한 도구를 갖고 제품에 대한 사용자 경험 지표를 정의하는 데 적용해 보는 연습이다. 나머지 두 가지 예제는 HEART 프레임워크를 넘어서 제품 팀이 목표로 삼을 수 있는 다른 항목에 대해 생각해 보는 것이다.

1. 자주 사용하는 제품을 생각해 보자. 그 제품에 새롭게 디자인하고 싶은 기능이 있는가? 이러한 디자인을 구현한다면, 사용자 경험이 향상됐는지 여부를 어떻게 알 수 있을까?

2. HEART 프레임워크는 대부분 일반 소비자용 제품을 염두에 두고 만들어졌으며, 기업용 애플리케이션을 위한 몇 가지 적용 방법을 설명했다. 복지 혜택 신청이나 운전면허증 갱신과 같은 온라인 정부 서비스에는 어떻게 적용할 수 있을까?

3. HEART 프레임워크는 개인의 제품 사용 경험에 초점을 맞추고 있다. 사용 사례가 주로 소셜 네트워크 서비스 제품이나 기능인 경우, 추가로 고려해야 할 사항은 무엇인가? 예를 들어, 사진 공유 애플리케이션에서 댓글이 표시되는 방식을 변경하는 경우, 그 효과를 어떻게 측정할 수 있을까?

8

고객 만족도 조사

고객 만족도$^{CSat, Customer Satisfaction}$ 조사는 퀀트 UXR이 가장 빈번하게 수행하는 프로젝트다. 많은 경우, CSat 조사는 퀀트 UXR이 작성, 실행, 분석까지 진행한다. 일부 조직에서는 CSat 조사를 조사 과학자나 마케팅 리서처가 수행하기도 하지만, 퀀트 UXR에게 프로젝트 검토나 협력을 요청하게 되므로 기본 원리를 이해해야 한다.

8장에서는 CSat 조사의 작성, 수행, 분석에 대한 지침을 제공한다. 그 과정에서 흔히 발생하는 문제와 오해를 검토한다. 8.2.7.1절에서는 보고해야 할 주요 사항을 요약한다. 8장에서는 실습 코드와 데이터를 제공하며, 핵심 분석을 수행하기 위한 R 코드를 제시하고, 이를 사용해 CSat 프로젝트에서 자주 발생하는 문제를 설명한다.

8장은 CSat 프로젝트를 시작하기에 충분하지만, 통계적 문제와 텍스트 분석$^{text analytics}$ 등 추가 학습을 위해 고려해야 할 몇 가지 주제가 더 있다. 그 주제들에 대한 자료는 8.6절에서 다뤘다.

8장에서는 '사용자' 대신 '고객'이라는 용어를 자주 사용했는데, 이는 CSat 조사 맥락에 고객이라는 단어가 더 익숙하게 사용되기 때문이다. 이러한 조사 방법론들은 리서치 목표에 따라 유료 고객, 개별 사용자 또는 다른 적절한 표본을 대상으로 사용할 수 있다.

8.1 CSat 프로그램의 목표

CSat 프로그램의 가장 중요한 목표는 '고객의 목소리를 듣고 배우는' 것이다.

이는 당연해 보이지만, 실제로는 릴리스 간의 변화를 감지하거나, 경쟁 제품을 벤치마크하거나, 문제 해결이 필요한 특정 고객들을 찾아내는 것 자체가 목표라고 믿는 이해관계자들에게는 당연하지 않을 수 있다.

그들이 중요시하는 목표들은 나쁜 목표가 아니지만, 그 어떤 목표를 좇더라도 고객의 목소리를 듣는 간단하고 일관된 접근 방식을 취하는 것이 가장 바람직하다. 이를 위해 적절한 샘플링, 정량적 및 정성적 데이터 분석, 시간에 따른 일관된 접근 방식들을 잘 결합해야 한다.

만족도 평점과 주관식 의견 입력 필드를 모두 포함하는 간단한 CSat 조사를 권장한다. 그림 8-1은 가장 간단한 예시를 나타낸 것이다. 모든 만족도 프로젝트는 이 예시처럼 수치 정보와 정성적 정보를 모두 수집해야 한다(뒤에서 더 자세히 설명할 것이다).

1. [제품명]에 대한 만족도를 평가해 주세요.

  ○ 매우 만족
  ○ 만족
  ○ 보통
  ○ 불만족
  ○ 매우 불만족

2. [제품명]에 대해 [위 항에서 선택한 답변(예: 만족)]이라고 응답한 이유가 무엇인가요? _____

그림 8-1 가장 간소한 형태의 CSat 조사

그림 8-1의 조사가 매우 짧아 보이는가? 짧은 형태의 조사가 갖는 이점은 매우 크며, 이는 8장에서 강조하고 싶은 중요한 포인트다.

8.2 고객 조사의 구성 요소

최소한, CSat 프로그램에는 다음이 필요하다.

- 응답을 수집할 고객군(표본)
- 다음 항목들을 수집하기 위한 설문 조사 및 기타 데이터 수집 메커니즘
  - 제품에 대한 CSat를 평가한 서열 척도 점수
  - 고객이 제품에 대해 좋아하거나 싫어하는 점을 설명하는 주관식 의견
  - 기본적인 인구 통계 정보(이는 필수라 여길 만큼 중요하진 않지만, 이해관계자들이 기대하는 정보다)
- 시간 경과에 따라 표본을 반복해 수집하고 비교할 방법
- 이해관계자 및 고객과의 후속 조치

각각을 차례로 살펴보자. 일반적인 질문과 문제, 그리고 이를 해결하기 위해 보편적으로 선택할 수 있는 방식들을 설명한다.

이미 CSat 프로젝트에 매우 익숙하다면, 8.3절로 건너뛰어 바로 일반적인 문제들과 R을 활용한 분석 예제를 학습할 수 있다. 하지만 이어지는 내용을 한번 훑어보기를 권장한다. 그 내용이 독자들의 깊은 사고를 자극하기를, 그리고 아마도 동의하기를 희망한다.

8.2.1 고객 모집단과 표본

CSat 프로그램을 시작하기 전에, 평가할 고객과 그들에게 다가갈 방법을 신중하게 고려해야 한다. 고객 전체, 또는 최소한 무작위 표본을 평가해야 한다고 가정할 수 있다. 그러나 안타깝게도 설문 조사 비응답 편향, 즉 대부분의 고객이 설문 조사에 응답하지 않는다는 사실 때문에 불가능하다.

이 문제가 생각보다 더 다루기 어려운 이유는 바로 응답하는 고객들이 무작위 표본이 아닐 가능성이 높다는 점이다. 제품의 팬이거나, 반대로 특정 불만이 있는 고객이 더 자주 응답하는 경향이 있기 때문이다.

사업체가 특정 고객에 더 관심이 있는지 여부도 중요하다. 유료 고객, 대형 고객, 성장 중인 계정 또는 다른 특성을 가진 고객에게 더 많은 관심을 기울이는 것이 비즈니스적으로 타당할 수 있다.

이런 부분들에 있어 가장 일반적인 답안은 모든 고객에 대해 평가를 시도하고, 중요도에 따른 가중치를 두지 않으며, 설문 조사 비응답 편향에 상관없이 수집한 데이터를 '데이터'로 취급하는 것이다. 즉, 가능한 데이터를 모두 수집하고, 이를 가능한 최상의 데이터로 취급하는 것이다. 그러나 이렇게 할 경우, 비응답 문제를 인식해 표본이 대표적인지 여부를 판단하는 데 도움이 되는 인구 통계 데이터를 수집하는 것이 중요하다.

'우리가 얻을 수 있는 모든 데이터'를 수집하기로 선택한 경우, 정확히 동일한 방식으로 동일한 출처에서 향후 데이터를 수집하는 것이 매우 중요하다. 이에 대해 8.2.6절과 8.4절에서 더 자세히 설명하고, 잘못된 결론을 도출하게 되는 예시를 다룬다.

8.2.2 설문 조사 메커니즘

CSat 표본의 일반적인 출처는 세 가지가 있다. 첫 번째는 고객에게 이메일 설문 조사를 보내는 것이다. 이는 이메일 주소를 보유한 고객만을 대상으로 한다는 가정을 따른다. 이메일 설문 조사는 이메일 필터링과 같은 기술적 문제에 영향을 받을 수도 있다. 대량 이메일 제공자는 종종 필터링되며, 이러한 필터링은 고객의 선호도와 인구 통계(예: 이메일 사용 빈도)뿐만 아니라 산업, 조직, 기술 플랫폼과 서로 영향을 주고받는다. 즉, 이메일 설문 조사 응답은 고객 특성으로부터 독립적이지 않으며 무작위 표본으로 간주할 수 없다.

그러나 이메일 설문 조사의 큰 장점은 응답자가 실제 사용자임을 상대적으로 확신할 수 있다는 것이다. 그들의 이메일 주소를 데이터베이스에서 가져왔기 때문이다. 또한, 개인 정보 보호에 주의를 기울이면 설문 조사 응답을 다른 계정 정보와 결합할 수 있다. 이는 고객에게 설문 조사 시간을 단축시키고 더 강력한 분석을 가능하게 한다.

이메일 설문 조사의 단점 중 하나는 익명성이 없다는 것이다. 즉, 수신자는 설문 조사를 보낸 사람이 누구인지 알게 된다. 브랜디드 설문 조사branded survey[1]에서 유용하다. 예를 들어,

---

1 받는 사람으로 하여금 주최 측에 대해 특정 이미지를 형성하도록 유도하는 설문 조사를 말한다. - 옮긴이

설문 조사가 정당하며 고객의 의견을 듣고 싶어 한다는 것을 알릴 수 있다. 그러나 자사 제품과 다른 제품을 비교하는 경쟁력 평가에 관심이 있다면, 이메일 설문 조사의 응답들은 편향돼 있을 수 있다.

두 번째 접근 방식은 설문 조사를 외주 업체에 맡겨서 조사 전반을 (또는 최소한 표본 모집만이라도) 진행하는 것이다. 이런 업체는 다양한 방법으로 응답자에게 접근한다. 업체 특성, 산업, 필요, 위치에 따라 이메일 설문 조사, 웹 설문 조사, 전화 설문 조사, 대면 인터뷰 또는 인터셉트intercept2 등이 포함될 수 있다. 이러한 업체가 사용하는 응답자 데이터베이스를 패널이라고 한다. 패널 구성원은 여러 리서치에 활용할 수 있으며, 시간차를 두며 반복적으로 표본으로 활용할 수도 있다.

외부 표본의 주요 문제는 실제 고객이나 잠재 고객이 누구인지 알 수 없다는 것이다. 응답자에게 물어봐야 하며, 그들의 대답은 종종 신뢰할 수 없고 과장돼 있다. 이로 인해 응답자의 관심이나 상태를 판단하기 위한 스크리닝screening 항목을 활용하게 된다. 예를 들어, 목표 고객이 프로그래머라면 프로그래밍 지식을 테스트하는 질문을 추가할 수 있다. 그러나 스크리닝 항목을 신뢰할 수 없을 때도 있다. 작성한 스크리닝 항목이 항상 의도한 대로 통할 것이라고 믿어서는 안 된다. 스크리닝 항목이 의도한 대상만을 잘 걸러내는지 검증해야 한다.

긍정적인 측면을 보자면, 패널을 활용한 접근법은 이메일로 접근할 수 없는 잠재 고객을 만날 수 있고, 비교 평가에 적합한 스폰서 중립적(블라인드) 설문 조사를 수행할 수 있는 등 상황에 따라 유연하게 활용할 수 있다는 장점이 있다. 일반적인 대형 마켓 리서치 회사를 포함해 의사, IT 전문가, 비영어권 고객과 같은 특정 대상을 패널로 보유한 업체들까지 다양한 업체들이 존재한다.

세 번째 접근 방식은 고객이 애플리케이션이나 서비스를 사용하는 동안 제공되는 제품 내 in-product 설문 조사다. 여러분도 웹사이트에서 이러한 설문 조사를 본 적이 있을 것이다. 제품 내 설문 조사의 가장 큰 장점은 고객이 제품을 사용할 때 바로 제공할 수 있다는 점이다. 즉, 설문 조사 항목의 맥락이 명확하고 시의적절하다는 것이다. 또한, 이러한 설문 조사는 (개인 정보 보호 문제가 없다면) 특정 행동이나 계정 특성에 맞추어 항목을 조정할 수 있고, 특

---

2   리서처가 공공장소나 특정 장소에서 사람들을 직접 만나 설문 조사나 인터뷰를 진행하는 것을 의미한다. 예를 들어, 쇼핑몰이나 박람회와 같은 장소에서 사람들을 만나 설문 조사를 수행하는 방법을 말한다. 이 방법은 특정 장소에 있는 사람들을 대상으로 즉각적인 반응을 얻기 위해 사용된다. – 옮긴이

정 고객 그룹에만 제공할 수 있으며, 설문 조사 데이터를 계정 정보와 결합할 수 있는 기회를 제공한다.

반면, 이러한 설문 조사의 단점은 현재 사용 중인 고객에게만 제공되며, 이들에게 매우 방해가 되거나 성가실 수 있다는 것이다. 사실상 고객이 하는 일보다 설문 조사가 더 중요하니 잠시 고객 활동을 중단해 달라고 요청하는 것과 같다. 만약 서비스 제공자가 대규모 사용자 기반을 갖고 있고, 그중 소수만 샘플링하면 되는 경우에는 이 방법이 합리적인 선택일 수 있다.

최초이자 최대의 제품 내 설문 조사 플랫폼 중 하나가 구글에서 개발됐는데, 저자들이 구글에서 일하던 때였다. 이 시스템은 HaTS로 알려져 있으며, 많은 구글 제품에서 짧은 문맥 설문 조사를 수행하는 데 사용된다[95]. HaTS 결과는 이메일 및 패널 조사와 결합해 보완되는데, 이를 통해 각 방식이 제공하는 장점과 인사이트를 얻을 수 있다.

8.2.3 서열 평가

CSat 프로그램에서 거의 보편적으로 사용되는 설문 조사 응답 옵션은 '만족'에서 '불만족'까지 여러 수준으로 나뉜 서열 평가 척도다. 가장 일반적으로, 평가에는 5점 척도나 7점 척도가 사용되지만, 4점, 6점, 9점, 10점, 11점, 101점 척도도 사용된다. 5점 척도의 예시는 그림 8-1에 나와 있으며, 평가 점수는 다음과 같다.

- 매우 만족
- 만족
- 보통
- 불만족
- 매우 불만족

단일 설문 항목에서도 애널리스트는 많은 질문에 직면한다. 설문 작성자들 사이에서 자주 논의되는 문제는 다음과 같다.

- 사용할 점수의 범위, 특히 5점 대 7점

- 적절한 수식어(예: '매우 만족' 대 '극히 만족')
- 중립적인 중간 점을 포함할지 여부
- 모든 점수를 표기할지, 아니면 끝점만 표기할지 여부(예: 한쪽 끝에는 '매우 만족'을, 다른 쪽 끝에는 '매우 불만족'을 두고 그 사이에는 라벨을 붙이지 않음)
- 절반의 응답자에게 척도를 무작위로 반전시켜서 순서 편향을 피할지 여부
- 이러한 척도를 서열 대신 '연속형'으로 처리할 수 있을지 여부
- 평균 평가를 사용하는 것이 더 나은지, 또는 상위 2개의 응답(예: '만족' 또는 '매우 만족')을 선택한 비율과 같은 비율 지표를 사용하는 것이 더 나은지 여부

저자들의 의견은 다음과 같다. 점수 범위에 대해서는, 많은 응답자가 중간 점수를 선호하기 때문에 중간 점수를 포함하는 것이 좋다. 5점 척도와 7점 척도 모두 괜찮으며, 어려움을 겪는 사람도 거의 없다. 5점 척도를 더 우선시하는 편인데, 이는 5점 척도가 갖는 단순성, 작은 화면에 맞출 수 있는 유연성, 5점 척도가 더 좋은 효과를 보인다는 증거 때문이다[113].

강도를 높이는 수식어 표기('매우', '강하게', '극히' 등)는 점수의 범위를 고려해 고객에게 적절한 수준으로 선택해야 한다. 미리 테스트해 확인하는 것이 좋다. 7점 척도에서는 '약간 만족'에서 '만족'으로, 그다음에 '매우 만족'으로 강도를 높일 수 있다. 5점 척도는 '만족'과 더 강한 수준('매우', '강하게', '완전히' 등)으로 표현하는 것이 더 좋다. 5점 또는 7점 척도에서는 혼란을 피하기 위해 각 점수에 라벨을 붙인다.

척도를 무작위로 반전시키는 것, 즉 응답 척도의 '최고' 방향을 상단이나 오른쪽에 두는 대신 때로는 하단이나 왼쪽에 두는 것은 여러 요소에 따라 달리 활용된다. UI 레이아웃과 문화적 맥락에 따라 모든 응답자에게 동일한 방향을 유지하는 것이 합리적일 수 있다. 어떤 경우에도 설문 조사 내의 방향을 단일 응답자에 대해 번갈아가며 바꾸지 말아야 한다. 방향을 무작위로 선정하더라도 응답자 각각의 설문 조사 내에서는 모든 평가 항목에 대해 동일한 방향이어야 한다.

또 다른 질문은 5점, 7점 또는 다른 척도의 응답을 연속 값으로 처리할 수 있는지 여부다. 여기서 '연속'이라는 용어는 순서가 있는 응답 데이터를 동일한 간격의 척도로 간주해 1, 2, 3, 4, 5와 같은 순차적인 정수 값으로 변환할 수 있는 것을 의미한다. 이러한 가정에서는 값을 더하고 평균을 내는 등의 통계 분석을 간단하게 적용할 수 있다.

일반적으로는 이 가정이 성립하지 않는다고 본다. 예를 들어, 그림 8-1에서 '불만족'과 '보통' 사이의 심리적 거리가 '만족'과 '매우 만족' 사이의 거리와 동일하다고 믿을 이유는 없다. 이 가정은 원칙적인 이유보다는 t-검정과 같은 단순한 분석을 사용하려는 욕심에서 비롯된 것이다. 이 가정 대신 서열 통계를 사용하거나, 다음에 설명할 비율로 평가를 변환하는 것을 권장한다. 동시에, 경험에 따르면 서열 척도 데이터를 연속 데이터로 처리해도 결과와 해석에 미치는 영향이 미미하므로, 이에 대해 강하게 반대하지는 않는다.

8.2.3.1 TOP 2 점수

평가 척도 응답을 비율 정보로 간소화하는 것은 매우 유용하다. 예를 들어, '만족' 또는 '매우 만족'이라고 답한 응답자의 비율을 사용하는 것이다. 다음은 그 예다. 설문 조사를 실시해 다음과 같은 응답 빈도를 관찰했다고 가정해 보자.

응답	비율
매우 만족	36%
만족	45%
보통	11%
불만족	4%
매우 불만족	4%

'만족' 또는 '매우 만족'이라고 응답한 비율은 36% + 45% = 81%다. 한산한 비율은 몇 가지 장점을 갖고 있다. 응답 선택지 간의 거리 문제를 고려할 필요 없고, 이해관계자에게 설명하기 쉬우며, 비즈니스 측면의 해석에 집중할 수 있다. 즉, 얼마나 많은 응답자가 최소한 '만족'이라고 응답했는지에 집중할 수 있다.

이것을 대체로 TOP 2점수[3]라 부르며, 이는 응답자 중 최고 또는 두 번째로 높은 응답의 비율의 합을 의미한다. 5점 이상 척도를 사용할 경우, TOP 3점수 등 해석 목적에 맞는 다른 방법을 사용할 수 있다. 경영진들에게 '평균 만족도가 4.05점'이라고 설명하는 것보다 '응답

---

3 우리나라에서는 흔히 'TOP 2' 또는 5점 척도에서의 '긍정 응답 비율', '긍정 인식 비율' 등으로 표기하며, 비율이라는 단어를 생략해 표기하기도 한다. 영어에서는 Top 2 box score로 표기한다. - 옮긴이

자의 81%가 만족한다고 응답했다'고 설명하는 것이 훨씬 더 이해하기 쉽다.

TOP 2 점수와 유사한 점수를 사용할 때 주의할 점은 부정적 응답의 빈도[4]도 함께 보고해야 한다는 것이다. 비록 TOP 2 점수에 영향을 미치지 않지만, '보통'이라고 응답한 고객과 '매우 불만족'이라고 응답한 고객 간에는 큰 차이가 존재하기 때문이다.

8.2.3.2 넷 프로모터 점수

많은 기업이 넷 프로모터 점수NPS, Net Promoter Score 접근 방식을 사용한다. 4.3절에서 이미 NPS에 대해 제기된 비현실적인 기대를 논의한 바 있다. 8.2.3.2절에서는 NPS에 대한 우려를 좀 더 자세히 살펴본다.

NPS 점수는 다음과 같은 방법으로 산출된다.

1. 고객에게 제품을 다른 사람에게 추천할 가능성을 묻는다.
2. 11점 척도(0-10)로 응답을 수집한다.
3. 9 또는 10으로 응답한 '프로모터'의 비율을 구한다.
4. 0, 1, 2, 3, 4, 5, 6으로 응답한 '비방자detractor'의 비율을 구한다.
5. 비방자의 비율을 프로모터의 비율에서 빼서 순차적인 차이를 보고한다. 예를 들어, 응답자의 50%가 9 또는 10으로 평가하고, 30%가 0-6으로 평가한 경우, 최종 점수는 50% 프로모터 − 30% 비방자 = 20% NPS가 된다.

NPS는 '성장에 필요한 유일한 숫자'로 홍보된 후 큰 인기를 얻었다[111]. 일부 옹호자들은 NPS가 기업의 미래 성장에 있어 다른 어떤 지표보다도 더 높은 상관관계를 갖는다고 주장했다(4.3절 참조).

그런데 NPS에는 우려할 만한 점들도 많다.

- 제품에 따라 추천 여부에 경향성이 크게 다르다. 소비자는 레스토랑, 앨범, 배관공을 추천할 수 있지만, 전력 회사, 운영체제 업그레이드, 설탕 브랜드를 추천할 기회는 거의 없다.

---

4 TOP 2와는 반대로 'BOTTOM 2', '부정 응답 비율' 등과 같이 표기한다. - 옮긴이

- 9나 10점이 '프로모터'를 의미한다거나, 4, 5, 6점(척도의 중간)이 '비방자'를 나타낸다고 믿을 이유가 없다.
- NPS는 7이나 8점을 준 응답자의 답변을 무시한다(NPS 계산에 사용되는 비율에 포함되지 않음).
- 척도 사용은 문화에 따라 크게 다르다. 일부 문화권에서는 어떤 제품에도 10점을 줄 가능성이 다른 문화권의 응답자보다 훨씬 적다(8.4.6절 참조).
- NPS는 비율 간의 차이 점수에 의존한다. 이로 인해 잠재적으로 중요하지 않은 작은 변화도 부풀려진다.
- 경험적 증거는 NPS가 미래 성장과 독보적으로 연관돼 있다는 주장을 반박한다[67, 123].
- 많은 이해관계자는 산업과 제품 간 점수를 비교하려고 하는데, 이는 부적절하다(8.2.6절 참조).

반면, NPS 점수는 CSat 점수와 높은 상관관계를 갖는 경향이 있으므로 실전에서 별 차이가 없을 수도 있다.

저자들은 NPS 사용이 문제를 해결하기보다 만들어 내는 부분이 더 많기 때문에 표준 CSat 점수가 더 바람직하다고 본다. 임원이 NPS 점수를 요구하고 그 요구에서 물러서지 않는 상황에서는 이를 사용할 수 있다(솔직히 말해, 우리의 전문성을 평가절하하고 방법을 지시하려는 이해관계자와는 함께 일하지 않으려 한다).

8.2.4 주관식 의견

숫자로 표현된 CSat 평가 자체로는 그 가치가 제한적이다. 디자이너, 엔지니어, PM, 이해관계자는 그런 평가를 받은 이유가 알고 싶을 것이다. 주관식 설문 항목이 그 질문에 답하는 데 도움을 줄 수 있다.

최소한 응답자에게 특정 평가를 준 이유를 묻는 것을 권장한다. 그림 8-1의 질문 2가 그 예시다. '무엇을 개선할 수 있을까?'와 같은 표현이 더 적절할 수도 있지만, 우리는 단순히 왜 그 평가를 했는지 묻는 직접적인 접근 방식을 선호한다. 이 질문은 중립적이며, 반드시 개선할 점이 있어야 한다는 가정을 피할 수 있다.

주관식 질문에서 흔히 발생하는 문제는 너무 많은 질문을 하는 것이다. 대부분의 응답자는 많은 말을 하지 않으며, 반복된 질문은 그들을 짜증나게 해 설문 조사를 중단하게 하거나, 답변을 반복하거나, 무의미한 응답을 하게 만든다. 우리는 필요한 만큼만 최소한의 주관식 질문을 하는 것을 선호하며, 이는 보통 한두 개의 질문에 불과하다. 그림 8-1에 나온 '왜?'라는 질문 외에도 긴 설문 조사의 끝에 '제품이나 이 설문 조사에 대해 추가로 하고 싶은 말이 있는가?'와 같은 넓은 범위의 질문을 자주 추가한다.

주관식 의견을 어떻게 분석할까? 이는 이 책의 범위를 벗어나지만, 점진적으로 더 복잡한 네 가지 접근 방식을 소개한다.

1. **기초적 접근**(항상 해야 함): 모든 코멘트를 읽는다. 긍정적 평가와 부정적 평가로 나누고, 주제를 찾아본다.
2. **고려 사항**: 몇 명의 코더^{coder}를 교육해 주제 요소(특정 제품 기능 등)에 따라 코멘트를 평가하게 한다.
3. **텍스트 분석 옵션**: 자연어 감정 분석을 적용해 키워드나 주제를 찾는다.
4. **고급 텍스트 분석**: 경쟁 제품과의 만족도 및 코멘트에 대한 비교 분석을 수행한다. 위의 방법 중 하나를 사용해 제품 포지셔닝 관련 통계 모델과 결합한다.

설문 조사 분석을 실제 사용자 대상의 (사용성 테스트 실험실이나 실사용 환경에서 피드백을 받는) 정성적 조사 결과와 결합하는 것이 중요하다. 궁극적으로 설문 조사 항목에 대한 짧은 응답에서 응답자가 말하는 것보다 훨씬 더 많은 것을 알고 싶어할 것이다. 정성적 조사로 이러한 세부 정보를 보완해 준다.

일반적으로 대부분의 프로젝트에서는 정성적 조사에 더해 위 접근법 중 1번 방식(코멘트를 읽고 주제를 추출하는 것)을 조합하는 것으로 충분하다. 시간이 지나면서 접근 방식 2, 3 또는 4와 같은 더 고급 분석을 추가해야 할 수도 있다. 8.6절에서는 경쟁 제품에 대한 감성 분석과 텍스트 분석을 시작하는 방법을 제안한다.

8.2.5 인구 통계 및 행동 정보

응답자로부터 일정량의 인구 통계 정보를 수집하는 것이 도움이 되지만, 주의해 활용하기를 바란다. 인구 통계 정보에는 응답자의 위치, 나이, 소득, 교육 수준, 가구 구성 등이 포함될 수 있다. 또한, 기능 사용, 사용자 목표, 경쟁 제품 사용 등과 같은 행동 정보를 수집할 수도 있다. 인구 통계 및 행동 정보는 설문 항목에서 직접 얻을 수도 있고, 고객 관리 시스템이나 제품 계측 시스템 등의 다른 시스템에서 얻을 수도 있다.

이러한 정보를 수집하는 일반적인 이유는 데이터를 해당 정보에 따라 분류하기 위함이다. 어떤 고객이 가장 만족하는가? 어떤 고객이 가장 불만족하는가? 그들을 위해 제품을 어떻게 개선할 수 있을까?

또 다른 중요한 이유는 표본의 대표성을 보장하기 위함이다. 광범위한 사용자 기반과 (종종) 더 큰 모집단을 반영하는 표본을 원한다. 인구 통계 정보를 수집하지 않으면 표본이 대표성을 갖는지 여부를 알 수 없다.

8.2.1절에서 언급했듯이 이러한 데이터는 비응답 편향을 평가하는 데 도움이 된다. 특정 인구 통계 그룹이 과도 또는 과소 응답하는 경우, 표본 제공자나 다른 데이터 소스와 협력해 데이터 수집을 목표로 할 수 있다. 이러한 데이터를 사용해 표본을 재가중치, 균형 조정, 층화 또는 매칭해 관심 있는 모집단에 더 근접하게 만들 수도 있다. 이러한 통계 기법은 여기서 다루지 않지만, 8.6절에서 관련 참고 자료를 제시한다.

경고: 인구 통계 데이터를 수집해야 할 명분이 많음에도 신중히 고려해야 할 세 가지 우려 사항이 있다.

첫째, 인구 통계 데이터를 수집하면 설문 조사가 길어진다. 설문 항목이 추가될 때마다 응답자가 중단(탈락)하거나, 피곤해하거나, 무작위로 답변하거나, 신뢰할 수 없거나, 짜증을 낼 위험이 증가한다. 응답자는 설문 조사 로봇이 아니다. 필요한 만큼만 물어보라.

둘째, 나이, 성별, 민족 정체성 등의 데이터는 민감할 수 있으며, 응답자를 불편하게 할 수 있으며, 이러한 정보를 수집하는 경우 지역 및 연구 위치에 따라 데이터 보호에 대한 법적 의무가 발생할 수 있다. 관련 법률 자문이나 연구 윤리 전문가와 해당 문제를 확인하라. 일반적으로, 조직의 허가와 단순 탐색 분석을 넘어 실제 필요한 경우가 아니라면 이러한 데이터를 수집하지 않는 것이 좋다.

셋째, 업계에서 자주 보게 되는 분석 리스크가 있는데, 바로 인구 통계에 따라 데이터를 분할하고 차이를 관찰한 후, 그 차이에 대한 이유를 사후적으로 추측하는 것이다. 문제는 이러한 분석이 무분별하고 거의 피할 수 없는 고정 관념을 초래한다는 것이다.

다음은 실제 사례를 바탕으로 한 예시(변형된 예시)다. 미국 소비자 데이터를 갖고 있다고 가정해 보자. 이 데이터에서 라틴계 응답자가 특히 학교 및 교육 관련 제품 사용에 관심이 있다는 사실이 드러났다. 라틴계 지역사회에 대한 경험이 부족한 이해관계자는 '그들은 영어를 배우고 싶어 한다'거나 '교육이 이민자들에게 성공으로 가는 관문이다'와 같은 자신의 고정 관념을 투영해 현상에 대한 이유를 만들어 낼 수 있다. 그러나 이렇게 만들어진 이유는 관찰된 직접적인 데이터와 아무런 관련이 없는, 상상에 의한 설명일 뿐이다.

추측이 아닌 실제 데이터에 기반한 더 간단한 설명은 라틴계 응답자가 평균적으로 더 젊고[107], 나이가 많은 인구 집단보다 현재 집에 자녀를 둔 경우가 더 많다는 것이다[81]. 따라서 이 가상의 데이터에서 관찰된 패턴은 집에 자녀가 있는 것과 학교에 대한 관심 간의 명백한 연관성을 반영할 수 있으며, 이는 인종과 거의 관련이 없다.

안타깝게도, 이러한 요인에 따라 데이터를 분할하면 문제 있는 추측을 초래한다. 대신 무엇을 해야 할까? 대표성을 보장하기 위해 인구 통계 데이터를 사용하고, 사후 분석에는 사용하지 않도록 한다. 특히 인종, 민족, 성별과 같은 민감한 요인을 기반으로 한 탐색적 데이터 분석을 피하라. 그리고 소외된 그룹에 대한 경험의 형평성을 보장하는 것과 같은 사전에 결정된 이유가 있을 때만 그 요인과 관련된 차이를 조사하라.

이러한 요인에 따라 분할된 데이터를 일반적인 기준 보고서의 일부로 제시하지 않도록 한다. 탐색적 차이를 발견한 경우, 결론을 내리거나 널리 공유하기 전에 이를 더 철저히 탐색하고, 차이를 설명한 다른 요인이 있는지 조사하라.

8.2.6 그룹 간 비교 대신 시간 경과에 따른 비교

평가할 목표 모집단을 신중하게 지정하는 것이 중요하다는 점을 8.2.1절에서 논의했다. 거기서 얻은 다소 명백하지 않은 결과는 서로 다른 모집단 간의 CSat를 비교하지 말라는 것이다. 예를 들어, 다른 국가, 사용 언어, 또는 이질적인 고객 기반 간의 비교는 피해야 한다. 기술적인 관점에서, 표본이 서로 다른 모집단에서 나올 때 대부분의 추론 통계 테스트는 의미가 없다. '차이가 있는가?'라는 질문에 대한 대답은 '그렇다'이다. 왜냐하면 데이터가 서로 다른 모집단에서 나왔기 때문이다.

다양한 그룹이 평가 척도를 사용하는 방식은 다르다. 예를 들어, 전문 사용자는 일반 소비자보다 제품을 더 비판적으로 평가할 수 있고, 일부 문화권은 다른 문화권보다 칭찬에 더 후한 경향이 있다. 어떤 문화권에서는 별점 4개 이하의 평점이 상대적으로 '나쁜' 평가로 간주되는 반면, 다른 문화권에서는 별점 3개의 평점이 꽤 만족스러운 것으로 여겨질 수 있다. 이러한 사실을 무시할 때 분석 결과가 어떻게 잘못될 수 있는지 8.4절에서 보여 줄 것이다.

이 문제의 해결책은 모집단 내에서 시간 경과에 따라 CSat를 비교하는 것이다. CSat는 주로 종단적 평가로 간주돼야 하며, 제품 평가가 시간이 지남에 따라 어떻게 변하는지를 결정하는 것이 목적이다. 이러한 프로젝트를 시작할 때는 초기 데이터 수집 기간을 통해 만족도의 기준 수준을 결정하고, 데이터 수집 방법(설문 조사, 응답 척도, 패널 소스 등)을 조정하는 것이 좋은 방법이다.

기준 기간이 지나면 표본 출처, 평가 질문 또는 평가 척도를 변경하지 말아야 한다. 과거 데이터와의 비교 가능성을 보장하기 위해 시간이 지나도 일관성을 유지해야 한다.

8.2.7 이해관계자 및 고객과의 후속 조치

분석이 완료되면 결과를 이해관계자에게 보고해야 한다. 이번 논의에서는 보고서에 포함해야 할 가장 중요한 사항을 논의한다(8.2.7.1절 참조). 또한, 결과를 사용해 고객과의 관계를 '완결'짓는 방법을 고려할 것을 권장한다(8.2.7.2절 참조).

CSat 프로젝트를 시작하기 전에 이해관계자 관련 몇 가지 측면을 고려해야 한다. 첫째, 이해관계자와 기대치를 명확히 하고, 일반적으로 발생하는 문제에 특별히 주의해야 한다(8.3절 참조). 특히 이전 데이터 없이 설정된 벤치마크(예: '우리는 90% 만족도를 원한다')에 대해 경계해야 한다. 설문 조사를 통해 이제 막 출시된 기능의 영향을 가늠할 수 있다는 기대를 크게 갖지 않도록 노력하라.

둘째, 결과를 대시보드나 데이터 웨어하우스로의 자동화와 같은 '제품 같은product-like' 결과를 전달하겠다고 약속하는 것에 주의해야 한다. 초기의 열정으로 던진 약속이 장기적인 지원 요구로 바뀌어 돌아올 수 있기 때문이다. 저자들은 항상 퀀트 UXR이 대시보드 엔지니어가 되는 것보다 새로운 리서치를 수행하는 것이 낫다고 생각한다. 이는 보고 메커니즘의 중요성을 무시하거나 경시하는 것이 아니라, 대시보드나 데이터 웨어하우스의 유지 보수가 독자들에게 흥미로운 일인지, 혹은 조직에 대한 가치를 극대화하는 일인지 신중히 판단해야 한다는 뜻이다.

8.2.7.1 보고 내용

CSat 프로젝트의 경우 다음 사항을 보고해야 한다.

- (합리적인 표본임을 증명하기 위한) **표본 특성**(표본 크기, 기간, 목표 모집단, 인구 통계 등)
- CSat 점수 척도별 비율, 가능하면 신뢰 구간과 함께 제공
- (선택 사항) 신뢰 구간을 포함한 TOP 2 비율
- 신뢰 구간을 기준으로 위 지표의 시간 경과에 따른 변화
- 시장 또는 인구 통계에 따른 주요 차이점 분석(8.2.5절 참조)
- 가능하면 적절한 경쟁 제품과의 비교(잠재적인 표본 차이에 주의)
- 수집한 만족도 수준 또는 만족도 변화 이유를 설명하는 코멘트에 대한 정성적 평가
- 제품 및 비즈니스에 대한 권장 사항

신뢰 구간을 보고할 때는 통계적 유의성 및 유사한 기술적 문제에 대한 논의를 피하는 것이 좋다. 대신, 신뢰 구간을 시각화하고 그 차트를 해석하는 것이 효과적일 수 있다. R을 사용한 관련 통계 분석 및 차트에 대해서 8.4절에서 소개한다.

8.2.7.2 클로징 더 루프

고려해야 할 또 다른 사항은 CSat 프로그램을 직접 고객 접촉과 연계시킬지 여부다. 직접 고객 접촉은 '폐쇄형 피드백closed-loop feedback' 또는 '클로징 더 루프CTL, Closing The Loop'라고도 한다. 기업은 불만족한 고객에게 연락해 문제를 해결하고, 환불이나 할인 혜택을 제공하거나, 그들의 경험을 개선하기 위해 참여할 수 있다. 이 문제는 주로 비즈니스 서비스, 상용 고객

프로그램, 고급 제품 등 반복적인 고객층이 있는 고가 제품에서 자주 제기된다.

고객의 문제를 해결하고 후속 조치를 취하는 것은 좋은 일이지만, CSat를 활용하는 방식이 항상 이에 적합하지는 않다. CSat는 전체 제품 라인이나 서비스의 성과를 평가하는 데 활용하고, 문제 해결에는 강력한 고객 지원 프로그램을 운영하는 것이 더 타당할 수 있다. 이렇게 하면 CTL과 CSat를 개별적으로 최적화하면서 서로를 보완해 줄 수 있다. 그러나 고객층이 적은 고가 제품과 같이 직접적인 연계가 적절한 경우도 있다.

8.3 CSat 분석의 일반적인 문제

수년간 CSat 프로젝트를 경험하며 관찰한 결과 흔히 겪을 수 있는 문제들이 있다. 모든 문제를 상세히 설명하거나 다룰 수는 없지만, 다음과 같은 문제를 알아두면 도움이 될 것이다.

- **비현실적인 목표**: 이해관계자들은 종종 CSat을 통해 깊은 인사이트를 얻거나 순간적인 변화를 감지하며, 고객이 매우 만족하고 있음을 입증할 수 있기를 기대한다. 이러한 기대는 충분한 조사가 이뤄지지 않는 한 쉽지 않으며 현실적이지 않다.
- **긴 설문 조사**: 대부분의 설문 조사는 너무 길며, 의사결정과 명확한 관계가 없지만, '중요할 수도 있는' 사항을 묻는다. 고객의 의견을 듣고 싶다면 그들의 생각을 물어보고, 데이터 수집을 최소한으로 유지하라. 우리는 종종 두세 개의 질문만 포함된 CSat 설문 조사를 수행했다(그림 8-1 참조).
- **변화 없는 평가**: CSat가 장기간에 걸쳐 일정하게 유지되는 것은 흔한 일이다. 디자이너, PM, 다른 이해관계자는 '우리가 훌륭한 기능 X를 출시했는데 왜 CSat가 오르지 않는가?'라고 당황할 수 있다. 이에 대한 가능한 답은 많지만, 두 가지 근본적인 이유는 고객이 기능에 대해 신경 쓰지 않는다는 것과 응답자들이 이러한 질문에서 브랜드에 대한 고차원적인 평가로 답하는 경우가 많아 변화의 감지가 느리다는 것이다. 또한, 제품이 잘 작동할 때, 변하지 않는 평가는 좋은 신호다. 중요한 것은 CSat를 현재 상태의 지표로 사용하는 것이다.
- **대상 집단과 제품 간 비교**: 이해관계자는 사용자 그룹, 국가, 제품 라인 또는 자사 제품

과 경쟁사 제품 간의 만족도를 비교하고 싶어 한다. 8.2.6절에서 이 문제에 대해 설명 했다. 서로 다른 집단이 서로 다른 제품을 사용하며, 이러한 인구 집단은 서로 다른 기준 척도를 사용할 수 있어 비교가 불가능하다. 이러한 비교를 최대한 피하고, 대신 시간 경과에 따른 CSat를 추적하라.

- **문화 차이에 따른 척도 사용**: 이전 문제에서 특히 흔한 예는 서로 다른 문화를 대상으로 CSat를 비교하는 것이다. 저자들의 경험에 따르면, 예를 들어 미국, 인도, 브라질에서는 일반적으로 높은 점수로 응답하며, 독일과 일본에서는 상대적으로 낮은 점수로 응답한다. 이는 특정 국가의 고객이 본질적으로 더 만족하거나 덜 만족하기 때문이 아니라 문화적 표현과 기대치가 다르기 때문이다. 다시 말하지만, 대상 집단 내에서 시간 경과에 따른 평가를 하라.

- **동인 분석**^{driver analysis}: 이해관계자는 종종 어떤 요인이 CSat에 영향을 미치는지 알고 싶어 한다. 이는 대규모 설문 조사와 회귀 모델을 사용해 CSat 예측 변수를 찾는 방식으로 접근하는 경우가 많다([25] 또는 [127]의 7장 참조). 불행히도, 이러한 데이터는 종종 다중공선성(항목 간의 상관관계)이 높아 통계적 모델링이 어렵거나 불가능하다. 우리는 이러한 노력을 피하고, 만족 또는 불만족의 이유에 대한 정성적 평가에 집중할 것을 권장한다. 동인 분석을 진행하려면, 다중공선성과 차원 축소에 대해 습득해야 한다 (8.6절 참조). 이는 데이터 관계를 이해하고 중요한 효과를 분리해 추정하는 모델을 구축하기 위한 반복적인 연구를 포함한다.

- **CSat에 연계된 임원 보상**: 일부 조직은 만족도 목표에 보상을 연계한다. 예를 들어, CSat 가 Y% 상승하면 X% 급여 인상을 제공한다. 이로 인해 리더들은 부적절한 이유(개인적 이익)로 CSat를 주목하며, 그들이 듣고 싶어 하지 않다는 이유로 애널리스트들이 나쁜 뉴스를 외면하게 만든다. 요컨대, 임원에게 책임을 지우려는 목표는 선의일지라도 나쁜 결과를 자주 초래한다. CSat 기반의 목표를 설정하는 대신, 조직이 강력한 고객 피드백 및 CSat 프로그램을 운영하는 데 목표를 설정하고, 몇 명의 고객을 접촉해 (CSat 와 별도로) CTL을 실행할지에 대한 목표를 설정하며(8.2.7.2절 참조), 일반적인 방식으로 고객의 목소리를 듣고 그들의 참여를 극대화하는 목표를 설정할 것을 권장한다.

8.4 R을 사용한 예제 분석

8.4절에서는 예제 CSat 데이터에 대한 기본 분석 및 데이터 시각화 과정을 살펴본다. 6.1절에서 설명한 대로 R 언어[109]를 사용한다.

8.4절의 목표는 현실적인 분석 단계의 일부를 보여 주는 것이다. 여기에는 데이터 시각화, 분석, 차트의 점진적인 개선, 그리고 어떻게 더 깊은 조사로 초기 해석을 변화시킬 수 있는지 등이 포함된다.

데이터를 로드하고 함께 따라 해보라. 인터넷에만 연결돼 있으면 8.4절의 코드를 활용해 데이터를 불러올 수 있다. 또는 다른 옵션은 1.6절을 참조하라. 코드는 이 책의 웹사이트 (https://quantuxbook.com)에서 찾을 수 있다. 효과적인 학습을 위해 읽으면서 R에 직접 코드를 입력해 보기를 권장한다.

다른 언어로 프로그래밍을 한 경험이 있지만 R 언어가 처음이라면, 이 코드는 일반적으로 이해할 수 있을 것이다. 이러한 분석에 필요한 구체적인 프로그래밍 기술은 R 동반서의 1~7장에서 다루고 있으며[25], 파이썬 동반서의 1~7장에서도 유사하게 다루고 있다[127].

8.4.1 초기 데이터 검사

이 책의 데이터셋에서 csat-data.csv 파일은 세 가지 변수로 구성된 시뮬레이션 데이터를 제공한다. 응답 날짜(Date), 5점 척도의 만족도 서열 평가(Rating), 응답자의 위치(Country)로 구성돼 있다. 여기에는 정성적 코멘트가 포함되지 않는다. 텍스트 분석은 이 책의 범위를 벗어나기 때문이다(8.6절 참조).

데이터를 로드하고 전체 구조를 확인해 보자(데이터를 다운로드할 다른 옵션은 이 책의 웹사이트를 참조).

```
csat.data <- read.csv("https://quantuxbook.com/data/csat-data.csv")
str(csat.data)

## 'data.frame': 36048 obs. of 3 variables:
## $ Date    : chr "2020-01-01" "2020-01-01" "2020-01-01" "2020-01-01" ...
## $ Rating  : int 5 1 5 4 5 5 4 5 5 4 ...
```

```
## $ Country : chr "US" "US" "DE" "DE" ...
```

날짜와 국가가 모두 텍스트 문자열로 표시된다. 이를 날짜와 팩터 유형으로 설정하면 R이 알아서 적절한 통계 모델을 적용하고 데이터 품질을 확인하기 쉽게 만들 수 있다. 평점을 숫자형 정수 대신 서열형(순서가 있는) 유형으로 설정한다(8.2.3절 참조). 이렇게 하면 나중에 분석할 때 평점을 간격 척도 데이터로 잘못 처리하는 것을 방지할 수 있다.

데이터 유형을 설정한 후 데이터셋을 요약한다. 날짜의 경우 lubridate 패키지를 사용한다.

```
# 데이터 타입 설정
library(lubridate) # 필요 시 설치
csat.data$Date    <- as_date(csat.data$Date)
csat.data$Country <- factor(csat.data$Country)
csat.data$Rating  <- ordered(csat.data$Rating)

# 기본 데이터 확인
summary(csat.data)

##      Date          Rating      Country
## Min.   :2020-01-01  1: 1803   DE: 9781
## 1st Qu.:2020-06-30  2: 1786   US:26267
## Median :2020-12-31  3: 3584
## Mean   :2020-12-29  4:14464
## 3rd Qu.:2021-07-01  5:14411
## Max.   :2021-12-30
```

이 데이터를 보면, 2020년과 2021년에 걸쳐 2년간 수집된 것을 알 수 있다. 관찰치는 1~5의 범위로 적절하게 분포돼 있으며, 이상치나 오류 응답이 없다. 응답자는 미국('US')과 독일('DE')에 있었으며, 약 73%가 미국에 있다.

이 모든 것이 적절해 보이며 분석에 적합하다. 실제로는 추가적인 데이터 확인을 수행해야 하지만[25], 간략하게 하기 위해 여기서는 생략하겠다.

8.4.2 특정 기간의 CSat

우리는 항상 최신 관찰 결과를 보고하는 데 관심이 있다. 이번에는 데이터 중 한 달 치를 선택한다고 가정해 보자. 다음 코드는 2년치 데이터 중 2021년 10월 한 달간의 데이터를 선택한다.

```
csat.month <- subset(csat.data,
                     Date >= "2021-10-01" & Date <= "2021-10-31")
summary(csat.month)

##      Date            Rating    Country
## Min.   :2021-10-01   1: 59    DE:554
## 1st Qu.:2021-10-08   2: 77    US:934
## Median :2021-10-17   3:155
## Mean   :2021-10-16   4:598
## 3rd Qu.:2021-10-25   5:599
## Max.   :2021-10-31
```

summary 결과는 우리가 올바른 Date 범위를 선택했으며, 예상한 대로 다른 관찰치의 수가 대략 맞다는 것을 보여 준다.

다음으로, ggplot2 패키지를 사용해 관찰치의 비율을 플롯^{plot}한다[147]. 비율이 원시 데이터보다 일반적으로 해석하기 쉽다는 점을 다시 한번 강조한다. 비율을 백분율로 표시하기 위해 scales 패키지를 사용한다[151]. 결과는 그림 8-2와 같다.

```
# 평가 결과 플롯하기
library(ggplot2)
library(scales)
ggplot(aes(x=Rating), data=csat.month) +
  geom_bar(aes(y=(after_stat(count))/sum(after_stat(count)))) +
  scale_y_continuous(labels=percent_format()) +
  xlab("Rating on 1-5 Scale") +
  ylab("Percent of Users Giving Rating") +
  ggtitle(paste0("Satisfaction Ratings, Oct 2021 (N=",
                 nrow(csat.month), ")"))
```

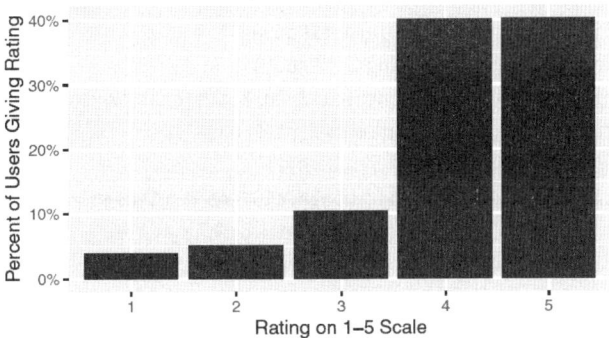

그림 8-2 한 달 치 CSat 응답 결과의 비율

ggplot 명령에서 geom_bar()를 추가해 비율을 계산하고, scale_y_continuous()를 사용해 축 라벨을 백분율(0-1 대신)로 표시했다.

이 차트도 나쁘지 않지만, 신뢰 구간CI, Confidence Interval을 추가하면 더 좋을 것이다. 실제 프로젝트에서는 서열 추정이나 부트스트래핑 과정을 사용해 신뢰 구간을 찾을 수 있지만, 여기서는 이를 생략한다(8.6절 참조). 더 간단한 방법으로는 각 관찰을 이항 관찰(특정 점수 또는 다른 점수)로 간주하고 이항 신뢰 구간을 다항 신뢰 구간의 추정치로 사용할 수 있으며, 이는 차트 작성 및 방향성 해석에 더 적절한 방법이라고 할 수 있다.

95% 이항 신뢰 구간은 전통적인 정규 근사 공식을 사용해 계산한다. 여기서 p는 비율이고 N은 표본 크기이며, 표준 오차의 1.96배를 곱해 95% 추정치를 얻는다.

$$CI = \pm 1.96 \sqrt{\frac{p*(1-p)}{N}}$$

자세한 내용은 [25]의 6.3.2절을 참조하기 바란다. 여기에는 이항 신뢰 구간과 대체 추정 옵션에 대한 설명이 있다. 신뢰 구간을 포함한 비율 차트는 매우 유용하므로 이를 위한 재사용 가능한 함수를 만들 것이다. 함수를 통해 다른 데이터셋에도 동일한 형식을 쉽게 적용할 수 있으며(8.4.6절 참조), 중간 계산에서 R의 주 메모리 공간을 복잡하게 하지 않고 처리할 수 있다.

```
plot.csat.ci <- function(dat, titleDate="") {
  csat.month.ci <- data.frame(table(dat$Rating)) # 빈도
  names(csat.month.ci) <- c("Rating", "Freq")
  csat.month.ci$Prop   <- csat.month.ci$Freq / sum(csat.month.ci$Freq)
  csat.month.ci$N      <- sum(csat.month.ci$Freq)
  # 95% 신뢰 구간 계산 (이항 정규 근사 공식을 활용)
  csat.month.ci$ci     <- sqrt(csat.month.ci$Prop * (1-csat.month.ci$Prop) /
                               (csat.month.ci$N)) * 1.96
  csat.month.ci$ciLo   <- csat.month.ci$Prop - csat.month.ci$ci
  csat.month.ci$ciHi   <- csat.month.ci$Prop + csat.month.ci$ci

  # 신뢰 구간와 함께 히스토그램 플롯
  ggplot(aes(x=Rating, y=Prop, ymin=ciLo, ymax=ciHi),
         data=csat.month.ci) +
    geom_col(fill="gray") +
    geom_errorbar(width=0.2, color="darkred") +
    scale_y_continuous(labels=percent_format()) +
    coord_cartesian(ylim=c(0, 0.45)) +
    xlab("Rating on 1-5 Scale") +
    ylab("% Giving Rating (with 95% CI)") +
    ggtitle(paste0("CSat Ratings, ", titleDate,
                   " (N=", nrow(dat), ")")) +
    theme_minimal()
}
```

이 함수에서 먼저, 각 평점에 대한 비율을 찾고, 이항 공식에 따라 신뢰 구간을 계산한다.
마지막으로, 이 신뢰 구간을 플롯하고 플롯 객체를 반환한다(기본적으로 R 플롯 창에 표시된다).
플롯 루틴에서는 geom_errorbar()를 사용해 오류 막대를 추가한다. theme_minimal() 옵션은
더 깔끔한 시각적 스타일을 제공한다.

한 줄의 코드로 플롯을 생성할 수 있다.

```
plot.csat.ci(csat.month, "October 2021")
```

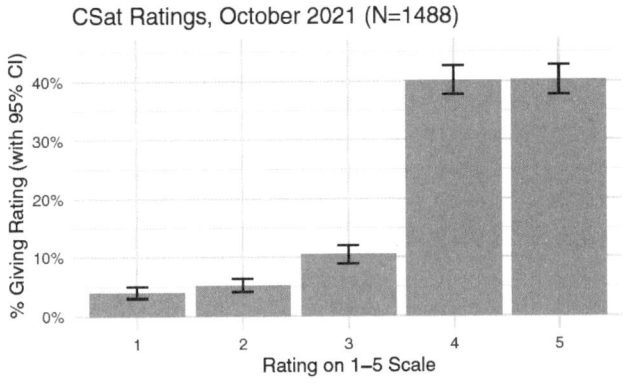

그림 8-3 한 달 치 CSat 데이터(신뢰 구간 포함)

신뢰 구간을 포함한 개선된 차트는 그림 8-3과 같다. 이 차트는 N=1488개의 관찰치를 보고하며, 이는 함수가 전달된 데이터의 행 수를 확인해 찾은 것이다(nrow(dat)). 간단히 하기 위해 제목에 직접 날짜를 지정했지만, 이는 데이터를 확인해 결정할 수도 있다. 이제 차트에서 신뢰 구간을 읽을 수 있다. 평점 1의 경우, 차트에서 신뢰 구간이 대략 3.0%–5.0% 범위임을 확인할 수 있으며, 다른 평점에 대해서도 유사하게 범위를 읽을 수 있다.

그림 8-3은 CSat 보고서에 정기적으로 포함시키는 차트의 전형적인 예다. 이 차트에는 표본 메타데이터(날짜와 표본 크기)가 포함돼 있어 설명 없이도 차트를 비교적 잘 해석할 수 있다. 재사용 가능한 `plot.csat.ci()` 함수가 복잡하게 보이는가? 처음에는 복잡해 보일 수도 있지만, 뒤에서 다시 살펴볼 것처럼 작업 속도를 높여 줄 것이다.

8.4.3 시간 경과에 따른 CSat

다음으로 보고할 중요한 사항은 CSat가 시간 경과에 따라 변화하고 있는지 여부다(8.2.6절 참조). 초기 검토를 위해 날짜별 평점을 플롯해 그림 8-4에 표시한다. 이를 위해 잠시 동안 평점을 `as.numeric()` 함수를 사용해 연속적인 정수 값으로 취급한다. 8.2.3절에서 설명했듯이, 이것은 좋은 방법이 아니며 곧 대안을 살펴볼 것이다. 그러나 분석 초기에는 간단한 검토로 유용하다.

이 경우, 차트를 객체 p에 할당해 나중에 조정할 수 있도록 한다.

```
# 다음으로, 2년치 데이터에 대해 한번에 살펴보자
# 평균을 원하고 평가 점수를 단순한 수치로 취급한다면
(p <- ggplot(aes(x=Date, y=as.numeric(Rating)), data=csat.data) +
  stat_smooth() +
  scale_x_date(date_breaks = "3 months", date_labels="%b %Y",
               date_minor_breaks = "1 month", expand=c(0, 1)) +
  theme(axis.text.x = element_text(size=7)) +
  ylab("Average satisfaction (5 point scale)") )
```

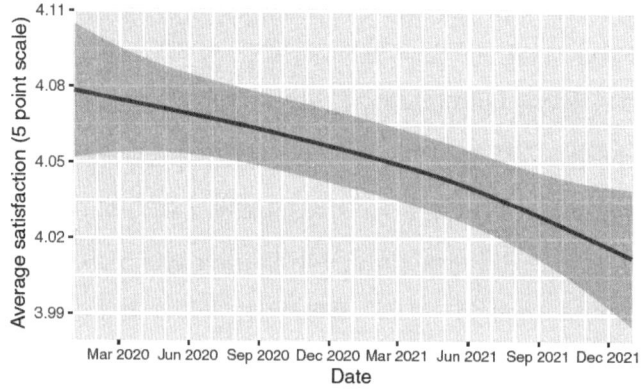

그림 8-4 평가 점수 평균 값과 시간 경과에 따른 신뢰 구간(평가 점수를 연속적인 정수로 간주)

결과 차트는 그림 8-4와 같다. stat_smooth() 함수는 평균 값을 실선으로 플롯하면서 신뢰 구간을 위한 음영 밴드를 자동으로 추가한다. 그러나 차트의 문제는 Y축이 좁은 범위로 제한돼 있어 변화의 양이 과도하게 강조된다는 점이다. 차트를 객체 p로 저장했으므로 Y축 범위를 확장하는 추가 코드를 통해 쉽게 조정할 수 있다.

```
# Y축 수정
p + coord_cartesian(ylim=c(3.0, 5.0))
```

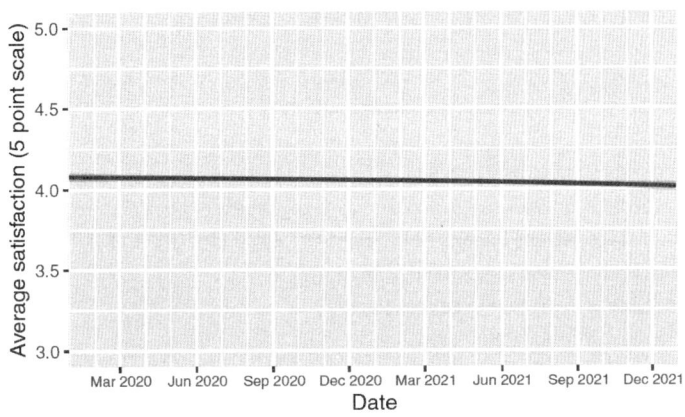

그림 8-5 Y축 범위를 조정해 CSat의 종적 변화를 더 명확하게 표현한 차트

업데이트된 차트는 그림 8-5와 같다. 숫자 평균 CSat가 작지만 점진적으로 감소하고 있음을 알 수 있다. 다음으로는 이 다소 부적절한 평균 대신 비율을 플롯하는 방법을 살펴볼 것이다(8.2.3절 참조).

8.4.4 TOP 2 박스 비율

앞서 논의했듯이, TOP 2 점수는 해석의 간단함 때문에 흔히 사용된다(8.2.3절 참조). TOP 2 비율을 계산하려면, 각 관찰치를 특정 컷오프 값 이상인 경우 상위 박스에 할당하는 새로운 변수를 생성한다. 이 데이터의 경우, 상위 2개 박스는 서열형 평점 변수의 값이 4와 5인 경우이므로, 다음과 같이 응답을 상위 2개 박스에 할당한다.

```
# 개별 평점을 자체적으로 비율로 처리
# 100 == "상위 2박스에 있음", 0 == "상위 2박스에 없음"
csat.data$Proportion <- ifelse(csat.data$Rating >= 4, 1, 0)
```

이 코드에서 새로운 변수 Proportion은 서열형 평점이 상위 2개 박스(값이 4 또는 5)인 경우 1의 값을 가지며, 그렇지 않은 경우 0의 값을 가진다.

stat_smooth()를 사용해 새로 생성된 변수 Proportion의 평균 값과 신뢰 구간을 플롯한다.

이렇게 하면 날짜별 TOP 2 점수가 그림 8-6과 같이 출력된다.

```
ggplot(aes(x=Date, y=Proportion), data=csat.data) +
  stat_smooth() +
  coord_cartesian(ylim=c(0.7, 0.9)) +
  scale_x_date(date_breaks = "3 months", date_labels="%b %Y",
               date_minor_breaks = "1 month", expand=c(0, 1)) +
  scale_y_continuous(labels=percent_format()) +
  theme(axis.text.x = element_text(size=7)) +
  ylab("Top 2 Box %") +
  ggtitle("Satisfaction trend (Top 2 Box %)")
```

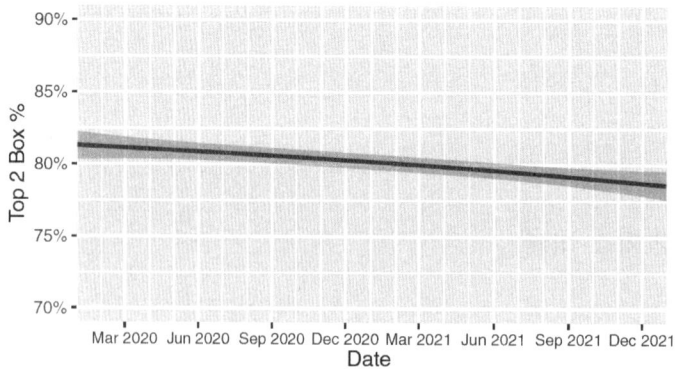

그림 8-6 TOP 2 비율(날짜별)

2년간의 관찰 동안, 이 데이터(시뮬레이션 데이터)의 TOP 2 비율은 약 81%에서 78%로 감소했다. 이는 큰 감소는 아니지만, 분명 바람직하지 않은 수치다. 만약 이 데이터가 실제 데이터라면 이해관계자들이 우려할 것이다. 얼마나 우려해야 할까? 이 데이터에서 또 어떤 일이 발생할 수 있을까? 8.4.5절에서 이러한 질문에 대해 살펴보겠다.

8.4.5 CSat가 변하고 있는가? 초기 분석

그림 8-6은 시간이 지남에 따라 CSat가 감소하는 것으로 보인다. 첫 번째 분석으로, 시간이 지남에 따라 일정한 변화율이 있는지 물어볼 수 있다. 만족한 응답자의 비율 변화에 대한 단순 선형 모델을 다음과 같이 추정한다.

```
lm1 <- lm(Proportion ~ Date, data=csat.data)
summary(lm1)

## Call:
## lm(formula = Proportion ~ Date, data = csat.data)
...
## Coefficients:
##              Estimate Std. Error t value Pr(>|t|)
## (Intercept) 1.544e+00  1.851e-01   8.341  < 2e-16 ***
## Date        -3.989e-05  9.937e-06  -4.014 5.98e-05 ***
## ---
## Signif. codes: 0 '***' 0.001 '**' 0.01 '*' 0.05 '.' 0.1 ' ' 1
...
```

이 모델은 날짜(Date)에 대한 통계적으로 유의미하고 부정적인 효과, 즉 시간이 지남에 따라 감소하는 효과를 보여 준다.

날짜에 대한 추정 계수는 비율의 일별 변화 단위로, 하루에 −0.00003989 감소한다. 연간 변화를 계산하기 위해 이 값을 365일로 곱하고, 백분율로 읽기 쉽게 하기 위해 100을 곱한다.

```
coef(lm1)["Date"] * 365 * 100   # 1년 간 TOP 2 % 변화 추정

##       Date
## -1.455864
```

이는 이 데이터에서 TOP 2 점수가 매년 1.46퍼센트 포인트 감소했음을 나타낸다. 중요한 주의 사항이 있는데, 이는 단순 선형 모델에 따른 변화라는 점이다.

하지만 이것이 최선의 모델일까? 응답자의 위치를 나타내는 Country 변수도 있다는 것을 기억하자. 이것이 우리의 해석에 영향을 미치는지 살펴보자.

8.4.6 국가별 검토

먼저, 국가별로 데이터를 요약해 보자. 각 평점에 대한 비율을 계산하기 위해 익명 함수를 사용한다.

```
aggregate(Rating ~ Country, data=csat.data,
          function(x) prop.table(table(x)) * 100)

##   Country  Rating.1  Rating.2   Rating.3   Rating.4   Rating.5
## 1      DE 10.868009  8.465392  13.475105  41.284122  25.907371
## 2      US  2.817223  3.647162   8.626794  39.692390  45.216431
```

미국에서는 평점 5가 상대적으로 더 많고(45.2%), 독일에서는 평점 1이 더 많다(10.9%). 이러한 차이가 통계적으로 유의미한지 확인하기 위해 카이제곱 검정을 사용한다.

```
chisq.test(table(csat.data$Country, csat.data$Rating))

##  Pearson's Chi-squared test
##
## data:  table(csat.data$Country, csat.data$Rating)
## X-squared = 2095.2, df = 4, p-value < 2.2e-16
```

이 결과에서 p-value가 매우 낮아 두 국가의 평점 분포가 다르다는 것을 알 수 있다.

이제 국가별로 데이터를 플롯해 차이를 확인해 보자. 이전에 신뢰 구간을 포함한 월간 CSat 데이터를 플롯하는 함수를 사용해 미국과 독일을 나란히 비교할 수 있다. 각 국가에 대한 데이터셋을 선택하기 위해 R의 subset 명령을 추가하면 된다.

```
plot.csat.ci(subset(csat.data, Country=="US"), "US")
plot.csat.ci(subset(csat.data, Country=="DE"), "Germany")
```

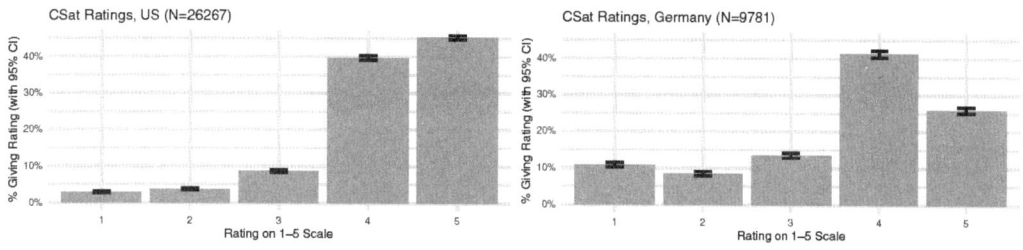

그림 8-7 국가별 평점 비율

그림 8-7은 미국과 독일의 차트를 나란히 보여 준다. 특히 5점 비율에서 미국의 평점이 독일보다 상당히 높다는 것을 알 수 있다.

이것은 초기 선형 회귀 모델에서처럼 날짜(Date)에 의한 변화 가능성만을 고려해서는 안 된다는 것을 의미한다. 평점이 국가별로 다르다는 사실도 고려해야 한다. 8.4.7절에서 이를 살펴보겠다.

8.4.7 데이터에서 CSat 변화에 대한 더 나은 모델

미국과 독일의 결과가 다르다는 것을 확인했다. 이제 두 나라를 분리해 시간에 따른 CSat 변화를 업데이트해 보자.

국가별로 TOP 2 박스 비율을 플롯하기 위해 ggplot에 각 국가에 대해 다른 색상(그리고 이 경우 선 유형)을 사용하도록 지시할 수 있다.

```
ggplot(aes(x=Date, y=Proportion,
          color=Country, linetype=Country), data=csat.data) +
  stat_smooth() +
  coord_cartesian(ylim=c(0.50, 0.90)) +
  scale_x_date(date_breaks = "3 months", date_labels="%b %Y",
              date_minor_breaks = "1 month", expand=c(0, 1)) +
  scale_y_continuous(labels=percent_format()) +
  theme(axis.text.x = element_text(size=7)) +
  ylab("Top 2 Box %") +
  ggtitle("Satisfaction trend by Country (Top 2 Box %)")
```

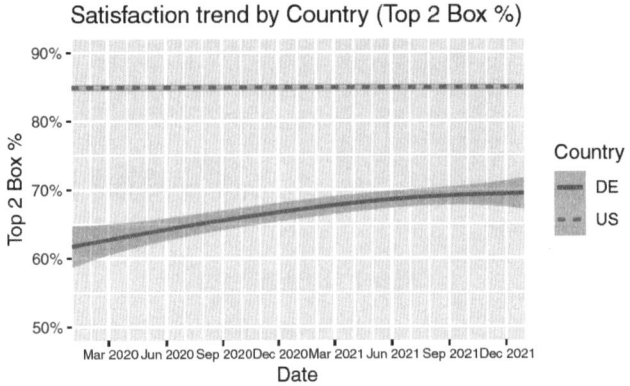

그림 8-8 국가별 TOP 2 비율

그 결과는 그림 8-8과 같으며, 두 나라의 데이터를 합산한 그림 8-6과는 상당히 다른 결과를 보여 준다. 그림 8-8은 미국의 CSat는 2년 동안 본질적으로 변하지 않았지만, 독일의 CSat는 실제로 증가했음을 보여 준다.

이제 Country를 주효과로 포함하고, Country와 Date 간의 상호 작용 효과를 추가해 미국과 독일이 시간 경과에 따른 변화율이 다른지 확인하는 회귀 모델을 검토해 보자. R 코드로는 다음과 같다.

```
# Country와 Date 간의 상호 작용을 포함한 회귀 모델
lm2 <- lm(Proportion ~ Country + Date:Country, data=csat_data)
summary(lm2)

## Call:
## lm(formula = Proportion ~ Country + Date:Country, data = csat.data)
...
## Coefficients:
##                 Estimate Std. Error t value Pr(>|t|)
## (Intercept)    -1.364e+00  3.638e-01  -3.749 0.000178 ***
## CountryUS       2.312e+00  4.218e-01   5.482 4.23e-08 ***
## CountryDE:Date  1.090e-04  1.947e-05   5.597 2.20e-08 ***
## CountryUS:Date -5.338e-06  1.147e-05  -0.465 0.641713
## ---
## Signif. codes:  0 '***' 0.001 '**' 0.01 '*' 0.05 '.' 0.1 ' ' 1
...
```

회귀 계수 요약에서 CountryUS:Date(회귀 계수 요약의 네 번째 줄)의 상호 작용 계수는 시간이 지남에 따라 미국에서의 변화를 보여 준다. 변화는 매우 작고(−5.338e−06), 표준 오차가 변화보다 커서(1.147e−05) 이 표본에서는 통계적으로 유의미하지 않다. 즉, 미국에서는 시간이 지남에 따라 실질적인 변화가 없다. 반면, 독일에서는 CSat가 유의미하게 증가하고 있다 (CountryDE:Date는 양수이며 표준 오차보다 훨씬 크다).

그림 8−8과 그림 8−6을 비교하면 어떻게 이것이 가능할까? 동일한 데이터가 미국에서는 CSat가 안정적이고 독일에서는 증가하고 있지만, 두 나라를 합치면 전반적으로 감소하고 있다는 것을 어떻게 보여 줄 수 있을까? 답은 독일 응답자들이 더 낮은 평점을 줬고, 독일 응답자의 표본 비율이 시간이 지남에 따라 증가했다는 것이다. 독일에서의 낮은 평점이 전체 평균을 끌어내리며, 시간이 지남에 따라 독일 표본이 커지면서 그 효과가 증가한다.

호기심으로 국가 소속을 코드화하고, 이전에 TOP 2 박스 비율을 시각화한 방법과 거의 동일한 차트 코드를 사용할 수 있다.

```
csat.data$USprop <- ifelse(csat.data$Country=="US", 1, 0)
csat.data$DEprop <- ifelse(csat.data$Country=="DE", 1, 0)
```

국가별 표본 비율을 시각화하기 위해 다음과 같은 코드를 사용할 수 있다

```
ggplot(aes(x=Date, y=USprop, linetype="US"), data=csat.data) +
  stat_smooth() +
  stat_smooth(aes(x=Date, y=DEprop, linetype="DE")) +
  scale_x_date(date_breaks = "3 months", date_labels="%b %Y",
               date_minor_breaks = "1 month", expand=c(0, 1)) +
  scale_y_continuous(labels=percent_format()) +
  theme(axis.text.x = element_text(size=7)) +
  ylab("% respondents, by country") +
  labs(linetype="Country") +
  ggtitle("Sample % over time, by Country")
```

이 결과는 그림 8−9에 해당하며, 시간 경과에 따른 국가별 응답자의 상대적인 비율 변화를 보여 준다.

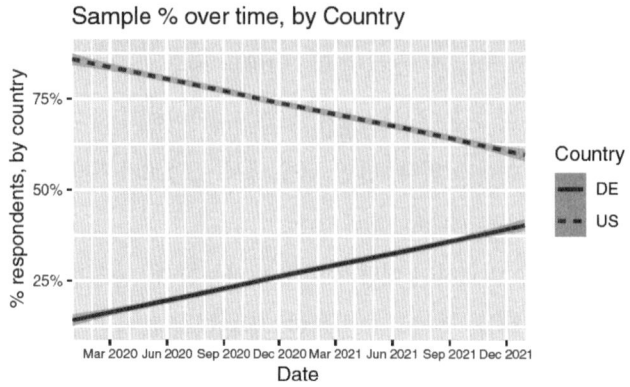

그림 8-9 시간 경과에 따른 전체 표본 중 미국과 독일의 비율

이 데이터가 실제 데이터였다면, CSat 변화에 대한 잠재적인 사업 해석(그림 8-8에 표시된 대로)은 다음과 같을 수 있다. 고객 기반이 독일에서 성장하고 그곳에서 만족도가 개선됐으며, 미국에서는 높은 만족도가 유지됐다. 이는 초기의 전체적인 만족도 감소라는 인상과는 상당히 다른 메시지다.

이것이 정확한 해석일까? 확실히 알기 위해서는 정성적 데이터를 가져와서 일치하는지 확인해야 한다. 어떤 경우든, CSat가 감소하고 있다는 단순한 메시지는 불완전하거나 명백히 오해를 일으킬 수 있다.

이 데이터는 문화적 차이가 데이터에 어떤 영향을 미칠 수 있는지 보여 주는 극적인 예다. 새로운 제품이 미국에서 시작해 높은 만족도를 달성한 후, 만족도가 낮은 다른 시장으로 확장되는 경우가 종종 있다. 퀀트 UXR들이 정성적 리서치와 협력해 결정해야 할 중요한 사항은, 차이가 정성적 의견과 열린 응답에서 나타날 수 있는 '실제' 만족도 차이인지, 아니면 문화별 평점 척도의 차이를 반영하는 기본 효과인지 여부다.

여기서 본 효과는 통계학자들에게는 심슨의 역설Simpson's paradox로 알려져 있다. 심슨의 역설에서는 구성 그룹을 별도로 데이터로 분석했을 때의 결과와 그룹을 분리하지 않고 통합한 데이터에서의 분석 결과가 서로 다르게 나타난다. 본 예제의 경우, 전체적인 CSat 감소가 개별 국가의 분석에 의해 뒷받침되지 않았다. 추가적인 예시는 이 책의 동반서 [25]의 9.2.8절과 [127]의 8.2.6절에 설명돼 있다. 왕 외Wang et al.의 [146]에서도 심슨의 역설에 대한 몇 가지 추가 예시를 확인할 수 있다.

8.5 핵심 포인트

8.5장에서는 CSat 설문 조사를 계획, 실행, 분석하는 모범 사례를 검토했다. 이러한 설문 조사는 간단해 보일 수 있지만, 실제로는 여러 요인으로 잘못된 경우가 많다. 아래에 열거한 포인트들은 보다 유용하고 효과적인 설문 조사를 진행하는 데 도움이 될 것이다.

- CSat 데이터는 제품 내부 또는 외부에서, 알려진 고객 목록이나 일반 청중 설문 패널을 사용해 수집할 수 있다. 각 채널은 가치가 있지만 한계도 있다. 가능하면 여러 채널과 데이터 소스를 사용하는 것을 권장한다(8.2.2절).

- 최상위 지표는 주로 이해관계자들의 참여를 유도해 더 많은 정보를 얻기 위해 사용돼야 한다. 사용자에게 정성적이고 열린 피드백을 요청하고, 이를 읽고 분석하며 보고하는 것이 중요하다(8.2.4절).

- 일반적인 오류로는 검열된 데이터, 비응답 편향, 부정적 응답 편향, 척도 사용의 문화적 차이, 질문이 너무 많은 경우 등이 있다(8.2.1절, 8.3절).

- 기본 표본의 상태가 변동적일 때 CSat 데이터를 잘못 해석하기 쉽다. 샘플링을 가능한 한 일관되게 유지하라(8.2.6절, 8.4절). 명목상 샘플링 메커니즘(예: 설문 방법)이 일관되더라도 응답자의 구성 변화가 잘못된 결론을 초래할 수 있다.

- 항상 CSat를 이전 기간의 동일한 표본과 같은 기준선과 비교하라. 현저히 다른 제품, 사용자 그룹 또는 국가와 같은 서로 다른 집단을 비교하지 마라(8.2.6절, 8.4.7절).

- TOP 2 점수는 일반적이다. 평점 척도보다 해석하기 쉽다는 장점이 있지만, 정보가 손실된다는 단점도 있다(8.2.3.1절).

- 차이 점수(예: TOP 2 비율에서 최하위 1 비율을 뺀 값) 계산을 권장하지 않는다. NPS가 그 예다. 이 접근 방식은 노이즈가 많고, 기본 추세를 TOP 2 비율보다 더 흐리게 만든다(8.2.3.2절).

- NPS는 인기 있는 접근 방식이지만, 차이 점수의 불안정성, 중간 평가자의 정보 손실, 문화적 적용성에 대한 의문, 다소 과도한 기대치 등의 문제를 안고 있다(8.2.3.2절).

- 데이터에 여러 그룹이 포함된 경우, 패턴이 일관적인지 주의 깊게 검사하라. 다른 패턴을 가진 그룹을 분석할 때 특히 주의해야 한다. 분석을 분리하거나, 통계 모델에 그

룹 변수를 포함시키거나, 추세를 더 명확하게 이해하기 위해 다른 조치를 취해야 할 수도 있다(8.4.7절).

8.6 더 알아보기

부트스트래핑: 평점 관찰은 서열 데이터로 처리하는 것이 가장 좋으며, 이러한 데이터에 대한 신뢰 구간을 찾는 좋은 방법은 부트스트래핑 기법을 사용하는 것이다. 이 책에서 이러한 기법을 다루기에는 너무 복잡하므로 디시치오DiCiccio와 에프론Efron의 책[40]에서 이 방법론에 대한 전반적인 개요를 살펴보길 바란다. 이 논문이 실린 『Statistical Science』 같은 저널에서 여러 논평도 이어진다. 이러한 방법을 심도 있게 다루고 이를 통계적 추론 접근 방식의 기초로 사용하는 체계적인 접근법을 제공하는 수학적인 가이드로는 치하라Chihar와 헤스터버그Hesterberg의 『Mathematical Statistics with Resampling and R』[31]이 있다.

동인 분석: 동인 분석은 어떤 기능, 행동 또는 고객 특성이 만족 또는 불만족을 '유발'하는지 알고 싶어 하는 이해관계자가 요청하는 분석이다. 인과관계를 평가하는 문제는 매우 어렵고, 드문 예외를 제외하고는 상관관계만 찾을 수 있을 뿐 인과관계를 찾기 어렵다. 동인 분석에 대한 자세한 내용은 이 책의 동반서 [25]의 7장이나 [127]의 7장을 참고하라. 보다 일반적으로는 선형 모델링에 관한 교재를 참조할 수 있다. 이 주제에 대한 훌륭한 개요서이자 실용서로는 해럴Harrell의 『Regression Modeling Strategies』[57]가 있다.

다중공선성: 만족도 데이터의 일반적인 문제는 많은 변수가 서로 높은 상관관계를 가질 때 발생한다. 이는 '휴대폰에 얼마나 만족하십니까? … 크기는? … 디스플레이는? … 메모리는? … 배터리 수명은?'과 같은 여러 측면에 대해 만족도를 평가할 때 특히 자주 발생한다. 고객들은 대부분의 측면에 대해 동시에 만족하거나 불만족하는 경향이 있다. 이러한 데이터가 다변수 통계 모델에 입력되면 다중공선성 문제를 일으킨다. 간단히 말해, 이러한 평점이 거의 동일할 때 통계 모델은 특정 측면의 중요성을 다른 측면과 비교해 결정할 수 없다. 이를 해결하려면 다중공선성을 완화해야 한다. 이를 해결하는 전략은 이 책의 동반서 [25]의 9.1절과 [127]의 8.1절에서 다룬다.

표본 일관성sample consistency: 애널리스트들은 종종 관심 있는 집단과 상당히 다른 특성을 가진 표본을 얻는다. 이를 해결하기 위한 두 가지의 일반적인 접근 방식으로, 층화 샘플링stratified sampling과 일치 샘플링matched sampling이 있다. 이러한 주제는 복잡하지만, 여기서는 간단한 개요를 제공한다. 층화 샘플링은 알려진 층(특성이 다른 그룹)에서 데이터를 수집하고, 나중에 층 차이를 통제하는 통계적 방법을 적용해 이 문제를 사전에 제어하려고 시도한다. 일치 샘플링은 회고적 접근 방식들을 활용하는데, 그중 하나의 방식으로, 응답 패턴을 검토한 후 데이터를 다시 샘플링하거나 가중치를 부여해 더 대표적인 데이터를 추구하는 방식을 들 수 있다. 이를 수행하는 한 가지 방법은 다른 그룹에서 '일치하는' 응답자를 찾아내는 것이며, 더 정교한 접근 방식도 있다.

그룹 차이와 해당 그룹의 데이터가 대상 집단을 대표하는지 여부에 대해 자주 고민한다면 층화 샘플링과 가중치에 대해 더 배울 것을 권장한다. 학부 수준의 수학을 적당히 포함한 훌륭한 개요서는 로어Lohr의 『Sampling: Design and Analysis』[82]이다.

표본 대표성과 인과 추론에 모두 관심이 있다면, 일치 샘플링의 학습부터 시작하라. 일치 샘플링을 사용한 인과 추론에 대한 훌륭한 입문서는 커닝햄Cunningham의 『Causal Inference: The Mixtape』[38]이다.

텍스트 분석: 마지막으로, CSat 분석은 종종 텍스트 분석과 결합돼 고객의 감정을 평가하고, 열린 응답에서 패턴을 찾아내며, 댓글 전반에 걸쳐 주제를 발견한다. 고객 텍스트 분석에 사용되는 질문과 방법에 대한 간략한 개요는 크리스Chris가 발표한 논문[21]에서 확인할 수 있으며, 온라인에서 무료로 제공된다. 응용 텍스트 분석에 대한 완전한 입문서는 크와틀러Kwartler의 『Text Mining in Practice with R』[77]이다.

8.7 예제

이번 예제는 '설문 조사를 작성하고 배포하기', '데이터 분석하기', '정량 분석 외에도 정성적 측면에 대해 생각하기'의 세 가지 목표를 갖고 있다.

설문 조사 주제가 필요한가? 제품, 취미, 가족 행사, 비영리 단체 등 무엇이든 선택할 수 있다. 일반적으로 누구나 어떤 주제로든 설문 조사를 작성할 수 있다. 자신의 제품이 아니더라도 제품에 대한 만족도를 물어볼 수 있다(단, 경쟁 제품에 대해 묻는 업계 리서처의 경우 제한이 있을 수 있다. 동료나 제품 고문에게 확인해 보기 바란다). 아이디어가 필요하다면 스마트폰, 노트북, 자동차 브랜드, 지역 식당, 인터넷 제공 업체, 지역 경찰서, 지역 교통 상황, 상업 항공 여행, 소셜 미디어 플랫폼, 커피 체인과 같은 항목을 고려해 보라.

1. 관심 있는 주제에 대해 CSat 설문 조사를 작성하라. 최소한 하나 이상의 주관식 응답란을 포함하도록 하라(Google Forms는 간단한 설문을 작성하기에 쉬운 플랫폼이다). 친구나 가족 네다섯 명에게 설문 조사에 참여하도록 요청하고 질문을 어떻게 이해했는지 피드백을 받아 보라. 어떤 변경을 제안하는가? 당신은 동의하는가?

2. 설문 조사를 온라인으로 배포하라(또는 다른 주제에 대해 유사한 설문 조사를 작성하라). 페이스북Facebook이나 다른 온라인 포럼에 게시하고 응답을 수집하라. 8장에서 설명한 대로 분석하라. 주관식 응답란에서 만족 또는 불만족의 이유가 명확하게 드러나는가?

3. 이제 데이터를 확보했으니 다른 질문이나 추가로 묻고 싶은 것은 무엇인가? 응답자가 올바른 대상인지 확신하는가? 그들이 답변하는 데 필요한 경험을 갖고 있는가? 이러한 문제를 해결하기 위해 설문 조사를 업데이트하고 다시 배포하라.

4. 이 책의 R 동반서[25]에 대한 추가 예제는 다음 링크(https://r-marketing.r-forge.r-project.org/exercises/ChapmanFeit2e-Exercises-Only.pdf)에서 무료로 제공된다. 예제 PDF에서 7.9절(15-16 페이지)의 예제를 진행하라.

09

로그 시퀀스 시각화

애플리케이션, 웹사이트, 전자 기기 등 많은 제품과 서비스는 사용자 행동의 시퀀스를 자세히 기록한 데이터를 생성한다. 웹사이트의 경우, 사용자 시퀀스는 방문한 페이지나 해당 페이지에서 수행한 행동들로 구성될 수 있다. 애플리케이션의 경우, 사용자 시퀀스는 사용자가 애플리케이션과 상호 작용하면서 수행한 모든 행동을 포함할 수 있다. 예를 들어, 게임 애플리케이션은 플레이어의 아바타 이름, 시작한 레벨, 게임을 하는 동안의 움직임, 상호 작용한 게임 오브젝트 및 다른 플레이어들, 획득한 점수 등을 기록할 수 있다.

행동 시퀀스 데이터를 통해 애널리스트는 다음과 같은 여러 질문에 접근할 수 있다.

- 가장 흔한 시퀀스는 무엇인가?
- 가장 드문 시퀀스는 무엇인가? 그리고 이는 예상치 못한 것인가?
- 일반적으로 함께 발생하는 사용자 활동은 무엇이며, 이들의 공동 설계에 어떻게 주의를 기울이면 좋을까?
- 거의 함께 발생하지 않는 행동은 무엇이며, 이는 문제가 있음을 나타내거나 더 나은 설계를 위한 기회일 수 있는가?
- 시퀀스는 사용자 특성이나 제품 사용 사례와 어떻게 관련돼 있는가?

- 사용자는 제품 방문을 어떻게 시작하고 끝내는가?
- 구매나 가입 경로와 같이 중요한 제품 플로 중 사용자가 어디서 이탈하는가?
- A/B 테스트 실험, 마케팅 캠페인, 신제품 출시와 같은 노력에 의해 발생한 행동 변화가 관찰되는가?

이 질문들은 대부분 기술 통계와 기본 가설 검정을 포함한다. R 동반서[25] 14장에서는 행동 데이터의 기본 처리 방법, 세션화sessionizing(한 사용자의 이벤트를 시간적 근접성에 따라 세션으로 그룹화), 기술 통계를 다룬다. 그 후 마르코프 체인 분석을 사용해 이벤트 확률을 보는 방법을 시연한다.

9장에서는 이러한 분석을 확장하고 시퀀스 데이터를 시각화하는 데 자주 활용하는 선버스트 다이어그램sunburst diagram에 대해 알아본다. 선버스트 시각화는 행동과 이벤트의 상대적 비율뿐만 아니라 시퀀스 길이, 행동 순서, 표본 내의 이벤트 순서를 포함한 일련의 행동을 보여 주는 데 사용될 수 있다. 이러한 차트는 기술적 리포팅과 더불어 인터랙티브하게 데이터를 탐색하기에 유용하다.

9장은 주로 R 코드를 사용하는 실습 장이다. 먼저, 예제 데이터를 생성하고 선버스트 다이어그램이 이벤트 시퀀스를 어떻게 나타내는지 보여 준다. 그 후, 더 현실적이고 복잡한 공공 데이터셋으로 전환해 해당 데이터를 시각화한다. 따라 하기 위해서는 R을 사용해 9장에서 제시한 코드 단계를 실행해야 한다.

항상 그렇듯이 코드 파일과 데이터셋은 이 책의 웹사이트(https://quantuxbook.com)에서 제공된다. 9장의 코드는 인터넷에서 직접 공공 데이터셋을 로드하기도 한다. 최대한 학습 효과를 얻기 위해 여기서 제공하는 코드 스니펫snippet을 직접 입력하는 것을 권장한다.

9.1 예제 시퀀스 데이터

가능하다면 분석 프로젝트를 시뮬레이션 데이터로 시작하는 것을 권장한다. 이러한 데이터를 사용해야 디버깅을 제대로 해 실제 데이터를 맞이했을 때 제대로 작동하는 코드를 만들 수 있다. 여기서는 실제 데이터셋을 다루기 전에 시뮬레이션 데이터를 사용해 볼 것이다.

시뮬레이션 데이터로, 아침 뷔페에서 사용자의 이벤트를 기록한다면 데이터가 어떻게 보일지 생각해 볼 것이다. 이 시뮬레이션에서는 페이스트리pastry, 그래놀라granola, 요구르트yogurt, 달걀, 감자, 이렇게 다섯 가지 음식 항목을 추적한다. 각 사람마다 뷔페를 한 번 방문할 때 한 가지에서 네 가지 항목을 선택하는 것을 관찰한다. 특정한 사람은 그래놀라만 가져갈 수도 있고, 페이스트리, 달걀, 감자를 선택할 수도 있으며, 두 가지의 페이스트리와 요구르트를 먹거나, 네 가지의 그래놀라를 먹거나, 또는 다른 조합을 선택할 수도 있다(실제 뷔페 데이터라 보기에 다소 현실성이 떨어지지만, 중요한 것은 복잡한 실제 데이터셋으로 이동하기 전에 방식이 어떻게 작동하는지 이해하는 것이다).

이 데이터를 R에서 무작위로 생성한다. 먼저, 랜덤 숫자 시드seed를 설정해 과정을 반복 가능하게 만든다. 그런 다음 다섯 가지 음식과 원하는 관찰 수(5000)를 지정한다.

```
set.seed(10010)          # 데이터를 반복 가능하게 설정
foods <- c("Pastry", "Granola", "Yogurt", "Potatoes", "Eggs")
N.obs <- 5000            # 5000개의 관찰을 시뮬레이션
```

각 사람마다 1~4개의 음식을 목록에서 추출한다. 시퀀스는 네 가지 이상의 행동으로 더 길어질 수 있지만, 간단하게 하기 위해 여기서는 네 가지로 제한한다. R의 sample() 함수를 사용해 각 사람마다 음식의 수를 추출한 다음, 한 가지 음식, 두 가지 음식 등으로 시퀀스를 얼마나 자주 추출하는지 빈도 표를 확인한다.

```
num.events <- sample(4, N.obs, replace = TRUE)
table(num.events)

## num.events
##    1    2    3    4
## 1244 1223 1307 1226
```

이 표는 1244명의 응답자(24.88%)가 한 가지 항목으로만 구성된 시퀀스를 갖는다는 것을 보여 주며, 두 가지, 세 가지, 네 가지 항목으로 구성된 시퀀스를 가질 사용자 비율도 유사한 수준임을 알 수 있다.

다음으로, 각 시퀀스에 어떤 음식이 들어갈지를 선택해야 한다. 입력으로 선택할 음식 수 (1~4)를 받아들이고 해당 길이의 시퀀스를 구성하는 무작위로 선택된 음식 벡터(값 집합)를 반환하는 함수를 작성한다. 예를 들어, 유효한 관찰은 'Eggs'(1개 항목), 'Granola-Yogurt'(2개 항목), 'Eggs-Yogurt-Eggs-Granola'(1개 중복 포함 4개 항목) 등이 될 수 있다.

함수는 len을 항목의 수로, dat를 가능한 행동의 목록(foods 집합)으로 받는다. prob 파라미터는 항목이 엄격한 균등 확률로 선택되지 않도록 가중치를 부여하는 데 사용된다. replace =TRUE 옵션은 항목이 두 번 이상 선택될 수 있게 한다. 마지막으로, 시퀀스의 항목을 구분하기 위해 구분자 '-'가 사용된다.

이 함수는 설명하는 것보다 작성하는 것이 더 짧다.

```
one.event <- function(len, dat, prob=((length(dat)+2):3),
                      replace=TRUE, sep="-") {
  event <- sample(dat, len, prob=prob, replace=replace)
  paste0(event, collapse=sep)
}
```

항상 그렇듯이 몇 가지 경우에 대해 테스트해 보자.

```
one.event(3, foods)

## [1] "Granola-Yogurt-Pastry"
one.event(6, foods)

## [1] "Pastry-Potatoes-Yogurt-Potatoes-Yogurt-Potatoes"
```

첫 번째 경우에는 시퀀스에 'Granola-Yogurt-Pastry'와 같은 3개의 항목이 있으며, 두 번째 경우에는 6개의 항목이 있다. 후자는 우리가 데이터에서 사용할 것보다 더 많은 항목을 포함하지만, 함수가 반복이 있는 더 긴 시퀀스를 처리할 수 있음을 보여 준다.

이제 한 사람의 시퀀스를 시뮬레이션하는 함수를 갖췄으므로 sapply() 함수를 사용해 num.events 벡터의 모든 5000건에 대해 이를 적용할 수 있다.

```
events <- sapply(num.events, one.event, dat=foods)
head(events)

## [1] "Yogurt"          "Granola-Yogurt-Granola"  "Pastry"
## [4] "Yogurt"          "Eggs"                    "Potatoes"
```

events 객체는 5000개의 관찰을 포함하고 있으며, 첫 번째 시퀀스는 'Yogurt', 두 번째는 'Granola-Yogurt-Granola' 등이다. 이 코드는 함수(6.2.1절 참조)와 벡터화(6.2.2.1절 참조)가 코드를 더 짧고 단순하게 만드는 방식을 보여 주는 예다.

9.1.1 뷔페 데이터에 대한 선버스트 차트

선버스트 다이어그램은 시퀀스에 나타나는 항목들의 진행 빈도(카운트 또는 비율)를 플롯한다. 빈도를 얻기 위해 R의 table() 명령을 사용해 고유한 발생을 계산하고 결과를 데이터 프레임에 저장한다. 이를 수행한 다음, 몇 개의 행을 확인하며, knitr::kable()을 사용해 포맷된 출력을 얻는다.

```
events.freq <- data.frame(table(events))
knitr::kable(head(events.freq))
```

이 코드를 실행하면 다음과 같은 결과가 나온다.

events	Freq
Eggs	147
Eggs−Eggs	15
Eggs−Eggs−Eggs	3
Eggs−Eggs−Eggs−Granola	1
Eggs−Eggs−Eggs−Pastry	1
Eggs−Eggs−Eggs−Yogurt	1

생성된 테이블은 알파벳순으로 정렬된다. 'Eggs' 시퀀스는 5000개의 시뮬레이션 관찰 중

147회 발생하며, 'Eggs-Eggs'는 15회, 'Eggs-Eggs-Eggs'는 3회 발생한다(이 세 사람은 정말로 달걀을 좋아하는 것 같다. 아마 오믈렛, 스크램블 에그, 삶은 달걀을 선택했을 것이다).

R의 sunburstR 패키지[8]를 사용해 시퀀스 빈도를 차트로 나타내고, RColorBrewer 패키지 [97]에서 색상 팔레트를 추가한다.

```
# 먼저, install.packages("sunburstR")를 실행해야 할 수도 있다
library(sunburstR)
library(RColorBrewer)    # 필요하면 설치
breakfastPalette <- brewer.pal(5, "Set1")
sunburst(events.freq, colors=breakfastPalette)
```

결과는 그림 9-1과 같다. 선버스트 다이어그램에서 내부 링은 도넛 차트^{donut chart}(마침 아침 식사 예제에 걸맞은 이름이다)로, 각 행동이 시퀀스에서 처음 발생하는 빈도를 보여 준다. 이 경우 'Eggs'는 오른쪽 상단 영역에 있다. 마우스 포인터를 차트 위에 올리면(실행한 R 화면상에서), 시퀀스의 12.4%가 'Eggs'로 시작한다는 것을 알 수 있다.

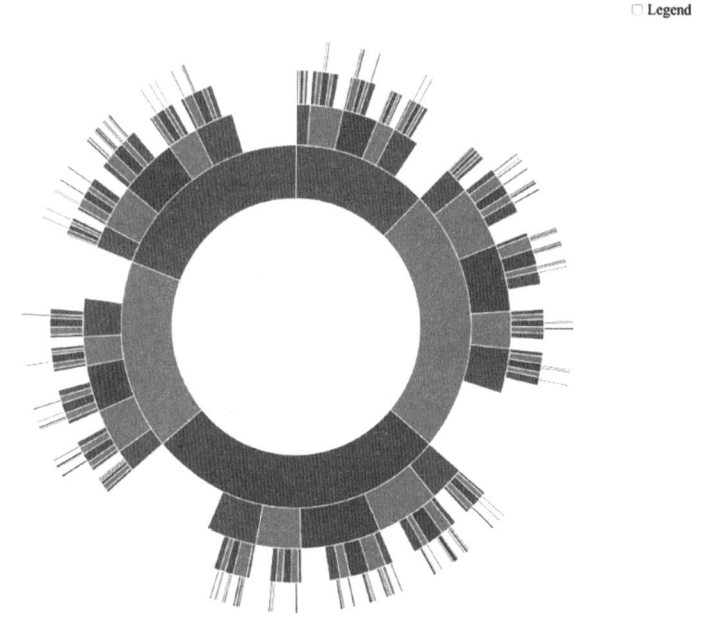

□ Legend

그림 9-1 아침 뷔페 고객들의 메뉴 선택 시뮬레이션 데이터에 대한 선버스트 다이어그램
(해당 그림은 407페이지에서 컬러로 확인할 수 있다.)

첫 번째 링 이후의 각 연속적인 링은 관찰된 시퀀스에서 추가적인 단계를 보여 준다. 그림 9-1에서 'Eggs'에서 위쪽으로 이동하면, 두 번째 레이어에서 'Pastry'와 'Granola'가 가장 흔한 두 번째 행동임을 알 수 있다. 'Eggs-Pastry'와 'Eggs-Granola' 시퀀스는 각각 전체 비율에서 2.60%와 2.48%의 빈도를 가진다. 마찬가지로 3개 또는 4개의 행동으로 이뤄진 시퀀스를 읽을 수 있다. 각 단계에서 대략 1/4의 시퀀스는 종료되며, 나머지 3/4는 계속 진행돼 다른 행동을 추가한다.

그림 9-2에 보이는 예시에서 'Pastry', 'Eggs', 'Potatoes' 순서로 마우스를 올린다. 이 세 가지 항목의 시퀀스는 관찰된 데이터의 0.4%에서 발생한다.

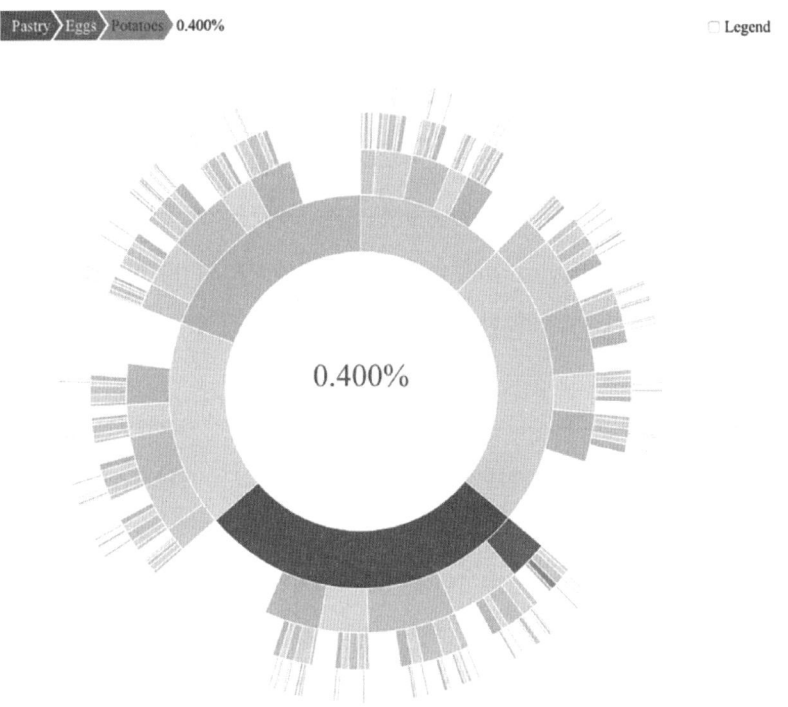

그림 9-2 선버스트 다이어그램의 외부 링에서 이벤트 위로 마우스를 올리면 여러 이벤트가 포함된 시퀀스의 비율 빈도를 보여 준다. 이 경우는 오른쪽 하단 방향의 'Pastry-Eggs-Potatoes' 시퀀스를 보여 준다. (해당 그림은 408페이지에서 컬러로 확인할 수 있다.)

선버스트 다이어그램을 통해 이벤트 빈도, 여러 행동들의 발생 경로, 특정 시퀀스가 끝나는 지점을 탐색할 수 있다. 이는 사용자의 행동을 이해하고 제품, 웹사이트, 또는 서비스 사용을 중단하는 곳을 파악하는 데 유용하다. 예를 들어, 이커머스 애플리케이션에서 특정 경로가 '장바구니에 추가' 행동을 포함하지만 체크아웃에 도달하지 않고 자주 끝난다면, 이는 많은 사용자가 구매를 완료하지 못하고 있다는 것을 나타낸다. 우리는 시스템 문제, 사용자 인터페이스 혼란, 또는 다른 문제를 깊이 조사할 것이다.

9.1.1절에서 제시된 코드를 갖고 실험해 보기를 권장한다. 행동 집합(음식 목록)을 자신이 관심 있는 도메인으로 변경해 보라. 목록의 크기, 시퀀스의 길이, 각 항목이 선택될 확률(one.event의 prob 파라미터)을 변경해 보라. 결과로 나온 선버스트 다이어그램을 탐구해 보라.

9.2절에서는 이런 기초를 바탕으로 웹사이트 방문과 관련된 실제 데이터에 대해 알아본다.

9.2 웹사이트 데이터의 선버스트 시각화

토마스 에디슨Thomas Edison은 그의 발명품이 '1%의 영감과 99%의 노력'에 의한 것이라고 말했다[98]. 이와 유사하게, 데이터 분석 프로젝트는 종종 99%의 데이터 처리와 1%의 영감 있는 분석에 의존한다. 9.2절에서는 실제 데이터셋을 가져와 R 패키지인 sunburstR에 적합한 형식으로 변환한다. 데이터를 포맷한 후에는 최소한의 코드로 선버스트 다이어그램을 그려 본다.

여기서 사용하는 데이터는 1990년대 미국 환경보호청EPA, Environmental Protection Agency에서 운영하는 웹 서버의 익명 로그 중 하루치 데이터다[9]. 이 로그는 HTML 페이지나 이미지 로드와 같은 사이트에 대한 각 요청과 타임스탬프, 출발 인터넷 주소(IP 주소), 기타 데이터를 포함한다. R 동반서에서는 이러한 데이터를 기본 로그 및 세션 통계와 사용자의 내비게이션에 대한 마르코프 체인Markov chain 모델링에 사용했다[25]. 9장에서는 이러한 분석을 넘어, 사용자의 페이지 요청 시퀀스를 선버스트 다이어그램으로 시각화한다.

9.2.1 로그를 시퀀스로 변환하기

앞에서 본 것처럼 sunburstR 패키지는 시퀀스가 'event1-event2-event3'과 같이 하이픈으로 구분된 형식을 기대한다. 하지만 웹 및 애플리케이션 로그는 거의 항상 사용자별 여러 행으로 구성된 순차적 목록이다. 이러한 데이터는 두 단계로 처리해야 한다. 첫 번째로, 사용자는 다양한 작업을 위해 여러 개의 개별 시간대에 사이트나 애플리케이션을 사용할 수 있으므로 시퀀스를 시간 간격에 따라 세션으로 나눠야 한다. 두 번째로, 세션이 식별되면 이벤트를 sunburstR이 기대하는 형식으로 집계해야 한다.

9.2.1.1 데이터 로드 및 세션화

9.2.1.1절에서는 EPA 웹 서버 데이터를 로드하고 이를 세션으로 나눈다. 이는 R 동반서[25]의 14장에 자세히 설명돼 있다. 여기서는 간단한 설명과 함께 전체 코드를 제공한다.

먼저, 저장된 R 객체에서 데이터를 로드하고 처음 몇 행을 확인한다.

```
# 기본적 데이처 처리를 거친 후의 웹 로그 데이터(Chapman & Feit, Ch. 14)
epa.df <- readRDS(gzcon(url("https://goo.gl/s5vjWz")))
knitr::kable(head(epa.df[ , 1:3]))
```

host	timestamp	request
host195	[29:23:53:35]	GET /Software.html
host1888	[29:23:53:36]	GET /Consumer.html
host2120	[29:23:53:53]	GET /News.html
host2273	[29:23:54:15]	GET /
host2273	[29:23:54:16]	GET /icons/circle_logo_small.gif
host2273	[29:23:54:18]	GET /logos/small_gopher.gif

이 데이터는 HTML 페이지, GIF 이미지 등을 가져오기 위한 요청의 순차적인 이벤트를 컴파일한 것이다. 각 host는 익명화된 IP 주소로, 대략적으로 사용자를 나타낸다.

데이터를 세션으로 나누기 위해 먼저, 각 고유 사용자(host) 내에서 datetime 순서로 정렬한 다음, 각 연속 관찰 사이의 시간을 분 단위로 계산한다.

```
# 1. 데이터 프레임을 호스트와 타임스탬프 순서로 정렬
epa.ordered <- epa.df[order(epa.df$host, epa.df$datetime), ]
```

```
# 2. 행간 시간 차이를 분 단위로 계산
epa.ordered$time.diff <-
  c(NA, as.numeric(
        epa.ordered$datetime[2:nrow(epa.ordered)] -
        epa.ordered$datetime[1:(nrow(epa.ordered)-1)],
      units="mins"))
```

시간 간격이 큰 경우 데이터를 새로운 세션으로 간주한다. 구체적으로, (1) 새로운 사용자이거나, (2) 한 사용자의 데이터 내에서 15분 이상의 간격이 발생하는 경우, 새로운 세션으로 표시한다. 이러한 조건을 각 행에 적용해 플래그를 설정한다.

```
# 3. 새로운 세션 결정:
# .. 1: 이전 행 이후 호스트가 변경된 경우
# .. 2: 시간 차이가 15분 이상의 세션 컷오프 시간을 초과한 경우
session.time             <- 15     # 초과 시 (분) ==> 새로운 세션
epa.ordered$newsession   <- NA     # 이 행이 새로운 세션인가?
epa.ordered$newsession[1] <- TRUE  # 첫 번째 행은 항상 새로운 세션
# 호스트가 이전 행과 다르거나 최대 세션 시간이 초과된 경우 새로운 세션
epa.ordered$newsession[2:nrow(epa.ordered)] <-
  ifelse(epa.ordered$host[2:nrow(epa.ordered)] !=
           epa.ordered$host[1:(nrow(epa.ordered)-1)],
         TRUE,
         epa.ordered$time.diff[2:nrow(epa.ordered)] >=
           session.time)
```

이제 newsession 열은 각 고유 세션의 첫 번째 행에 대해 TRUE를 갖는다.

마지막으로, 연속적인 세션 번호를 할당하고 HTML 페이지 뷰 이벤트를 제외한 모든 이벤트를 제거한다. 이미지 파일 로드와 같은 다른 행동에 관심이 있다면 해당 요청을 파일에 남길 수 있다. 그러나 웹 페이지는 종종 많은 이미지 파일을 자동으로 요청하며, 이는 로그 파일에 개별 이벤트로 표시된다. 이러한 이미지는 시퀀스를 매우 길게 만들며, 사용자의 브라우징 행동에 대해 새로운 정보를 제공하지 않는다. 따라서 여기서는 HTML 페이지 이벤트로 분석을 제한한다.

```
# 4. 세션 번호 및 초기 시간 차이 최종화
epa.ordered$session <- cumsum(epa.ordered$newsession)
epa.ordered$time.diff[epa.ordered$newsession] <- NA # 새로운 세션이면 NA

# 5. HTML 이벤트만 선택
epa.html <- epa.ordered[epa.ordered$pagetype == "html", ]
```

항상 결과를 다음과 같이 확인한다.

```
epa.html[1:5, c(1, 13, 10)]

##           host session                            page
## 12383   host10       2          /docs/ozone/index.html
## 13891   host10       3                   /Research.html
## 13928   host10       3      /docs/campus/campus.html
## 14248   host10       3             /docs/BioTech.html
## 12182  host100       4  /docs/OPPTS_Harmonized/abguide.txt.html
```

이 경우, 첫 번째 세션(번호 '2')은 단일 페이지(ozone/index.html)에 대한 요청을 보여 준다.
다음 세션에서는 세 페이지(Research.html, campus.html, BioTech.html)를 탐색했다.

페이지 뷰 빈도, 고유 사용자 수, 사용자당 세션 수와 같은 기본 데이터를 이해하기 위해
epa.html의 값에 R table() 함수와 다른 기술 통계 방법을 적용할 수 있다. 이러한 분석은 R
동반서[25] 14장에서 설명돼 있다. 여기서는 이를 생략하고 선버스트 시각화를 위해 데이터
를 준비하는 데 집중한다.

9.2.1.2 세션에서 시퀀스 생성

이 데이터는 고유한 세션 식별자로 레이블이 지정됐다. 이제 각 세션의 이벤트를 결합해 단
일 행 문자열로 조립한다. 이는 이전에 아침 뷔페 시퀀스에서 했던 것과 유사하다.

sunburstR 패키지는 항목을 하이픈('-')으로 구분하지만, HTML 파일은 이름에도 하이픈
이 포함될 수 있다. 여기서는 HTML 페이지 요청 이벤트의 모든 하이픈 문자를 언더스코어
('_')로 대체한다.

```
# 페이지 이름의 하이픈을 언더스코어(_)로 변경
epa.html$page <- gsub("-", "_", epa.html$page)
```

다음으로, 데이터 프레임을 개별 세션으로 나눈다. 이렇게 하면 각 세션을 쉽게 작업해 시퀀스 문자열을 컴파일할 수 있다.

```
# epa.html$page를 각 세션에 대해 개별 데이터 프레임으로 분할
epa.chunks <- split(epa.html$page, epa.html$session)
epa.chunks[1:2]    # 시퀀스 중 몇 개를 확인

## $`2`
## [1] "/docs/ozone/index.html"
##
## $`3`
## [1] "/Research.html"           "/docs/campus/campus.html"
## [3] "/docs/BioTech.html"
```

마지막 단계는 각 청크chunk1의 개별 페이지 요청을 하이픈으로 구분해 결합하는 것이다. 이는 R에서 어렵지 않지만, 코드에 대한 약간의 설명이 필요하다.

```
# 각 청크의 개별 페이지 요청을 하이픈으로 구분해 결합
epa.sequences <- sapply(epa.chunks, function(x) paste(x, collapse = "-"))
head(epa.sequences) # 생성된 시퀀스 확인
```

먼저, 코드는 다음과 같다.

```
# 각 청크의 이벤트를 하나의 시퀀스 문자열로 조립
# 최대 길이를 5 이벤트로 설정해 깔끔한 선버스트 유지
epa.sequences <- data.frame(sequence=sapply(
  epa.chunks,
  function(x)
    paste0(x[1:min(length(x), 5)], collapse="-")))
```

---

1 데이터를 의미 있게 잘라서 묶어 두는 단위를 말한다. - 옮긴이

코드의 내부 부분(마지막 줄)부터 시작해 설명한다.

우선, 시퀀스 길이를 최대 5개의 이벤트로 제한한다. 이는 임의적이지만, 이 데이터에는 5개 이상의 시퀀스가 거의 없다. 일반적으로 이는 데이터와 문제의 특성에 따라 결정된다. 1개에서 5개의 이벤트를 선택하기 위해 벡터 인덱스를 1:min(length(x), 5)로 지정한다. 항목이 1–4개인 경우, min(length(x), 5) 함수는 선택하려는 항목이 존재하는 개수(length())를 초과하지 않도록 보장한다. 그러나 시퀀스가 5개보다 길면 5개에서 멈춘다(길이와 비교할 때 최솟값이기 때문이다).

다음으로, paste0()를 사용해 1–5개의 이벤트를 하나의 시퀀스 문자열로 결합하고, 각 쌍 사이에 하이픈을 넣는다(collapse="-"). 이처럼 1–5개의 항목을 선택하고 결합하는 조합은 익명 함수에 배치된다([25]의 2.7.2절 참조). 이 함수는 벡터화된 sapply() 함수를 사용해 epa. chunks의 모든 시퀀스에서 실행된다. 최종 결과인 개별 시퀀스 집합은 epa.sequences 객체에 저장된다.

여기서는 첫 2개의 시퀀스를 검사한다. 실무에서는 더 많은 시퀀스를 검사해 모든 것이 올바른지 확인한다.

```
epa.sequences[1:2, ]

## [1] "/docs/ozone/index.html"
## [2] "/Research.html-/docs/campus/campus.html-/docs/BioTech.html"
```

예상대로 첫 번째 시퀀스는 단일 페이지 뷰를 갖고 있으며, 두 번째 시퀀스는 3개의 이벤트로 구성된다. 이는 우리가 시퀀스 청크(epa.chunks[1:2])와 HTML 페이지 시퀀스(epa. html[1:5,])를 검사했을 때 관찰한 것과 일치한다.

이제 데이터셋은 선버스트 시각화를 위해 준비됐다.

9.2.2 EPA 데이터의 선버스트 시각화

선버스트 다이어그램은 시퀀스 발생 빈도를 사용해 작동한다. table()을 사용해 이러한 빈도를 얻고, 처음 3개의 결과를 확인한다.

```
# 각 시퀀스의 발생 빈도 계산
epa.sequences.freq <- data.frame(table(epa.sequences$sequence))
head(epa.sequences.freq, 3)

##                                                       Var1 Freq
## 1            //Standards.html-//Rules.html-//Rules.html     1
## 2                                          /305b/sum1.html     9
## 3 /305b/sum1.html-/305b/sum1.html-/305b/h2o_mon.html        1
```

첫 번째와 세 번째 시퀀스는 한 번만 발생하는 반면, 두 번째 시퀀스(단일 페이지 뷰)는 아홉 번 발생한다.

모든 시퀀스를 플로팅하면 다이어그램이 매우 읽기 어려워질 것이다. 우리는 어느 정도의 컷오프를 설정해야 한다. 한 번 이상 발생하는 시퀀스를 기준으로 해보는 것은 어떨까? 이러한 시퀀스만으로 제한하면 몇 개나 될까? table()을 사용해 불리언 테스트[Boolean test]로 확인한다.

```
# 두 번 이상 발생하는 시퀀스의 개수 확인
table(epa.sequences.freq$Freq > 1)

##
## FALSE TRUE
## 1371  149
```

테스트 결과는 시퀀스가 한 번 이상 발생할 때 TRUE가 된다. 이 데이터셋에는 최소 두 번 발생하는 시퀀스가 149개 있으며, 이는 고유 시퀀스 총 수의 약 10%에 해당한다. 여기서는 선버스트 다이어그램에 두 번 이상 발생하는 시퀀스만을 플로팅할 것이다(참고: 90%의 사용자 시퀀스가 한 번만 발생한다는 것은 중요한 발견일 수 있다. 이에 대해서는 일단 논외로 하고 9.4절에서 조금 더 설명하겠다).

다음과 같이 subset()을 사용해 두 번 이상 발생하는 시퀀스를 선택하고 sunburst()를 사용해 다이어그램을 그린다.

```
library(sunburstR)
sunburst(data=subset(epa.sequences.freq, Freq > 1))
```

결과는 그림 9-3과 같다.

개별 시퀀스를 탐색하기 전에, 그림 9-3에서 몇 가지 패턴이 즉시 눈에 띈다. 먼저, 10% 이상을 차지하는 단일 시작점이 없으며, 실제로 가장 높은 비율은 7.8%다. 오히려 다양한 시작점이 존재하나 매우 낮은 발생률을 보인다. 이는 사용자가 검색 엔진 결과, 특정 페이지로 연결되는 외부 링크, 자신이 저장한 북마크 등 다양한 출처에서 사이트에 유입되고 있음을 시사한다.

그림 9-3 EPA 웹사이트 데이터 중 최소 2회 이상 관찰된 시퀀스들에 대한 선버스트 다이어그램
(해당 그림은 408페이지에서 컬러로 확인할 수 있다.)

다음으로, 시퀀스의 대다수가 단일 페이지로 구성돼 있다. 이는 다양한 시작점의 특수성과 다른 사이트의 링크를 통해 직접 관련 페이지로 이동하는 사용 패턴과 일치한다. 아마도 많은 사용자가 방문한 단일 페이지에서 원하는 정보를 찾았을 가능성이 높지만, 페이지가 쓸모 없다고 판단하고 즉시 떠나는 경우도 있을 수 있다. 더 깊은 분석(예: 페이지에 머문 시간이나 정성적 조사)을 통해 더 많은 인사이트를 얻고 검증할 수 있다.

두 번째 고리에서는 두 번째 페이지 중 몇 개가 시퀀스의 첫 번째 페이지와 동일한 색으로 표시되는데, 이는 사용자가 동일한 페이지를 다시 로드하고 있음을 의미한다. 이는 사용자 혼란이나 페이지 성능 저하의 신호일 수 있다. 이러한 페이지는 로딩 시간, 오류율(예: 로그 데이터에 있는 HTML 404 오류) 조사 또는 사용자 관찰과 인터뷰를 통해 조사할 만한 좋은 후보가 될 수 있다.

웹사이트, 브라우저 또는 RStudio 플롯 창 등에서 보는 실제 다이어그램은 마우스로 시퀀스를 가리켜 단계별로 조사할 수 있다. 그림 9-4는 이러한 시퀀스 중 하나로, ozone/index.html에서 과학, Q&A, 프로세스와 관련된 하위 페이지로의 경로를 보여 준다.

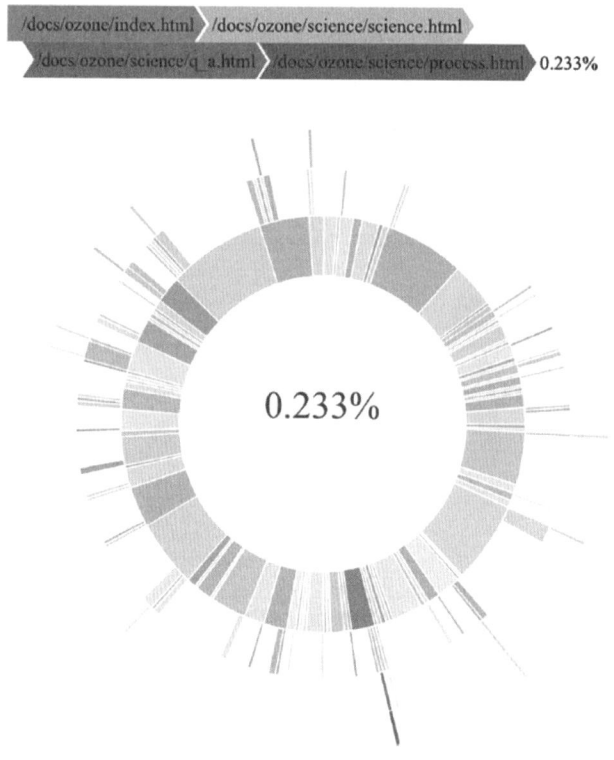

그림 9-4 선버스트 다이어그램에서 네 가지 이벤트가 있는 단일 경로를 선택해 표현한 결과. 차트의 오른쪽 하단에 표시된 경로는 관찰된 시퀀스의 0.233%에서 발생한다.(해당 그림은 409페이지에서 컬러로 확인할 수 있다.)

그림 9-4는 웹사이트의 ozone 섹션 소유자가 관심을 가질 만한 시퀀스 유형을 보여 준다. 그들은 왜 이 시퀀스가 다른 시퀀스보다 상대적으로 더 자주 발생하는지, 왜 자신들이 보고 싶어 했던 시퀀스가 누락돼 있는지, 사용자들이 이 경로에서 무엇을 시도하고 있는지 등에 대해 질문할 가능성이 높다.

이 상대적으로 많은 시퀀스 세트는 흐름도나 산키 다이어그램$^{Sankey\ diagram}$ 같은 대안보다 선버스트 시각화가 갖는 장점을 보여 준다. 선버스트 시각화는 수백 개의 시퀀스를 간결한 디스플레이로 표현할 수 있다. 만약 5개에서 10개 정도(최대 20개 정도)의 소수의 고유한 시퀀스만 있는 경우에는 플로나 산키 다이어그램[103]이 더 나은 시각화 선택일 수 있다.

9.2.3 추가 분석 단계

이전 토의에서 제시한 추론과 질문을 넘어 더 나아가려면 데이터셋, 웹사이트 디자인, 이해관계자의 질문에 대해 더 많이 알아야 한다. 비록 이것은 실제 데이터셋임에도 불구하고 관련 맥락이 제공되지 않으며, 맥락 없는 데이터 분석은 항상 한계가 있다.

이를 염두에 두고 다음과 같은 몇 가지 단계를 고려할 수 있다.

1. 다른 종류의 분석을 통해 이점을 얻을 수 있는 패턴이 있는가? 일부 시스템에서는 사용자가 목록을 보고, 항목에 대해 작업을 수행한 후, 목록으로 돌아가서 반복하는 등의 방식으로 페이지 간 이동을 반복하는 경우가 있다. 이러한 경우 전환 빈도(예: 마르코프 체인 분석, 9.4절 참조)를 사용하는 분석이 선버스트 시각화를 보완하는 좋은 방법이 될 수 있다.

2. 페이지를 의미 있는 상위 범주로 그룹화할 수 있는가? 서로 다른 URL을 갖고 있지만 매우 유사한 사용자 행동이나 의도를 나타내는 페이지 모음이 있을 수 있으며, 동일한 범주로 통합할 수 있다. 예를 들어, 전체 URL 경로를 [search] 또는 [materials]와 같은 범주 이름으로 대체할 수 있다. 이러한 선택은 분석 목표와 데이터에 대한 상세한 이해에 따라 달라진다. 적절하게 범주화하면 선버스트 다이어그램이 더 명확하고 덜 혼란스러워진다[115]. 또한, 처음에 필터링한 결과, 한 번만 발생하는 시퀀스가 줄어든다. 이상적으로는 모든 필터링된 시퀀스가 상위 범주에 포함돼 데이터가 누락

되지 않도록 하는 것이 좋다.

3. 어떤 추가 사용자 관찰이 필요한가? 이러한 종류의 시각화는 주로 탐색적 작업이며, 탐색은 항상 추가적인 질문을 제기한다. 일반적인 다음 단계는 특정 시퀀스 영역을 심도 있게 살펴보는 타깃 사용성 평가다. 예를 들어, 그림 9-4의 ozone/index에서 process로 이어지는 시퀀스를 보고 사용자가 왜 그 경로를 따르는지 궁금해할 수 있다. UX 리서치 동료와 대화해 이 특정 사용자 여정에 대해 무엇을 알고 있는지 알아볼 수 있다. 더 많은 정보가 필요하다면 사용자에게 ozone/index에서 시작해 다음 단계와 사고 과정에 대해 토의해 보는 사용성 연구를 구성할 수 있다.

4. 도움이 될 수 있는 다른 유형의 사용자 평가가 있는가? 선버스트 다이어그램을 통해 어디서 사용자를 포착해 만족도를 질문할지 알아낼 수 있다. 예를 들어, 'ozone team'은 사용자가 원하는 정보를 찾고 있는지 묻는 짧은 설문 조사를 개발할 수 있다. 이 설문 조사는 임의로 선택된 페이지 또는 팀이 조사하고자 하는 페이지에 한정해 팝업되도록 할 수 있다. 시퀀스 데이터는 이러한 평가에 적절한 위치를 찾고, CSat 또는 다른 평가를 위해 도달할 사용자 수를 사전에 추정하는 데 도움이 될 수 있다(8장 참조).

5. 분석 결과는 어떻게 지표 선택에 도움이 될 수 있는가? 시퀀스 분석은 사용자 리서치나 설문 조사를 통한 검증 및 설명과 결합될 때 작업 실패 또는 어려움의 단서를 발견할 수 있다. 예를 들어, 검색 결과 클릭 없이 여러 번의 검색이 연속적으로 이뤄지는 경로는 검색 결과의 관련성이 충분하지 않음을 나타낼 수 있다. 이러한 행동 패턴을 관찰하면 7장에서 설명한 대로 로그 데이터를 사용해 태스크 성공의 지표를 만드는 데 아이디어를 제공할 수 있다.

6. 엔지니어링 팀에 도움이 될 수 있는 다른 분석 방법이 있는가? 엔지니어링 팀은 사용자 시뮬레이션을 통해 제품의 사용자 인터페이스를 공식적으로 테스트해야 한다. 여기에는 미리 짜 둔 시퀀스의 스크립트에 따라 무작위로 행동하는 봇이 포함될 수 있다. 사용자 시퀀스 관찰(및 관련 사용성 평가)은 테스트 팀에게 정보를 제공하고 핵심 사용자에 집중할 수 있도록 도와주며, 예기치 않은 경로를 발견해 테스트할 수 있다(참고로, 분석 시 이러한 자동화 테스트에서 나온 데이터는 필터링해야 하는 것을 기억하자).

7. 결과를 가장 잘 전달하는 방법은 무엇인가? 선버스트 시각화는 이해관계자에게 보고하거나 의사결정을 내리기보다는 데이터 탐색하고 이해하는 데 더 적합하다. 더 간단한 차트를 사용해 발견한 내용을 설명해야 할 수도 있다. 예를 들어, 중요한 단일 시퀀스에 가파른 사용자 이탈 패턴이 있는 경우, 기본적인 퍼널funnel 또는 막대 차트를 통해 더 명확하게 표현할 수 있다.

뒤에 등장할 9.4절에서는 행동 로그 분석을 위한 추가적인 방향을 제안한다.

9.3 핵심 포인트

다음은 선버스트 시각화 및 관련 시퀀스 분석 방법에 대해 유념해야 할 중요한 사항들이다.

- 데이터는 관찰 데이터이며 분석은 주로 탐색적이다. 핵심 발견 사항은 대개 현상 기술적 성격을 띠며, 추가적인 분석, 시각화 또는 사용자 리서치를 추가로 진행해야 할 영역을 발견하게 되는 경우가 많다(9.2.3절).
- 선버스트 다이어그램은 웹사이트 또는 애플리케이션에서 사용자의 행동과 같은 순차적 단계를 표시한다. 이들은 중첩된 인터랙티브 도넛 차트를 사용해 관찰된 단계의 연속 조건 빈도를 시각화한다(9.1.1절).
- sunburstR과 같은 라이브러리를 사용할 수 있는 경우, 선버스트 시각화에서 대부분의 노력은 데이터 준비에 소요된다. 여기에는 데이터를 세션화하고, 재구성하고, 시퀀스로 조립하고, 필터링하고, 잠재적으로 집계 및 익명화하는 작업이 포함된다(9.2.1절, 9.2.1.2절).
- 데이터에 미리 정의된 세션이 포함되지 않는 한, 서로 관련된 사용자 행동들만의 시퀀스를 얻기 위해 사용자의 데이터를 청크로 분할하는 원칙을 정해야 한다. 이를 위해 도메인 지식이 필요하다. 일반적인 방법은 사용자가 비활성 상태인 시간 간격을 사용하는 것이다(9.2.1.1절).
- 선버스트 시각화의 첫 시도에서는 데이터에 너무 많은 고유 카테고리가 있고, 드문 시퀀스나 행동의 롱테일long tail을 발견할 가능성이 높다. 상위 범주를 만들고 시각화를 반

복해 더 일관되고 유용하게 만들 필요가 있다(9.2.3절).

- 초기 시각화 후 진행할 수 있는 다음 단계로는 사용성 테스트와 같은 추가 사용자 관찰, 사용자의 목표나 만족도를 이해하거나 새로운 지표를 정의하는 데 도움이 될 특정 사용자 탐색 경로 또는 종료 지점 평가, 제품 설계, 테스트 정보를 제공하기 위한 엔지니어링 팀과의 협력 등이 있다(9.2.3절).

9.4 더 알아보기

시퀀스 선버스트: 케리는 시퀀스 데이터에 선버스트 시각화를 적용하는 방법을 처음으로 제안했으며, 이에 대한 동기와 구현에 대해 별도의 글을 작성했다. 여기에는 유튜브^{Youtube} 사례 연구가 포함돼 있다[115]. 이 글은 R에 의존하지 않고, 자바스크립트의 D3.js 라이브러리를 사용해 작동하는 코드를 제공한다[117]. R의 sunburstR 패키지는 유사한 D3 코드를 기반으로 한다. 선버스트 시각화는 계층적, 또는 트리 구조의 데이터를 사용하며, 핵심 구조가 여러 가지 줄기와 잎으로 분리되는 형태를 취한다. 시퀀스 데이터와 선버스트 시각화를 광범위하게 사용하려면, 세지윅^{Sedgewick}과 웨인^{Wayne}의 『Algorithms』[128] 4장에서 다루는 이러한 데이터의 알고리듬을 이해하는 것이 좋다. 선버스트 시각화를 사용할 때, 방사형 레이아웃이 링을 통해 바깥으로 이동할수록 데이터가 왜곡된다는 점을 인식하는 것이 중요하다. 방사형 시각화의 장단점에 대한 자세한 논의는 해당 참고 문헌에서 확인할 수 있다[116].

경로 분석: 경로는 시간에 따른 순차적인 상태의 집합을 나타내며, 경로 분석은 가족 행동, 교육, 건강 상태, 직업 등 개인의 삶에 따른 변화를 분석하는 데 자주 사용된다. 더 일반적으로, 시퀀스 데이터가 암묵적(또는 명시적)으로 시간 기준과 관련이 있는 경우 경로 분석이 유용할 수 있다. 데이터가 시간과 관련이 있다는 의미는 무엇인가? 9장에서 다룬 웹사이트 시퀀스를 고려해 보자. 비록 이들이 시간순으로 발생하지만, 시간 분석은 세션 상태를 결정하는 것 외에는 거의 중요하지 않다. 사용자가 한 페이지에 10초를 머물렀는지 1분을 머물렀는지, 또는 입사 첫 달에 EPA 사이트를 방문했는지 10년 차에 방문했는지는 중요하지 않다. 반면, 교육 수준의 진전, 결혼이나 이혼과 같은 생애 단계, 또는 기기 구매나 게임 레벨 달성 같은 사용자의 행동은 시간과 밀접한 관련이 있다. EPA 데이터를 사용해 시간 또는 요

일에 따른 시퀀스를 분석하고자 한다면, 이는 시간과 관련이 있다. 이는 주로 애널리스트의 선택에 달려 있으며 당면한 질문에 따라 달라진다. 시간 경과에 따른 변화를 다룰 때, R의 TraMineR('trajectory miner') 패키지는 다양한 형태의 시각화를 포함한 상태 분석을 위한 탐색적 및 추론적 통계 방법을 제공한다[48].

마르코프 체인 분석: 선버스트 다이어그램은 주로 기술 통계(빈도)를 시각화한 탐색 도구다. 다른 접근법은 특정 상태(특정 행동)가 주어졌을 때 다음에 일어날 확률이 높은 행동을 묻는 것이다. 이를 해결하는 한 가지 방법은 이전 행동에 따른 다음 사용자 행동과 같이 연속적인 사건의 발생 확률을 조건부로 모델링하는 마르코프 체인을 사용하는 것이다. 마르코프 체인 분석은 선버스트 시각화에 유용하고 보완적인 방법이다. R 동반서[25] 14장에서는 마르코프 체인 분석에 대한 소개를 제공한다. 훌륭한 일반 입문서는 그린스테드^{Grinstead}와 스넬^{Snell}의 『Introduction to Probability』[54]이다.

9.5 예제

이 예제들은 9장에서 소개한 선버스트 시각화를 기반으로 한다. 몇몇 문제는 사용자 정의 코드를 작성해야 한다. 이 중 3–5번 예제는 9장에서 다룬 코드와 약간의 확정 코드를 사용해 완료할 수 있으며, 6번 예제는 추가적인 참고 자료와 R 또는 파이썬에 대한 일반적인 숙련도를 요구한다.

1. **[사고 실습]** 선버스트 다이어그램이 유용할 수 있는 다른 종류의 사용자 시퀀스 데이터는 무엇이 있을까?

2. **[사고 실습]** 다른 활동을 선택하라(반드시 사용자와 관련되지 않아도 된다). 시퀀스 데이터에 나타날 수 있는 요소를 상세히 기술해 보라. 아이디어로는 온라인 상점 또는 서점에서의 아이템 탐색, 춤 동작 수행, 팟캐스트에서 광고 청취, 또는 신체 운동의 반복 등이 있다.

3. **[기초 코드]** 아침 뷔페 예제를 수정해 예제 1 또는 2에서 고려한 활동의 시퀀스를 생성해 보라. 시퀀스를 생성하고 시각화하는 코드를 작성하라. 각 항목이 선택될 확률을

다양하게 해 시퀀스를 조금 더 현실적으로 만들어라.

4. **[중급 코드]** LSApp 데이터셋(https://github.com/aliannejadi/LSApp)은 292명의 참가자가 모바일 애플리케이션을 사용한 시퀀스를 포함하고 있다[1]. `lsapp.tsv.gz` 파일을 다운로드해 압축을 해제하면, 179MB의 용량을 갖는, 탭으로 구분된 파일을 얻을 수 있으며, `read.delim()`을 사용해 R로 읽을 수 있다. 9장의 단계를 따라 이 데이터셋을 사용해 초기 선버스트 시각화를 진행하라. 데이터에는 단일 애플리케이션 이름이 여러 번 반복되는 긴 실행 내역이 포함돼 있으므로 이를 하나의 인스턴스로 압축하는 방법을 찾아야 한다(힌트: R의 `rle()` 함수가 도움이 될 수 있다).

5. **[중급 코드]** 예제 4에서 초기 선버스트 시각화 수행 후, 애플리케이션 사용에 대한 더 의미 있는 분석을 만들 수 있을지 탐구해 보라. 예를 들어, 87개의 애플리케이션 이름 중 일부 또는 전체를 소수의 카테고리(메시징, 게임 등)로 매핑하고 해당 카테고리를 단계 이름으로 사용해 보라. 이는 가능한 조합의 수를 줄이고, 따라서 전체적으로 한 번만 나타나는 시퀀스의 수를 줄여서 분석에서 이런 시퀀스를 필터링할 필요가 없어질 것이다.

6. **[중급 코드]** 9.4절에서 간략히 설명한 마르코프 체인 분석은 사용자 시퀀스를 분석하는 또 다른 유용한 방법이다. 마르코프 체인에 대한 참고 문헌을 검토하고 사용자 행동 시퀀스를 시뮬레이션할 마르코프 체인 전이 행렬transition matrix을 정의하라. 결과 시퀀스의 형식을 지정하고 시각화해 보라.

10

MaxDiff: 기능 및
사용자 요구 사항 우선순위 설정

MaxDiff 설문 조사 방법은 UXR들 사이에서 빠르게 인기를 얻고 있다. MaxDiff는 강제로 선택해야 하는 절충 질문을 사용해 제품 기능, 메시지, 사용 사례, 주요 문제 등 다양한 항목에 대한 사용자 선호도의 순위를 결정하는 방법론이다. 이 결과는 제품 전략 수립에 사용될 수 있으며, 이는 MaxDiff가 다른 사용자 데이터가 없는 제품 라이프사이클 초기 단계에서 퀀트 UXR의 기술을 적용할 수 있는 방법을 제공함을 의미한다.

10장에서는 MaxDiff 설문 조사의 일반적인 사용 사례를 소개하고, 전통적인 스택 랭크 stack rank나 리커트 척도 Likert scale 방법보다 MaxDiff 설문 조사가 왜 더 나은 접근 방식인지 설명한다. 간단한 데이터셋(피자 선호도)을 통해 MaxDiff를 설명하고, 이후에는 온라인에서 데이터 검색을 위한 사용자 선호도의 시뮬레이션 데이터로 자세히 설명한다.

10장을 읽는 방법에는 두 가지가 있다. 첫 번째 방법은 R 코드를 따라가는 것이다. Qualtrics CoreXM과 같은 일반 설문 조사 플랫폼을 사용해 MaxDiff 설문 조사를 실행할 계획이 있거나 MaxDiff에 대한 완벽한 이해를 원한다면, R 코드를 직접 실행해 보는 것이 좋다. 이를 통해 MaxDiff 모델과 데이터 및 통계 모델의 기본 형식에 대해 깊이 있게 이해할 수 있다. 다만, 10장의 코드는 이전 장의 코드보다 더 복잡하며 R에서 더 큰 패키지 세트가 필요하다.

두 번째 방법은 MaxDiff의 개념을 학습하고 R 코드 관련 적용을 미루는 것이다. 이는 이 방법론에 대해 처음 학습할 때 적합하며, Sawtooth Software의 Lighthouse Studio와 같이 MaxDiff를 지원하는 전문 플랫폼을 사용하는 독자들에게 적합하다(10.2.3절에서 다룸). 이 경우, 10장 후반부의 코드를 건너뛰고 설명과 결과 해석에 집중한다.

필요한 모든 패키지가 설치돼 있는지, 특히 10.3.4.1절에서 언급된 패키지들을 확인하는 것이 도움이 될 수 있다. 최신 버전의 R을 설치하고 설치된 패키지를 업데이트하는 것도 도움이 될 수 있다. 디버깅에 대한 추가적인 도움은 1.6.2절을 참조하면 된다. 이 책의 다른 코드와 마찬가지로, R 코드 파일과 데이터셋은 다음 링크(https://quantuxbook.com)에서 이용할 수 있다. 여기의 코드는 R에 입력할 수 있으며, 인터넷 연결을 통해 웹사이트에서 데이터를 자동으로 불러온다.

10.1 MaxDiff 개요

MaxDiff를 이해하는 가장 쉬운 방법은 예시를 보는 것이다. 당신이 레스토랑을 시작하려고 하며, 고객들이 어떤 종류의 피자(예를 들어, 장인의 손길이 담긴 옵션)를 선호하는지 알고 싶다고 가정해 보자. 하나의 접근 방식은 메뉴에 피자를 올려 놓고 어떤 것이 잘 팔리는지 확인하는 것이지만, 이는 비효율적이며 사전에 준비해야 할 재료를 파악하는 데 도움이 되지 않는다. 더 빠른 방법은 선호도 조사를 하는 것이다.

특정 피자에 대해 11가지 다른 피자를 고려하고 있다고 가정하고, 이를 간단한 이름으로 부를 것이다. 예를 들어, 아루굴라^{Arugula}와 아라비아타^{Arrabbiata} 같은 이름이다. 설문 조사에서는 주어진 이름의 피자가 어떤 재료를 포함하는지 설명하고, 메뉴, 사진, 설문 조사 중 마우스 롤오버$^{mouse\ rollover}$ 시 제공하는 설명 또는 기타 세부 사항 안내를 참조할 수 있다. 설문에 응답하는 사람들은 피자 이름이 무엇을 의미하는지, 어떤 재료가 포함돼 있는지 이해할 것이라고 가정한다. 편의를 위해 간단한 이름으로 부를 것이다.

고객들이 어떤 피자를 선호하는지 알아내려면 어떻게 해야 할까? 한 가지 방법은 그림 10-1과 같이 고객들에게 피자를 선호도 척도로 평가하도록 요청하는 것이다.

다음 피자들이 메뉴에 있다면, 각 피자를 주문할 가능성이 얼마나 될까요?

	절대 주문하지 않을 것 같다	아마도 주문하지 않을 것 같다	주문할 수도 있고, 안 할 수도 있다	아마도 주문할 것 같다	반드시 주문할 것이다
마르게리타(Margherita)	○	○	○	○	○
버팔로 모차렐라 마르게리타 (Margherita with buffalo mozzarella)	○	○	○	○	○
아루굴라(Arugula)	○	○	○	○	○
마리나라(Marinara)	○	○	○	○	○
머쉬룸(Mushroom)	○	○	○	○	○

그림 10-1 피자 선호도를 위한 선택 가능성 그리드. 이는 응답자들이 답하기 어렵고 애널리스트들이 해석하기 어렵다. MaxDiff는 여러 가지 옵션 중에서 응답자가 가장 선호하는 것만 선택하면 되므로 많은 장점이 있다.

그림 10-1의 척도에는 여러 가지 문제가 있다.

- 응답자가 질문에 답하기 어렵다. 너무 많은 옵션을 한 번에 비교해야 한다. 만약 메뉴에 60가지 피자가 있다면 어떻게 정확하게 답할 수 있을까? (저자 크리스는 이탈리아의 한 레스토랑에서 60가지 이상의 피자를 제공하는 것을 자주 본 적이 있다.)

- 답변이 서열형이란 점도 문제다. '반드시'가 '아마도'보다 더 크지만, 그 차이는 얼마나 될까? 그 차이('4'에서 '5'로)가 '아마도 아니다'와 '아마도 또는 아닐 수도 있다'('2'에서 '3' 로) 사이의 차이와 정확히 같은가? 이 답변들을 어떻게 종합해야 할까?

- 이와 밀접하게 관련된 문제로, 응답을 정확한 선택 가능성으로 치환할 수 없다는 점도 있다. 고객이 '아마도'라고 답하면, 그 가능성이 51%인지 75%인지 95%인지 알 수 없다. '반드시'라고 답하면 정확히 100%를 의미한다고 할 수도 없다.

- 또한, 선택의 절충을 강요하지 않는다. 예를 들어, 고객이 세 가지 피자에 대해 모두 '반드시'라고 답했다면, 그들이 '세 가지 중 하나를 반드시 주문하겠다'는 의미인가? 아니면 세 가지 모두를 주문하겠다는 의미인가? 알 수 없다.

- 고객들이 일률적으로 응답할 수도 있다. 모든 피자에 대해 '아마도 또는 아닐 수도 있다'라고 답하는 것은 지극히 합리적이고 (어쩌면 솔직한) 응답일 수 있다. 하지만 그런 데

이터는 실제 수요를 예측하는 데 도움이 되지 않는다.

결론적으로, 이와 같은 서수 그리드$^{ordinal\ grid}$는 실제로 알고자 하는 것, 즉 각 피자에 대한 수요로 변환하는 것이 불가능하다. 예를 들어, 마르게리타 피자와 페퍼로니 피자의 응답 평균이 '아마도 주문할 것 같다' 정도로 가장 높게 나왔다고 가정해 보자. 얼마나 많이 팔릴 것으로 예상해야 할까? 얼마나 많은 재료를 주문해야 할까? 그러한 질문에 답하기 위해 필요한 선호도를 파악할 수 있는 방법은 없다.

핵심적으로, 고객의 선택을 이해해야 하지만, 서열형 척도는 선택 과정과는 거리가 멀다. MaxDiff 항목은 고객의 선택과 절충을 보다 면밀하게 시뮬레이션한다. 그림 10-2는 응답자의 피자 선호도를 직접 선택으로 표현하는 MaxDiff 설문 조사 질문의 예다.

MaxDiff 항목은 긴 목록(이 경우 11가지 피자)을 더 작은 묶음으로 나누고, 한 번에 몇 가지 항목(보통 4개 또는 5개 항목)에 대해서만 질문한다. 응답자는 각 무작위로 선택된 항목 세트에서 '가장 주문할 것 같은 항목'과 '가장 주문하지 않을 것 같은 항목'을 하나씩 선택한다. 그런 다음, 새로운 무작위 세트를 보고 다시 최고의 항목과 최악의 항목을 선택한다. 이 과정은 6번, 8번 또는 그 이상 반복될 수 있다(이에 대해서는 아래에서 다룰 것이다).

다음 다섯 가지 피자만 선택할 수 있다면, 가장 주문할 가능성이 높은 피자와 가장 주문할 가능성이 낮은 피자는 무엇인가요?

3 / 7

	가장 가능성이 높음	가장 가능성이 낮음
아루굴라(Arugula)	○	○
포르치니 머쉬룸(Porcini Mushroom)	○	○
마르게리타(Margherita)	○	○
포테이토와 트러플 오일(Potato and truffle oil)	○	○
페퍼로니(Pepperoni)	○	○

그림 10.2 피자 선택을 위한 MaxDiff 항목. 선택의 범위가 소수의 항목으로 제한되며, 이후 추가적인 무작위 선택 세트에서 반복된다(위 예시는 총 7개의 선택 중 세 번째를 선택하는 화면).

응답자는 모든 선택지를 똑같이 선호한다고 말할 수 없으며, 반드시 선호도를 표시해야 한다. 만약 정말로 선호도가 없다면, 그중 하나를 최고 또는 최저로 선택해도 문제가 되지 않는다. 왜냐하면 추가로 답변할 기회가 주어지기 때문이다.

이렇게 관찰된 '가장 선호함'과 '가장 선호하지 않음' 응답에서 선호도의 수준을 구체적으로 추정하려면 어떻게 해야 할까? 그 답은 관찰된 데이터를 기반으로 선택 확률을 추정하는 통계 모델을 적용하는 것이다. 10장의 후반부에서 해당 모델의 세부 사항을 검토할 것이다. 먼저, 분석 예제를 살펴보겠다.

10.1.1 MaxDiff 분석 예시

10.1.1절에서는 피자 선호도에 대한 작은 데이터셋을 사용해 MaxDiff 분석의 코드를 간단히 보여 주고, 초기 결과를 제시하려고 한다. 10.1.1절의 목표는 코드를 설명하는 것이 아니라, MaxDiff의 작동 방식과 어떤 종류의 결과를 얻을 수 있는지 미리 보여 주는 것이다.

이 데이터는 11가지 피자 종류에 대한 MaxDiff 설문에서 얻은 결과로, 그림 10-2의 항목들이 포함돼 있다.

먼저, choicetools 라이브러리[23]를 불러오고, 데이터 구조를 확인한 후 실제 데이터를 읽어 온다. 10.1.1절의 코드 조각에서는 일부 설정이 필요하며, 이에 대해서는 10.3.4.1절에서 다룰 것이다. 지금은 코드를 읽고 따라 해보는 것으로 충분하며, 이후 10장의 후반부에서 직접 실습할 수 있다. 또는 10.3.4.1절에 언급된 자료를 설치한 후 여기로 돌아와서 계속 진행할 수도 있다.

이후 단계에 대해서는 후반부에서 자세히 설명할 예정이지만, 지금은 다음과 같은 코드가 사용된다.

```
library(choicetools) # choicetools 설치, 세부 사항은 후에 설명
download.file(url = "https://bit.ly/3FvVoNE",
              destfile = "qualtrics-pizza-maxdiff.csv",
              method="auto")
# 필요에 따라 파일 위치를 시스템에 맞게 변경
md.define <- parse.md.qualtrics("qualtrics-pizza-maxdiff.csv",
                                 returnList=TRUE)
```

```
md.define$md.block <- read.md.qualtrics(md.define)$md.block
```

이 코드가 데이터를 로드할 때 다양한 메시지가 표시되지만, 지금은 생략하고 세부 사항은 나중에 설명한다.

다음으로 선택 확률에 대한 통계 모델을 추정한다. 마찬가지로 모델 실행 시 표시되는 진단 정보는 생략한다.

```
test.hb <- md.hb(md.define, mcmc.iters = 10000,
                 mcmc.seed=98101)               # 모델 추정
md.define$md.model.hb <- test.hb$md.model       # 결과 저장
md.define$md.hb.betas <- test.hb$md.hb.betas     # 조정 전 계수
md.define$md.hb.betas.zc <- test.hb$md.hb.betas.zc # 개별 점수
```

다음으로 선택 확률에 대한 통계 모델을 추정한다. 마찬가지로 모델 실행 시 표시되는 진단 정보를 생략한다. 이 모델은 표본의 전체 평균을 상위 모델upper-level model이라고 하고, 각 개별 응답자에 대한 추정치를 하위 모델lower-level estimates이라고 하는데, 이에 대해서는 10.2.5.3절에서 더 자세히 설명한다.

choicetools 패키지는 상위 모델(표본) 추정치와 개별 분포를 시각화하는 함수를 포함하고 있다. plot.md.range() 함수는 베이지안 신뢰 구간과 함께 상위 모델 추정치를 플롯한다. 범위를 플롯하고 차트의 불필요한 요소를 제거한 후(theme_minimal()), 축 레이블을 다음과 같이 추가한다.

```
plot.md.range(md.define) +
  theme_minimal() + xlab("Pizza Toppings")
```

결과는 그림 10-3과 같다. 이 데이터에서 가장 선호되는 피자는 트러플truffle 피자이며, 그 다음은 버팔로 모차렐라 마르게리타 피자다. 상위 4개의 피자에 이어 나머지 5개의 피자는 선호도가 대체로 비슷하다. 마르게리타와 페퍼로니 피자는 선호도에서 가장 낮은 두 자리를 차지했다. 그렇다고 해서 마르게리타와 페퍼로니 피자가 전반적으로 인기가 없다는 뜻은 아

니다. 이 결과는 단지 다른 선택지에 비해 이 데이터셋에서 상대적으로 인기가 적다는 것을 의미한다. 선호도, 표본, 표본 크기에 대한 더 자세한 내용은 후에 다룰 것이다.

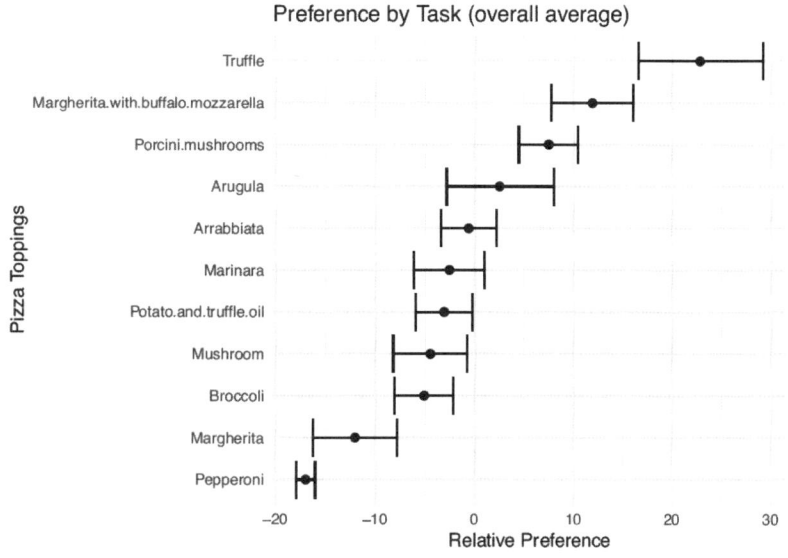

그림 10-3 피자 선호도에 대한 표본 수준의 선호도 평균(6명의 응답자를 대상으로 한 MaxDiff 조사)

집계된 평균 결과(그림 10-3과 같은)를 볼 때 항상 물어봐야 할 질문은 '개별 응답자는 어떤 가? 모두가 일치하는가, 아니면 개별 차이가 큰가?'이다. MaxDiff는 이러한 질문에 답하는 데 도움이 되는 개별 수준의 추정치를 제공한다. choicetools 패키지를 사용해 개별 선호도 의 분포를 다음과 같이 플롯한다.

```
plot.md.indiv(md.define) +
  theme_minimal() + ylab("Pizza Toppings")
```

그림 10-4는 각 응답자의 추정치를 작은 원으로 나타낸 것이다. 상위 두 피자를 살펴보면 트러플 피자는 매우 높은 선호도를 보였으며, 트러플 피자나 버팔로 모차렐라가 들어간 마르 게리타 피자를 강하게 싫어하는 응답자는 없음을 알 수 있다. 이와 유사하게 다른 종류의 피 자도 비교적 좁은 범위의 선호도를 보였으며, 마르게리타와 페퍼로니 피자를 제외하고는 전

반적으로 받아들여질 만한 수준이었다. 마르게리타와 페퍼로니 피자의 경우, 거의 모든 응답자가 이 두 가지 피자보다 다른 피자 종류를 선호하는 것으로 나타났다.

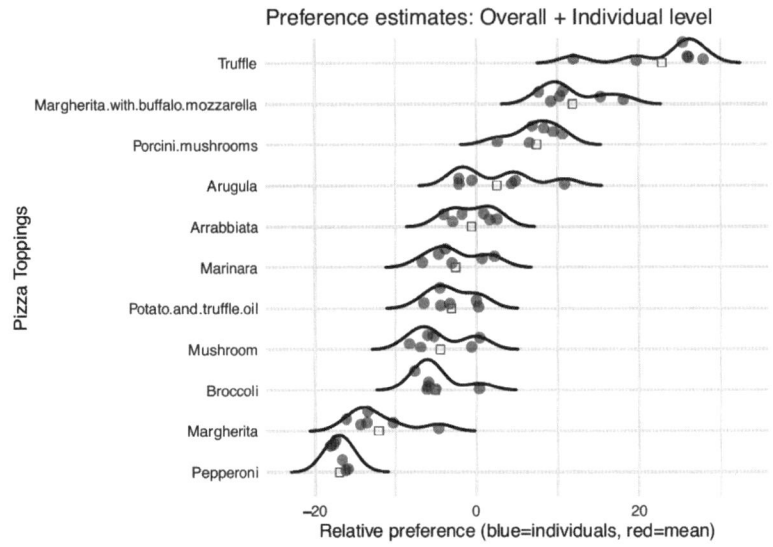

그림 10-4 6명의 데이터로부터 계산한 개개인의 피자 선호도 추정치
(해당 그림은 409페이지에서 컬러로 확인할 수 있다.)

이러한 선호도는 일반적이지 않으며 매우 독특하다고 볼 수 있다. 일반적으로 페퍼로니 피자는 이보다 더 인기가 있을 것이다. 이러한 선호도를 보이는 이유는 채식주의자인 저자 크리스가 이 설문 조사를 여섯 번 응답한 결과이기 때문이다. 이것은 일반적인 표본이 아니다 (만약 크리스만을 위해 피자를 만든다면 모를까). 하지만 MaxDiff가 작은 표본으로도 잘 작동할 수 있다는 것을 보여 준다. 단, 결과에서 어떤 모집단이 대표되는지 명확히 해야 한다. MaxDiff의 샘플링 및 표본 크기에 관한 문제는 10.2.2.5절에서 더 자세히 다룬다.

10.1.2 피자 수요 계산

피자 수요를 가장 잘 예측할 방법이 무엇일까? MaxDiff에서 추정한 선호도가 그 답을 알려 줄 수 있다. 세부 사항은 10.2.5.2절에서 설명할 예정이다. 간략히 미리 소개하자면 다음과 같다.

먼저, 비교할 피자 세트를 선택한다. 마르게리타, 머쉬룸, 아라비아타, 페퍼로니, 아루굴라, 마리나라 피자를 메뉴에 올리기로 결정했다고 가정하자. 비록 이 피자들이 데이터에서 가장 인기 있는 피자는 아니지만(그림 10-4 참조), 사업적인 이유(재료 수급 가능성, 트러플 비용 등)로 가장 선호도가 높을 수 있다. 이러한 피자들에 대한 추정 선호 값을 얻는다.

```
pizza.util <- md.define$md.hb.betas[ ,
              c("Margherita", "Mushroom", "Arrabbiata",
              "Pepperoni", "Arugula", "Marinara")]
```

이 값들을 10.2.5.2절에서 설명하는 다항 로짓$^{multinomial\ logit}$ 공식에 적용한다. 이를 통해 메뉴에 있는 여섯 가지 피자 각각의 상대적 선호 점유율을 계산한다. 그런 다음, 비율을 백분율로 변환하고 쉽게 해석할 수 있도록 반올림한다.

```
round(100 * exp(colMeans(pizza.util)) /
          sum(exp(colMeans(pizza.util))))

## Margherita   Mushroom Arrabbiata Pepperoni    Arugula   Marinara
##          1          9         23         0         51         14
```

이 데이터에 따르면 여섯 가지 피자 중에서는 아루굴라 피자가 상대적 수요 51%로 가장 인기가 많을 것으로 예상된다. 아라비아타가 23%로 두 번째이며, 마리나라가 14%, 머쉬룸이 9%의 선호도를 가진다. 마르게리타와 페퍼로니는 거의 수요가 없는 것으로 추정된다(참고로, 소규모 표본 크기로 인해 추정치가 다소 불안정할 수 있다. 10.2.2.5절 참조).

이러한 추정치를 바탕으로, 식당 초기 재고를 준비할 때 각 재료를 얼마나 주문할지 결정할 수 있다. 만약 이 데이터가 적절한 표본에서 나온 것이라고 믿는다면, 수요가 0으로 추정되는 페퍼로니 피자를 메뉴에서 제외하고, 인기 있는 아루굴라 피자의 변형 메뉴를 두 가지 제공하는 것도 고려할 수 있다. 시간이 지나면서 판매 데이터를 기반으로 추정치를 점진적으로 업데이트할 수 있으며, 새로운 피자를 추가할 때도 MaxDiff를 다시 활용할 수 있다.

10.1.3 MaxDiff의 장점 요약

MaxDiff의 장점을 요약하면 다음과 같다.

- 임의의 목록에서 항목에 대한 선호도를 평가한다.
- 짧고 간단한 설문 작업을 통해 이를 수행한다.
- 응답자가 모든 항목을 다 긍정적으로 평가할 수 없도록 절충적 선택을 강제한다.
- 동시에, 선호도가 명확하지 않은 경우를 보여 준다.
- 단순히 순위 데이터를 보고하는 것을 넘어, 선호도의 크기까지 제공한다.
- 그룹뿐만 아니라 개별 응답자의 선호도도 평가한다.

이러한 장점에도 불구하고 MaxDiff에는 몇 가지 단점이 있다.

1. 응답자가 여러 번의 선택 작업을 수행해야 하므로 각 작업은 간단하지만 설문이 반복적이다.
2. 설문 작성 시 MaxDiff 항목 레이아웃을 제공하고 항목 무작위화를 수행하는 전문 소프트웨어가 필요하다.
3. 선호도 추정을 위해 통계 모델링이 필요하다.
4. 결과는 상대적 선호도 측면에서만 항목을 비교한다.
5. 설문 작성 및 통계 추정에 대한 요구 사항을 충족하기 위해서는 독점적이고 비교적 고가의 소프트웨어가 필요하다(10.2.2.6절).

전반적으로 업계 실무자들에게는 이러한 유용한 데이터의 장점이 단점을 크게 능가한다고 본다.

10.2절에서는 MaxDiff의 작동 방식에 대한 기술적인 세부 사항을 다룬다. 이후에는 R의 choicetools 패키지를 사용해 소프트웨어 애플리케이션에서 사용자가 선호하는 활동을 시뮬레이션한 더 큰 데이터셋을 분석한다.

10.2 MaxDiff 추정에 대한 상세한 소개

지금까지 MaxDiff 설문 항목과 결과에 대한 개요를 살펴봤으니 각 과정을 자세히 검토해 보자. 먼저, MaxDiff 설문을 작성하는 방법을 논의한 후, 통계 모델에 대해 살펴본다. 10장의 후반부에서는 R 코드를 사용한 추정 방법에 대해 알아본다.

10.2.1 MaxDiff 설문의 일반적인 UX 주제

MaxDiff는 10개 이상의 기능, 사용 사례, 제품, 메시지, 요구 사항, 불편 사항 또는 기타 항목 중 사용자 선호도를 평가하고자 할 때 좋은 선택이다. 다음은 MaxDiff 설문의 주제로 사용될 수 있는 것들이다. 여기서는 가상 화상 회의 제품을 예로 들어 일부 주제를 설명한다. 화상 회의가 MaxDiff에 특히 적합해서가 아니라 구체적인 예시로 들기 위해 선택한 것이다. 이 목록에 있는 어떤 질문도 MaxDiff 연구에 적합할 수 있다.

가능한 MaxDiff 연구 주제는 다음과 같다.

- 제품 구매 시 다양한 기능의 중요성. 예: 화상 회의 애플리케이션에서 오디오 및 비디오 기능의 중요성
- 제품의 사용 사례(즉, 사용자가 수행하고자 하는 일). 예: 화상 회의를 사용하는 이유(업무, 명절에 가족과의 만남, 라이브 스트리밍 등)
- 제품을 구매하지 않는 이유(차단 요인). 예: 사용자가 화상 통화를 원하지 않을 수 있는 이유(개인 정보 보호, 대역폭 등)
- 제품에 대한 만족 또는 불만족의 이유. 예: 사용자가 화상 회의 소프트웨어에서 겪은 문제의 심각성
- 제품 전략의 목표; 비즈니스 결과 중 무엇이 가장 중요하고 덜 중요한가? (이 질문은 사용자 대신 제품 팀이 직접 답해야 한다.)
- 제품에 대한 엔지니어링 노력의 우선순위: 무엇을 위해 어떤 노력을 기울여야 할까? (마찬가지로 제품 팀이 답해야 한다.)
- 제품 또는 광고 메시지(광고업체가 '카피'라고 부르는 것). 예: '풀 HD' 또는 '역대 가장 선명한 비디오'와 같은 비디오 기능에 대한 태그 라인^{tag line}

- 일반 제품에 대한 선호도 vs. 다른 솔루션. 예: 화상 회의 vs. 전화, 이메일, 문자 메시지, 대면 회의 등

다음은 가상 화상 회의 제품과 관련이 없는 다른 주제들이다.

- 아파트, 주택, 사무실, 호텔, 자동차, 레스토랑 등에서의 편의 시설 또는 제공 서비스
- 좋아하는 음식, 영화, 음악, 관광지, 휴양지
- 직원 행사 활동
- 회의나 콘퍼런스를 열 장소, 예: 파리, 뉴욕, 도쿄 등
- 직원 복지: 군 입대 혜택

MaxDiff는 2개 이상의 항목이 있는 모든 세트에 사용할 수 있지만, 최소 약 10개의 항목이 있을 때 사용하는 것이 좋다. 만약 5개의 기능 중에서 선호도를 평가해야 하는 상황처럼 항목이 적다면, MaxDiff의 복잡성이 분석자와 응답자 모두에게 너무 높을 수 있다. 이러한 경우에는 덜 복잡한 조건부 로짓 모델이 적합할 수 있다(10.5절 참조).

퀸트 UXR에게 MaxDiff와 관련된 중요한 점은 다음과 같다. 위에서 언급한 대부분의 주제는 제품 라이프사이클 초기에 발생한다(2.2.3절 참조). 이 단계는 퀸트 UXR에게 좌절감을 줄 수 있는데, 이는 제품 전략이 결정되는 시기이지만 퀸트 UXR이 접근할 수 있는 사용자 데이터가 거의 없거나 전혀 없을 수 있기 때문이다. MaxDiff는 퀸트 UXR이 제품 라이프사이클의 가장 초기 단계에서 자신의 기술을 적용하고, 제품 전략과 방향성에 적극적으로 기여할 수 있는 방법을 제공한다.

10.2.2 MaxDiff 설문 작성 및 배포

MaxDiff 설문 작성에는 다음 세 가지가 필요하다.

1. 우선순위를 정하고자 하는 항목들(10.2.2.1절)
2. 설문을 배포하고 데이터를 수집할 설문 플랫폼(10.2.3절)
3. 응답자의 선호도를 추정할 코드(10.2.5절)

다음 몇몇 절에서는 설문 작성 방법에 대해 살펴본다. 그 후, 통계 모델과 추정을 위한 R 코드를 검토할 것이다.

10.2.2.1 질문과 열 헤더 작성

질문 헤더header는 응답자가 실제로 답변하는 질문이다. 그림 10-2를 참조해 보자. 이 예시에서 질문은 '다음 다섯 가지 피자만 선택할 수 있다면, 주문할 가능성이 가장 높은 피자와 주문할 가능성이 가장 낮은 피자는 무엇인가요?'이다.

이 질문은 MaxDiff 실험에서 가장 중요한 요소로, 응답자에게 반드시 명확하게 전달돼야 한다.

일반적인 MaxDiff 질문 헤더는 다음과 같은 구조를 가진다.

주어진 [K]개의 항목 중에서 [제품 카테고리]를 선택할 때 [가장 중요]한 항목과 [가장 덜 중요]한 항목을 선택하시오.

또는 피자 예시와 비슷하다.

[제품]을 선택하는 상황에서 다음 [K]가지 제품이 제공된다면, 어떤 제품을 [가장 선호]하고 어떤 제품을 [가장 덜 선호]하는지 선택하시오.

이 구조의 핵심은 응답자에게 (1) 가상의 선택을 고려하게 하고, (2) 가장 좋은 옵션과 가장 나쁜 옵션을 선택하게 하며, (3) 주어진 제한된 선택지에서만 고르게 하는 것이다. 응답자가 실제로 답변할 수 있는 질문인지 신중히 생각해 봐야 한다(10.2.2.2절 참조).

또한, 열 헤더column header(그림 10-2의 '가장 가능성이 높음'과 '가장 가능성이 낮음')도 작성해야 한다. 이 라벨들은 설문 조사의 주제에 맞게 설정돼야 하며, 형용사, 동사, 부사('중요한', '선호하는', '가능성이 높은' 등)와 함께 방향성을 나타내는 강약 표현('가장 좋은/가장 나쁜', '가장 많은/가장 적은' 등)을 짝지어 사용해야 한다.

상황에 맞게 문구를 조정해도 좋다. 다음은 몇 가지 예시다.

- '가장 선호함'과 '가장 선호하지 않음'
- '가장 중요함'과 '가장 중요하지 않음'

- '가장 좋은 컬러'와 '가장 나쁜 컬러'
- '가장 가치 있음'과 '가장 가치 없음'

10.2.2.2 항목 목록 개발

MaxDiff는 항목 목록을 가져와서 무작위로 몇 가지 항목을 선택한 다음, 사용자가 그중에서 가장 좋은 것(또는 가장 중요한 것)과 가장 나쁜 것(또는 가장 중요하지 않은 것)을 선택하게 하는 방식으로 작동한다. 그런 다음, 새로운 무작위 항목 세트로 이 작업을 반복한다.

이 과정에서 어떤 항목들이 함께 제시될지는 전혀 통제할 수 없다(또는 거의 통제할 수 없다, 10.2.2.3절 참조). 따라서 항목 목록은 이러한 무작위 선택과 응답자의 선택 질문에 적합해야 한다.

항목 목록은 다음 몇 가지 기준을 충족해야 한다.

- 최소한 10개 정도의 항목이 있어야 한다(10.2.1절 참조).
- 응답자가 항목들을 보며 서로 상충 관계로 간주할 수 있어야 한다. 목록에 있는 한 쌍의 항목에 대해 이 항목과 저 항목 중 하나를 강제로 선택하게 하는 것이 의미가 있는지 자문해 보라.
- 항목은 간결해야 한다.
- 항목은 명확하고 하나의 아이디어를 포함해야 한다.

간결한 항목

MaxDiff에서 흔히 관찰되는 문제는 항목이 너무 길고 복잡하다는 것이다. 이는 설문 작성자가 기능과 그에 따른 혜택, 조건부 상황, 또는 기술적 기능을 설명하는 경우와 같이 단일 항목에 서로 다른 개념을 섞어 넣을 때 자주 발생한다.

화상 회의의 예를 생각해 보자. 팀이 '비즈니스 회의에서 항상 잘 보이도록 낮은 조명 환경에서 밝기를 개선하도록 한다'와 같은 항목을 테스트하고자 할 수 있다. 이 항목은 기능(낮은 조명 성능), 기술적 구현 세부 사항(밝기), 혜택(잘 보임), 조건부 상황(비즈니스 회의)을 혼합하고 있다.

이 항목이 너무 길기 때문에 응답자가 혼란스러워하거나 잘못 읽을 수 있다. 또한, 응답자가 이 항목을 최고 또는 최악으로 선택했을 때 그 이유는 무엇일까? 기능 때문인가, 구현 방식 때문인가, 상황 때문인가, 아니면 혜택이 필요 없기 때문인가? 한 가지 아이디어를 제시하는 것이 더 좋다. 예를 들어, 다음과 같은 항목이다.

- 영상이 항상 잘 보인다.
- 어떤 상황에서도 밝기가 개선된다.
- 비즈니스 회의에 이상적이다.

이 항목들은 짧고 단순하며 다른 항목들과 비교하기 쉽다.

길이

일반적으로 항목이 몇 단어 이상이면 너무 길다고 볼 수 있다. 복잡한 기술적 시나리오를 설명해야 한다면, 그것을 MaxDiff 항목에 포함시키지 말고 별도로 설명해야 한다. 그런 다음, MaxDiff 항목에는 간략한 라벨을 사용하고, 설문 플랫폼이 모바일에서도 응답자에게 정확하게 렌더링할 수 있다면 마우스 오버[mouse-over] 설명을 추가할 수 있다. 온라인 응답자들은 주의를 한정적으로 기울이기 때문에 긴 설명이나 기술적 항목이 포함된 프로젝트는 정성적–정량적 그룹 인터뷰를 혼합해 진행하는 것이 좋다(10.2.2.7절 참조).

항목의 공통성

팀이 공통된 질문에 맞지 않는 항목을 우선순위에 두려고 할 때 문제가 발생한다. 즉, 사용자들이 답변하기 어려운 항목 리스트를 만드는 경우가 있다. 예를 들어, 특정 시장을 타깃으로 할지 아니면 모든 사용자에게 성능을 향상시킬지를 결정하려고 할 때 '회의에서의 오디오 선명도 향상'(비즈니스 사용자 대상)과 '어떤 상황에서도 밝기 향상'(모든 사용자)을 항목으로 선택할 수 있다. 응답자들은 명확한 선택이 아니기 때문에 혼란을 느낄 수 있다. 앞서 언급한 바와 같이, 첫 번째 항목은 위치와 기능이라는 여러 주제를 혼합하고 있는데, 이는 공통점이 없는 항목의 전형적인 증상이다. 정확한 응답자 질문(10.2.2.1절 참조)에 집중하면 이러한 문제를 피하는 데 도움이 된다.

항목 목록 개발

항목 목록을 브레인스토밍brainstorming하는 좋은 방법 중 하나는 경험의 다양한 상위 수준 측면을 고려한 후, 각 범주 내에서 항목을 개발하는 것이다. 예를 들어, 화상 회의 제품의 경우, 이러한 측면은 비디오 품질, 오디오 품질, 비디오 효과 등이 될 수 있다. 먼저, 비디오 품질과 관련된 여러 항목을 개발한 다음, 오디오 품질과 비디오 효과 범주에 대해서도 같은 작업을 수행할 수 있다.

비교 검토

리스트가 완성되면 각 항목이 다른 항목과 비교할 때 적절한지 꼼꼼히 확인해야 한다. '비즈니스 회의에 이상적'과 '밝기 향상'을 비교하는 것은 적절하지 않을 수 있는데, 왜냐하면 밝기는 더 나은 회의를 위해 기여할 수 있기 때문이다. 대신, 사용 사례를 비교하는 '비즈니스 회의에 이상적'과 '거실에 이상적'을 비교하거나, '밝기 향상'과 '장거리 마이크'를 비교하는 것이 더 나은 비교가 될 수 있다.

항목 수의 최대 한계

항목의 수는 필요에 따라 조정할 수 있다. 하지만 항목을 추가할수록 작업의 수가 늘어나거나(10.2.2.4절), 아니면 각 응답자의 정밀도가 낮아지는 것을 감수해야 한다(10.2.5.3절). 또한, 많은 항목을 다루는 결과는 해석하고 발표하기 어려울 수 있다.

일반적으로, 팀이 항목 리스트를 약 35개 이하로 제한할 것을 권장한다. 100개의 마케팅 메시지를 포함하는 제안된 연구와 같이 항목이 길어질 경우, 논리적 판단(예: '아니, 그 메시지는 절대 사용하지 않을 것이다')이나 사전 사용자 테스트를 통해 많은 항목을 제거할 수 있다는 사실을 발견했다. 정말로 더 많은 항목이 필요하다면 긴 목록에 적합한 고급 방법을 선택할 수 있으며, 이에 대한 자세한 내용은 10.5절의 'MaxDiff 실습' 참고 문헌을 살펴보기 바란다.

10.2.2.3 금지 사항: 함께 제시할 수 없는 항목들

때때로 두 항목 중 하나가 다른 항목보다 분명히 더 좋기 때문에 함께 사용하면 안 되는 한 쌍의 항목이 있을 수 있다. 예를 들어, 화상 회의 제품에서 '최대 720p 해상도'와 '최대 1080p

해상도'가 그러한 경우다. 대부분의 응답자는 항상 더 높은 해상도를 선호할 것이므로, 이 두 항목이 함께 제시되면 720p가 1080p보다 더 나은 것으로 선택되는 일이 거의 없기 때문에 사용자로부터 얻을 수 있는 유용한 정보를 놓치게 된다.

이러한 경우, 일부 설문 조사 플랫폼에서 제공하는 항목 금지 옵션(10.2.3절)을 사용할 수 있다. 그러나 일반적으로는 이러한 항목 쌍을 아예 제거하거나, 금지 사항을 설정하지 않는 것이 좋다(특히 여러 쌍의 항목이 있는 경우에는 더 그렇다). 이러한 쌍은 드물게 제시되며, 응답자들은 약간 어색한 비교 상황에서도 충분히 답할 수 있다. 확신이 서지 않는다면 설문을 사전 테스트하고 응답자들의 반응을 확인해 보라.

10.2.2.4 태스크의 개수

응답자는 무작위로 구성된 MaxDiff 태스크 화면에서 연속적으로 선택을 하게 된다. 그런데 몇 번의 태스크를 사용해야 할까? 그 답은 주로 리서치의 목표에 따라 달라진다. 전체 표본에 대한 전반적인 선호도를 파악하고 이를 모집단에 적용하고 싶은가? 이전 피자 예시에서는 그림 10-3에 표본 수준에서의 평균 결과가 제시돼 있다. 아니면 세분화나 직접 타기팅 targeting에 사용하기 위해 개별 응답자에 대한 매우 정밀한 추정치를 얻고자 하는가? 피자 예시에서 개별 응답자 수준의 결과는 그림 10-4에 원형으로 표시된 것들이다.

표본 수준의 결과를 얻기 위한 설문 길이

주로 표본 수준(평균)의 추정치에 관심이 있다면, 약 6~8개의 MaxDiff 화면을 사용하는 것이 좋다. 중간에 반복되는 태스크의 단조로움을 줄이기 위해 중간 화면interstitial screen을 추가하는 것이 좋은데, 중간 화면이란 응답자에게 잘하고 있다고 알려 주거나 설문 조사에 남은 길이를 업데이트해 주며, 고양이 사진 등을 보여 주는 페이지를 말한다. 대부분의 설문 조사 소프트웨어는 이러한 페이지를 삽입하는 기능을 지원한다. 만약 항목 수가 35개 이상인 경우 특별한 샘플링 방법을 고려해야 한다.

개인 수준의 결과를 얻기 위한 설문 길이

개인 수준의 정밀한 추정치를 얻기 위해서는 각 항목이 한 응답자당 서로 다른 화면에서 평균적으로 3~5번씩 제시되도록 해야 한다. 이렇게 하면 응답자가 각 항목을 다른 항목들과 비교할 때 최선, 최악, 또는 중간 어딘가로 평가할 수 있는 여러 번의 기회를 갖게 돼 개인별 정밀한 추정이 가능해진다.

정확한 개인 수준의 결과를 얻기 위해 필요한 태스크 수를 추정하는 공식은 $s = k \times t / m$ 이다. 여기서 s는 필요한 화면 수, k는 항목 목록의 길이, t는 각 항목이 설문 전반에 걸쳐 제시되는 횟수(3~5의 범위), m은 각 태스크에 표시되는 항목의 수를 의미한다. 이를 계산하기 위해 피자 예시를 들어 보겠다. 11가지 피자 종류가 있을 때, 각 항목이 평균 네 번씩 제시되도록 설정하면 11개의 항목 각각이 네 번씩 다른 피자들과 비교되는 셈이다. 즉, 총 44개의 항목이 나타나야 한다. 만약 태스크 화면당 5개의 항목을 보여 준다면 44 / 5, 즉 약 9개의 태스크 화면이 필요하게 된다.

피자 선호도와 같은 간단한 태스크에서는 한 화면에 6~7개의 항목을 보여 주고, 더 적은 태스크로 더 많은 정보를 수집할 수 있다. 예를 들어, 한 번에 7개의 피자를 묻는다면 $4 \times 11 / 7$, 즉 약 6개의 화면이 필요하며, 5개의 피자를 보여 줄 때 필요했던 9개의 화면보다 설문이 더 짧아지고 덜 반복적으로 진행될 수 있다.

그러나 이는 응답자가 더 많은 수의 항목을 비교할 수 있을 때에만 가능하다. 제품 구매 이유나 기술적 기능 간의 선호도와 같은 인지적으로 복잡한 선택을 다룰 경우, 한 화면에 3~4개의 항목만 표시할 수 있으므로 더 많은 태스크가 필요할 수 있다.

10.2.2.5 표본 크기

응답자를 몇 명 정도 모집해야 할까? 간단히 말하면, 표본 크기에 대해 너무 걱정할 필요는 없다. 응답자의 질과 표본의 적절성(관심 있는 모집단에 도달하는지)이 훨씬 더 중요하다.

피자 예시(10.1절)에서 봤듯이, MaxDiff는 작은 표본(N=6)으로도 선호도를 파악하는 데 매우 효과적이다. 문제는 그 표본이 더 큰 관심 집단을 대표하는지 여부다. 피자 예시에서 11개의 피자 중 10개가 채식주의자인 결과가 미국 전체 인구를 대표하는가? 절대 그렇지 않다. 하지만 저자 크리스의 선호도를 대표하는가? 그렇다. 중요한 것은 올바른 응답자를 확보하고 그들이 태스크에 집중하도록 하는 것이다.

이 외에도 다음과 같은 특정한 표본 크기에 대한 답변이 있다.

1. 아무 수나 가능: 가능한 모든 데이터를 확보하라.
2. N=200
3. N=1000
4. 그룹당 N=100

각 표본 크기에 대한 잠재적인 이유를 살펴보자.

- **아무 수나 가능**: 소수의 응답자(예: 고위급 의사결정자나 그 외 희귀한 응답자 그룹)로부터만 데이터를 수집할 경우, 그들을 대상으로 데이터를 수집하라. 해당 그룹에 대해 관심 있는 모집단을 공정하게 대표한다면, 이러한 데이터는 단순 의견보다 더 나을 것이다. 이 경우 대면 수집 방법을 고려해 볼 수 있다(10.2.2.7절). '통계적 유의성'을 위한 임의의 목표가 고품질 데이터를 통해 배우는 것에 걸림돌이 되지 않도록 하라.

- **N=200**: N=200을 추천하는 이유는 MaxDiff와 같은 이산 선택discrete choice 설문 조사는 약 150~200명의 응답자를 조사한 후 전체 평균 결과가 일반적으로 꽤 안정적이기 때문이다[22]. 이는 주로 표본 수준의 결과에 관심이 있을 때 유효하다.

- **N=1000**: N=1000을 추천하는 세 가지 이유가 있다. 첫 번째 이유는 그 수치가 보기 좋고 이해관계자들이 보통 만족한다는 점이다(좋은 이유는 아니지만, 저자들의 경험을 반영한 것이다). 두 번째 이유는 잠재적 클래스 분석이나 기타 세분화 작업을 고려할 수 있을 만큼의 충분한 데이터를 제공하기 때문이다(10.5절). N=200 응답 표본을 여러 그룹으로 나누면, 결과적으로 일부 그룹의 크기가 너무 작아 신뢰할 수 없을 가능성이 높다. 그러나 N=1000이면 그룹의 크기가 충분할 것이다. 세 번째 이유는 N=1000이면 분할된 표본의 추정치를 비교하는 등 신뢰도를 평가하기에 충분한 데이터를 제공한다는 점이다.

- **그룹당 N=100**: 이는 N=1000에 대한 변형된 이유다. 데이터를 미리 몇 개의 그룹으로 나누기로 결정한 경우(예: 고객 또는 인구 통계학적 관심 그룹), 그룹당 약 N=100을 수집하는 것이 좋다. 이는 각 표본에 대해 신뢰할 수 있는 추정치를 제공할 만큼의 데이터를 확보할 것이다.

다시 한 번 강조하지만, 표본 크기보다 표본의 질과 대표성이 훨씬 더 중요하다.

10.2.2.6 설문 배포 방법

MaxDiff 설문은 여러 가지 방법으로 배포할 수 있다. 가장 일반적인 방법은 전통적인 온라인 패널 설문 조사다. 먼저, Sawtooth Software, Qualtrics, Conjointly 등의 배포 플랫폼(10.2.3절 참조)을 통해 설문을 온라인에 호스팅한 후, 이메일 목록이나 타사 표본 제공자를 통해 응답자를 모집한다.

또 다른 방법은 컴퓨터 지원 전화 인터뷰CATI, Computer-Assisted Telephone Interview로, 온라인 방법으로 설문 조사하기 어려운 응답자에게 도달하는 데 유용할 수 있다. 이 방법에서는 인터뷰어interviewer가 응답자에게 전화를 걸어 설문에 대한 응답을 기록한다. 전화 설문에서는 응답자가 항목을 기억하고 선택을 보고해야 하므로 화면당 항목 수를 매우 적게 줄이는 것이 좋다. 이 경우 태스크당 2개의 항목만 사용하는 것을 권장하며, 항목이 짧고 간단할 경우 3개의 항목도 가능하다.

MaxDiff는 컴퓨터 지원 개인 인터뷰CAPI, Computer-Assisted Personal Interview에서도 사용할 수 있다. 이 방법은 현장 인터뷰field intercept, 방문 인터뷰door to door, 또는 시설 내 인터뷰와 같은 대면 인터뷰를 포함한다. 이 경우 가장 간단한 해결책은 기기를 응답자에게 건네주고, MaxDiff 질문을 완료하게 하는 것이다. 또는 CATI 인터뷰와 유사하게 인터뷰어가 MaxDiff 질문을 하고 응답을 기록하는 방식으로 진행할 수도 있다.

또한, 인쇄된 종이 설문지를 사용해 응답을 수집할 수도 있다. 이 방법의 문제는 MaxDiff에는 항목 무작위화가 포함된다는 점으로, 무작위화를 거쳐 만든 여러 버전의 설문지를 응답자에게 배포한 다음, 분석에 맞게 정렬한 설문 항목순으로 답변도 맞춰 정렬해야 한다. Sawtooth Software의 Lighthouse Studio와 같은 플랫폼이 이를 더 쉽게 해주지만, 시간이 많이 소요되며 오류가 발생할 가능성이 높은 과정이다.

10.2.2.7 혼합 정성–정량 그룹 인터뷰

MaxDiff 설문(및 컨조인트 분석, 10.5절 참조)을 배포하는 가장 선호하는 방법은 대면 혼합 정성–정량 그룹 인터뷰QQGI, Qualitative-Quantitative Group Interview다. QQGI 형식은 정성적 포커스 그룹과 정량적 설문을 그룹 활동의 일환으로 결합한 것이다.

QQGI 연구는 여러 가지 장점이 있다. 응답자들을 직접 만나기 때문에 온라인 응답자들이 사진이나 스크린샷을 찍는 것에 대한 걱정 없이 민감한 비공개 제품을 연구할 수 있다. 제품을 보고, 만지고, 사용하는 것이 중요하다면 직접 상호 작용하는 기회를 제공할 수 있다. 응답자들은 질문을 하고 주제를 명확히 할 수 있다.

응답자들이 주의를 기울이는 것을 관찰할 수 있으므로 고품질의 데이터를 얻을 수 있다. 응답자 구성도 명확하며, 익명의 온라인 응답자와 비교했을 때 그룹의 대표성을 더 확신할 수 있다(10.2.2.5절 참조). 설문 후 응답자들에게 어떻게 선택했는지 물어보면서 MaxDiff 데이터 분석에 정성적 인사이트를 추가할 수 있다. 또한, 온라인 설문보다 더 빠르게 완료할 수 있으며 데이터를 즉시 얻을 수 있다.

QQGI에서의 일반적인 이벤트 순서는 다음과 같다.

1. 일반적인 주제를 소개한다. 예를 들어, 화상 회의에 대해 정의한다.
2. 응답자들이 해당 카테고리에 대한 생각을 논의하도록 한다. 예를 들어, 화상 회의를 어떻게 사용하는지에 대해 논의할 수 있다.
3. 새로운 제품 아이디어나 기능, 또는 연구 중인 항목을 설명한다. 응답자들이 명확한 질문을 할 수 있도록 하되 아직 어떤 의견도 공유하지 않도록 안내한다.
4. 태블릿, 노트북, 개인 휴대폰 또는 인쇄된 설문지를 사용해 MaxDiff 인터뷰를 진행한다.
5. 휴식 시간을 갖는다. 휴식 시간 동안, 연구원이 MaxDiff 분석을 실행하고 상위 수준의 결과를 모더레이터moderator에게 인쇄해 준다.
6. 응답자들에게 어떻게 선택했는지 물어본다.
7. 그룹과 상위 수준의 결과를 공유한다. 상위 및 하위에 위치한 다양한 항목 중 어떤 것을 좋아하거나 싫어했는지 물어보고, 그들의 답변을 심층적으로 탐구한다.

QQGI는 '얼마나?'(정량적)와 '왜?'(정성적) 질문에 대한 풍부하고 시의적절하며 구체적인 인사이트를 제공한다.

QQGI 프로젝트의 주요 단점은 비용이 많이 들고, 온라인 설문 조사를 게시하는 것보다 더 많은 시간과 준비가 필요하다는 점이다. 또한, 정성적 및 정량적 기술을 모두 갖춘 연구 팀이 필요하다. 이러한 한계는 QQGI가 더 풍부한 정보를 매우 신속하게 제공하기 때문에 상쇄된다. 또한, 더 작은 표본 크기를 요구하기 때문에 증가된 비용도 어느 정도 상쇄된다 (10.2.2.5절 참조).

10.2.3 설문 작성 플랫폼

시장이 빠르게 변화하고 있어 모든 플랫폼을 평가할 수는 없지만, MaxDiff에 자주 사용되는 몇 가지 솔루션으로 Sawtooth Software, Qualtrics, Conjointly가 있다.

이들 플랫폼이 특별한 것은, MaxDiff를 활용하기 위해 '최고'와 '최악' 응답 열이 쌍으로 구성된 고유의 질문 레이아웃을 제공하는 기능과 긴 목록에서 항목을 하위 집합으로 무작위로 보여 주는 기능을 지원하는 설문 플랫폼이 필요하기 때문이다. 이상적인 플랫폼은 균형 잡힌 무작위화, 응답의 계층적 베이즈HB, Hierarchical Bayes 분석, 개별 수준의 추정, 그리고 가능하다면 기타 고급 옵션을 제공해야 한다(10.5절 참조).

균형 잡힌 무작위화는 각 항목이 제시되는 빈도 및 다른 항목과 조합되는 빈도(양자 간 동시 출현 빈도)와 관련이 있다. 단순 무작위화로 K개의 항목을 선택할 경우, 일부 항목은 다른 항목보다 더 자주 제시되며, 임의의 확률로 인해 일부 항목 쌍은 다른 쌍보다 더 자주 제시될 수도 있다. 이러한 불균형은 항목이 많거나, 태스크 화면이 적거나, 응답자가 적을 때 더 두드러진다. 단지 어떤 항목이 다른 항목에 비해 더 자주, 더 가끔 제시돼 선택될 기회가 더 많아지는 것만으로도, 혹은 다른 항목과의 조합 빈도가 높은 것만으로도 중요성 추정에 편향을 가져올 수 있다.

설문 플랫폼들은 균형 잡힌 무작위화를 활용해 모든 항목이 동일한 횟수만큼 제시되고, 서로 조합된 횟수가 동일하게 유지될 수 있는 디자인 매트릭스(무작위로 함께 제시되는 항목 집합)를 찾아낸다. 2022년 기준으로, 균형 잡힌 무작위화를 위한 최고의 솔루션은 Sawtooth Software Lighthouse Studio에서 제공되며, 여기에는 디자인 매트릭스의 적합성을 평가하고, 무작위 테스트 데이터를 생성하며, 항목 금지가 있는 경우에도 균형 잡힌 디자인을 보장하는 옵션이 포함된다(10.2.2.3절 참조).

다른 플랫폼에서는 내장된 디자인 최적화 대신 다른 대안들을 활용할 수 있다. 더 큰 표본을 사용하거나(표본 크기가 커지면 불균형이 감소), 외부 수단으로 디자인 매트릭스를 개발해 설문 플랫폼으로 가져오거나(R의 flipMaxDiff 패키지[41] 또는 JMP Discrete Choice Designer[122] 사용), 사후 감도 분석(예: 반복적인 표본 분할 평가)과 같은 방법을 사용할 수 있다. 정성-정량 그룹 인터뷰와 같이 소규모 표본을 사용하는 경우 균형 잡힌 무작위 샘플링이 특히 중요하다(10.2.2.7절 참조).

상업용 플랫폼의 문제점 중 하나는 일부 사용자에게는 너무 비쌀 수 있다는 점이다. 존 폴 헬베스턴^{John Paul Helveston}은 MaxDiff와 밀접하게 관련된 선택 기반 컨조인트^{CBC, Choice-Based Conjoint} 분석 설문을 설계, 작성, 수행, 분석할 수 있는 옵션을 개발했다[58]. 이 책을 집필하는 시점에는 문서화된 MaxDiff 옵션이 없지만, MaxDiff가 CBC와 매우 유사하므로 프로그래밍에 대한 기본적인 기술이 있는 독자라면 코드를 맞춤 조정하는 것을 고려할 수 있다.

종합적으로 볼 때, Sawtooth Software는 현재 MaxDiff 설문(및 컨조인트 분석)을 위한 가장 크고 빠르며 완전한 도구 세트, 옵션, 분석을 제공하며, 지원, 교육 과정, 출판물, 연례 학술 대회와 실무자 콘퍼런스를 함께 제공하고 있다.

10.2.3.1 Qualtrics에서의 MaxDiff

많은 UX 조직이 기본 설문 플랫폼으로 Qualtrics를 구독하고 있으며, Qualtrics CoreXM은 MaxDiff 항목 유형과 MaxDiff 마법사를 제공한다. 2022년 12월 기준으로 이러한 옵션들은 간단한 프로젝트나 처음 시도하는 프로젝트에 적합하다. 그러나 MaxDiff 연구를 자주 수행한다면, 이러한 제한 사항들이 불편하게 느껴질 수 있으며, 더 많은 유연성과 추가 분석을 허용하는 다른 옵션을 조사해 보는 것이 좋다.

R의 choicetools 패키지[23]는 아직 실험 단계에 있어, 정식 지원이 되지 않고 여전히 개발 중 상태이지만, 몇 가지 주요 사항만 준수한다면 Qualtrics의 MaxDiff 데이터 분석을 강화할 수 있는 스크립트를 제공한다. 10장의 앞부분에서 설명한 피자 예제에서는 choicetools를 사용해 피자 데이터를 분석했으며, 10.3절에서 choicetools에 대해 더 깊이 다룰 예정이다.

Qualtrics에서 choicetools와 함께 기본 MaxDiff 항목 유형을 사용하려면 다음과 같은 방식을 권장한다. 소프트웨어는 자주 업데이트되는데, 이 권장 방식은 2022년 12월 기준으로 최신 버전이다.

- 새 항목을 하나 생성하고, 이를 'matrix' 항목으로 설정하며, 레이아웃 옵션에서 'MaxDiff'를 선택한다.
- MaxDiff 행렬에 항목 전체 목록을 불러온 다음, 설정에서 리스트에서 'K at time'(예: 5개씩) 항목을 제시하도록 설정한다.
- 항목을 무작위로 제시하도록 설정한다.
- 응답 필수 항목을 갖도록 설정한다(응답자가 MaxDiff 항목을 건너뛸 수 있다면, 어려운 선택을 피할 가능성이 있어 결과가 편향될 수 있다).
- '최악' 옵션을 첫 번째 열로, '최고' 옵션을 두 번째 열로 설정한다(그렇지 않으면 분석 스크립트가 높은 숫자의 열을 '최고'로 가정해 결과가 역순으로 나타날 수 있다).
- 미리보기^{preview} 기능을 사용해 여러 번 질문을 테스트해 보고, 무작위화, 포맷, 응답 필수 설정이 올바른지 확인한다.
- 하나의 항목이 잘 작동하면, 이를 여러 번 복사해 여러 태스크 화면을 생성한다.
- 항목 목록을 불러온 후에는 항목을 수정하지 않는다. 항목을 변경해야 할 경우, 모든 MaxDiff 항목을 삭제하고 처음부터 다시 시작한다(2023년 기준, Qualtrics가 데이터를 내보내는 방식 때문이다).
- 전체 설문을 한 번 이상 완료하고, 개인적인 '최고'와 '최악' 선택이 올바르게 기록됐는지 확인한다.
- 그런 다음, 설문을 다섯 번에서 열 번까지 응답해 보고(무작위로 응답해도 괜찮지만, 실제로 응답해 보고 분석이 자신의 선호와 일치하는지 확인하는 것이 더 좋다). 데이터를 다운로드하고, 분석 스크립트가 제대로 작동하는지 확인한 후 실제 응답자 데이터를 수집한다.
- 데이터를 내보낼 때, CSV 파일로 저장하는 옵션을 선택하고, 범주형^{categorical} 응답을 숫자^{numeric}로 변환하는 옵션을 선택한다(따라서 '최고'는 1로, '최악'은 2로 코딩된다). 그리고 무작위화된 디자인 순서를 반드시 포함시킨다(스크립트가 선택 데이터를 해석하는 데 이 순서가 필요하다).

- 설문을 온라인으로 배포하기 전에 몇 명의 응답자로 설문을 사전 테스트한다.
- 10.3절에서 설명한 대로 choicetools R 코드를 사용해 결과를 추정하고 차트를 작성한다.

항상 그렇듯이 설문을 배포하기 전에 '소리내어 생각하기^{think aloud}' 사용성 연구 프로토콜[100]이 매우 유용하다.

내보낸 데이터가 올바른 형식인지 의문이 든다면, 10장의 두 가지 예제 데이터셋(피자 데이터와 10.3절의 사용 사례 데이터)의 구조를 비교해 보기 바란다. 각 데이터에는 숫자로 코딩된 '최고'와 '최악' 선택과 무작위화된 디자인 매트릭스가 가장 오른쪽 열에 포함돼 있다.

Qualtrics CoreXM을 사용해 MaxDiff를 수행할 경우, 가장 중요한 것은 설문이 더 큰 표본으로 배포되기 전에 소수의 응답자에게 완전히 작동하는지 확인하는 것이다. MaxDiff 항목에서 편집을 하지 마라. 만약 편집이 필요하다면, 데이터 수집 전에 또 다른 파일럿 테스트를 완료하라.

10.2.4 MaxDiff와 접근성

모든 설문을 개발할 때, 화면 리더기, 화면 확대기 또는 기타 보조 도구를 사용하는 응답자들이 설문을 사용할 수 있는지, 즉 접근성^{accessibility}이 있는지 고려해야 한다. MaxDiff 항목 유형은 체크박스, 그리드, 드롭다운 목록과 같은 일반적인 항목 형식에 비해 사용 빈도가 낮으므로 MaxDiff 항목을 모든 종류의 응답자가 쉽게 접근할 수 있는지 신중하게 검토해야 한다.

MaxDiff 설문에서 포괄적인 응답 경험을 보장하기 위한 다섯 가지 제안은 다음과 같다.

1. MaxDiff뿐만 아니라 다른 설문 항목에도 접근성 옵션을 지원하는 설문 조사 플랫폼을 사용한다.
2. 항상 그렇듯이 설문을 사전 테스트한다. 사전 테스트에 화면 리더기, 화면 확대기 또는 기타 옵션을 적절히 포함시킨다.
3. 항목을 간결하게 유지하고 각 태스크에서 적은 수의 항목을 사용한다. 이는 모든 응

답자에게 도움이 되지만, 특히 항목을 음성으로 듣고 기억해야 하는 응답자에게 중요하다.

4. 설문에 이미지(기능 또는 제품의 일러스트)가 사용될 경우, 이미지가 표시되지 않거나 음성으로 읽힐 때 나타나는 적절한 대체 텍스트[alt text]를 제공한다.

5. '최고'와 '최악' 응답 열을 항목 텍스트의 양 끝에 배치하지 말고, 하나의 그룹으로 묶어 배치한다. 이렇게 하면 항목이 읽히거나, 음성으로 낭독되거나, 확대될 때 응답 열이 서로 인접하게 유지된다.

일반적인 설문 플랫폼에서의 접근성 옵션에 대한 추가 권장 사항과 주의 사항은 웨인라이트[Wainwright]와 레미[Remy](2022)[145]를 참고하기 바란다.

10.2.5 MaxDiff 통계 모델

10.2.5절에서는 통계적 방법론이 어떻게 작동하는지 개념적 수준으로 설명한다. 더 자세한 설명은 10.5절의 참고 문헌을 참고하라.

10.2.5.1 빈도와 차이 점수

MaxDiff 데이터를 분석하는 가장 간단한 방법은 항목이 '최고'로 선택된 비율에서 '최악'으로 선택된 비율을 뺀 다음, 해당 항목이 제시된 횟수에 비례하게 상대적인 차이를 계산하는 것이다.

공식은 $(B - W) / T$로, 여기서 B는 항목이 '최고'로 선택된 횟수, W는 '최악'으로 선택된 횟수, 그리고 T는 해당 항목이 제시된 횟수를 의미한다. 예를 들어, 아루굴라 피자가 열 번 등장했고, 다섯 번 '최고'로 선택되고 한 번 '최악'으로 선택됐다면, 이 항목의 상대적 선호도는 (5 - 1) / 10, 즉 0.4가 된다.

빈도 분석에는 두 가지 주요 한계가 있다. 첫째, 어떤 응답자들은 특정 항목을 충분히 자주 보지 못하기 때문에 개인 수준의 추정에서는 활용할 수 없다(분모 T가 매우 작게 된다). 이후에 다룰 통계 모델은 항목 간 관계에 대한 전이적 정보를 사용하고, 모든 응답자의 선호도 분포를 고려함으로써 더 정밀한 결과를 얻을 수 있다.

단순 빈도 분석의 두 번째 문제는, 항목 간 차이 점수나 추정치에 대한 신뢰 구간과 같은 해석 가능한 지표를 제공하지 못한다는 것이다. 통계 모델을 사용하면 이러한 점에서 더 나은 결과를 얻을 수 있다.

그럼에도 불구하고 항목의 빈도 수만 갖고 있다면 그것을 사용하는 것이 좋다. 10.3.4.4절에서는 자세한 모델링 전에 빈도를 사용해 빠르게 확인하는 방법과 빈도 그래프를 만드는 방법을 소개한다. 빈도 분석은 거의 항상 다른 모델에서 얻은 전체 표본 수준의 추정치와 일치한다. 복잡한 모델에 어려움을 겪을 때, 빈도 분석으로 연구를 일단 진행할 수 있다.

10.2.5.2 다항 로짓 모델

다항 로짓MNL, MultiNomial Logit 모델은 여러 개의 가능한 결과 중에서 실제로 관찰된 하나의 선택에 대한 확률을 추정한다. 이 경우, 함께 제시된 4개 또는 5개의 항목 중 하나를 선택하는 상황을 말한다. 기술적인 용어를 분석해 보면 다음과 같다. MaxDiff 항목은 명목형 데이터이므로 항목이 여러 개 있는 것이다.

로짓 부분은 다음과 같다. 이 모델은 다항식 값들(항목)을 응답자가 각 항목을 선택할 확률과 연관시킨다. 이 확률을 찾기 위해 모델은 0%에서 100% 범위 내의 값을 추정하는 로지스틱 방정식logistic equation에 필요한 계수를 찾는다. 특정 확률은 로지스틱 단위에 의해 결정되며, 로짓은 이 로지스틱의 약자다.

통계 모델이 추정되면, 각 항목에 대한 효용 계수utility coefficient(간단히 '유틸리티utility'라고도 함)를 제공한다. 이 계수가 바로 해당 항목에 대한 로짓 값이며, 이는 MNL 방정식에 따라 선택 확률과 관련이 있다.

$$p(choice) = \frac{e^{util_{oneItem}}}{\sum e^{util_{allItems}}} \tag{10.1}$$

식 10.1을 사용하면 로짓 값이 0일 때 확률은 0.5(선택될 확률이 50%)에 해당한다. 값이 0보다 작아질수록 즉 음수로 갈수록, 해당 확률은 0.5 이하로 점점 작아지며, 값이 더 작아질수록 0에 가까워진다. 반대로, 양수 값은 0.5보다 큰 확률을 나타내며, 매우 큰 로짓 값에서는 1.0(100% 선택될 가능성)에 가까워진다.

예를 들어, 한 응답자가 마르게리타 피자에 대해 로짓 계수 `util=1.0`을 가지며, 페퍼로니 피자에 대해 `util=-3.0`을 가진다고 가정해 보자. 마르게리타 피자는 양수 값이므로 50% 이상의 선택 확률을 가지며, 페퍼로니 피자는 음수 값이므로 50% 이하의 선택 확률을 갖게 된다. MNL 공식을 사용하면, 이 응답자가 마르게리타 피자를 선택할 확률을 정확하게 추정할 수 있다.

R 구문으로, MNL 확률 추정은 `exp(1.0) / (exp(1.0) + exp(-3.0))`와 같이 계산되며, 이 값은 0.982다. 이 응답자는 페퍼로니 피자를 선택할 확률이 2%인 반면, 마르게리타 피자를 선택할 확률은 98%가 된다. 더 많은 항목 중에서 선택할 확률을 확인하려면, 해당 항목의 계수를 방정식의 분모에 추가하면 된다. 앞서 10.1.2절에서 예시를 확인할 수 있다.

MNL 모델은 표본 전체에서 각 항목에 대한 계수 값을 추정한다. 다단계 모델^{multilevel model}(혼합 효과^{mixed-effect} 또는 계층^{hierarchical} 모델로도 알려져 있음)을 사용하는 경우, 각 응답자에 대한 추정치도 계산할 수 있으며, 이는 10.2.2.3절에서 다룬다.

핵심은 다음과 같다. MNL 모델은 각 항목에 대한 수학적 추정치를 제공하며, 정확한 정의와 측정 속성을 갖고 있다. 이는 데이터에서 항목이 응답자에게 선택될 가능성이라 볼 수 있다. 이러한 모델에 대한 추가 정보는 10.5절을 참조하기 바란다.

10.2.5.3 HB 모델

HB 모델은 선택 확률에 대한 MNL 모델의 추정치를 찾는 가장 인기 있는 방법이다. '계층적'이라는 부분은 표본 전체(상위 모델)와 각 응답자에 대한 추정치(하위 모델)를 제공한다는 의미다. 이러한 모델이 계층적인 이유는 표본이 계층적으로 구성된 응답자들이기 때문이다.

'베이즈'라는 부분은 초기 통계학자 이름을 딴 베이지안 추정^{Bayesian estimation} 절차를 의미한다. 베이지안 추정은 항목 계수에 대한 가장 가능성 높은 값을 반복적인 과정을 통해 찾는다. 여기서는 HB 모델에 대해 자세히 설명하지는 않겠지만, 한 가지 중요한 점은 실행 속도가 느릴 수 있다는 것이다. 큰 데이터셋의 경우 실행 시간이 몇 분에서 몇 시간까지 걸릴 수 있다.

MaxDiff 값을 추정할 때 HB 모델을 사용하며, 이는 Sawtooth Software와 많은 다른 설문 플랫폼에서 기본값으로 설정돼 있다. 추정된 값은 필요에 따라 MNL 공식(10.2.5.2절에서 설명한)을 사용해 사용할 수 있다.

베이지안 모델에 대해 더 알고 싶다면 10.5절의 참고 자료를 참조하라.

10.2.5.4 점수 활용 및 보고 방법

통계 모델은 각 항목의 유틸리티 값(MNL 계수)의 추정치를 제공한다. 많은 플랫폼에서 MNL 방정식(10.2.5.2절)에 사용할 수 있는 정확한 값인 원시 유틸리티 값을 제공한다.

그러나 실제로는 MaxDiff 항목의 선호도를 비교하기 위해 MNL 공식을 사용하는 경우가 드물다. 대신, 피자 선호도를 비교할 때 10장 초반에 했던 것처럼 차트를 사용하고 해석하는 것이 훨씬 더 일반적이다(그림 10-3, 그림 10-4 참조). 차트가 해석하고 설명하기 훨씬 더 쉽다.

이 차트들에는 한 가지 문제가 있다. 원시(MNL 계수) 추정치는 대개 ±2.0보다 작은 크기다. 차트에서 2.5와 1.5의 차이는 73:27%의 선택 확률 차이를 나타내지만(R에서 MNL 공식에 따르면 exp(2.5) / (exp(2.5) + exp(1.5))로 계산된다), 이해관계자들에게는 인상적이지 않을 수 있다. 또한, 이러한 값이 무엇을 의미하는지 설명하기가 어렵다. 왜냐하면 이해관계자들은 MNL 공식에 크게 관심이 없기 때문이다.

차트를 더 해석하기 쉽게 만들기 위해 애널리스트들은 유틸리티 값을 변환하는 경우가 많다. 일반적인 옵션으로, 6.3이나 14.5와 같이 훨씬 큰 값으로 표현되는 제로 중심 차이 점수zero-centered difference score를 사용하거나, 모든 항목의 평균에 비해 각 항목이 선택될 확률을 제공하는 확률 척도probability scale 추정치를 사용한다.

보고되는 점수의 세부 사항에 대해 너무 걱정하지 말고, 사용하는 플랫폼이나 코드에서 기본으로 보고하는 점수를 활용하고, 이러한 점수를 이해관계자들에게 어떻게 설명할 것인지에 대해 고민하는 것이 좋다. 값이 더 명확하게 보이도록 값을 10이나 100과 같은 상수로 곱하는 것도 좋은 방법이다.

대부분의 청중에게는 추정치를 기술적으로 설명하는 것보다 단순하게 전달하는 것이 좋다. 보통은 '이 점수들은 각 항목을 다른 항목들과 비교해 계산한 상대적 중요도 점수다. 점수가 높을수록 해당 항목이 더 선호됐음을 의미하며, 점수가 낮을수록 덜 선호됐음을 의미한다. 사용한 모델은 설명하기 복잡하지만 여기서 좋은 소식은 이에 대한 깊은 수학적 이해가 없이도 항목들에 대한 선호도 크기를 확인할 수 있다는 점이다'라고 설명하는 것이 일반적이다.

MaxDiff 계수를 재조정하는 옵션에 대해 더 알고 싶다면 Sawtooth Software의 참고 자료 [126]를 살펴보자.

10.3 예제: 정보 탐색 사용 사례

MaxDiff의 개념을 이해를 바탕으로, choicetools 패키지와 Qualtrics CoreXM 형식의 데이터셋을 사용해 R에서 분석하는 방법을 알아보자.

10.3절의 예제는 MaxDiff를 UX에 활용하는 일반적인 사례를 다룬다. 이는 최종 사용자의 사용 사례(사용자가 제품으로 달성하고자 하는 작업) 간 상대적 중요성을 평가하는 것을 의미한다. 이 사례에서는 정보 콘텐츠를 제공하는 영역의 중요도를 고려하는데, 여기서 정보 콘텐츠라 함은 사용자가 온라인으로 구글이나 빙^{Bing}과 같은 검색 엔진이나 은행 애플리케이션과 같은 전용 애플리케이션으로 찾아보게 되는 정보를 의미한다. 다른 장과 마찬가지로 이 데이터는 실제 데이터셋과 구조적으로 동일하지만, 시뮬레이션된 응답을 포함한다.

이어지는 절들은 복잡한 내용을 다루며, 이러한 코드와 추정 수준이 필요한 경우는 다음 두 가지가 동시에 성립할 때라는 점을 기억해 두는 것이 좋다. (1) MaxDiff 연구를 수행하고 10장에 있는 HB 추정치 및 차트를 얻고자 할 때, (2) Qualtrics와 같은 플랫폼을 사용하고 있지만, 해당 플랫폼이 이러한 기능을 포함하지 않을 때다.

플랫폼들은 각 플랫폼마다 서로 다르며, 그중 일부는 R로 수행하는 절차를 진행할 필요가 없다. 특히, Sawtooth Software Lighthouse Studio는 추정을 위한 완전한 옵션 세트를 제공하고 있으며, R을 사용할 필요가 없다. 많은 애널리스트가 해당 데이터를 엑셀^{Excel}에서 플로팅하지만, 복잡한 분석이나 차트 작성을 위해 R로 데이터를 가져올 수도 있다.

한편, 퀀트 UXR들은 데이터와 분석이 어떻게 이뤄지는지 정확히 알고 싶어하는 경우가 많다. 10.3.1절에서는 이러한 모든 세부 사항을 다룬다.

10.3.1 정보 탐색을 위한 MaxDiff 개요

다음과 같은 질문에 답하려 한다고 가정해 보자. 사용자가 온라인에 접속할 때, 어떤 활동이 가장 중요할까? 노트북 컴퓨터, 운영체제 또는 검색 엔진을 설계할 때 등의 상황에서 이러한 정보를 알고 싶을 것이다. 또는 특정 정보를 위한 애플리케이션을 만들고자 할 때, 특정 정보 범주에 대한 관심 정도를 이해하는 것이 중요할 수 있다.

이러한 질문에 접근하는 한 가지 방법은 사용자 로그 데이터, 예를 들어 사용자가 발행하는 검색 쿼리나 다양한 애플리케이션을 사용하는 빈도를 분석하는 것이다(9장 참조). 그러나 로그 분석에는 몇 가지 한계가 있다.

- 로그는 사용자가 무엇을 하고 있는지는 알려 주지만, 무엇을 하고 싶어하는지는 알려 주지 않는다. 사용자가 하고 싶어하는 일이 있지만, UI나 기술적 설계로 인해 차단되거나 어렵게 되는 경우, 이는 로그에 나타나지 않는다.
- 로그는 세분화돼 있으며, 일반적인 행동, 필요 또는 정보 범주와 같은 더 높은 수준의 주제로 집계하기 어렵다. 이러한 높은 수준에서 사용자에게 선호도나 필요를 묻는 것이 종종 더 간단하다.
- 로그 데이터는 제품을 만든 후에만 얻을 수 있다. 제품을 만들기 전에 무엇을 해야 할지 알고 싶다면, 다른 방법으로 조사해야 한다.
- 로그 데이터는 독자가 속한 회사의 제품에만 사용할 수 있다. 경쟁사의 제품과 관련된 사용자 행동, 욕구, 또는 선호도에 관심이 있다면 로그를 얻을 수 없다. 또한, 하드웨어나 운영체제와 같은 플랫폼을 만드는 경우, 해당 플랫폼에서 실행되는 다른 제품(애플리케이션이나 플러그인)의 로그에 접근할 수 없다.

MaxDiff는 로그 데이터를 보완해 더 높은 수준의 통찰력을 제공하고, 제품을 만들기 전에 사용자 요구를 이해할 수 있도록 해준다. 이를 통해 퀀트 UXR들이 제품 라이프사이클 전반에 걸쳐 수행할 수 있는 분석 범위가 확장된다.

10.3.2 설문 형식

이번 MaxDiff 설문 예시는 다음과 같은 질문을 던진다.

> 온라인에서 사용하는 정보, 콘텐츠, 활동을 고려할 때, 다음 다섯 가지 영역 중 어떤 것이 당신에게 가장 중요하고, 어떤 것이 가장 덜 중요한가?

10.2.2.1절에서 설명한 것처럼 질문 헤더는 연구 질문과 직접적으로 관련이 있어야 한다. 이 경우 연구 질문은 매우 일반적이며, 사용자가 정보를 어떻게 접근하는지 또는 사용하는 장치가 무엇인지와 상관없이 정보 유형의 중요도를 평가하는 것을 목표로 한다. 예를 들어, 특정 플랫폼과는 별개로 사용자 자체를 이해하고자 할 때 이러한 일반적인 중요도를 추구하게 된다.

반면, 특정 플랫폼에서 실제로 사용자가 무엇을 하고 있는지에 대해 응답하게 하고 싶다면 다음과 같은 다른 질문을 할 수 있다.

> 지난주에 스마트 스피커(예: Google Home, Amazon Echo)를 사용해 액세스한 정보를 고려할 때, 다음 다섯 가지 영역 중 가장 자주 액세스한 것과 가장 적게 액세스한 것(혹은 전혀 액세스하지 않은 것)은 무엇인가?

스마트폰으로 정보를 검색하는 데 있어 좌절감을 느끼는지 알고 싶다면, 다음과 같은 질문을 할 수 있다.

> 스마트폰에서 정보를 검색할 때, 다음 중 어떤 영역이 가장 찾기 쉬우며, 어떤 것이 가장 어려운가?

또한, 응답 레이블은 '중요함', '자주', '어려움' 등과 같은 질문에 맞게 변경된다.

핵심은 질문과 항목이 특정 연구 질문과 밀접하게 연관돼야 한다는 것이다. 이 부분이 해결됐고, 일반적인 사용 사례의 중요도에 대한 인식을 연구하고자 할 때, 설문의 세부 사항을 살펴볼 수 있다.

다음의 19개 항목이 MaxDiff 응답 세트에 포함된다.

은행 업무	지역 이벤트	종교 정보	스포츠 뉴스
캐주얼 게임	멀티플레이 게임	레스토랑 리뷰	여행 예약
운전 경로	음악	학교 과제	화상 회의
이메일	정치 뉴스	쇼핑	일기 예보
엔터테인먼트 영상	요리 레시피	소셜 미디어	

이 목록은 예시일 뿐이며, 실제 프로젝트에서는 항목이 더 추가되거나 다르게 표현될 수 있다.

최종 MaxDiff 설문은 다음 옵션으로 정의됐다.

- K = 19개의 항목(위의 표 참조)
- T = 4회씩 각 응답자가 각 항목에 대해 응답
- M = 5개의 항목을 각 태스크 화면에 표시
- S = 15개의 화면. 19개의 항목 × 4회 표시 / 화면당 5개의 항목 = 15개의 화면(10.2.2.4절 참조)

예시 태스크 형식은 그림 10-5에 나와 있다. 실제 설문에서는 15개 화면보다 적게 사용하거나, 태스크 몇 개마다 중간 화면을 넣는 것이 좋을 수 있다(10.2.2.4절 참조).

다음의 5개 분야 중 **온라인에서 사용하는 정보, 콘텐츠, 활동**을 고려했을 때 가장 중요한 것과 가장 중요하지 않은 것을 선택하시오.

1 / 15

가장 중요하지 않음		가장 중요함
○	멀티플레이 게임	○
○	레스토랑 리뷰	○
○	은행 업무	○
○	엔터테인먼트 영상	○
○	일기 예보	○

그림 10-5 온라인 정보 탐색에 대한 MaxDiff 설문 태스크 예시

이에 대한 시뮬레이션 데이터셋은 qualtrics-maxdiff-usecases.csv 파일이다. 10장 후반부에 사용자의 선호도를 추정하기 위해 R로 데이터를 불러오는 방법을 제시한다.

10.3.3 데이터 형식

이 데이터는 작성 시점 기준으로 Qualtrics CoreXM의 내보내기 형식으로 돼 있다. Qualtrics의 MaxDiff 설정과 데이터 내보내기에 대한 자세한 내용은 10.2.3.1절에 나와 있다.

choicetools 패키지는 하나의 응답자당 하나의 행을 가지며, 각 태스크 화면마다 반복되는 항목을 위한 열이 있는 특정한 '와이드' 형식의 데이터를 가정한다. 이 형식에는 여섯 가지 중요한 요소가 있다.

1. 데이터가 완전^{complete}해야 한다. 이는 모든 응답자가 모든 태스크에 대해 답변을 완료한 상태를 의미한다. 데이터 내보내기를 '완료된' 응답자로 설정하거나 추후에 직접 필터링해야 한다. 이는 스크립트와 기본 방법 자체 모두에 대해 중요한 부분이다. 응답자가 불완전한 경우, 어려운 상충 관계로 인해 답변을 중단했을 수 있으며, 이는 잠재적인 편향의 원인이 될 수 있어 피해야 한다.

2. 첫 번째 열에 응답자 식별자^{identifier}가 있어야 한다. 이는 추정 과정에서 응답자를 인덱싱하는 데 사용된다.

3. 데이터는 희소^{sparse}해야 하며, 각 태스크에서 응답이 있는 항목은 2개뿐이어야 하고, 다른 모든 항목 열은 비어 있어야 한다. 이 2개의 항목은 각 태스크에서 '최고'와 '최악'의 항목이다. 그림 10-6은 희소 데이터의 예를 보여 준다.

4. '최고' 항목은 '2'로, '최악' 항목은 '1'로 코딩돼야 한다. 이는 추정 과정에서 어느 방향이 '더 나은지'를 알 수 있도록 하기 위함이다. 즉, 더 높은 값이 '더 나은' 방향을 나타내야 한다.

5. 파일에는 고려된 모든 항목(최고와 최악으로 선택된 두 항목 포함)을 보여 주는 디자인 매트릭스가 있어야 한다. 그림 10-7은 디자인 매트릭스의 예를 보여 준다.

6. 항목 번호, 응답자에게 보이는 텍스트, 내부 코딩 정보를 포함하는 세 가지 중요한 헤더 행이 있다. choicetools 스크립트는 Qualtrics CoreXM에서 출력된 것과 정확히 동일한 세 행을 기대한다.

ResponseID	Q1_1	Q1_2	Q1_3	Q1_4	Q1_5	Q1_6	Q1_7	Q1_8
ResponseID	Consider the	Consider the	Consider the	Consider the	Consider the	Consider the	Consider the	Consider the
{'ImportId': 'r	{'ImportId': 'Q	{'ImportId': 'Q	{'ImportId': 'Q	{'ImportId': 'Q	{'ImportId': 'Q	{'ImportId': 'Q	{'ImportId': 'Q	{'ImportId': 'Q
1						2		1
2	2							1
3			2					
4			1					
5			1					

그림 10-6 Qualtrics 내보내기 형식에서 MaxDiff 태스크에 대한 희소 데이터. '최고'로 선택된 항목은 2로, '최악'으로 선택된 항목은 1로 코딩되며, 다른 모든 항목은 빈칸으로 남는다. 예를 들어, 첫 번째 응답자는 항목 6을 '최고'로, 항목 8을 '최악'으로 선택했다.

Qualtrics CoreXM을 사용하는 경우, 데이터의 완전성, 형식, 코딩을 반드시 확인해야 한다. 다른 데이터 소스에 대한 내용은 10.3.3.1절을 참조하라.

KA	KB	KC	KD	KE
DO-Q-Q1	DO-Q-Q2	DO-Q-Q3	DO-Q-Q4	DO-Q-Q5
Display Orde	Display Orde	Display Orde	Display Orde	Display Orde
{'ImportId': '	{'ImportId': '	{'ImportId': '	{'ImportId': '	{'ImportId': '
4|6|8|14|16	3|8|11|12|13	3|4|15|17|19	3|5|10|16|18	3|6|7|9|14
1|4|8|11|18	5|8|14|15|16	1|2|9|10|14	4|7|12|14|19	3|11|13|14|1
2|4|9|17|18	5|9|11|14|19	1|3|5|13|17	5|6|10|15|18	2|4|5|7|16
2|6|8|13|14	1|5|6|12|19	2|9|12|15|16	8|11|12|17|1	3|4|12|13|14
2|8|10|17|18	5|7|15|18|19	2|6|7|13|14	3|7|10|11|16	4|7|8|12|17

그림 10-7 Qualtrics MaxDiff 내보내기의 디자인 매트릭스. 각 디자인 순서 열은 특정 태스크에 표시된 5개의 항목 번호를 나타낸다. 예를 들어, 첫 번째 응답자의 경우, 첫 번째 태스크에서 19개 항목 중 무작위로 선택된 항목 4, 6, 8, 14, 16이 표시됐다(반드시 그 순서는 아니다).

choicetools 스크립트는 기본적인 데이터 품질 검사를 수행하지만, 사용하기 전에 데이터 형식을 주의 깊게 확인하는 것이 좋다. 내보낸 데이터 파일에서는 항목 이름과 같은 많은 요소가 명확하게 식별되지 않으며, 스크립트가 이를 추론해야 한다. 데이터셋의 다양한 문제는 가져오기 스크립트를 혼란스럽게 할 수 있다. 깨끗한 데이터를 사용하면 발생할 수 있는 문제를 디버깅하는 데 유리하다.

10.3.3.1 다른 형식의 데이터셋

Sawtooth Software나 Conjointly와 같은 다른 플랫폼을 사용하는 경우는 어떻게 해야 할까?

먼저, choicetools 패키지를 사용할 필요가 없을 수도 있다. Sawtooth Software의 Light house Studio 제품군은 매우 최적화된 HB 추정을 포함하고 있다.

Sawtooth Software로 연구를 진행하는 경우 이를 사용하는 것이 좋다. 이후, choicetools의 플로팅 함수를 사용하고자 한다면, R 스크립트를 추정 단계 이후부터 사용하면 된다.

또 다른 방법으로는 데이터를 내보낸 후, 데이터를 choicetools에서 기대하는 형식으로 변환하는 코드를 작성하는 것이다. Sawtooth Software의 경우, MaxDiff 절을 'CHO 파일' 형식으로 내보낼 수 있다. 이에 대해서는 제품 내 도움말 파일을 참고하면 된다.

choicetools와 함께 사용하기 위해 다른 형식의 데이터를 변환하고자 한다면, 예제 데이터셋인 qualtrics-maxdiff-usecases.csv와 qualtrics-pizza-maxdiff.csv를 참고해 레이아웃, 응답 코딩, 디자인 매트릭스, 열 헤더와 같은 구조적 요소를 모방할 수 있다. 10장의 R 코드 파일에서는 Qualtrics 스타일의 헤더를 임의의 데이터에 맞게 생성하고, 시뮬레이션 데이터셋을 생성하는 추가 코드가 포함돼 있다. 이러한 스크립트를 MaxDiff 구조에 맞게 수정한 다음, 데이터를 자신의 데이터로 교체할 수 있다. 10.3.4.3절에서는 choicetools를 위해 데이터를 로드하는 방법을 설명한다.

10.3.4 choicetools 패키지를 사용한 추정

Qualtrics CoreXM에서 내보낸 예상 형식의 데이터를 준비했다면(10.2.3.1절 참조), 이제 choice tools 패키지를 사용해 추정을 수행하고 결과를 검토할 준비가 된 것이다.

10.3.4.1 추정을 위한 설정

R에서 처음으로 분석을 수행할 때는 필요한 패키지를 설치하는 것이 첫 번째 단계다. 이는 코드 작업을 진행하면서 필요한 추가 패키지를 발견하게 되는 반복적인 과정일 수 있다. 우선, 다음 패키지들을 설치한다.

```
install.packages(c("reshape2", "ggplot2", "mlogit",
  "ChoiceModelR", "Rmisc", "matrixStats", "superheat", "corrplot",
  "ggridges", "devtools"))
```

이 패키지들을 설치하면 다른 필요한 패키지들도 함께 설치된다. 이 패키지들은 데이터 형식을 변환하고(reshape2 [56]), 통계 모델을 추정하며(mlogit [35] 및 ChoiceModelR [129]), 결과를 시각화하고(ggplot2 [148], superheat [3], corrplot [147], ggridges [152]), 패키지를 설치해 (devtools [150]), 기타 수학적 기능을 수행하는 데 사용된다(Rmisc [61] 및 matrixStats [5]).

설치하는 동안 R 콘솔을 주시한다. 다른 패키지를 설치할 것인지 묻는 경우 'yes'를 선택한다. 그러나 '소스에서 패키지를 컴파일할 것인지^{compile a package from source}' 묻는 경우에는 'no'를 선택하는 것이 좋다.

다음으로, GitHub에서 choicetools 패키지를 설치한다.

```
devtools::install_github("cnchapman/choicetools")
```

오류가 발생할 경우, R 설정에 추가 구성 요소가 필요할 수 있다. 버전과 운영체제에 따라 다를 수 있다. choicetools가 정상적으로 작동하는지 확인하려면 다음 명령어를 사용한다.

```
packageVersion("choicetools")
```

라이브러리가 설치됐다면, R은 해당 버전을 표시할 것이다(아마도 0.0.0.9083 또는 그 이상의 버전이 될 것이다).

책을 쓰는 이 시점에서는 choicetools가 실험 단계이고 공식 지원이 되지 않는다는 점을 다시 한번 짚고 넘어간다. 대안은 10.5절을 참조하면 된다.

10.3.4.2 데이터 확인

choicetools 패키지를 로드하고 사용 사례 데이터 파일이 필요하면 다운로드하는 것으로 시작한다.

```
library(choicetools)
if (!file.exists("qualtrics-maxdiff-usecases.csv")) {
  download.file(url = "https://bit.ly/3SRnq9l",
                destfile = "qualtrics-maxdiff-usecases.csv",
                method="auto")
}
```

라이브 인터넷 연결이 없는 경우, 데이터 파일을 별도로 이 책의 웹사이트(https://quantux book.com)에서 다운로드해야 한다.

앞서 언급한 것처럼 choicetools 스크립트는 Qualtrics CSV 파일의 구조에서 MaxDiff 연구에 대한 모든 정보를 추론해야 한다. parse.md.qualtrics() 함수가 이 작업을 수행한다. 이를 실행하고 출력된 내용을 주의 깊게 읽어야 한다. 위의 download.file() 명령을 사용하지 않고 데이터를 별도로 다운로드한 경우, 데이터 파일에 대한 폴더 경로를 추가해야 한다.

```
# 시스템에 맞게 파일 위치를 변경
parse.md.qualtrics("qualtrics-maxdiff-usecases.csv")
```

파싱 함수의 모든 출력을 읽고, 그것이 연구 설계와 일치하는지 확인하는 것이 중요하다. 출력의 각 부분을 단계별로 살펴보자.

먼저, 질문과 모든 항목이 제대로 식별됐는지 확인한다.

```
Found MaxDiff question header:
"Consider the information, content, and activities you use online.
Among the following 5 areas which one is MOST important to you, and
which one is LEAST important?"

Qualtrics 'legacy' file format detected. Parsing.
File structure implies 19 MaxDiff items.

Found K = 19 MaxDiff items (column text after the header above)
"Banking"            "Casual gaming"      "Driving directions"
"Email"              "Entertaining videos" "Local events"
  ...
```

설문 설계와 일치하며 19개의 항목이 올바르게 나열됐다. 무작위 응답 옵션이 포함된 여러 질문이 데이터 파일에 있을 경우 문제가 발생할 수 있다. 그런 경우에는 해당 항목의 설계 순서 열을 제거해야 한다.

다음으로, 모든 태스크와 해당 설계 매트릭스를 찾았는가?

```
Found M = 15 screens of MaxDiff items per respondent.
Columns with experimental design matrices are:
 [1] 287 288 289 290 291 292 293 294 295 296 297 298 299 300 301
```

이것은 15개의 태스크와 설계 매트릭스 열을 찾았음을 나타낸다. 이 경우, 설계 순서 열은 연속적으로 배치돼 있지만, 다른 데이터 파일에서는 다를 수 있다.

응답자 수를 정확히 찾았는가?

```
Observations are in rows 4 to 203. Found N = 200 respondents.
Checking design matrices ...
Found 5 (double-check: OK) items shown per task.

Reviewing coded answers.
Found min code (worst?) = 1 and max (best?) = 2
Found average = 15 'best' answers, and average = 15 'worst' answers.
```

200명의 완전한 응답자를 찾았고, 각 태스크에서 5개의 항목이 제시됐음을 확인했다. 최고와 최악 선택을 위한 코딩도 적절하며, 모든 응답자가 15개의 태스크에 응답했다.

마지막으로, 끝에 요약을 제공한다.

```
Found N = 200 complete responses, and N = 0 with missing observations.
...
==> Your data appear OK in this check.
```

응답이 불완전한 경우, 필요시 이를 조사하고 제거하는 것이 좋다. 지금 상태로는 다음 단계로 데이터를 불러오면 된다.

10.3.4.3 데이터 불러오기

choicetools 라이브러리는 MaxDiff 연구의 모든 측면을 단일 리스트 객체에 저장하도록 설계됐다. 여기서는 이 객체를 md.design이라고 부를 것이지만, 어떤 이름으로도 지정할 수 있다.

이 리스트 객체를 서류 캐비닛과 비슷하게 생각할 수 있다. 먼저, 연구 설계를 넣고, 그다음 데이터를 넣으며, 마지막으로 결과를 넣는다. 이 모든 것을 하나의 객체에 넣으면 함수가 추정 작업을 수행하거나 차트를 만들기 위해 필요한 항목을 쉽게 찾을 수 있다.

choicetools 코드 파일의 주석에서 md.define 객체를 생성하는 방법에 대해 설명하지만, 대부분의 경우 이 정도의 세부 지정은 필요하지 않다. 10.4.3.2절에서 설명한 대로 데이터가 올바르게 구문 분석되면, parse.md.qualtrics() 함수가 자동으로 연구 객체를 설정해 준다. 단지 return = TRUE 인수를 추가하고, 결과를 새로운 md.design 객체에 할당하면 된다. 필요한 경우 폴더 위치를 변경해 코드에 반영한다. 코드는 다음과 같다.

```
md.define <- parse.md.qualtrics("qualtrics-maxdiff-usecases.csv",
                                returnList = TRUE)
```

이 함수는 이전에 확인한 정보를 반복하며, md.quicklogit() 함수를 사용해 모델을 추정할 수 있는 R 코드도 제안한다.

```
Reading file: qualtrics-maxdiff-usecases.csv
  ...
Example code snippet to use it:
  ...
  mod.logit <- md.quicklogit(md.define)
```

md.define을 확인하면 연구 설계가 어떻게 설정됐는지 확인할 수 있다. 다음은 해당 객체에서 발췌한 일부 내용이다.

```
> md.define
$file.qsv
```

```
[1] "qualtrics-maxdiff-usecases.csv"
$md.item.k
[1] 19
$md.item.tasks
[1] 15
$md.item.pertask
[1] 5
...
$md.item.names
 [1] "Banking"          "Casual gaming"
 [3] "Driving directions" "Email"
...
```

데이터 파일의 위치, 연구에 포함된 항목의 개수, 태스크 수, 항목 라벨 등이 설정돼 있다. 이러한 정보는 다음 단계에서 데이터를 읽고 구조화하는 데 사용된다.

연구 정의를 사용해 데이터를 로드하고, 이를 md.define 객체 내의 md.block 요소에 저장한다.

```
md.define$md.block <- read.md.qualtrics(md.define)$md.block

## Found MaxDiff question header:
## "Consider the information, content, and activities you use online. Among
the follow
##
## Qualtrics 'legacy' file format detected. Parsing.
## Found average = 15 'best' answers, and average = 15 'worst' answers.
## Of N = 200 total:
## Found N = 200 complete responses, and N = 0 with missing observations.
## Recoding 200 complete responses. (Dropping 0 incomplete.) ... 100
200 done.
```

출력 결과는 200명의 응답자가 각 15개의 태스크를 완료했음을 확인해 준다.

데이터는 md.define$md.block이라는 데이터 프레임에 저장돼 있다.

md.define$md.block을 확인하면, 데이터가 길게 구성된 것을 알 수 있다. 이는 ChoiceModelR 패키지[129]를 사용한 추정을 준비하기 위한 것이다(10.3.4.4절 참조). 길게 구성된 형식은 각 태스크에 대해 10개의 행을 가지며, 최고 방향의 항목을 코딩한 5개의 행과 최악 방향의 항목을 코딩한 5개의 행이 포함된다. 이와 함께 태스크('block') 번호, 응답자 식별자, 그리고 win 및 choice.coded 열에 기록된 'best'와 'worst'로 선택된 항목들이 포함돼 있다. 만약 다른 소스에서 데이터를 가져왔다면, 이 형식에 맞추어 설정한 후 choicetools를 사용해 추정을 진행할 수 있다.

10.3.4.4 모델 추정

HB 추정은 시간이 오래 걸릴 수 있다. 데이터의 크기에 따라 몇 분에서 몇 시간까지 걸릴 수 있으므로 먼저, 간단한 확인을 하는 것이 유용하다. 이를 통해 추정이 제대로 작동하는지, 그리고 각 항목의 최고/최악 방향이 적절한지 확인할 수 있다.

이를 빠르게 확인하는 방법은 각 항목이 최고 또는 최악으로 선택된 횟수와 그 차이를 함께 나타내는 항목 카운트를 플로팅하는 것이다(10.2.5.1절 참조). plot.md.counts() 함수는 이를 수행하며, 그림 10-8에서 그 결과를 확인할 수 있다.

```
plot.md.counts(md.define)
```

예상했던 최고 항목들은 상단에, 최악 항목들은 하단에 있어야 한다. 그림 10-8은 소셜 미디어, 엔터테인먼트, 음악, 스포츠와 관련된 정보 사용 사례가 가장 인기 있는 항목임을 보여 준다.

만약 항목들이 반대 순서로 나타난다면, 데이터셋에서 최고와 최악을 코딩한 숫자 값을 확인해야 한다. 최고 선택에 대한 값은 최악 선택에 대한 값보다 커야 한다. 만약 그렇지 않다면, 큰 값으로 교체해야 한다.

카운트가 적절하다면, 전체 HB 추정을 진행할 준비가 된 것이다. HB 추정에서 중요한 부분은 적절한 반복 횟수(모델을 점진적으로 개선하기 위해 수행되는 횟수)를 설정하는 것이다. 대부분의 MaxDiff 프로젝트에서는 10,000 또는 20,000번의 반복이 적당하다. 이에 대해 10.3.4.5.1절에서 더 자세히 설명하겠지만, 여기서는 10,000번의 반복을 사용한다. 이 과정에서는 반복 횟수마다 무작위 샘플링 요소가 포함되므로 추정 함수 호출 시 mcmc.seed 인자를 사용해 시작점을 설정해 일관성을 유지한다.

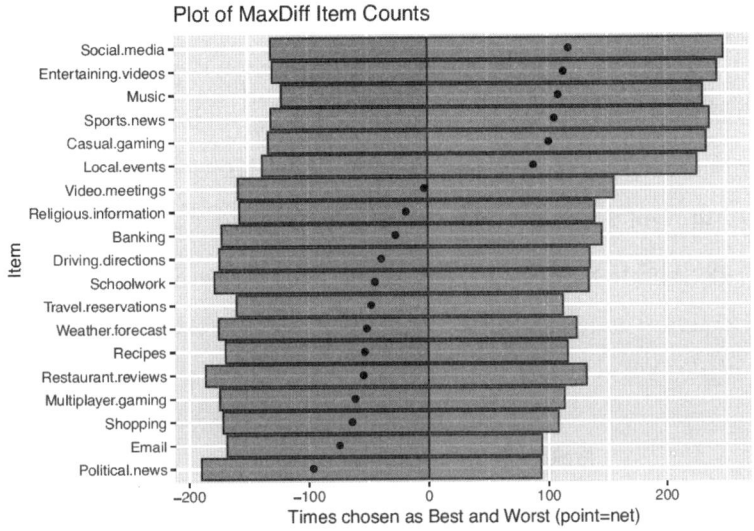

그림 10-8 각 항목이 최고 또는 최악으로 선택된 횟수와 그 차이를 나타낸 항목 카운트 플롯. HB 추정 전에 데이터를 빠르게 점검하는 데 유용하다.(해당 그림은 410페이지에서 컬러로 확인할 수 있다.)

이 코드에서 우리는 모델을 추정하고 이를 별도의 객체 test.hb에 저장한다. 그런 다음 추정된 유틸리티를 해당 객체에서 md.define 연구 객체로 복사한다. HB 추정 과정은 컴퓨터 성능에 따라 몇 분이 걸릴 수 있다.

```
test.hb <- md.hb(md.define, mcmc.iters = 10000,
                 mcmc.seed = 98101) # estimate
md.define$md.model.hb <- test.hb$md.model # save results
md.define$md.hb.betas.zc <- test.hb$md.hb.betas.zc # individual scores
```

10.3.4.5 결과를 플롯하기

무엇을 발견했는가? plot.md.range() 함수는 표본(상위 수준) 평균을 95% 베이지안 신뢰 구간(추정 값의 중심 95% 범위, 전통적인 신뢰 구간의 베이지안 대응물)과 함께 보여 준다. 이를 플롯하고 정보가 담긴 축 레이블을 추가한다.

```
plot.md.range(md.define) +          # 상위 수준의 평균을 플롯
  theme_minimal() +
  xlab("Information Use Cases")
```

결과는 그림 10-9에 나타나 있다. 상위 6개 항목인 소셜 미디어, 재미 있는 비디오, 음악 등이 대체로 비슷한 선호도를 보였으며, 그 뒤로 비디오 회의가 있다. 그다음으로 또 다른 간격이 나타나며, 나머지 항목들은 선호도가 점차 줄어드는 긴 꼬리 형태를 보인다. 10장 앞 부분의 피자 데이터에서 본 것처럼 이는 MaxDiff 데이터에서 비교적 흔히 나타나는 패턴으로, 몇 가지 강하게 선호되는 항목이 있고, 이러한 항목들이 2개의 별도 그룹으로 나뉠 수도 있으며, 그 뒤로 선호도가 중간 또는 낮은 영역에 있는 긴 꼬리 형태의 항목들이 이어진다.

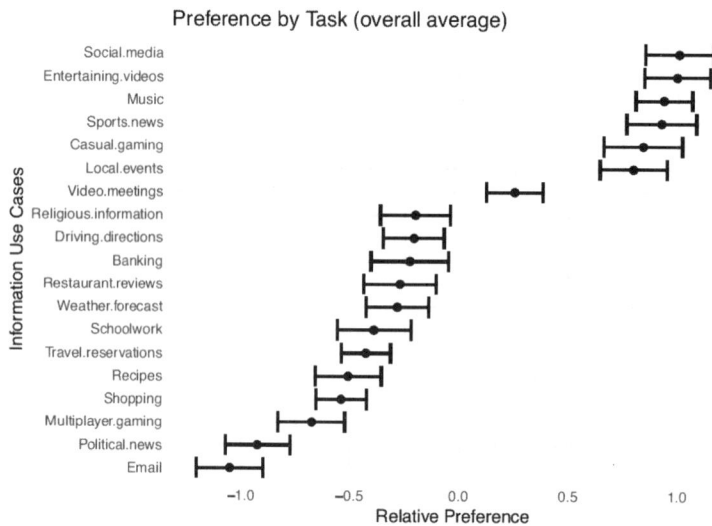

그림 10-9 모의 정보 사용 사례 데이터에 대한 평균 선호도, N=200

R에 익숙한 사용자를 위한 참고 사항이 있다. choicetools의 플롯 함수는 ggplot2 객체를 반환한다. 이를 객체에 할당하고 원하는 대로 ggplot2 요소나 테마를 추가할 수 있다. 여기 코드 조각에서는 테마theme를 theme_minimal로 변경하고 축 레이블을 추가하지만, 더 복잡한 조작도 가능하다. choicetools의 함수에 대한 정확한 R 코드를 확인할 수도 있다.

항상 그렇듯이, plot.md.indiv()을 사용해 개별 수준의 분포를 확인한다.

```
plot.md.indiv(md.define) +                          # 개별 응답자 분포
  theme_minimal() +
  ylab("Information Use Cases")
```

개별 분포는 그림 10-10과 같다. 상위 세 항목에서는 개별 수준의 분포가 상당히 유사하다. 그 아래로는 캐주얼 게임에 관심이 있는 응답자의 상위 꼬리 부분이 다소 강하게 나타난다. 그 이후로는 상대적으로 강한 관심을 보이는 응답자(분포의 오른쪽 꼬리)가 거의 없지만, 반대로 특별히 관심이 없는 응답자도 적다.

개별 수준의 분포를 어떻게 활용할 수 있을까? 저자 크리스의 PM 동료 중 한 명이 사용하는 방법 중 하나는 개별 점수를 활용해 특정 사용 사례에 대해 특별히 관심이 있거나 없는 응답자를 식별한 다음, 이들을 인터뷰 대상으로 접촉하는 것이다. 사용자가 높은 관심을 보이면, 이들은 특정 요구를 해결하기 위한 새로운 디자인에 대한 피드백을 제공하기에 좋은 후보가 된다. 반대로 관심이 적은 사용자는 팀이 고려하지 못한 문제를 드러낼 수도 있다. 더 일반적으로, 분포를 사용해 특히 높은(또는 낮은) 관심을 보이는 응답자가 얼마나 되는지 질문에 답할 수 있다.

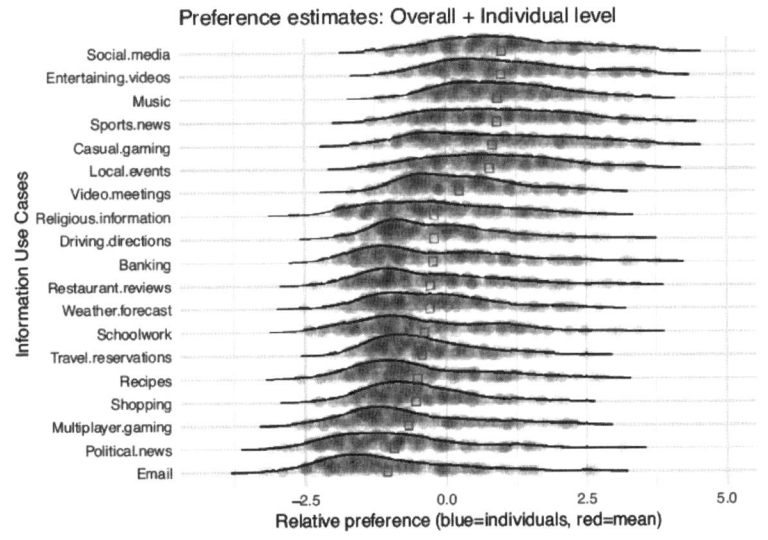

그림 10-10 정보 사용 사례 데이터에 대한 개별 선호도의 추정 분포, N=200
(해당 그림은 410페이지에서 컬러로 확인할 수 있다.)

HB 반복 횟수에 대한 추가 정보

HB 방법론은 추정 절차를 실행하기 위해 특정한 반복 횟수를 설정해야 한다. 그렇다면 그 반복 횟수는 어떻게 결정해야 할까? HB에 대한 논의에서는 복잡한 문제이지만(10.5절 참조), 두 가지 일반적인 권장 사항을 제공한다.

첫 번째 권장 사항은 HB 추정이 실행되는 동안 표시되는 추적 그래프^{trace plot}를 점검하는 것이다(이 그래프는 choicetools와 Sawtooth Software Lighthouse Studio 모두에서 유사하다). 이 그래프는 각 항목의 계수를 위한 추정 값의 실행 평균을 표시하며, 각 항목에 대해 별도의 색상 선으로 나타낸다. 10,000회 이상의 반복을 실행하고, 그래프의 마지막 25%에서 추적 선이 비교적 평평하게 유지된다면, 추정 값이 신뢰할 만하다고 판단할 수 있다. HB 용어로는 이 상태를 '수렴^{converged}했다'고 표현한다. 그림 10-11은 잘 수렴된 추적 그래프의 예다.

그림 10-12는 수렴되지 않은 추적 그래프인데, 이 경우 추정 값이 평평하지 않고 급격하게 변화하고 있다.

이런 경우에는 10,000회나 20,000회의 반복을 추가로 실행해야 한다. choicetools를 사용할 때는 restart=TRUE 파라미터를 추가해 새로운 시작 없이 반복을 추가할 수 있다.

두 번째 권장 사항은 다음과 같다. 만약 50,000회 이상의 반복을 실행해도 HB 프로세스가 수렴되지 않았다면, 해당 데이터를 사용하는 것이 합리적인지 결정해야 한다. 일반적으로, 데이터가 불완전하더라도 그것이 중요한 의사결정에 사용될 만큼 가치가 있다고 믿는다.

그러나 이는 데이터가 적절한 설문 조사를 통해 수집된 현실적인 사용자 선호도를 반영한다고 믿을 때만 해당된다. 만약 응답자의 품질이 낮거나, 설문 조사를 빠르게 완료했거나, 길고 복잡한 항목에 응답했거나, 관심이 없거나 잘 모르는 내용에 대해 답변했다면, 그 데이터는 사용하지 않는 것이 좋다. 사실, 이러한 경우에는 추적 그래프가 수렴됐는지 여부와 관계없이 추정 값을 사용하지 않는 것이 좋으며, 수렴되지 않은 경우는 데이터 품질을 다시 고려해야 한다는 신호로 해석할 수 있다.

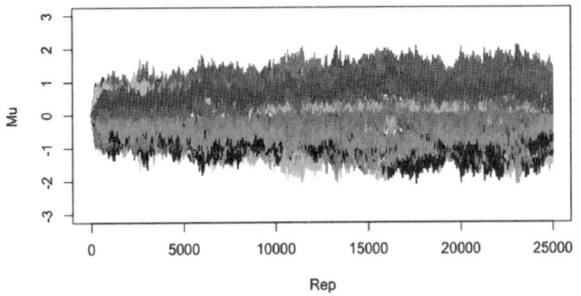

그림 10-11 16,000 – 25,000번 반복에서 후반부에 잘 수렴된 HB 추적 그래프. 이 추적 그래프는 약 13,000번 반복까지 범위가 확장된 후 평탄해진다. 그 이후에는 각 선이 수평에 가까운 값을 중심으로 변동하며 일관된 범위를 나타낸다. 이러한 추정 값은 보고 및 해석에 적합하다.(해당 그림은 411페이지에서 컬러로 확인할 수 있다.)

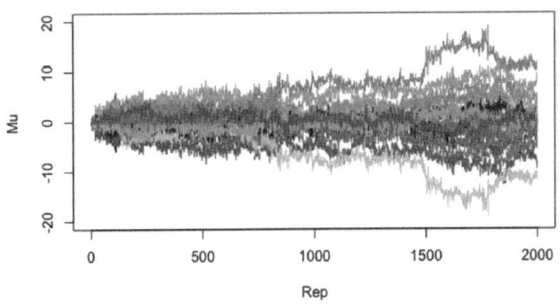

그림 10-12 아직 수렴되지 않은 HB 추적 그래프. 1,500번 반복부터 그래프의 스케일이 증가하며 개별 항목에 대한 추정 선이 평평하지 않고 일관된 값에 중심을 두지 않는다. 이러한 추적 그래프에서는 HB 반복을 10,000번 또는 20,000번 더 실행해야 한다.(해당 그림은 411페이지에서 컬러로 확인할 수 있다.)

HB 수렴에 대한 더 자세한 내용과 공식적인 수렴 테스트에 대해서는 10.5절을 참조하라.

10.3.5 다음 단계

MaxDiff 연구를 실행한 후의 단계는 일반적으로 다음과 같다.

1. 이해관계자에게 결과를 해석해 전달한다. 결과가 해석이나 교육 없이 이해되기 어렵기 때문에 원시 결과를 공유하는 것은 권장하지 않는다.

2. 남아 있는 선호도에 대한 질문을 해결하기 위해 정성적 연구를 진행한다. 결과에 예상치 못한 점이 있다면, 정성적 인터뷰를 통해 이를 명확히 할 수 있다.

3. 잠재 클래스 분석LCA, Latent Class Analysis을 고려해, 다른 그룹과는 다른 유사한 패턴을 가진 의미 있는 그룹이 있는지 조사한다(10.5절 참조).

10.4 핵심 포인트

10장에서는 독특한 설문 방법, 특화된 통계 모델, 실험적인 R 코드에 대해 다뤘다. 핵심 포인트는 다음과 같다.

- 기능, 이점, 메시지, 방해 요소 또는 사용 사례 목록을 우선순위로 정하고자 할 때, MaxDiff를 고려할 가치가 있다(10.2.1절).
- MaxDiff는 개발 초기 단계에서 작업하는 퀀트 UXR에게 유용한 도구다. 기능 제품의 로그 분석이나 다른 방법으로는 해결할 수 없는 많은 문제에 대해 적당히 고급 통계 방법을 사용해 흥미로운 통찰을 제공할 수 있다(10.3.1절).
- MaxDiff는 일반적인 리커트 척도 평가 및 순위 매기기 방법보다 강력한 측정 속성을 가진 추정치를 제공하기 때문에 더 선호된다(10.1.3절).
- MaxDiff는 약 10개 이상의 항목 목록, MaxDiff 항목을 지원하는 설문 플랫폼, 그리고 설문 플랫폼 또는 R이나 다른 언어로 작성된 사용자 정의 코드의 추정 방법을 필요로 한다.
- HB 추정은 표본 전체(상위 모델)와 각 응답자(하위 모델)에 대한 결과를 제공한다. 이는 응답 분포를 조사하는 데 도움이 되며, 잠재적으로 세분화 또는 타기팅에 사용할 수 있다(10.3.4.5절).
- 응답자의 품질은 표본 크기보다 훨씬 더 중요하다. 응답자가 대표성을 가지며 태스크에 주의를 기울였는지 확인할 수 있다면, MaxDiff는 적은 표본으로도 효과적이다(10.2.2.5절). 온라인 표본의 경우 N=200 정도부터 시작하며, 대면 표본은 훨씬 더 작을 수 있다.
- 항목의 명확성과 응답자의 이해도를 위해, 그리고 사용자 정의 코드를 사용하는 경우 코드를 테스트하기 위해 항상 사전 테스트를 수행해야 한다(10.2.3.1절).

10.5 더 알아보기

10장에서는 MaxDiff 설문 작성에 대한 실용적인 조언, 기본 통계 모델에 대한 논의, MaxDiff 데이터를 분석하기 위한 R 코드를 포함해 광범위한 자료와 개념을 다뤘다. 각 분야에는 더 깊이 배울 수 있는 방대한 문헌이 있다. 안타깝게도, 선택 모델에 관한 문헌은 지나치게 수학적이고 불필요하게 복잡한 경우가 많다. 다음의 안내가 각자의 관심사에 맞는 수준에서 시작할 수 있도록 도와줄 것이다.

MaxDiff 실습: UX 연구 응용을 위한 MaxDiff에 대한 친절한 소개는 러스터[Luster][87]에서 제공한다. 실무자들이 MaxDiff를 사용할 때 가장 유용한 참고 자료는 키스 크리잔[Keith Chrzan]과 브라이언 오르메의 『Applied MaxDiff』[33]이다. 이 책은 산업 현장에서 MaxDiff 연구의 실질적인 구현과 분석에 중점을 둔다. 그 외에도, Sawtooth Software Conference(현재는 Analytics & Insights Summit으로 알려짐)는 매년 공식 논문집을 발행하며, 이 논문집에는 MaxDiff 모범 사례에 대한 흥미로운 지침, 확장, 논의가 포함된 여러 논문이 있다. 이 논문집은 온라인에서 무료로 제공된다[125]. 연례 콘퍼런스는 실습 교육을 제공하며, 일반적으로 선택 모델링 분야에서의 실무자 및 학계의 발전을 보여 준다. MaxDiff에 대한 기술적인 참고 자료로는 조던 루비에르[Jordan Louviere]와 동료들의 『Best−Worst Scaling』[84]이 있다. 루비에르는 MaxDiff를 발명한 사람이다.

MNL 모델: MNL 모델에 관한 문헌은 풍부하다. 시작점으로는 R 동반서[25]의 13.3절을 참고할 수 있다. 이 절은 주로 컨조인트 분석에 중점을 두고 있지만, 수학적으로는 동일한 모델이다. 기술적인 부분은 힐베[Hilbe]의 『Logistic Regression Models』[60]의 11장을 참고할 수 있다. 다음 단락에서 다룰 HB 참고 문헌에서도 MNL 모델을 다루고 있다.

HB 모델: HB 모델에는 두 가지 별개의 측면이 있다. 첫 번째는 혼합 효과 모델로 알려진 계층적 측면이며, 두 번째는 베이지안 추정 측면이다. 이 두 측면은 R 동반서[25]의 9.3절, 9.4절, 13.5절에서 소개된다. 케네스 트레인[Kenneth Train]의 책 『Discrete Choice Methods with Simulation』[140]은 MaxDiff의 파생물인 일반적인 이산 선택 모델의 모든 측면을 읽기 쉽게 (기술적이긴 하지만) 다루고 있다. 여기에는 HB와 다른 추정 방법이 포함된다.

세분화 및 잠재 클래스 분석: MNL과 HB 추정은 일반적으로 응답자 집단이 다변량적 의미에서 정규 분포를 따른다고 가정한다. 일부 응답자는 특정 항목에 대한 관심이 높거나 낮을 수 있지만, 이들의 선호는 전체 응답자들 간의 공통 분포에 매핑된다. 여기서 고려해야 할 질문은 '응답자들이 공통 분포의 일부가 아니라, 체계적으로 다른 선호 집합을 가진 별개의 그룹에서 왔다면 어떻게 될까?'이다.

애널리스트들은 MaxDiff에서 나온 개별 추정 값에 클러스터링 방법을 적용해 이러한 질문을 탐구하기도 한다. 이는 일반적인 클러스터링 방법(참고: [25]의 11.3절 또는 [127]의 10.3절)으로 수행될 수 있다. 그러나 개별 추정 값은 노이즈가 있을 수 있어, 더 나은 방법은 잠재 클래스 분석이다. 잠재 클래스 분석은 선택 응답 자체에서 체계적인 패턴이 있는지 조사하며, 클러스터를 식별하면서 동시에 항목 효용값을 추정한다.

잠재 클래스 분석과 선택 데이터(컨조인트 분석 및 MaxDiff에 적용 가능)에 대한 일반적인 소개는 라마스와미Ramaswamy와 코헨Cohen의 연구[110]를 참조할 수 있다. Sawtooth Software 사용자는 『Latent Class Manual』[104]을 참조할 수 있다. 다항 선택 데이터의 잠재 클래스 분석을 위한 R 패키지는 gmnl 패키지[121]다.

컨조인트 분석: 선택 기반 컨조인트 분석은 경쟁 시장에서 제품 가격, 기능 선호도, 시장 수요 등과 같은 질문을 결정하는 데 인기 있는 기술이다. MaxDiff가 기능 목록 등을 다루는 반면, 컨조인트 분석은 브랜드, 여러 기능, 가격과 같은 여러 무작위 속성을 결합한 제품 중에서 응답자가 선택하게 하는 방식으로 작동한다. 기본 논리, 수학, 개념, 설문 방법은 컨조인트 분석과 MaxDiff에서 매우 유사하거나 때로는 동일하다. MaxDiff가 유용하다면, 컨조인트 분석도 유용할 것이다. 시작점으로는 R 동반서[25]의 9장과 13장, 그리고 실무자에게 친숙한 브라이언 오르메의『Getting Started with Conjoint Analysis』[106]를 추천한다.

10.6 예제

다음 예제들은 MaxDiff 설문을 개발하고 실행하는 과정을 안내할 것이다. 예제 1, 2, 3은 저자 크리스가 구글 내부에서 가르친 수업에서 진행한 활동과 유사하다. 예제 4, 5는 R에 능숙한 독자를 위한 것이다. 이러한 문제들은 모델이 어떻게 작동하는지, 그리고 설문 응답자의 부주의한 응답과 같은 노이즈 데이터에서 무엇을 기대할 수 있는지를 이해하는 데 도움이 될 것이다.

1. 관심 있는 주제에 대해 직접 MaxDiff 설문을 작성해 보라. 질문 헤더를 정확하게 작성하고, 상호 비교할 항목 리스트를 브레인스토밍하라. 이를 설문 도구에 구현해 보라(Sawtooth Software와 Conjointly는 각각 무료 체험을 제공한다). 몇 가지 아이디어로, 음식 선호도, 아파트 편의 시설, 직장 혜택, 휴가 갈 곳, 좋아하는 영화, 직장에서의 재미있는 이벤트 활동, 최고의 미국 대통령, 사회 문제(정치에 관한 질문은 신중하게 해야 한다는 점을 명심하라) 등을 참고하라.

2. 친구나 가족 몇 명에게 설문을 테스트하고 '소리내어 생각하기' 프로토콜을 사용하라 [100]. 설문을 실제로 실행하기 전에 무엇을 변경하고 싶은가?

3. 10명 이상의 응답자를 대상으로 설문을 실행하라. 설문 플랫폼에서 제공된 방법이나 10장에서 설명한 방법을 사용해 효용 값을 추정하라. 결과가 무엇을 알려 주는가? 놀라운 점이 있는가?

4. 중간 수준의 코드. 10장의 R 파일 부록에 있는 코드를 수정해 다른 문제에 대한 MaxDiff 데이터를 시뮬레이션하라. 선호도 계수를 시뮬레이션하는 데 사용된 값을 변경하고 새 데이터를 생성하라. 결과를 추정하라. 결과가 설정한 예상 값과 얼마나 잘 일치하는가?

5. 고급 수준의 코드. 예제 4의 시뮬레이션 데이터에 무작위 응답을 추가하고 모델을 다시 추정하라. 1N의 무작위 응답을 추가했을 때(예: N=200이면 무작위로 답한 N=200 추가) 모델이 얼마나 잘 작동하는가? 5N의 무작위 응답(즉, N=1000 추가)은 어떤가? 10N은? 무작위 응답이 추가된 효과로 인해, 원래 시뮬레이션된 값을 회복할 수 없는 지점이 어느 정도인가?

4

조직 및 커리어

4부의 각 장에서는 퀀트 UX 리서치를 위한 조직 관련 이슈를 다룬다. 11장에서는 퀀트 UXR로 리서치 팀을 구성하는 일반적인 패턴을 살펴본다. 특히 UX 매니저라면 다양한 조직 모델의 장점과 단점을 주의 깊게 살펴보기를 권한다. 11장은 업계에 처음 입문하는 신입뿐만 아니라 직무를 바꾸거나 이직하려는 독자라면 다양한 조직 구조를 이해하는 데 도움이 될 것이다.

12장에서는 퀀트 UXR이 일반적으로 어떤 방식으로 채용되는지 설명한다. 지원자와 인터뷰어 양측 모두의 인터뷰 경험을 개선할 수 있는 조언을 공유한다.

이어서 13장에서는 프로덕트 개발팀에서 퀀트 UXR이 매주 동료들과 어떻게 협력해 업무를 수행하는지에 대해 자세히 설명한다. 13장은 업계에 처음 입문하는 신입이라면 팀에서 리서치가 어떻게 의사결정에 영향을 주는지 이해하는 데 도움이 될 것이다. 경험이 많은 실무자에게는 이해관계자와의 관계를 파악하고 잠재적인 위험 요소를 진단하며 함정에 빠지지 않도록 하는 데 유용한 통찰을 제공한다.

14장에서는 시간적 범위를 넓혀 개인의 커리어 발달 과정을 살펴본다. 커리어를 선택할 때 개인의 성향과 목표를 고려하는 것이 중요하다는 점을 강조하며, 거의 다뤄진 적 없는 매우 고위 직급의 커리어 레벨에 대해 설명한다.

마지막으로, 15장에서는 향후 10년간 퀀트 UX가 나아갈 수 있는 방향에 대한 전망을 제시한다.

11

UX 조직

2장에서는 UX 조직과 테크 기업의 다른 조직 간의 관계에 대해 설명했다. 이제 UX 조직 자체의 구조와 그 안에 퀀트 UX를 배치하는 일반적인 모델을 살펴보고자 한다. 우리가 판단하기에 잘 운영되는 패턴과 잘 운영되지 못하는 패턴이 몇 가지 있다. 11장에서는 각 조직 모델에 대한 찬반 논리를 간략하게 설명한다.

여기서의 조직 모델은 대기업과 같은 대규모 조직에 적용된다. 구성원이 15명인 스타트업은 이렇게 복잡한 구조를 갖기 어렵다. 하지만 현재 일하고 있는 조직이 대규모 조직이 아니더라도 이 조직 모델을 알아두는 것이 도움이 된다. 지금 몸담은 조직이 성장할 수도 있고, 이직할 수도 있으며, 여기서 설명하는 문제점들이 다른 모델에서 발생하거나, 대규모 조직을 상대로 컨설팅 업무를 수행할 수도 있으므로 그 조직 운영을 이해하는 것이 업무에 도움이 될 것이다.

여기서 다루는 조직 모델은 완벽하게 규정할 수 있는 대상은 아니며, 존재하는 UX 조직의 수만큼이나 다양한 변형이 있을 수 있다. 그럼에도 불구하고 11장에서 설명하는 차이점, 장점, 함정은 모든 조직 모델에 걸쳐 나타난다. 11장에서 논의하는 내용은 이러한 모델의 다양한 요소가 서로 다른 방식으로 결합된 경우에도 충분히 유용하게 적용될 수 있다.

11.1 일반적인 UX 조직 모델

2장에서 설명한 대로 UX 팀은 일반적으로 UX 디자이너와 UXR로 구성되며, UX 라이터, UX 프로듀서, UX PM과 같이 다른 직군도 포함될 수 있다.

UX 그룹을 구성하는 두 가지 일반적인 모델은 직무를 중심으로 한 조직과 제품을 중심으로 한 조직이다. 직무 중심 모델role-centric model에서 디자이너는 디자인 매니저에게, 리서처는 리서치 매니저에게 보고하며 다른 직군도 이와 유사하게 보고한다.

여러 명의 디자인 또는 리서치 매니저가 있을 수 있으며, 이들은 모두 UX 디렉터(크리에이티브 디렉터 또는 UX 부사장 등 다른 직함을 가질 수 있음)에게 보고한다.

제품 중심 모델product-centric model에서 UX 담당자는 서로 다른 UX 직무가 속한 포드pod에서 일한다. 포드의 구성원은 모두 하나의 제품에 관한 업무를 진행한다. 포드에는 프로그램 매니저, UX 라이터 또는 프론트엔드 엔지니어와 같은 다른 직군을 포함해 몇 명의 디자이너와 리서처가 함께 일한다.

11장의 두 모델은 개별적으로 설명돼 있지만 실제로는 중복될 수 있다. 예를 들어, 직무 중심 팀에 리서처를 배치해 제품 중심의 여러 전문 분야를 다루는 포드에서 업무를 수행하도록 할 수 있다. 이 경우 여기서 논의하는 장단점은 조직의 권한이 어디에 있는지에 따라, 즉 채용, 제품 의사결정, 성과 리뷰, 평가 등에 대한 조직의 기본 패턴과 밀접하게 연관된 조직 구조에 따라 적용될 수 있다.

이러한 조합을 극단적으로 설명하자면, 퀀트 UXR이 서로 다른 분야를 담당하는 여러 관리자에게 보고하는 매트릭스 조직이 가장 복잡한 경우라고 할 수 있다. 예를 들어, 리서치 전문성은 퀀트 매니저에게, 사용자 경험에 대한 기여도는 UX 디자인 매니저에게, 제품 의사결정에 대한 책임은 PM에게 보고하는 등의 방식으로 퀀트 UXR이 업무를 수행할 수 있다. 실제로는 이러한 UXR 모델을 본 적은 없지만 이 경우, 목표가 상충되는 상황이 발생할 가능성이 매우 높다.

11.1.1 직무 중심 조직

직무 중심 모델role-centric model에서는 각 직무가 동일한 직무의 관리자에게 보고한다. 예를 들어, UXR은 UXR 매니저에게 보고한다. 이는 UX 직무에만 국한된 것이 아니라 대부분의 업계에서 가장 일반적인 모델이다. 변호사와 회계사는 파트너 변호사와 회계사에게, 군인과 부사관은 상급 장교에게, 소프트웨어 개발자는 엔지니어링 개발 매니저에게, 매장 직원은 매장 책임자에게 보고한다. 일반적인 직무 중심의 UX 조직도는 그림 11-1에 나와 있다.

이 모델의 가장 큰 장점은 매니저와 보고 담당자가 모두 UXR의 직무에 대해 잘 알고 있다는 점이다. 매니저는 해당 직무의 기술적 요구 사항과 기대치를 깊이 이해하고, 이를 강력하게 지지하며, 성과 검토 시 기여도를 파악하고, 예산 및 채용과 같은 조직의 요구 사항에 대한 심층적인 경험을 갖고 있을 것으로 기대할 수 있다. 마찬가지로 팀원들도 매니저의 업무 경험을 바탕으로 성향을 파악할 수 있고, 이상적인 경우 매니저로부터 스킬을 배울 수 있다.

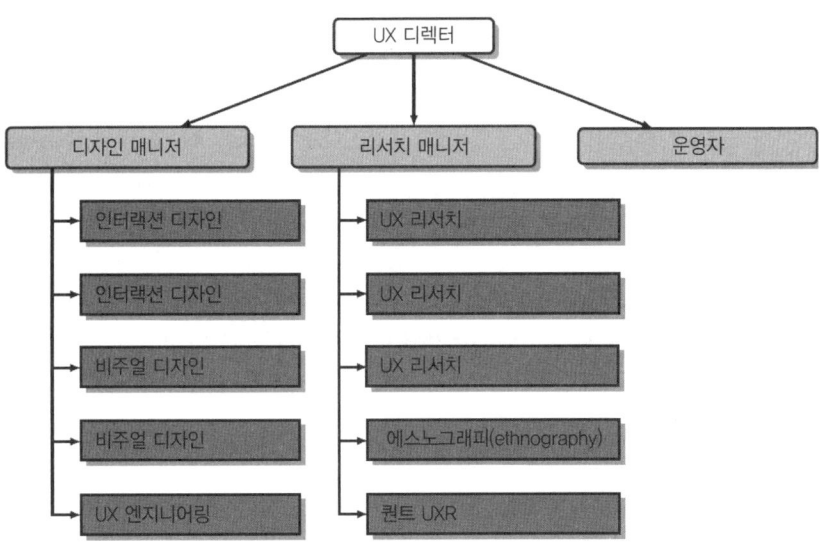

그림 11-1 퀀트 UX가 여러 제품(또는 한 제품의 여러 영역)을 담당하는 대규모 UX 리서치 팀에 상주하는 일반적인 직무 중심 UX 조직

그러나 분명히 드러나지 않는 단점도 있다. 첫째, 겉으로 보이는 직무의 유사성으로 인해 백그라운드, 스킬 또는 기대치의 중요한 차이를 모호하게 만들 수 있다. 리서치 매니저가 모

든 분야의 전문가가 될 수는 없으며, 매니저가 해당 직무를 지나치게 좁게 보거나 자신의 전문성을 과대평가해 직속 상사가 자신과 별 차이가 없다고 생각할 위험이 있다. 다른 백그라운드를 가진 매니저가 더 개방적이거나 호기심이 많을 수도 있다.

둘째, UX 리서처들이 직면하는 과제들은 매니저의 리서치 전문성을 요구하는 경우가 많지 않다. 오히려 특정 시점에 어떤 리서치 프로젝트가 가장 큰 영향을 미칠 가능성이 있는지 판단하는 등 조직의 민첩성과 영향력 있는 대응이 더 필요하다. 매니저가 동일한 역할(UXR) 출신일 경우, 조직적 문제를 간과하고 직무의 기술적인 측면에 지나치게 많은 시간을 할애할 위험이 있다.

셋째, 리서치 팀은 문제나 전략적 요구 사항을 심도 있게 연구하는 기초 연구에 더 많은 시간을 할애할 수 있다. 이 세 번째 우려는 리서치 팀에만 해당되는 것으로, 이를테면 리서치 팀은 사용자 세그먼트 또는 페르소나의 니즈와 행동을 보다 깊이 있게 이해하고 설명하기 위한 심층 프로젝트에 참여하기도 한다. 또한, 사용자 그룹과 지속적으로 소통하며 사용자의 요구 사항과 제품 사용 패턴을 추적하거나, 행동 지표를 종합적으로 검토하고 제품에 대한 추적 스코어 카드를 구축하는 장기 프로젝트를 수행하는 경우도 있다.

'저 프로젝트는 정말 멋지네요! 저도 참여하고 싶어요'라고 생각할 수 있다. UXR들은 이런 종류의 프로젝트를 좋아한다. 주의할 점은 이러한 프로젝트가 제품에 어떤 영향을 미칠지, 이를테면 제품 의사결정에 중요한 정보를 제공하는 것과 같은 명확한 목표 없이 프로젝트를 진행해서는 안 된다는 것이다. UXR 팀은 일단 개인적인 흥미를 끄는 프로젝트를 시작하고 나중에 어떤 식으로든 제품의 의사결정에 영향을 미치기를 기대하기 쉽다. 이는 매우 위험하다(디자인 프레임워크나 예측 가능한 제품 비전에 너무 많은 노력을 기울이는 UX 디자인 팀도 비슷한 패턴을 보이는 경우가 있다).

11.1.1.1 직무 중심 조직의 퀸트 UXR

직무 중심 조직role-centric organization에서 퀸트 UXR은 일반적으로 전체 UXR 팀의 일원으로서 일반 UXR과 함께 보고하는 경우가 많다. 규모가 매우 큰 조직의 경우는 모든 리서처가 퀸트 UXR인 별도의 퀸트 UXR 팀이 따로 존재할 수도 있다.

이러한 상황에서 퀀트 UXR의 장점과 단점은 앞서 설명한 일반적인 사항의 심화된 버전으로 볼 수 있다. 퀀트 UXR은 이 환경에서 자신의 업무에 대한 이해도가 더 높을 것이다. 또한, 정성적 리서치와 정량적 리서치가 결합된 프로젝트를 수행하는 데 있어 일반 UXR과 협력하기가 더 쉬울 것이다.

하지만 UXR 팀에서 퀀트 UXR은 자신의 기여도에 대해 다른 UXR만큼 제대로 이해받지 못할 수도 있다. 일반 UXR은 UX 디자이너와 직접 협력하는 경우가 많지만, 퀀트 UXR은 PM이나 경영진과 소통하는 경우가 더 많다. 이러한 차이로 인해 UXR 매니저는 혼란을 겪을 수 있으며, 일반 UXR에 비해 퀀트 UXR의 기여도를 평가하는 것은 어렵다. 일반 UXR은 사용성 리서치나 현장 조사와 같은 리서치를 기반으로 제품에 직접적인 변경 사항을 제안하는 경우가 많다. 따라서 제품에 대한 '영향력'을 입증하고(14.3.2절 참조) 매니저로 하여금 그 성과를 이해하도록 하는 것이 상대적으로 더 쉬울 수 있다. 퀀트 UXR은 일반 UXR에 비해 매니저가 자신의 업무를 이해할 가능성이 낮으므로 이 모델에서는 상대적으로 불리하다.

스택 랭킹stack ranking[1] 실시와 같은 대규모 조직의 성과 평가 모델에 따라 리서처들 간에 경쟁이 발생할 수도 있다(14.3.1절 참조). 이는 과장하거나 경솔한 보고서를 제출하거나, 자신의 통계를 부풀리기 위해 불필요한 리서치를 진행하는 등 비생산적인 활동을 야기할 수 있다. 최악의 경우, 자신의 실적을 올리기 위해 동료의 보고서를 비판하는 등의 적대적인 행위로 이어질 수도 있다.

11.1.1.2 성공적인 직무 중심 조직을 위한 참고 사항

직무 중심 UXR 모델에 대한 전반적인 견해는 이상적인 모델은 아니지만 현실적으로 실행 가능한 모델이라는 것이다. 관리 및 조직의 관점에서 볼 때, 성공의 핵심 요소는 주요 제품 목표와 긴밀하게 연계해, 팀이 제품에 대한 의사결정에 영향을 미치는 중요한 결과를 제공하고 있는지, 아니면 단순히 알면 좋지만 제품 자체에 큰 영향력은 없는 결과를 제공하는지 판단하는 데 세심한 주의를 기울이는 것이다.

---

1 업무 성과를 수치화해 이를 토대로 구성원들의 성과 순위를 매기는 인사 평가 방식을 말한다. – 옮긴이

동시에 리서치 팀과 함께 장기적인 계획을 수립하는 것도 중요하다. 간단한 프로젝트의 경우 약 1개월부터 시작해 복잡한 프로젝트의 경우 3~6개월까지 상당한 시간이 소요되므로 수준 높은 리서치를 계획, 수행, 보고하는 데는 충분한 시간이 요구된다.

팀 매니저는 고위 임원진 및 수평 관계의 이해관계자들과 함께 명확한 목표치를 설정하고, UXR 팀의 우선순위가 수시로 바뀌지 않도록 관리해야 한다.

개별 퀀트 UXR의 관점에서 핵심적인 사항은 프로젝트가 제품의 중요한 의사결정과 연계되도록 하는 것이다. 프로덕트 팀과 긴밀한 소통과 협의 없이 장기적인 기술 프로젝트에 착수하는 것은 위험하다. 이러한 모델에서는 팀에서 적어도 한 명 이상의 일반 UXR과 긴밀하게 협력하는 것이 좋다. 이러한 파트너십이 있으면 둘 이상이 함께 일하기 때문에 이해관계자의 참여도가 높고, 업무 자체와 조직적 문제(예: 성과 검토 또는 예산 요청)에 대해 피드백을 줄 수 있으며 신뢰할 수 있는 파트너를 확보할 수 있다. 더 중요한 것은 프로젝트에 서로 다른 리서처의 여러 관점과 방법이 결합될 때 더 좋은 리서치가 된다는 것이다.

다시 말해, 좋은 리서치에는 시간과 협업이 수반된다는 것이다. 조직은 UX 리서치가 잘 활용되지 못한 채 단순히 '대기on-call' 서비스 수준에 머무르는 상황에 만족하지 못한다는 점을 인식할 필요가 있다.

11.1.2 제품 중심 조직

제품 중심 모델product-centric organization('UX 포드' 중심이라고도 함)에서 가장 하위 수준의 UX 팀은 제품 개발에 필요한 다양한 스킬에 따라 구성된다. 예를 들어, UX 팀에는 한두 명의 디자이너와 리서처가 있고, UX 라이터, 프로그램 매니저 또는 기타 UX 직무가 함께 속해 있을 수 있다. 이 그룹은 디자인 또는 리서치 경력이 있는 UX 매니저가 관리한다. 팀은 일과 업무에서 제품 의사결정 및 실행을 담당하는 한두 명의 PM 또는 엔지니어와 긴밀히 협력한다. 일반적인 제품 중심 조직도는 그림 11-2에 나와 있다.

이 모델의 가장 큰 장점은 직군 간에 모든 UX 업무가 긴밀하게 협력하며, 제품 개발에 직접적으로 관여한다는 것이다. UXR은 디자이너와 PM으로부터 리서치 질문을 받아, 일상적으로 리서치에 참여하고, 사용자 세션을 관찰하며, 리서치 결과를 활용해 제품에 관한 의사결정을 내릴 수 있도록 지원한다. 따라서 이 모델은 리서치 기능이 제품 개발의 흐름과 긴밀하게 연결돼 있는 구조로, 제품 조직의 궁극적인 목표, 즉 제품 개발에 적합한 모델이라고 할 수 있다.

이 모델은 우리가 가장 선호하는 모델이다. 통합된 팀이기 때문에 제품에 긍정적인 영향을 가져올 가능성이 가장 높고, 일과 중에 긴밀하게 협력함으로써 가장 빠른 업무 속도를 보이며, 팀원들로부터 가장 큰 만족도를 이끌어 낼 수 있다. 각자의 직무 수행 능력을 향상시키는 동시에, 합의된 공동의 목표를 중심으로 불필요한 경쟁 없이 각 개인의 성과가 팀 전체의 성과로 연결되기 때문이다.

그러나 사람, 제품, 고객, 조직이 완벽할 수 없으므로 완벽한 모델은 없다. 이 모델에서도 몇 가지 일반적인 문제가 발생하곤 한다. 첫째, 서로 다른 직군 간에 일관되지 않은 기대치가 있을 수 있으며, 이는 일상적인 P2P^{Peer to Peer} 모델에서는 해결하기 어렵다. 예를 들어, 디자이너는 리서처가 제품의 지속적인 변화를 조사하는 사용성 연구를 반복적으로 수행하기를 기대하는 반면, 리서처는 그러한 업무가 불필요하거나 지나치게 상세하거나 리서치의 질적 기준(예: 바로 얻을 수 있는 사용자 샘플의 퀄리티나 규모)에 부합하지 않는다고 생각할 수 있다.

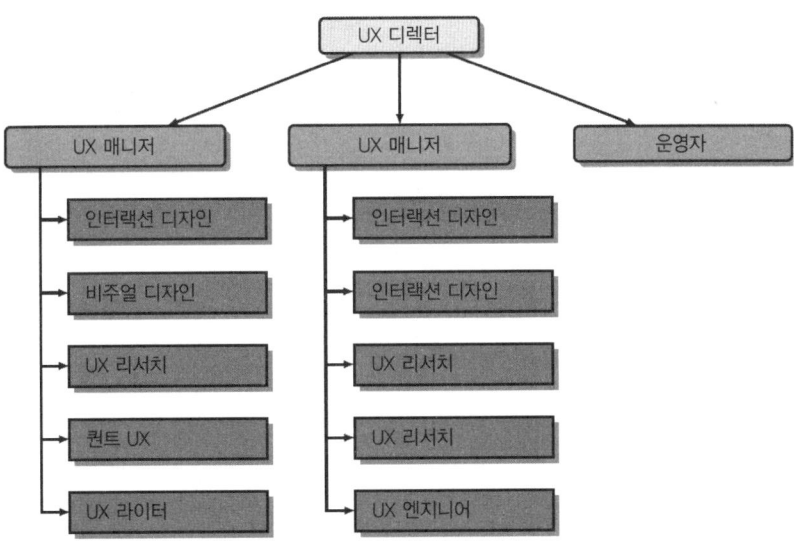

그림 11-2 전형적인 제품 중심(UX 포드) 조직으로, 퀀트 UX는 단일 제품(또는 제품 내 특정 부분)을 지원하는 다학제적인 UX 팀에 속해 있다. 퀀트 UXR이 디자인, 프로덕트 엔지니어링, 의사결정에 밀접하게 관여할 수 있기 때문에 바람직한 모델이라고 할 수 있다.

둘째, 팀원들의 경험과 직급^{job level}이 서로 다르기 때문에 목표가 상충될 수 있다. 디자이너가 디자인에 대한 즉각적인 피드백을 원하는 이전 사례를 생각해 보자. 리서처의 직급이 상대적으로 높다면 더 큰 규모의 장기 프로젝트를 관리하는 것을 훨씬 더 선호할 것이다. 하지만 디자이너들은 더 높은 차원의 제품 전략을 도출하는 리서치로부터는 실질적인 도움을 받지 못할 수도 있다.

셋째, UX 포드의 긴밀한 팀 내 협업은 필연적으로 제품 성공에 대한 높은 책임감으로 이어진다. 이것이 문제가 되는 이유는, 리서치 결과에 있어서 긍정적 결과를 기대할 수 있는 데이터에만 집중하고 부정적인 결과를 암시하는 데이터는 경시하기 쉽기 때문이다. 반복적으로 수행되는 디자인 리서치 사례로, 제품의 인터랙션 문제를 검증하는 사용성 테스트를 가정해 보자. 각 리서치가 완료될 때마다, 리서처는 디자인 개선을 위한 인사이트를 담은 결과물를 제시하게 된다.

그러나 리서치에서 더 중요한 발견은, 사용자 불편이나 실패가 반복적으로 나타나는 일관된 패턴으로 인해 디자인이나 제품의 본질적 가치가 제한적임을 시사하는 결과일 수 있다. 이는 긴밀한 유대감을 가진 팀에서는 공유하기 어려운 내용으로 자칫 팀을 기만하는 행위로 간주될 수 있다. 리서처는 이러한 대립 또는 갈등의 위험을 피하고 대신 더 '긍정적인' 제안을 강조하는 편이 훨씬 더 쉽다고 느낄 것이다.

마지막으로 고려해야 할 점은 UX 포드 내에서 특정 직무를 맡은 리서처가 해당 역할의 유일한 담당자인 '싱글톤^{singleton}'일 수 있다는 사실이다. 이런 경우 유사한 업무를 수행하는 퀀트 UXR 동료가 주변에 존재하지 않을 수도 있다. 이것이 단점인지 장점인지는 개인과 상황에 따라 달라질 수 있으나 UX 업무를 이제 막 시작한 사람에게는 단점이 될 수 있다. 시니어 리서처나 더 많은 자율성과 책임을 원하는 주니어 리서처에게는 장점이 될 수도 있다. 어떤 경우든 퀀트 UXR은 더 큰 조직이나 업계에서 자신의 직무와 관련된 다른 이들과 활발히 교류할 것을 강력히 추천한다.

11.1.2.1 제품 중심 조직의 퀀트 UXR

퀀트 UXR의 경우, 이 직무의 성공 여부는 팀원들이 퀀트 UXR의 역할과 가치를 얼마나 잘 이해하고, UXR의 전문성을 기꺼이 받아들일 준비가 있는지에 크게 좌우된다. 다른 팀원들이 퀀트 UXR에게 단순히 데이터 쿼리 등을 통해 질문에 즉각적으로 응답하는 역할을 기대한다면 이는 유능한 리서처에게는 큰 불만과 좌절로 이어질 수 있다.

반면에 UX 포드 조직은 퀀트 UXR에게 가장 보람 있는 환경이 될 수 있다. 팀의 의사결정권자와 리서치 과제에 대해 긴밀하게 소통할 수 있기 때문이다. 이러한 구조에서는 일반 UXR과 협력해 서로의 관점을 보완하고 사용자와 제품 솔루션에 대한 팀의 이해를 강화시키는 정성적, 정량적 통합형 프로젝트를 수행할 기회가 주어진다. 포드의 리서치 및 디자인 작업이 신속히 진행된다는 것은 UXR의 업무가 제품에 직접 반영되는 비율이 상대적으로 높다는 의미이기도 하다.

또한, UX를 비교적 처음 접하거나 중앙 집중화된 대규모 조직에서 근무한 경험이 있는 퀀트 UXR의 경우, 포드 구조는 제품 개발 및 다른 직무를 더 깊이 있게 이해할 수 있는 기회를 제공하기도 한다. 포드에서 PM, 디자이너, 엔지니어, 정성적 UXR과 직접 소통하며, 다른 조직 모델보다 훨씬 더 심도 있게 각자의 업무를 이해할 수 있게 될 것이다. 이러한 경험은 커리어 전반에 걸쳐 큰 도움이 된다.

11.1.2.2 성공적인 제품 중심 조직에 관한 참고 사항

제품 중심 조직은 UX 팀이 가장 선호하는 구조다. 하지만 성과가 보장되는 것은 아니며 팀원과 관리자를 위한 몇 가지 권장 사항이 있다.

우선 이 모델은 구성원들 간의 소통하고 협력하는 방식에 따라 크게 달라지는데, 구성원들은 프로답고, 자율적이며 자신의 영역에서 전문성을 갖춰야 한다. 다른 팀원의 전문성을 존중하고 그들에게 충분한 자율성을 부여해야 한다. 따라서 지배적이거나 배려가 부족하고 자기 중심적인 팀원이나, 다른 팀원의 영역임에도 자신의 전문성을 과대평가하는 팀원을 배치하기에는 적절한 구조가 아니다. 관리자는 팀원들을 포드에 배치하기 전에 그들의 커뮤니케이션 스타일을 신중하게 고려하는 것이 좋다. 팀원들은 자신의 태도나 업무 방식에 대해 가능한 한 솔직해야 한다. 이러한 팀은 협업과 상호 보완적인 스타일을 선호하는 사람들이 함께 일하도록 권유받기 때문에 대부분 자체적으로 구성하는 것이 가장 이상적이다.

UX 포드 모델의 핵심 과제 중 하나는 권태나 정체 현상이 발생하지 않도록 주의 깊게 살피는 것이다. 성과가 높은 사람, 특히 성과가 높은 시니어 팀원의 경우 더 복잡하고 도전적인 프로젝트에 참여할 기회를 기대하기 마련이다. 이를 위해 팀 전체가 대규모 프로젝트에 도전하도록 독려하거나, 시간이 흐름에 따라 팀원들을 다양한 프로젝트에 순환 배치하는 것도 한 가지 방법이 될 수 있다.

시간이 지나면서 팀원들의 퇴사, 제품 출시 후 업무 필요성 감소 또는 성장에 따른 인력 충원 등으로 인해 팀이 변화함에 따라 또 다른 문제가 발생할 수 있다. 새로운 팀원은 기존 팀에 잘 적응하지 못할 수도 있고, 오래된 팀원은 변화를 싫어할 수도 있다. 제품 출시, 전략 변경, 채용, 승진, 이직 등의 일반적인 변화 타이밍을 고려할 때 한 팀이 2년 이상 동일한 상태로 지속되는 일은 드물다.

이러한 팀 환경에서 퀀트 UXR의 성공을 위한 가장 중요한 요소는 동료의 업무에 대해 적극적으로 배우고, 그들로부터 흥미롭고 중요한 리서치 기회를 이끌어 낼 수 있는 관계를 구축하는 것이다. 이는 의사결정에 실질적인 영향을 미치는 리서치 프로젝트로 이어질 것이다.

보고서와 결과물에서는 리서치를 최대한 간결하게 작성하고, 기술적으로 어려운 내용으로 동료들에게 깊은 인상을 주려는 것은 지양해야 한다. 이해관계자와 결과를 공유하기 전에 팀원들에게 미리 보여 주고 피드백을 받는 것이 좋다. 이러한 사전 공유는 결과가 공식적으로 발표되거나 널리 확산될 때 발생할 수 있는 오해나 예기치 않은 반응을 줄이는 데 도움을 준다.

11.2 퀀트 UXR을 위한 기타 조직 모델

앞서 설명한 두 가지 모델, 즉 직무 중심의 UX 리서치 팀과 다학제적인 UX 포드는 경험상 가장 일반적인 모델이라고 할 수 있다. 11.2절에서는 분석 기술에 초점을 맞춘 두 가지 대안 모델에 대해 설명한다. 이 모델에서는 퀀트 UX 리서치를 자체적인 팀 또는 더 큰 규모의 분석 팀 내에 배치한다.

11.2.1 중앙 집중식 퀀트 UX 리서치 팀

중앙 집중식 퀀트 UX 리서치 팀은 11.1.1절에서 고려한 직무 중심 UX 리서치 팀과 유사하다. 두 가지 차이점이 있는데, UXR이 여러 명 섞여 있는 대신 퀀트 UXR로 팀을 구성하고, 여러 제품 또는 회사 전체의 모든 제품을 담당하는 업무를 한다는 점이다. 이 모델은 일반 리서치 팀의 장점을 강화하고 심화된 과제에 도전하는 체제다. 일반적인 중앙 집중식 조직도는 그림 11-3에 나와 있다.

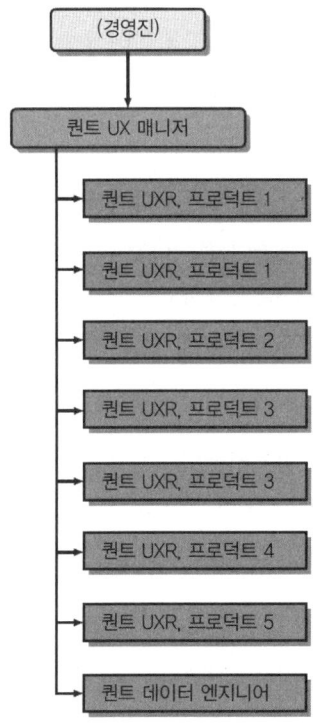

그림 11-3 여러 제품을 지원하는 중앙 집중식 퀀트 UX 조직. 이 모델은 긴밀한 기술 협업의 기회를 제공하지만 대규모 제품 개발 조직의 요구 사항을 충족시키기 어려울 수 있다.

이 모델의 장점은 퀀트 UXR 간의 높은 수준의 이해, 지원, 상호 교류가 원활하다는 점이다. 팀은 자체적으로 고유한 문화를 개발하고 시간이 지남에 따라 그 문화에 맞춰 성장할 수 있다. 이는 팀이 담당하는 제품에 대한 기대치를 긍정적으로 형성할 수 있다. 또한, 팀은 퀀트 UX 리서치 문제와 질문에 대한 일관된 프레임을 구축하고 퀀트 UX 리서치에 가장 적합한 과제를 선별할 수 있는 능력을 향상시킬 수 있을 것이다. 마찬가지로, 팀원들은 시간이 지남에 따라 관심 있는 제품이나 문제를 더 유연하게 선택할 수 있게 된다. 팀의 다양한 스킬을 통해 광범위한 리서치 요구 사항에 대한 전문성을 제공할 수 있다.

중앙 집중식 모델에서는 제품 전반에 걸쳐 퀸트 UX 리서치에 대한 수요가 팀이 지원할 수 있는 범위보다 훨씬 더 많을 수 있다. 팀이 가장 중요하고 성과가 높은 과제를 선택할 수 있어 팀의 만족도가 높아질 것이다. 또한, 팀의 확장이 필요할 때 이를 쉽게 주장할 수 있다.

이 모델의 가장 큰 문제점은 퀸트 UXR이 개별 제품의 세세한 요구 사항 및 일반 UX 리서치와 단절돼 있다는 것이다. 어떤 제품을 지원할지 결정하고 제품 요구 사항에 따라 팀의 스킬과 업무량을 어떻게 조정할지에 대해 지속적인 갈등이 발생할 가능성이 높다. 이는 광범위한 제품 영역과 이해관계자를 대응하면서 프로젝트의 우선순위와 예상되는 성과를 파악해야 하는 관리자에게 많은 부담을 주며, 조직적 상황과 관련된 문제에 대해 팀원들을 코치하는 데 한계가 있을 수 있다. 어떤 제품이나 프로젝트는 다른 것들보다 팀원들에게 훨씬 더 매력적으로 보일 수 있으며, 어떤 프로젝트는 퀸트 UXR의 기여와는 거의 무관하게, 눈에 띄는 '성과'의 정도가 더 클 수 있다.

이 모델은 퀸트 UXR을 일반 UXR과 분리하기 때문에 직무 수행에 있어서 결국 '퀸트', 즉 정량적이라는 측면이 UX 및 리서치 관점보다 더 강조될 수 있다. 또한, 이 구조는 퀸트 UXR이 자신의 전문적 스킬 영역에서 점차 더 높은 수준의 기술적 전문성을 개발해 서로 차별화를 추구하도록 유도하는 경향이 있다. 이는 팀원에게는 보람되고 매력적일 수 있지만, 팀과 더 큰 조직을 위해 가장 중요한 유연성과 장기적인 성과를 갖다줄지는 의문이다. 이 책에서 여러 번 언급했듯이, 퀸트 UXR은 먼저 본질적인 UX 문제에 대한 리서치 스킬을 갖추고, 그다음으로 퀸트 방법론에 대한 전문성의 깊이를 갖추는 것이 좋다.

11.2.1.1 중앙 집중식 퀸트 UX 리서치 팀을 위한 참고 사항

케리는 이 모델에 따라 구글 최초의 퀸트 UXR 팀을 관리했으며, 이 모델은 퀸트 UX 리서치를 처음 도입하는 기업에게 적합하다. 퀸트 UXR의 업무 기대치를 설정하고 초기 수요를 충족하는 동시에 기업의 필요에 맞게 직무를 발전시킬 수 있기 때문이다. 마찬가지로, 이 모델에서는 동료를 통해 세심한 멘토링, 적응, 스킬 습득의 기회를 얻을 수 있기 때문에 퀸트 UXR이 해당 직무나 업계에 처음 들어선 경우 좋은 환경이 될 수 있다.

이 모델은 시간이 지남에 따라 재편성돼야 한다. 어떤 시점에 이르면 중앙 집중식 팀을 해체하고 개별 제품 영역에 분산 배치하는 것이 합리적일 수 있다. 특히 UX 전반에 걸쳐 더 밀접하게 연계해 업무를 진행해야 하는 경우 조직을 개편해야 할 필요가 있다(11.1.2절 참조).

중앙 집중식 퀀트 조직 관리

중앙 집중식 퀀트 UXR 팀을 관리할 때는 다양한 제품 팀으로부터 상충하는 요구에 대해 리서치 리소스 범위(즉, 인력과 시간)를 어떻게 배정할지 고민하는 것이 가장 중요하다. 고위 임원진과 함께 프로젝트 선정과 업무 분장에 관해 명확한 가이드라인과 간소화된 의사결정 프로세스를 개발하는 것이 좋다.

'간소화'를 강조하는 이유는 '인테이크intake' 같은 양식을 통해 조직의 요구 사항을 수집하는 길고 복잡한 프로세스를 개발하는 것이 더 매력적으로 보일 수 있기 때문이다. 하지만 안타깝게도 이러한 인테이크 프로세스의 좋은 의도에도 불구하고 종종 부정적인 결과를 초래하는 경우가 있다. 이는 퀀트 UXR이 온디맨드on-demand 서비스라는 사실을 팀에게 암묵적으로 전달한다. 요청자는 대규모 리서치 프로젝트의 가치와 구조를 이해할 가능성이 낮으며, 간단한 데이터에 대한 즉각적인 요청을 하기 때문에 인테이크 프로세스는 종종 팀으로 하여금 중대하고 장기적인 리서치보다는 일상적인 실시간 분석에 집중하게 한다.

더 나은 프로세스는 이해관계자와 직접 소통해 그들의 니즈를 파악한 다음, 팀의 리서치 설계 전문성을 기반으로 팀원들의 고유한 스킬을 고려해 리서치 프로젝트를 제안하는 것이다. 이 과정은 조직의 규모에 따라 퀀트 UXR 매니저에게 매우 부담스러울 수 있다. 이상적으로는 프로젝트의 일관성을 유지하고, 퀀트 UXR과 일반 UXR 간의 파트너십을 고려해 프로젝트를 배정하기 위해, 광범위한 UX 리서치의 우선순위 설정 프로세스 중 하나로 진행되기도 한다.

또한, 각 팀원은 한 번에 하나의 제품 영역에만 배정되는 것이 좋다. 특히 팀에서 여러 명의 퀀트 UXR이 각자의 전문성을 융합할 수 있도록 여러 제품에 배정되는 매트릭스 형태의 모델은 지양하는 것이 좋다. 이는 기술적 측면의 이유와 팀원 간의 관계 때문이다. 기술적 측면에서는 어떤 제품이든 퀀트 UXR이 숙달해야 하는 고유한 과제를 갖고 있다. 예를 들어, 제품 로그의 구조, 코드나 사용자 인터페이스의 세부 사항, 사용자 피드백을 수집하는 방법

등은 제품마다 다르며 깊이 있는 이해가 요구된다.

관계 측면에서는 퀀트 UXR은 PM, 디자이너, 일반 UXR, 엔지니어, 테스트 담당자, UX 라이터, 경영진 등 다양한 이해관계자와 긴밀히 소통해야 한다. 퀀트 UXR이 두 가지 이상의 제품 영역에 배정되면 충분한 소통을 하면서 업무를 수행하기 어렵기 때문이다.

필요한 기술적 역량의 수준(예: 제품 로깅 인프라의 복잡성)에 따라 다르겠지만, 팀에 배정되는 최소한의 합리적인 기간은 최소 6개월 이상이어야 한다. 특별히 최대 기간은 없지만, 로테이션을 통해 UXR의 경험을 다양화하고, 제품에 새로운 분석 방법을 도입해 새롭게 갱신할 수 있는지 고려해 볼 필요가 있다.

개별 퀀트 UXR을 위한 참고 사항

중앙 집중식 조직에 속한 퀀트 UXR 에게는 두 가지 추천 사항이 있다. 첫째, 이 모델이 계속 지속될 것이라고 여기면 안 된다는 것이다. 같은 팀의 동료뿐만 아니라 조직 내 다른 제품 팀에 속한 동료들과도 관계를 구축하길 바란다. 특히 일반 UXR 그리고 UX 매니저와 친분을 쌓아야 한다. 팀이 해체되거나 팀을 변경하길 원할 경우 이러한 인맥은 다음에 어떤 선택을 할지 고민하는 데 도움을 주고, 더 나아가 새로운 포지션을 제안받을 수도 있다.

둘째, 일반 UX 리서치가 어떻게 운영되는지 최대한 많이 배우는 것이다. 추후 일반 UX 리서치 팀이나 UX 포드에 합류할 때 이러한 지식이 도움이 될 것이다. 퀀트 UX 리서치 직책이 따로 없는 조직에 입사할 가능성도 있는데, 이 경우 일반 UXR 포지션에 지원할 수 있다. 가능하다면 일반 UXR과 협업하는 것 외에도 사용성 랩 스터디usability lab study와 같은 정성적 리서치 세션qualitative research session에 참관할 수 있는지 기회를 살피는 것도 추천한다. 리서치 방법론과 결과를 도출하는 방식에 대해 배울 수 있다. 관찰 경험을 쌓은 후 직접 정성적 연구를 진행해 보는 것이 가장 이상적이다(14.5.1절 참조).

11.2.2 데이터 사이언스 또는 애널리틱스 팀의 퀀트 UX

두 번째 스킬 중심skills-oriented 팀 모델은 퀀트 UXR이 전담 분석 팀의 일원이 되는 경우다. 이러한 팀에는 데이터 사이언티스트, 비즈니스 애널리스트, 프로덕트 애널리스트, 마켓 애널리스트, 마케팅 리서처 및 유사한 직무의 담당자들이 합류할 수 있다. 애널리틱스 팀 조직도의 예시는 그림 11-4에 나와 있다.

하지만 이러한 조직은 퀀트 UXR에게 적합하지 않다고 판단된다. UX 리서치는 이러한 팀 구조에서 성장하거나 성과를 낼 가능성이 낮으며, 팀 자체가 더 큰 조직과 불안정한 관계를 맺게 될 가능성이 높다. 결국 단순한 데이터 사이언스 또는 비즈니스 애널리틱스 팀으로 남게 될 것이다.

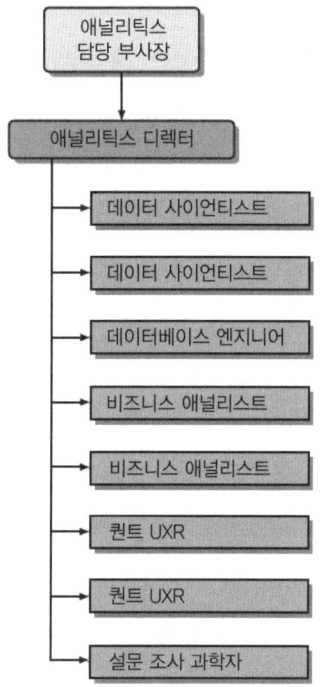

그림 11-4 퀀트 UXR을 하나의 전문 분야로 하는 전형적인 분석 조직이다. 이 모델은 일반적으로 UX 리서치의 인간 중심적 접근 방식을 강조하지 않기 때문에 퀀트 UXR에게 적합하지 않다.

이러한 조직은 기술적 방법론을 공유하고 상호 보완적인 접근 방식을 가질 수 있기 때문에 종종 매력적으로 보일 수 있다. 예를 들어, 퀀트 UXR과 데이터 사이언티스트 모두 제품 로그에 대한 통계적 모델링을 수행할 수 있다. 퀀트 UXR은 사용자 니즈에 초점을 맞추고, 데이터 사이언티스트는 비즈니스 니즈에 초점을 맞추는 방식으로 진행할 수 있다.

문제는 이 모든 직무가 데이터에 액세스하고 일종의 분석 또는 통계 모델링을 수행한다는 피상적인 유사성만을 강조한다는 점이다. 이는 회계와 소프트웨어 개발이 모두 수학과 키보드를 사용하기 때문에 한 팀에 있어야 한다고 말하는 것과 비슷하다. 3.4절에서 언급했듯이, 비즈니스 애널리스트와 데이터 사이언티스트는 인간 행동 리서치 및 관련 실험 설계 기술에 대해 깊이 있는 지식을 갖고 있지 않을 가능성이 높다. 이들은 UX 리서치 전문가와는 다른 종류의 질문을 다루며, 다른 분야의 이해관계자에게 인사이트를 전달한다.

11.2.2.1 데이터 사이언스 또는 애널리틱스 팀의 퀀트 UX를 위한 참고 사항

퀀트 UX 리서치는 데이터 사이언스나 비즈니스 애널리틱스 팀에 배치하지 않는 것이 좋다. 두 직군은 배경, 기대치, 업무 경험, 스킬, 조직에 영향을 미칠 수 있는 경로가 매우 다르다. 따라서 이러한 조직 구조는 장기적으로 안정적이지 못할 것이다.

그러나 단기적으로 이를 중앙 집중식 퀀트 UX 팀의 일시적인 상위 조직으로 볼 수 있다(11.2.1절 참조). 이 점을 염두에 두고 여기에 제시된 제안을 따라 UX 관계자들과 네트워크를 구축하고, 궁극적으로 팀을 분리해 퀀트 UXR이 일반 UXR과 긴밀하게 협력하는 방식을 고려하거나 더 나아가 그런 조직 구조를 계획하는 것이 좋다. 팀 매니저 입장에서는 초기에는 중앙 집중식 팀의 성공적인 운영을 바탕으로 추후에 제품 팀 내 제품과 연계해 세분화된 하부 조직을 만드는 것이 더 가치 있는 결과를 얻을 수 있다.

애널리틱스 팀의 퀀트 UXR의 경우, 이 경험을 바탕으로 데이터 사이언스 또는 비즈니스 애널리틱스 직무로 전환할지 여부를 생각해 보는 기회로 삼을 수 있다. 이러한 분야는 퀀트 UX 리서치와는 다른 스킬을 중시하지만, 훌륭한 커리어 선택지 중 하나가 될 수 있다. 그러나 퀀트 UXR 직무를 지속하고자 한다면 기회를 봐서 팀을 옮기면서, 앞서 중앙 집중식 팀에 대해 언급한 것처럼 네트워크를 구축하고 스킬을 향상시키는 것이 좋다.

11.3 퀀트 UXR 매니저를 위한 조언

퀀트 UXR 매니저를 위해 앞서 언급한 제안 사항에 덧붙여 몇 가지 추가할 내용이 있다.

가장 중요한 것은 퀀트 배경 지식이 없더라도 퀀트 UXR 조직을 관리하는 능력에 대해 걱정하지 않아도 된다는 점이다. 이 책 전체에서 강조하듯이, 퀀트 UXR은 일반적으로 다양한 UX 리서치와 UX 담당자를 의미한다. 우리는 종종 자신의 역량이 퀀트 UXR을 관리하기에 적합한지 염려하는 UX 매니저와 이야기를 나누곤 하는데, 항상 '그렇다'고 대답한다.

좀 더 구체적으로 말하면, 퀀트 UXR은 또 다른 퀀트 UXR, 엔지니어링 또는 데이터 사이언스 분야의 동료, 온라인 자료로부터 기술적인 도움을 받을 수 있다. 매니저에게 필요한 것은 주요 의사결정 포인트를 파악하고, 훌륭한 파트너가 될 수 있는 이해관계자를 찾고, 결과물을 효과적으로 전달하는 것이다. 더 나아가 무작위로 발생하는 업무, 방해가 되는 실시간 요청, 가치가 낮은 업무로부터 팀원들을 보호하는 것이다.

11.3.1절에서는 매니저가 퀀트 UXR을 지원할 수 있는 추가적인 방식에 대해 설명하고자 한다. 개별 퀀트 UXR의 경우 이러한 내용을 통해 경영진의 기대치를 가늠하고 자신을 더 잘 어필할 수 있다.

11.3.1 이해관계자 및 데이터에 대한 접근 권한

큰 조직의 퀀트 UXR은 데이터에 접근하거나 주요 이해관계자인 경영진과 소통하는 데 어려움을 겪는 경우가 많다. 유능한 UX 매니저는 이러한 문제에 도움을 줄 수 있다.

이해관계자와의 소통은 네 가지 주요 시점에서 매우 중요하다. 첫째, 리서치 문제를 명확히 할 때, 둘째, 최종 결과물에 대해 사전에 의견을 받을 때, 셋째, 최종 결과물을 검토하고 이해할 때, 넷째, 퀀트 UXR의 성과에 대한 코멘트 등 피드백을 제공할 때다. 리서치가 '선반 위의 보고서shelf report'가 되는 경우가 너무 많다. 즉, 보고서는 제공됐지만 파일에 보관돼 가치를 발휘하는 못하는 보고서가 되는 것이다. 이는 리서치 질문을 명확히 하는 데 퀀트 UXR이 관여하지 않거나, 결과를 보고할 때 이해관계자의 요구를 고려하지 않는 등 퀀트 UXR과 이해관계자 간의 단절된 소통으로 인해 발생하는 경우가 많다(이 문제에 대한 자세한 내용은 13.2.1절에서 설명한다).

UX 매니저는 퀀트 UXR이 경영진과 소통해 리서치 프로세스에 대해 질문하고 예상되는 기대치를 설정할 수 있도록 해야 한다. 이해관계자에게 요구해야 할 사항과 기대할 수 있는 예상 결과물을 명확하게 전달하는 것이 좋다. 예를 들어, UX 매니저는 다음과 같이 보고할 수 있다. '이 과제는 2개월 정도 소요될 것 같습니다. 질문 사항과 결과물을 어떻게 활용할 것인지에 대해 설명할 수 있는 시간을 마련하겠습니다. 4주 후에 예상 결과물과 함께 추가 질문이 있는지 확인할 수 있도록 하겠습니다. 그러고 나서 약 2주 후에 최종 결과물이 나올 것으로 예상합니다.'

이 시점에서는 퀀트 UXR에게 프로세스를 관리하도록 맡길 수 있다. 퀀트 UXR이 경영진에게 보고하는 일정을 계획하고 결과물을 직접 발표할 수 있도록 해야 한다. 이후 매니저는 지체 없이 경영진에게 피드백을 요청할 수 있어야 하며, 긍정적인 피드백이 있으면 이를 퀀트 UXR에게 전달하거나 성과 검토 시간까지 잘 정리해 두고, 부정적인 피드백이 있으면 현재 진행 중인 이슈일 경우 바로 해결할 수 있도록 해야 한다.

이와 관련이 있는 또 다른 문제는 데이터에 대한 접근 권한이다. 퀀트 UXR이 겪는 데이터에 관한 두 가지 문제는 데이터가 없는 경우와 데이터에 접근할 수 없는 경우다. 데이터의 부재는 조직적 문제를 반영하는 것일 수도 있다. 자세히 살펴보면, 제품 로그와 같은 데이터를 수집하려면 소프트웨어 엔지니어링과 같은 다른 부서의 협력이 필요하지만, 해당 부서에서는 이러한 작업의 우선순위가 낮을 수 있다. 대신 제품 기능 개발이나 출시와 같이 보상을 받을 수 있는 업무에 집중할 가능성이 높다. UX 매니저는 데이터 수집의 중요성에 대해 경영진의 승인을 받아 다른 부서와 협력해 문제를 해결할 수 있다. 예를 들어, 소프트웨어 엔지니어링 팀에 업무 시간이 부족하다는 문제가 있다면 퀀트 UXR에게 엔지니어링 업무의 일부를 담당하게 하는 것이 한 가지 해결책이 될 수 있다. 이러한 제안을 하기 전에 퀀트 UXR의 스킬과 해당 업무에 대한 관심도를 파악하기 위해 반드시 상의할 것을 권한다.

데이터 접근 권한은 엔지니어링 시스템의 승인뿐만 아니라 개인 정보 보호, 데이터 스토리지, 데이터 리텐션 등에 관한 기업 정책에 의해 제한되는 경우가 많다. 퀀트 UXR이 접근하고 싶은 데이터가 있는데 그 권한이 없는 경우가 종종 있다. 권한을 달라고 요청하면 복잡하다는 대답이 돌아올 것이다. 좋은 분석은 데이터 탐색에서 시작되는 경우가 많은데, 퀀트 UXR이 접근해야 하는 데이터 항목을 정확히 알지 못할 수도 있다. '모든 데이터에 대한 접근access to everything'이라는 포괄적인 권한은 너무 광범위해, 공개적으로 거부되거나 심지어 불가능할 수도 있다(예: 데이터가 의도적으로 식별화되지 않은 키로 여러 시스템에 분산돼 있어 병합할 수 없는 경우).

이러한 문제에 대한 해결책은 조직, 제품, 질문에 따라 매우 다양하다. 다만, 유능한 매니저도 데이터 액세스를 통해 퀀트 UXR을 지원할 수 있다는 점 외에는 딱히 다른 해결책을 제시하지 못한다. 첫째, 매니저는 상황을 파악하고 이해관계자와 소통해 기대 사항을 명확히 해야 한다. 둘째, 매니저는 데이터 액세스의 중요성을 알리는 등 가능한 한 많은 조직 차원의 업무를 맡아서 수행하고, 퀀트 UXR이 리서치에 집중할 수 있도록 지원해야 한다.

11.3.2 무작위 요청 차단

좋은 리서치를 수행하기 위해서는 문제에 대해 사고하고, 솔루션을 탐색하고, 코드를 작성하고 수정하고, 분석과 결과 전달 과정을 반복하고, 그 과정에서 이해관계자와 소통하고, 마지막에 결과를 보고하기까지 충분한 시간이 필요하다. 매니저가 리서치에 관여하는 가장 위험한(의도는 좋을 수 있지만) 방식 중 하나는 즉각적인 요청으로 인해 이러한 프로세스를 단축하는 것이다.

다음은 흔히 발생하는 상황이다. UX 매니저가 사용자에 대해 궁금한 점을 질문하는 임원을 만났다고 가정해 보자. 임원은 'A 기능을 사용하면 B 기능에 대한 참여율이 증가하나요?'라고 질문할 수 있다. 매니저는 이 질문을 가져와 퀀트 UXR에게 분석해 달라고 요청하며, 임원의 질문이기 때문에 영향력과 인지도 측면에서 '큰 기회'라고 덧붙인다. 이 상황에서 퀀트 UXR은 이 요청을 받아들이는 것 외에는 다른 선택지가 없다고 볼 수 있다.

곰곰이 생각해 보면 이 상황에 대해 몇 가지 사실을 알 수 있다. 첫째, 임원의 질문은 단순한 추측일 수 있으며, 답변에 필요한 업무의 양을 알지 못할 가능성이 높다. 둘째, 해당 질문이 왜 중요한지 또는 어떤 의사결정에 영향을 미칠 수 있는지에 대해 명확하지 않다는 것이다. 따라서 이 상태에서의 리서치는 기본 가설이나 비즈니스 요구 사항을 제대로 파악하기 어렵다.

셋째, '사용usage' 그리고 누구를 '사용자user'로 집계할지, '참여engagement'란 무엇인지, 'A 기능'과 'B 기능'의 의미는 무엇인지, '유도leads to...'의 의미는 무엇인지, 그리고 어느 수준까지 영향력의 크기로 평가해야 할지 등 개념 정의와 가설이 전혀 명확하지 않다. 넷째, 퀀트 UXR이 이 질문에 대해 업무를 수행할 경우 진행하지 못할 다른 업무(기회 비용)에 대한 고려가 전무하다. 이 요청의 우선순위는 얼마나 높을까?

마지막으로, 질문에 대한 답변이 어떤 영향을 미칠지 여부는 순전히 추측에 불과하다. 그 중요성을 파악할 수 없을 뿐만 아니라 부정적인 결과가 어떻게 해석될지도 전혀 알 수 없다. 답변 결과를 '우리가 파악한 바에 따르면 아무런 영향이 없다'라고 가정해 보자. 시간 낭비로 인식되지 않을까? 임원에 대한 암묵적인 반박으로 받아들여지지 않을까? 퀀트 UXR이 무능하다는 신호로 여겨지지 않을까?

유능한 퀀트 UXR은 데이터 정의, 문제 명확화, 인과관계 입증을 위한 요건 등을 확립해야 할 필요성에 대해 진지하게 받아들인다. 이로 인해 임원의 즉각적이고 단순한 질문이 대규모 프로젝트로 이어질 수 있다. 하지만 범위, 우선순위 또는 수행 가능한 업무에 대한 명확한 사전 설명 없이 결과를 약속하면 퀀트 UXR, 매니저 또는 임원이 모두 실망할 수밖에 없는 결과를 초래할 가능성이 높다. 결국 시간 낭비, 프로젝트 중단, 퀀트 UXR의 사기 저하 등의 결과를 예상할 수 있다. 이러한 상황을 무작위 배정randomization이라고 한다.

그렇다면 매니저는 어떻게 해야 할까? 이러한 요청에 답을 주는 결과를 약속하는 대신 그 중요성에 대해 명확하게 '정말 중요한가? 결과물이 어떻게 활용될 것인가?'라고 문의해야 한다. 또한, 매니저는 답을 얻기 위한 업무 수행 시 예상되는 장단점과 잠재적 결과물에 대해서도 임원에게 전달해야 한다. 더불어 좋은 리서치가 어떻게 이뤄지는지도 인식시켜야 한다. 결과를 얻는 데 한 달이 걸린다고 가정해 보자. 그래도 괜찮은가? 인력을 배치할 가치가 있는가? 결과를 얻기 위해 팀이 다른 프로젝트를 중단해야 하는가?

대부분의 경우 임원은 그 질문이 그다지 중요하지 않다고 대답하고 요청을 중단할 것이다. 어떤 경우에는 본질적인 과제가 중요하다는 사실을 알게 되기도 한다. 이는 즉각적 피해를 방지할 뿐만 아니라 팀 차원에서 더 큰 성과를 거둘 수 있는 긍정적인 효과를 가져온다. 질문을 잠시 접어 두고, 그 필요성을 평가하고 지속 가능한 속도로 세부 사항을 검토한 후 해당 질문이나 유사한 요청에 답변할 수 있도록 준비함으로써 후에 임원을 만족시킬 수 있는 방안을 고민해 볼 수 있다.

만약 고위 임원진이 퀀트 UXR이 가용 데이터를 활용해서 이러한 질문에 즉시 대응하길 기대한다면 이는 퀀트 UXR 팀이 적합하지 않은 선택일 수 있다. 해당 질문에 있어서는 리서치 팀보다는 비즈니스 애널리틱스 팀이 더 적합하다는 신호일 수 있다(3.4절 참조).

11.3.3 성장의 기회

퀀트 UXR은 비교적 새로운 직군이고 정립된 커리어 경로가 거의 없기 때문에 퀀트 UXR과 그 매니저의 커리어 개발은 다소 불확실하게 느껴질 수 있다. 각 퀀트 UXR 개인별로 상황에 맞춰 경로를 고민하고 구축해야 한다. 14장에서 더 자세히 설명하겠지만, 현재 조직 구조의 상황에서 몇 가지 일반적인 견해를 살펴보고자 한다.

첫째, 더 규모가 크고 장기적인 프로젝트의 기회를 늘릴 수 있도록 찾아보기 바란다. 퀀트 프로젝트는 종종 역피라미드 구조로 생각하는 것이 도움이 된다. 즉 기반 작업(로그 엔지니어링, A/B 테스트, 설문조사 인프라 등)이 이후 점점 더 폭넓은 응용과 분석을 가능하게 한다는 것이다. 예를 들어, 인과관계 모델링을 로그에 적용하고, 탄탄한 실험 플랫폼 위에 다변량 테스트를 개발하며, 연속적인 설문 조사 작업에서 세그먼테이션, 시장 선호도, 기타 분석을 단계적으로 수행할 수 있다.

퀀트 UXR이 프로젝트 오너십과 일상 업무의 자율성을 갖기 위해서는 작업 기간이 길수록 효과적일 수 있다. 이 제안의 요지는 기반이 마련되지 않은 상태에서 이른바 '상위 스택higher stack' 작업에 착수하는 것은 매우 신중해야 한다는 것이다. 예를 들어, 사전 조사 기반 없이 세그먼테이션 프로젝트에 바로 뛰어드는 것은 위험할 수 있다.

둘째, 11장의 앞부분에서 언급했듯이 퀀트 UXR은 이해관계자와의 소통 및 프레젠테이션과 관련해 가능한 한 많은 노력을 해야 한다(13장 참조). 다른 직군이 자신의 리서치 결과를 발표하는 동안 퀀트 UXR은 한편에 조용히 앉아 있는 모습을 너무 자주 봤다. 개인적인 성향이 그렇다 하더라도 적극적으로 이해관계자와 소통하기 위해 노력하는 것이 좋다. 퀀트 UXR 스스로 잘 알겠지만, 이는 사용자 데이터 및 분석의 정확도를 높일 뿐만 아니라, 향후 업무를 위한 더 높은 차원의 질문을 이끌어 낸다. 또한, 성과 검토 및 승진의 위한 눈에 띄는 평가에도 도움이 된다.

셋째, 회사 전체 또는 외부의 활성화된 커뮤니티에 참여하기를 추천한다. 특히, 강의와 출판은 흔히 과소평가되거나 추천하지 않는 경우가 많은데 매우 가치 있는 활동이라고 할 수 있다. 퀀트 UXR의 경우, 강의와 출판을 통해 더 높은 수준의 이해와 지식을 얻을 수 있다. 또한, 정서적으로도 보람을 느낄 수 있다.

잘 알려지지 않은 사실이지만, 강의와 출판이 기업과 제품 군에 엄청난 이점을 갖다주기도 한다. UXR의 스킬이 향상되면 더 높은 수준의 리서치와 제품에 대한 더 정확한 의사결정으로 이어지기 때문이다. 새로운 스킬을 습득하고 기존 작업에서 오류나 미흡한 부분을 발견할 가능성이 높아진다. 내부 동료나 외부 인사들 사이에서 긍정적인 평판을 얻으면 팀이 인재를 채용하는 데 도움이 되기도 한다. 독자 혹은 청중의 피드백이나 콘퍼런스 참석을 통해 외부 아이디어에 노출되면 새로운 접근 방식, 기술, 잠재력에 대해 배울 수 있다.

자주 묻는 질문이 있다. '어떻게 출판을 할 수 있나요? 우리 데이터는 독자적인 데이터이고, 경쟁사에 우리 방법론을 공개하고 싶지 않아요.' 이에 대한 답은 두 가지다. 첫째, 여러 학회와 저널은 이러한 관행에 익숙해져서 데이터를 가릴 수 있도록 허용한다. 경험상 콘퍼런스는 특히 업계 참여를 장려하기 때문에 이러한 상황에 유연하게 대처할 수 있다. 둘째, 진정으로 혁신적인 방법은 거의 없으며, 공개에 따른 위험은 피드백, 동료들의 리뷰, 업계 다른 이들과의 상호 교류를 통해 얻을 수 있는 이점에 비해 항상 거의 낮다고 생각한다. 또한, 경쟁사보다 앞서가는 퀀트 UXR이라면 그러한 참여로부터 더 많은 혜택을 누릴 수 있다. 이미 앞서 나가는 상태에서 가속도가 붙는다면, 조직에 긍정적인 영향을 미칠 것이다. 강의와 출판을 하고자 한다면 개인의 퀀트 UXR 직무 만족도 측면 그리고 조직의 능력 및 사용자 중심주의 측면, 모두에 긍정적으로 기여할 것이라는 강한 확신이 전제돼야 한다.

11.3.4 영향력 입증에 관한 도움말

퀀트 UXR의 공통적인 관심사는 제품에 대한 '영향력impact'을 입증하는 것이다. 영향력이란 기여자가 제품의 디자인, 출시, 시장 포지션 또는 성공에 영향을 미치는 정도를 나타내는 모호한 용어다. 일반 UXR의 경우 영향력은 흔히 UX 디자인과의 협업에서 발생한다. UXR은 디자인에 대한 사용자 피드백을 전달하고, 디자이너는 이를 통해 제품 UI를 수정함으로써 '영향력'을 갖게 된다.

퀀트 UXR의 경우 이와 유사한 프로세스가 가끔 발생하지만, 프로세스가 분산돼 있고, 영향을 받는 당사자들이 디자이너보다 제품 구현에 대한 직접적인 책임이 적은 경우가 더 많다. 예를 들어, 퀀트 UXR은 제품에 대한 사용자의 참여도가 감소하고 있다는 증거를 PM에게 제공할 수 있다. PM은 동료 PM, 디자이너, 엔지니어, 경영진과 함께 이러한 추세에 대해 논의한다. 얼마 후 참여도를 높이기 위해 새로운 기능이 출시된다. 그때쯤이면 이미 많은 의견이 쏟아져 나왔을 것이고, 퀀트 UXR의 기여는 잊힐 수도 있다. 퀀트 UXR이 영향을 미쳤는가? PM과 다른 동료들로부터 인정과 지원을 받았는가?

유능한 매니저는 여러 가지 방식으로 퀀트 UXR이 영향력을 입증할 수 있도록 도와야 한다. 먼저, 매니저는 프로젝트 선정 과정을 지원해야 한다(11.3.2절 참조). 또 다른 방식으로는 프로젝트 완료 직후에 퀀트 UXR의 파트너를 상대로 퀀트 UXR의 기여도에 대해 의견을 묻는 조사를 주기적으로 실시하는 것이다. 퀀트 UXR이 PM에게 '몇 달 후에 리뷰를 제출할 수 있는데 지금 의견을 주시겠습니까?'라고 묻는 것은 어색할 수 있다. 하지만 이는 매우 합리적인, 아니 거의 당연한 요청일 것이다.

성과 리뷰와 관련된 영향력에 대해서는 14.3.1절에서 자세히 설명할 것이다.

11.3.5 방해하지 않기

매니저에게 마지막으로 권하고 싶은 사항은 퀀트 UXR을 믿고 그들이 제 역할을 하도록 내버려두라는 것이다. UX 매니저가 의도치 않게 퀀트 UXR을 힘들게 하는 몇 가지 포인트를 파악할 수 있었다.

한 가지 문제는 즉흥적인 가상 질문을 던지는 것이다. 이에 대해서는 11.3.2절에서 설명했다. 결과를 판단할 때, '이것은 X 때문이지 않을까?' 하며, 단순한 호기심으로 퀀트 UXR에게 그 관계를 살펴볼 것을 요청하는 것은 흔한 일이다. 하지만 이는 잘못된 관행이다. 무작위로 근거 없는 리서치를 선정하는 것이고, 매니저가 예상하는 것보다 훨씬 더 많은 시간이 소요되며, 일반적으로 의미 없는 결과이거나 더 나쁜 거짓 결과를 생성할 수 있다. 정말 중요한 질문이라면 새로운 리서치 과제로 취급하고, 다른 업무와 함께 놓고 우선순위를 정해야 한다. 정말 중요하지 않다면 묻지 말아야 한다.

또 다른 흔한 문제는 UX 매니저가 본인이 잘 아는 분야에 대해서 마이크로매니징micro managing하는 것이다. 특히, 설문 조사 설계에서 이런 문제가 자주 발생한다. 설문 조사는 그리 특별한 기술이 아니기 때문에 누구나 좋은 설문을 작성할 수 있다. 누구라도 문구와 새로운 질문을 제안할 수 있다. 하지만 삼가야 한다. 대신 사용자를 상대로 정성적 사전 테스트를 하도록 지원해야 한다. 이렇게 하면 매니저의 의견이 아닌 사용자 관점에서 설문 조사를 개선할 수 있다.

마지막으로, 리서치 계획, 기술적 접근 방식 또는 분석 방법을 지시하지 말아야 한다. 퀀트 UXR이 계획과 분석을 스스로 해야 한다. 동시에 그 방법론을 관심 있게 바라보길 바란다. 분석이 어떻게 이뤄지는지 묻고 분석에 대한 이해를 명확히 해야 한다. 그래야 UX 매니저로서의 업무가 더 효율적일 것이고, 퀀트 UXR도 매니저의 관심에 대해 고마움을 표할 것이다.

11.4 핵심 포인트

이제까지 퀀트 UX 리서치를 위한 몇 가지 조직 패턴과 그 장단점을 살펴봤다. UX 팀의 구조는 더 큰 단위의 조직에 의해 결정될 수 있지만, 퀀트 UXR이 더 긴밀하게 제품 파트너십을 형성하고, 더 효율적으로 만족하며 일할 수 있는 방식이 분명히 있다. 가장 좋은 시나리오는 UX 또는 리서치 매니저가 이 책에서 권장하는 구조 중 하나를 실행할 수 있는 것이다.

표 11-1에는 각 모델의 장단점이 요약돼 있다. 완벽한 모델은 없지만 일반적으로 가장 효과적인 모델은 제품 중심의 UX 포드 방식이라고 생각한다. 조직에서 기존 직무 중심 모델을 사용하는 경우에는 어떻게 제품에 대한 퀀트 UXR의 영향력을 보여 줄지, 어떻게 기술적 멘토링과 동료를 지원할 수 있는 방법을 제공할지 신중하게 고려해야 한다.

표 11-1 일반적인 퀀트 UXR 조직 모델의 장단점

퀀트 UXR 조직 모델 구조	주요 장점	주요 단점
직무 중심 팀 (기존 방식)	UX 리서치 전반에 걸친 긴밀한 협업	제품에 대한 영향력을 보여 주기 어려움
다학제적 제품 중심 팀 (UX 포드)	명확한 리서치 문제 정의 및 제품에 대한 영향력	팀의 업무 부담에 대한 관리의 어려움
중앙 집중식 UXR 팀	긴밀한 기술적 협력 및 멘토링	다른 UX 리서치 및 제품 팀과의 단절
데이터 사이언스 또는 애널리틱스	기술적 유사성에 대한 피상적인 기대 충족	리서치도 UX도 아닌 결과를 낳을 수 있음

어떤 조직 모델에서든 퀸트 UXR은 일반 UXR뿐만 아니라 흥미롭고 중요한 질문을 제시하는 PM, 더 나아가 조직 전체(또는 업계 전반)의 다른 퀸트 UXR과 긴밀한 파트너십을 구축하는 것이 좋다. 이러한 파트너십은 퀸트 UXR이 특정 조직 모델의 한계로 인해 좌절하지 않고 성장할 수 있게 도움을 준다.

11.5 더 알아보기

지금까지 퀸트 UXR의 관점에서, 그리고 주로 대기업과 관련된 UX 조직에 대해 논의했다. 『User Experience Management』[86]에서 룬드Lund는 모든 규모의 기업, 모든 UX 분야에 걸쳐 UX 조직과 UX 관리의 다양한 영역에 대한 지침을 제공한다. UX 팀을 관리하고 있거나 관리직으로의 이동을 고려하고 있다면 꼭 읽어 보기 바란다.

소프트웨어 엔지니어링 팀을 관리하기 위한 모델, 접근 방식, 모범 사례를 설명하는, 룬드 [86]를 보완하는, 유용한 책으로는 라슨Larson의 『An Elegant Puzzle』[79]이 있다. 이 책은 소프트웨어 엔지니어링에 대해 다루고 있지만 UX 조직에도 직접적으로 적용할 수 있다. 또한, 제품 엔지니어링 팀의 운영 방식과 역학을 이해하는 데 도움이 될 것이다.

12

인터뷰 및 채용 공고

퀀트 UXR의 스킬을 다룬 4장, 5장, 6장에서는 일반적인 인터뷰 주제에 대해 설명했다. 12장에서는 보편적인 퀀트 UXR 인터뷰의 공통 모델을 살펴보고, 누가 인터뷰에 참여하는지, 인터뷰 전후에 어떤 일이 일어나는지, 어떻게 준비해야 하는지 또는 준비하지 않아도 되는지에 대해 논의한다. 이어서 채용 공고에 대해 설명하고, 채용 공고에서 각별히 주의해야 할 시그널에 대한 견해를 공유하고자 한다.

채용 프로세스는 조직의 규모와 구조에 따라 크게 달라지며, 구글이나 마이크로소프트와 같은 대기업의 경우 스타트업보다 더 복잡하다. 그렇다고 해서 대기업의 채용 프로세스가 반드시 시간이 더 많이 소요된다는 의미는 아니다. 대기업의 구조에 따라 채용 프로세스의 속도가 빠르거나 느려지거나 할 수 있기 때문이다.

12장에서는 논의의 편의를 위해 대기업과 같은 매우 큰 규모의 조직에서 이뤄지는 프로세스를 설명한다. 중소기업의 경우, 단계는 비슷하지만 덜 형식적이고 관련 담당자의 수가 적을 가능성이 높다. 1장에서 언급했듯이 12장은 대규모 테크 기업의 정규직 채용 관점에서 작성됐다. 임시 계약직 퀀트 UXR과 같은 다른 유형의 직무도 엄연히 존재한다. 채용 프로세스가 다르게 진행되기는 하지만 대부분의 사항은 이러한 임시직에도 비슷하게 적용된다.

12.1 일반적인 퀀트 UXR 인터뷰 프로세스

지원자의 입장에서는 지원을 결정하기 훨씬 전부터 인터뷰 절차가 시작된다고 볼 수 있다. 12.4절에서 지원자가 결정을 내리는 방법에 대해 설명한다. 여기서는 회사의 입장에서 프로세스를 살펴본다.

조직은 지원자를 검토할 때, 다음과 같은 질문에 부합하는지 순차적으로 판단한다.

1. 지원자가 해당 직무에 적합한 인재로 보이는가? 이는 이력서에 적용된 키워드가 무엇인지와 이력서 및 기타 서류를 검토하는 채용 담당자에 따라 결정된다. 채용 담당자는 후보자를 찾는 지원 절차의 초기 단계를 담당하는 인사HR, Human Resources 전문가다. 이 단계에서 지원자의 목표는 이력서에 적절한 키워드를 포함하되 자신의 역량을 과장하지 않는 것이다(인터뷰에서 지원자가 작성한 모든 것을 입증하도록 요구할 수 있다). 키워드를 찾을 수 있는 가장 좋은 출처는 채용 공고안이며, 이에 맞춰 가능한 최대한의 스킬과 요구 사항을 포함하는 것이 좋다.

2. 해당 지원자는 우리가 고려해야 할 상위 N명 안에 포함되는가? 모든 지원자를 인터뷰할 수 없으므로 가장 유망한 지원자 중 소수의 후보자를 선정해야 한다. 인터뷰 대상 후보자 그룹은 채용 담당자의 추천과 채용 매니저HM, Hiring Manager의 검토를 통해 결정된다. 예를 들어, 채용 담당자가 선별된 이력서를 채용 매니저에게 전달하면서 그 후보자가 적합한지 문의할 수 있다. 이 단계에서는 또 다른 지원자가 누구인지, 채용 매니저가 정확히 무엇을 원하는지에 따라 달라지므로 지원자가 할 수 있는 일은 많지 않다.

3. 지원자와의 정식 인터뷰에 투자할 필요가 있는가? 인터뷰는 시간, 노력, 때로는 출장 경비 등 많은 비용이 든다. 비용이 발생하기 전, 사전에 한두 번의 유선 인터뷰를 통해 지원자의 스킬, 관심사, 적합성을 평가한다. 사전 유선 인터뷰에서는 '이 지원자가 정식 인터뷰에서 성공할 가능성이 높은가?' 검토하기 위해, 4~6장에 설명된 기술적 영역의 스킬과 커뮤니케이션 스타일을 간략하게 살펴본다. 첫 번째 유선 인터뷰는 채용 담당자가, 두 번째 인터뷰는 직무 담당자가 진행하는 경우가 많다(12.3.1절 참조). 가장 좋은 준비 방법은 통화를 할 때 마음 편한 상태를 유지하는 것이다. 통화 전 30~60분

정도 미리 시간을 따로 내어 긴장을 풀 수 있도록 하는 것이 좋다. 또한, 전화 및 인터넷 수신 상태가 좋은 조용한 장소에서 대기하도록 한다.

크리스의 사례를 살펴보자. 크리스는 박사 과정을 시작하기 전과 박사 과정이 끝날 무렵에 약 1년 간격으로 두 차례 마이크로소프트에 지원했다. 처음에 그는 탈락했다는 결과조차 듣지 못했다. 두 번째는 다음날 아침 일찍 전화 한 통을 받았는데, 이는 곧 인터뷰로 이어졌다. 모든 질문에 답을 한 후, 크리스는 전화를 건 사람에게, '여기서 당신의 직함은 무엇이죠?'라고 물었다. 전화를 건 사람은 자신이 채용 매니저라고 말했다. 놀랍게도 그 후 크리스는 채용됐고, 그 매니저에게 수년간 보고했으며, 지금도 둘은 친구 사이다. 누가 전화를 할지 모를 일이다.

4. 지원자가 정식 인터뷰 심사 패널을 통과했는가? 유선 인터뷰가 잘 진행되고 난 후 회사의 니즈와 지원자의 역량이 일치하면 정식 인터뷰에 참여하게 된다. 이 경우 하루나 이틀 동안 해당 회사가 있는 지역으로 이동해야 할 수도 있다. 요즘은 화상을 통한 비대면 인터뷰가 점점 더 보편화되고 있기도 하다. 인터뷰 패널에 대한 자세한 내용은 12.3절에서 확인할 수 있다.

5. 이 지원자를 채용할 수 있는가? 인터뷰 과정에서 회사와 지원자는 서로를 평가하게 된다. 회사 측에서는 지원자에 대한 직무 적합성 평가가 포함될 수 있다. 일반적으로 지원자는 처음에 하나의 채용 공고에 고려됐다가 인터뷰 내용을 바탕으로 다른 채용으로 전환되는 경우도 많다. 예를 들어, 앞서 소개한 크리스는 마이크로소프트 인터뷰를 할 때 하나의 직무에 지원했다고 생각했지만, 실제로는 세 가지 직무의 후보자였다. 그는 자신에게 가장 적합한 두 가지 직무를 제안받았고, 그중 하나를 선택했다. 또한, 지원자의 '채용'은 결정됐지만, 현재 채용 공고의 직무에 적합하지 않은 경우도 있을 수 있다. 이 경우, 채용 팀은 향후 모집 시 신속한 절차 및 간소한 인터뷰만으로 이 지원자의 입사가 진행될 수 있도록 하기도 한다.

6. 이 채용 후보자가 입사 제안을 수락했는가? 마지막으로, 회사는 매력적인 제안을 하려고 노력할 것이다. 이 제안에는 근무 가능 지역과 급여 범위 등 다양한 제안 사항이 있지만 일부는 협상이 가능하다. 협상 전략은 12.3.4.3절에서 설명한다.

12.2 인터뷰 패널의 두 가지 형식

퀀트 UXR 및 데이터 사이언스 분야 관련 직무에는 두 가지 일반적인 인터뷰 형식이 있다. 첫째는 루프(또는 패널)라고 부르는 온종일 진행되는 일련의 개별 인터뷰이고, 둘째는 개별 인터뷰와 실무 기술 평가를 혼합한 방식이다. 요즘은 루프 형식을 훨씬 더 많이 선호하지만, 이를 보완하기 위한 실무 평가도 충분히 가치가 있다.

12.2.1 형식 1: 인터뷰 루프

인터뷰 루프는 일반적으로 하루 또는 이틀에 걸쳐 3~8회의 인터뷰로 구성된다. 인터뷰 패널의 절반 또는 그 이상이 퀀트 UXR이거나 관련 직무 담당자이며, 이들의 역할은 이른바 '모자hat'라고 불리는 개별 스킬 영역에 대해 심사하는 것이다. 이 '모자' 인터뷰에서는 프로그래밍, 통계, 리서치 계획과 같은 특정 스킬을 평가한다. 패널의 나머지 구성원은 지원자가 업무를 수행하며 소통하게 될 관련 직무의 이해관계자를 대표하며, 일반 UXR, UX 디자이너, PM 또는 팀 매니저 등이 이에 해당한다.

표 12−1은 이러한 루프가 하루 동안 어떻게 진행되는지 보여 주는 예시다. 하루는 일반 오리엔테이션으로 시작해 리서치 프레젠테이션(12.3.2.1절 참조), 그리고 해당 직무의 핵심적인 스킬을 평가하기 위한 일대일 인터뷰로 이어진다.

표 12−1 인터뷰 루프 예시

시간	주제
8:30am	채용 담당자와의 만남, 오리엔테이션
9:00am	리서치 프레젠테이션
10:00am	리서치 디자인 인터뷰
11:00am	프로그래밍 인터뷰
12:00pm	팀원과의 점심 식사
1:00pm	다양한 직무 간 인터뷰
2:00pm	통계 인터뷰
3:00pm	커뮤니케이션 스킬 중점 일반 인터뷰
4:00pm	채용 담당자와 마무리하기

일반적으로 인터뷰 순서는 특별히 중요하지 않으며, 인터뷰어의 참석 가능 여부에 따라 결정될 가능성이 높다. 인터뷰어는 지원자의 스킬을 어떻게 평가하는가? 인터뷰어가 질문을 준비하고 지원자를 평가하는 데 도움이 될 수 있도록 조직 차원에 루브릭(원하는 수준의 스킬에 대한 가이드)이 있을 수 있다. 부록 B에서 저자들의 견해를 바탕으로 한 정규직 퀀트 UXR 지원자에게 권장하는 루브릭 세트를 살펴볼 수 있다.

루브릭과 게시된 직무 조건에 대한 핵심 사항은 최소한의 기준을 제시하는 것이지 채용을 결정하는 기준이 아니라는 점이다. 일부 지원자는 최소 요건보다 훨씬 더 뛰어난 역량을 갖고 있는 경우가 많다.

12.2.2 형식 2: 실습 인터뷰

데이터 사이언스, 퀀트 UX, 이와 유사한 직무에서 기술 인터뷰의 새로운 트렌드를 살펴보면, 인터뷰 루프에 실습 프로젝트가 포함돼 있다. 지원자에게는 문제와 하나 이상의 데이터 셋, 그리고 분석할 시간이 주어진다. 할당된 시간이 끝나면 리서치 발표를 하듯 인터뷰 패널에게 결과를 발표한다.

표 12–2는 이틀에 걸쳐 실습 루프가 어떻게 진행되는지 보여 준다. 실습 프로젝트 작업에 가장 많은 시간이 할당된다. 이후에는 코드 검토나 분석에 대한 다양한 접근 방식의 논의 등 특정 스킬을 보다 심층적으로 평가하기 위한 인터뷰가 이어질 수 있다.

표 12–2 실습 프로젝트가 포함된 인터뷰 루프 예시

시간, 1일차	주제
8:30am	채용 담당자와의 만남, 오리엔테이션
9:00am	실습 프로젝트 제시
10:00am	프로젝트 수행
12:00pm	팀원과의 점심 식사
1:00pm	프로젝트에 체크인해 질문에 답하기
1:30pm	프로젝트 수행
4:30pm	프로젝트 체크인 및 초기 결과 논의

시간, 2일차	주제
9:00am	추가 분석
10:00am	프레젠테이션 작업 및 최종 분석
12:00pm	팀원과의 점심 식사
1:00pm	프레젠테이션 완료하기
2:00pm	결과 발표
3:00pm	추가적인 1:1 직무 인터뷰
4:00pm	추가적인 1:1 종합 인터뷰
5:00pm	채용 담당자와 마무리하기

이러한 유형의 모델은 더 현실적인 방식으로 지원자의 업무를 평가할 수 있는 실무 샘플을 기반으로 하기 때문에 인터뷰만 하는 방식보다 더 바람직하다고 생각한다. 즉석에서 질문에 답하는 것이 아니라 긴 시간 동안 자신이 무엇을 할 수 있는지 보여 줄 수 있다.

이러한 형식의 루프는 몇 가지 변형과 선택이 가능하다. 한 가지 변형으로는 문제와 데이터를 사전에 미리 받아 실습 인터뷰에서 발표할 분석과 프레젠테이션을 준비하거나, 사전 검토용으로 제출할 수도 있다. 문제가 미리 과제로 주어지는 것은 시간 제한 없이 준비할 수 있어서 시간적 여유가 없는 응시자에게 불이익이 될 수 있기 때문에 선호되지 않는다. 실습 프로젝트 진행 시에는 질문과 가정을 명확히 제공하는 것이 바람직하다.

이러한 실습 인터뷰의 프로젝트를 수행해야 할 경우, 채용 담당자는 지원자가 자신의 노트북을 사용할 수 있는지(익숙한 기기를 사용할 수 있다는 점에서 매우 유리함) 아니면 회사에서 제공하는 표준 노트북을 사용할 수 있는지 명확히 알려 줄 것이다.

이 모델은 현장감 측면에서 선호되지만, 회사 측의 준비가 훨씬 더 많이 필요하다. 회사는 인터뷰 문제와 데이터를 제공해야 할 뿐만 아니라 인터뷰어는 지원자와 적극적으로 소통하면서 결과를 평가해야 한다. 인터뷰어는 미리 정해진 인터뷰 스크립트에 의존할 수 없다.

12.2.3 인터뷰어의 평가 방식

인터뷰 방식은 기업마다 매우 다양하다. 한 가지 모델은 각 인터뷰를 서로 독립적으로 진행하며 인터뷰어들이 인터뷰가 진행되는 동안 서로 대화를 나누지 않는 것이다. 각 인터뷰어는 다른 인터뷰 패널의 평가를 알지 못한 채 인터뷰가 종료된 후 평점을 매긴다. 이 모델의 장점은 인터뷰어가 다른 이의 영향을 받지 않고 자신의 관찰을 기반으로 한다는 점이다. 단점은 여러 인터뷰어가 비슷하거나 동일한 질문을 반복적으로 할 수 있다는 점이다. 인터뷰를 각자 특정 포커스 영역에 집중하면 중복되는 것을 피할 수 있다. 이 모델은 저자가 구글에서 주로 실행하는 방식이다.

또 다른 모델은 점진적 인터뷰 루프로, 이 방식에서는 인터뷰어들이 하루 동안 서로의 평가 내용을 공유한다. 초반 몇 차례의 인터뷰는 독립적으로 진행되며, 이후 피드백을 종합해 후속 인터뷰에서 어떤 영역을 더 깊이 다룰지 결정하게 된다. 이 모델의 주요 장점은 반복을 줄이면서, 지원자의 역량과 관심사를 더 깊이 있게 탐색할 수 있다는 점이다. 단점은 초기 인터뷰어의 평가가 이후 인터뷰어에게 영향을 줄 수 있다는 것이다. 저자들의 경험에 따르면, 이 모델은 마이크로소프트에서 흔히 사용되고 있다.

궁금하다면 채용 담당자에게 어떤 인터뷰 모델을 사용하는지 미리 물어보는 것도 좋지만, 전체적으로는 크게 걱정할 필요는 없다. 어떤 방식이든 목표는 같다. 자신의 기술과 지식을 보여주는 동시에, 해당 포지션에 대해 더 깊이 알아가는 것이다.

12.2.4 채용 의사결정자

일부 기업에서는 채용 매니저가 인터뷰 패널의 의견을 수렴한 후 결정을 내리는 반면, 어떤 기업에서는 회사 전체를 대신해 결정을 내리는 중앙 채용 위원회central hiring committee에 인터뷰 결과를 보내기도 한다. 각 방식에는 장단점이 있다. 채용 매니저가 결정을 내릴 때는 지원자는 인터뷰 과정에서 채용 매니저와 여러 팀원을 직접 대면한다는 장점이 있다. 반면에 채용 매니저는 지원자의 잠재적 적합성과 경력에 대한 장기적인 질문을 고려하기보다는 자신의 선호도, 편견, 즉각적인 인력 수요에 맞게 질문을 최적화할 수 있다. 또한, 긴급하게 인력 확충이 필요한 경우, 부족한 지원자를 채용할 수도 있다.

경우에 따라 채용 매니저가 검토하는 동안 다른 시니어 매니저에게 2차 의견을 요청해 회사의 전사적인 관점과 커리어 관점을 추가하기도 한다. 아마존에서는 이러한 인터뷰 담당자를 '바 레이저bar raiser'라고 부른다. 마이크로소프트에서는 '에즈앱AA, As-Ap 인터뷰어' 또는 '적합

인터뷰어^{appropriate interviewer}'라고 한다. 후보자가 복수의 '채용' 추천을 받아 인터뷰를 통과하면, 최종 결정을 위해 이러한 인터뷰어가 루프에 합류한다.

채용 위원회^{HC, Hiring Committee} 모델도 마찬가지로 한 그룹의 긴급한 요청을 넘어 장기적인 적합성을 검증하기 위해 검토 단계를 추가한다. 채용 위원회 위원은 인터뷰에 직접 참여하지 않기 때문에 개인이 아닌 전체적인 관점에서 지원자를 평가할 수 있다. 채용 위원회 위원은 개별 매니저의 편의적 선택이 되지 않도록, 이 지원자가 회사 전체의 기준에 부합하는지를 고려한다.

채용 위원회 모델의 두 가지 장점은 지원자를 보다 철저히 심사할 수 있고, 한 사람의 추천이나 인터뷰 담당자의 스킬에 따라 평가가 달라지지 않는다는 점이다. 반면 전사에 걸쳐 인터뷰 담당자가 선발되기 때문에 미래 동료를 만날 가능성이 적고, 인터뷰 절차에 시간이 더 많이 소요된다는 단점이 있다. 일반적으로 이 모델은 단점보다는 장점이 크다고 생각하지만, 현실적으로는 인터뷰 패널과 별도의 채용 위원회를 가질 수 있을 만큼 규모가 큰 회사에서만 실행할 수 있다.

크리스의 사례를 살펴보자. 크리스는 채용 위원회 모델을 도입한 캘리포니아 마운틴뷰의 구글 본사에서 인터뷰를 가졌고, 최종적으로 뉴욕에서 근무하게 됐다. 뉴욕에 도착한 첫날, 그는 채용 절차에서 동료들 중 어느 누구도 만나지 못했다는 사실을 입사 후에 알게 됐다. 인터뷰어 중 뉴욕에서 근무하는 사람이 아무도 없었을 뿐 아니라 같은 제품 관련 업무를 하는 사람도 없었다. 이는 채용 위원회 모델이 가진 한계점을 보여 준다.

12.3 현장 인터뷰 이전, 진행, 이후

12.3절에서는 비교적 사소하지만 중요한 세부 사항에 대해 설명한다. 이러한 세부 사항은 인터뷰 경험에 관한 것으로 인터뷰를 더 편안하게 진행할 수 있게 하며, 채용 제안을 받는 데 도움이 될 수도 있다.

12.3.1 인터뷰 이전: 회사의 준비 사항

회사가 대면 인터뷰를 진행하려면 상당한 수고가 필요한데, 이 모든 과정이 지원자에게 명확히 드러나지는 않는다. 지원자가 경험하는 과정은 채용 담당자와의 소통을 통해 인터뷰 날짜와 온라인 미팅 또는 출장 일정을 조율하는 것이다.

채용 담당자는 채용 매니저와 협의해 인터뷰 패널을 구성한다. 경우에 따라, 특히 소규모 조직에서는, '채용 팀'으로 구성된 담당자들이 모든 지원자를 인터뷰할 수도 있다. 그러나 대부분은 개별 지원자에 맞게 인터뷰 패널을 구성한다.

채용 매니저 모델에서는 패널에 팀원 여러 명이 참여할 가능성이 높으며, 팀원들의 일정과 각 지원자의 역량에 따라 어느 정도 일관성이 유지된다. 채용 위원회 모델에서는 인터뷰어의 참여 가능 여부에 따라 각 지원자에 대해 개별적으로 패널이 구성될 수 있다.

12.3.1.1 인터뷰 패널 구성

패널에는 누가 참여하는가? 앞서 언급했듯이 채용 매니저 모델에는 채용 팀의 일부 팀원이 패널에 포함되는 경우가 많다. 채용 위원회 모델에는 매우 전문적인 포지션이거나 규모가 큰 팀의 경우 해당 직무 팀원이 참여하기도 한다. 그 외에도 회사 전체에서 인터뷰 패널을 선정할 수도 있다.

패널은 일반적으로 회사의 주요 부문을 대표하는 다양한 백그라운드를 가진 인원으로 구성된다. 지원자의 예상 직급과 비슷하거나 약간 높은 직급의 인터뷰어를 포함해 선정하는 경우가 많다. 퀀트 UXR의 경우, 패널에는 다음 중 다수 또는 모두가 포함될 수 있다.

- 기술적인 스킬을 평가하는 동급 또는 상위 직급의 퀀트 UXR 2~3명
- 사용자 중심 사고와 일반 UX 사고를 평가하는 일반 UXR
- 이해관계자와의 소통 능력 및 제품 영향력을 평가하는 PM 또는 시니어 디자이너
- 일반적인 팀 적합성 및 커뮤니케이션을 평가하는 UX 매니저(채용 매니저 모델에서 채용 매니저일 가능성이 높음)
- 채용 매니저 모델에서 전반적인 의사결정을 '승인'하는 다른 시니어 매니저

일부 조직에서는 한 세션에 두 명의 인터뷰어가 함께 진행하는 페어드 인터뷰paired interview를 실시하기도 한다. 이 방식은 더 많은 팀원이 지원자를 만날 수 있는 기회를 가질 수 있으며, 인터뷰어들은 질문을 나눠서 진행할 수 있다. 규모가 큰 조직에서는 교육, 의견 수렴 또는 조정(신뢰도 평가) 목적으로 인터뷰를 참관하는 섀도 인터뷰어shadow interviewer가 두 번째 인터뷰어가 될 수 있다. 이런 경우, 주 인터뷰어가 대부분의 질문을 하게 되는데, 인터뷰 도입부에 이에 대해 미리 설명을 한 후 진행한다. 그 외 인터뷰 진행에는 영향을 미치지 않는다.

12.3.2 인터뷰 이전: 지원자의 준비 사항

인터뷰에 앞서 미리 준비해야 할 사항이 몇 가지 있다. 긴장감을 극복하는 법과 같이 다른 곳에서 얻을 수 있는 일반적인 조언 대신 테크 기업과 퀀트 UXR 인터뷰에 특화된 몇 가지 참고 사항과 조언을 공유하고자 한다.

12.3.2.1 리서치 프레젠테이션

리서치 프레젠테이션은 일반적인 요구 사항이다. 5~10명 정도의 소규모 그룹을 대상으로 리서치 성과 사례를 발표해 달라는 요청이다. 발표 대상은 인터뷰어, 채용 매니저, UX 담당자, PM, 엔지니어 또는 이해관계자가 될 수 있는 여러 명이 포함될 수 있다. 이들의 역할은 지원자가 명확한 커뮤니케이션 스킬을 갖고 있는지, 리서치의 방법, 결과, 적용에 대해 합리적인 질문을 던질 수 있는지 확인하는 것이다.

여기서 좋은 프레젠테이션이란 무엇일까? 첫째, 자기 소개, 취미, 경험, 이력서, 학력, 이전 직장에 대한 이야기가 아닌 리서치 프레젠테이션이어야 한다. 슬라이드 한 장에 흥미로운 백그라운드 정보를 강조하고 나머지 시간은 리서치 프로젝트에 할애하는 것이 좋다.

발표할 프로젝트는 하나 또는 최대 두 가지 정도만 선정하길 바란다. 자신이 해 왔거나 할 수 있는 모든 프로젝트를 포트폴리오로 만들고 싶은 충동을 억제해야 한다. 목표는 탁월한 프로젝트 수행 능력과 이에 대한 커뮤니케이션 능력을 입증하는 것이다.

프레젠테이션은 기술적인 부분을 제외하고는 리서치 콘퍼런스의 강연처럼 구성하는 것이 좋다. 해당 분야의 전문가는 아니지만 매우 스마트한 상대 앞에서 어떻게 발표할지 생각해 보자. 실제로 퀸트 UXR이 발표 대상일 가능성이 높다. 먼저, 문제를 제시하는 것으로 시작해서 데이터와 방법론에 대해 간략히 설명하고, 결과에 대해 논의하는 데 가장 많은 시간을 할애해야 한다. 결과를 발표할 때는 알려진 성과의 경우 그 영향력을 강조하는 것이 좋다. 기술적인 세부 사항의 경우, 모든 분석 과정을 설명하거나 근거를 제시할 필요는 없으며, 자신이 수행한 작업을 전반적으로 보여 줄 수 있을 정도로만 발표하는 것이 좋다. 특히 학계 백그라운드를 가진 지원자의 경우 너무 자세하게 설명하는 경향이 있는데 이를 자제해야 한다.

주제를 선정할 때는 기술적으로 복잡한 분석보다는 흥미로운 결과를 도출한 프로젝트를 선택하는 편이 좋다. 다시 말하지만, 목표는 커뮤니케이션 능력을 입증하는 것이다. 듣는 이의 참여를 이끌어 내는 것이 기술적인 스킬을 보여 주는 것보다 효과적이다. 반면, 질문받을 경우를 대비해 기술적인 세부 사항이 담긴 첨부 자료를 준비할 필요가 있다.

프레젠테이션의 흐름은 듣는 상대방과 오프닝 방식에 따라 달라질 수 있다. 질문을 적극적으로 유도하는 것이 좋으며, 보통 초반에 '질문이 있으시면 언제든지 말씀해 주세요'라고 언급하기도 한다. 어떤 인터뷰어는 가만히 앉아서 관찰하다가 마지막에 질문을 하고, 또 다른 인터뷰어는 슬라이드 한두 장을 보고 나서 바로 질문을 시작하기도 한다. 두 가지 스타일 모두 인터뷰어의 개성을 반영하는 것일 뿐 너무 확대 해석할 필요는 없다.

12.3.2.2 사전 분석 과제 요청

일부 조직에서는 지원자에게 미리 과제를 내주고 주어진 문제에 대해 분석해 발표 준비를 하도록 요청할 수 있다.

지원자의 현재 직업, 가족, 개인 생활 등 실력과는 관련이 없는 사유로 인해 과제를 수행할 수 있는 상황적 개인차가 있기 때문에 이는 일반적으로 좋지 않은 방식이다. 이러한 과제는 실무 인터뷰 중 정해진 시간에 수행하는 편이 좋다(12.2.2절).

이러한 요청을 받고 과제를 수행할 수 있다면 12.3.2.1절에 명시된 대로 리서치 발표와 유사하게 진행하는 것이 좋다. 질문과 그 질문이 흥미로운 이유부터 시작해 방법론을 살펴본 다음, 리서치 결과와 그 의미를 설명하는 데 가장 많은 시간을 할애해야 한다. 이 경우 질문을 받으면 코드나 특정 분석에 대해 자세히 설명할 수 있도록 더 많은 준비를 해야 한다. 인터뷰어는 미리 질문을 준비해 오기 때문에 세부 사항에 관심을 가질 가능성이 높다.

12.3.2.3 해야 할 일과 하지 말아야 할 일

인터뷰 직전에 통계 방법론이나 프로그래밍 알고리듬과 같은 기술적인 지식을 급하게 습득하려는 것은 지양해야 한다. 인터뷰어가 심도 있는 기술적인 질문을 하더라도 지원자가 정확한 질문의 의도를 예상하기는 어려울 것이다. 설령 예상했다고 하더라도 인터뷰어는 지원자의 이해도를 파악하기 위해 추가 질문을 할 가능성이 높으며, 이러한 질문은 실제 직접적인 경험 없이 대답하기는 어려울 것이다. 다시 말해, 인터뷰를 시험 준비처럼 생각하지 말아야 한다는 것이다.

그렇다면 준비하는 동안 어떻게 시간을 보내야 할까? 우선 효과적인 리서치 프레젠테이션을 준비해야 한다. 가능한 한 명확하고 간결하게 구성하고 발표 연습을 하는 것이 좋다. 여건이 된다면 주제와 리서치 결과가 명확하고 흥미로운지 판단할 수 있는 '스마트한 발표 상대'가 돼 줄 수 있는 업계의 지인을 찾아보자.

프레젠테이션을 요구하지 않는 인터뷰 패널의 경우, 인터뷰 중 과거 프로젝트 사례에 대한 설명을 요청할 수 있으므로 이러한 내용을 미리 준비해 두는 것이 좋다. 해당 프로젝트에서 기술 이외의 측면, 예를 들어 협업하는 과정에서 어려웠던 점과 대처 방법 등을 상기해 보자. 이러한 준비는 대인 관계 및 리더십 스킬을 보여 주는 사례를 묻는 행동 관련 질문에 답하는 데 매우 유용하다. 이러한 질문은 종종 '다음과 같은 경험에 대해 말해 줄 수 있나요?'라는 식으로 시작한다.

다음으로 두 가지 제안을 하고자 한다. 하나는 인터뷰하는 회사에 대해 준비하는 것이다. 회사의 제품, 고객 기반, 현재 전략에 대해 파악해야 할 내용이 있는가? 회사가 '큰 베팅'을 하고 있거나 현재 도전하고 있는 과제가 있는가? 이는 회사에 대한 정보를 얻는 것 외에도 인터뷰어의 질문이나 그들이 사용하는 전문 용어의 맥락을 이해하는 데 도움이 될 수 있다. 또한, 인터뷰 전날 밤 긴장될 때 살펴볼 수 있는 자료가 될 수 있다.

회사의 UX 담당자, 특히 퀀트 UX 담당자에 대한 정보를 확인하는 것은 브리핑북briefing book과 밀접하게 연관돼 있다. 그들이 논문을 발표한 적이 있는가? 그들의 백그라운드는 무엇인가? 인터뷰에서 이름을 거론하는 것은 바람직하지 않지만, 이러한 배경 조사를 통해 관심 있는 분야에서 일할 수 있는 기회를 갖게 되는 경우도 있다. 예를 들어, 구글에서 평가할 사용자 지표에 대한 질문이 나온다면 HEART 프레임워크(7.1절 참조)에 대해 언급하는 것이 좋은 답변 중 하나일 수 있다.

12.3.3 인터뷰 진행

다시 한번 말하지만, 대면 인터뷰에 대한 일반적인 조언이 아닌 인터뷰 당일에 대한 몇 가지 기술 관련 참고 사항을 짚어 보고자 한다.

12.3.3.1 일반적인 질문 접근 방식

인터뷰에서 흔히 볼 수 있는 두 가지 문제는 질문을 명확히 하지 않는 것과 하나의 답변을 지나치게 확신하는 것이다. 인터뷰의 압박감으로 인해 성급하게 솔루션을 제시하다가 중요한 전제를 놓치는 경우가 흔히 발생한다. 또한, 과도하게 자신감을 드러내거나 질문을 피하기 위해 우려되는 사항을 제쳐두고 자신이 알고 있는 내용을 토대로 답변하기도 한다.

간단한 연상 기억법mnemonic을 사용하면 이러한 문제를 방지하고 유연성과 개방성을 보여줄 수 있다. 이러한 연상 기호인 카모CAMO는 명확히 하기Clarify, 가정하기Assume, 다양한 옵션을 고려하기Multiple Option, 열어 놓기Open의 약자다. 각각에 대해 살펴보자.

- **명확히 하기**: 인터뷰어가 복잡한 상황이나 질문을 던지면 이를 명확히 하기 위해 몇 가지 질문을 할 필요가 있다. 이러한 질문은 시나리오에 따라 다르며, 다음과 같이 질문할 수 있다. 질문하는 의도가 무엇인가? 비즈니스 관점에서 질문의 이유는 무엇인가? 얼마나 빨리 답변해야 하는가? 답변이 어떻게 활용될 것인가? 동료의 지원을 받을 수 있는가? 기존 코드 또는 데이터셋과 같은 리소스를 사용할 수 있는가?
- **가정하기**: 모든 세부 사항을 설명하기보다는 답변을 단순화할 수 있는 몇 가지 가정을 제시해 간단하게 설명해야 한다. 예를 들어, 요청에 시간이 지정되지 않은 경우 '네, 일주일이 있다고 가정하겠습니다. 그 시간을 이렇게 보내겠습니다'라고 말할 수 있다. 마찬가지로 대규모 코드 문제의 경우, '클라우드에서 분산된 접근 방식으로 규모를 확장할 수 있으므로 먼저, 데이터의 소규모 하위 집합에서 작동하도록 만들겠습니다. 한 하위 집합에 대해 이 문제를 해결하는 방법은 다음과 같습니다'라고 답변할 수 있다.

- **다양한 옵션 고려하기**: 최적의 솔루션 하나만 제시하기보다는 두 가지 이상의 접근 방식과 그 접근 방식이 서로 어떻게 보완되는지 언급해 결과에 대한 신뢰도를 높여야 한다. 그런 다음 간결하게 한 가지만 언급하겠다고 밝히고 그 부분에 대해 답변해도 좋다.
- **열어 놓기**: 모르는 것이 있으면 솔직히 밝혀야 한다. 자신이 취한 접근 방식에 명백한 한계나 단점이 있다면 이를 언급하는 것이 좋다. 어떤 지원자도 모든 것을 알 수는 없으며 완벽한 방법이란 없다. '저는 그런 방법론을 시도해 본 적이 없어서 먼저, 그 방법을 검토해 보고 싶습니다. 하지만 제가 아는 한 다음과 같은 방법으로 이렇게 접근하겠습니다'라고 말할 수 있다. '정말 잘 모르겠습니다. 전문가와 상의해 보겠습니다'라는 답변도 괜찮다. 직무를 수행할 만큼 충분히 알지 못할 수 있으며, 이 또한 의미가 있다. 어쩌면 이 직무가 자신에게 적합하지 않을 수도 있으며, 그 사실을 바로 밝히는 것이 좋다. 솔직하고 투명한 태도가 인터뷰어에게 깊은 인상을 주며 채용 가능성을 높일 수 있다.

위장camouflage을 의미하는 일명 '카모camo'와는 다르게 이 카모CAMO는 숨기려는 목적으로 사용되지 않는다. 오히려 전문적이고 사려 깊으며 적절한 방식으로 인터뷰에 임하도록 도움을 준다.

12.3.3.2 질문 리스트 지참하기

인터뷰 당일에는 인터뷰어에게 물어볼 질문 리스트를 작성하는 것이 좋다. 미리 작성해 뒀다가 인터뷰를 진행하면서 질문을 추가하거나 삭제해 간다. 정말 알고 싶은 것이 무엇인가? 인터뷰의 또 다른 목표는 지원자가 회사를 평가하는 것이기도 하다.

질문지를 작성한 후 하루 종일 그 리스트를 갖고 다니는 것이 좋다. 좋은 질문은 동료가 부담 없이 대답할 수 있는 질문이다. 자신의 직책에서 가장 만족하는 점은 무엇인가? 가장 큰 어려움은 무엇인가? 성과 여부를 어떻게 알 수 있는가? 여러 인터뷰어에게 같은 질문을 하면 서로 다른 답변을 들을 수 있다.

좋은 질문은 지원자를 더 똑똑하고 흥미롭게 보이도록 하는데, 지원자에게 질문이 있는지 물었을 때 '아니오, 없습니다'라고 답변하면 많은 인터뷰어에게 좋은 인상을 줄 수 없다. 좋은 리서처는 항상 질문을 한다.

12.3.4 인터뷰 이후

대면 인터뷰 후에는 어떻게 진행되는가? 채용 결정권자에 관해서는 이미 12.2.4절에서 채용 매니저 및 채용 위원회 모델을 설명한 바 있다. 다음은 인터뷰 완료 후 지원자 입장에서 발생할 수 있는 사항에 대해 살펴본다.

12.3.4.1 감사 메시지

원한다면 각 인터뷰어에게, 혹은 특히 흥미로웠던 인터뷰어에게 짧지만 진심 어린 감사 메시지를 보내는 것이 좋다. 이는 필수는 아니며 지원자에 대한 평가에 영향을 미치지 않겠지만, 예의라고 생각한다. 이러한 메시지를 받는 횟수는 적지만, 받게 되면 항상 감사하게 된다.

인터뷰어가 연락처 정보를 공유하지 않은 경우 어떻게 연락할지 알 수 없다면 온라인에서 검색해 볼 수 있다. 가장 좋은 방법은 채용 담당자에게 메시지를 보내 인터뷰어에게 전달할 수 있도록 하는 것이다.

12.3.4.2 적합성 콜

채용 매니저 또는 채용 위원회가 채용하기로 결정하면 한 명 이상의 채용 매니저와 특정 직책에 대해 논의할 수 있는 자리가 마련된다. 채용 담당자 입장에서는 지원자가 회사에 적합하다면 과연 우리 팀에 적합할지 검토할 수 있는 기회일 수 있다. 지원자 입장에서는 '이 팀이 저에게 잘 맞을까요?'라는 질문이 될 수 있겠다.

12.3.4.3 협상 가능한 항목

테크 기업의 일반적인 보상 체계는 기본급, 연간 보너스, 스톡 그랜트stock grant[1]다. 또한, 신입 사원은 일회성 입사 보상금signing bonus, 스톡 그랜트, 이주 수당을 받을 수 있다. 이러한 금액

---

1   자기 회사의 주식을 무상으로 주고 유능한 인재를 스카우트하는 방법을 말한다. − 옮긴이

은 유사한 경력을 가진 구성원의 직급에 따라 결정된다. 직급에 대한 자세한 내용은 14.1.1 절을 참조하기 바란다.

우선 채용 담당자와 직급에 대해 협상해야 한다. 사실 이 부분은 인터뷰 전에 논의하는 것이 가장 좋다. 직급과 직책에 지나치게 집착하는 것은 바람직하지 않지만, 동료들과 비교해 공정한 처우와 지위를 보장받는다고 느낄 수 있어야 한다.

적절한 직급이 정해지면 채용 담당자가 급여나 주식 보너스를 더 제안할 여지없이 급여 범위가 미리 결정될 수 있다. 먼저 질문을 건네는 것에 대해 부담을 느낄 필요는 없다.

그러나 입사 보상금, 일회성 스톡 그랜트, 이주 수당은 협상이 가능하다. 이러한 항목은 지속적인 보상이나 동료와의 비교에 따른 보상이 아닌 일회성 비용이므로 채용 담당자가 더 유연하게 처리할 수 있다. 예를 들어, 입사 보상금은 낮추고 이주 수당은 높이는 등 조절이 가능하다.

너무 많은 것을 기대하거나 요구하지 않아야 한다. 채용 담당자가 어느 정도 융통성을 발휘할 수는 있지만, 제한적일 수 있으므로 채용 담당자의 반응에 따라 판단해야 한다. 협상을 위해 '수락', '거절' 또는 그 중간 정도의 급여 임계치를 미리 정해 두는 것이 좋다. 이를 적어 두고 제안과 비교하면 협상이 더 수월할 것이다.

마지막으로, 시작하기 전에 휴가 계획에 대해 생각해 두는 것이 좋다. 대부분의 회사에서 즉시 시작하기를 원하지만, 그렇다고 시간이 더 필요하다는 요청을 거절하지는 않는다. 해당 직책으로 인해 이주해야 하는 경우, 한두 달 정도 시간을 갖겠다고 해서 채용 제안을 취소할 가능성은 거의 없다. 혹시라도 나중에 이를 문제삼지 않을까 걱정하지 않아도 된다. 일단 입사하고 나면, 요청받은 것보다 조금 늦게 시작했다는 사실을 기억할지 몰라도 신경 쓰지 않을 것이다. 가능하다면 휴가를 요청하고 즐기길 바란다. 일단 업무를 시작하면 대개는 늘 마감할 프로젝트가 있고, 성과 검토가 예정돼 있으며, 업무가 줄을 잇는 상황이 아닌 시기를 찾기란 매우 어렵기 때문이다.

12.3.4.4 위험 신호

인터뷰 진행 과정에서 해당 직책이 자신에게 적합하지 않다는 사실을 발견하는 경우도 있다. 물론 이는 사람마다 다를 수 있으며, 어떤 사람이 선호하는 일이 다른 사람에게는 받아들일 수 없는 일일 수도 있다.

이러한 사항을 미리 적어 두는 편이 좋다. 이렇게 하면 인터뷰 당일에 판단하기가 더 수월하며, 인터뷰 절차가 진행될수록 거절하기는 더 어려워진다. 또한, 기회가 있을 때 인터뷰어에게 물어볼 수 있는 질문을 떠올리는 데 도움이 된다. 고려해야 할 몇 가지 아이디어를 살펴보자.

- 인터뷰어가 미래 동료라면 어떤 생각이 드는가? 인터뷰어와 다른 백그라운드를 갖고 있다 하더라도 존중받고 환영받는다는 느낌이 드는가? 인터뷰어의 질문은 얼마나 적극적이고 도전적인가? 인터뷰어는 질문에 개방적이고 정직하게 답하는가, 아니면 방어적으로 답하는가?
- 인터뷰어는 팀을 떠난 이전 동료에 대해 어떻게 평가하는가?
- 이해관계자와의 협업 프로세스는 어떠한가? '이해관계자들이 퀀트 리서치 결과를 바탕으로 어떻게 의사결정을 내리는가?', '부정적인 결과를 무시하는 경향이 있는가?', '즉각적인 요청에 대응하기 위해 데이터를 수집하는 데 퀀트 UX 리서치 기간이 얼마나 소요되는가?'와 같은 질문과 이에 대한 자세한 내용을 물을 수 있다.
- 조직에서 콘퍼런스 참석과 같은 지속적인 교육 기회를 지원하는가? 출판이나 강연의 기회는 어떠한가?

다시 말하자면, 이에 대한 완벽한 답은 없다. 중요한 것은 인터뷰에 앞서 자신에게 무엇이 중요한지 생각해 보는 것이다.

인터뷰 중에 또는 이전에 직무 기술서에서 다음과 같이 몇 가지 주의할 만한 경고 신호를 발견할 수 있다.

- '록 스타rock star를 원한다고 언급하는가? 이는 과도한 기대감을 나타내는 것이다. '록 스타에 대한 명확한 설명이나 예시를 물어볼 필요가 있다.
- 퀀트 UXR의 다양한 스킬과 방법에 대한 전문성을 요구하는가? 직무 설명에 한 사람이 갖출 수 있는 것보다 훨씬 더 많은 스킬을 나열하는 '키친 싱크kitchen sink' 접근 방식은 흔한 일이다. 명확히 설명해 달라고 요청하는 것이 좋다. 실제 기대치는 나열된 리스트의 일부분일 수 있다.

- 사용자 중심 리서치(예: 행동, 니즈, 선호도)가 아닌 비즈니스 지표(예: 매출 또는 수익)에 초점을 맞추고 있는가? 이러한 지표에 관심을 기울이는 것이 잘못된 것은 아니지만 UX 조직에는 적합하지 않다(3.4절 참조).

12.3.4.5 채용이 거부된 경우

지원서와 인터뷰의 결과는 대부분 부정적일 가능성이 높다. 대부분의 지원자가 해당 포지션에 적합하지 않다. 적합한 경우라 하더라도 지원자가 너무 많거나 인터뷰 과정에서 문제가 발생하거나 회사 측의 변화(예: 경기 침체나 회사 전략의 변경으로 인한 인력 동결)로 인해 채용을 할 수 없는 경우도 있다.

부정적인 결과를 개인적 문제로 받아들여서는 안 된다. 남녀 데이트의 상투적인 표현에 빗대어 말하자면, 지원자인 여러분이 아닌 상대방, 즉 회사의 문제인 것이다.

어떤 경우, 회사에서 현재는 아무것도 보장해 줄 수 없지만, 후에 다시 연락을 주겠다고 말할 수도 있다. 가끔 이런 일이 실제로 일어나기도 한다. 크리스는 현재 진행하는 프로젝트에 적합하지 않지만 훌륭한 지원자와 인터뷰를 한 적이 있다. 1년이 채 지나지 않아 크리스는 그 지원자가 다시 떠올랐고, 마침 프로젝트를 그 지원자와 잘 맞는 프로젝트로 전환하고자 하는 시점이었다. 그는 다시 그 지원자에게 전화를 걸었고, 그 지원자는 여전히 팀에 관심을 보였다. 그 지원자는 결국 크리스의 팀에 합류해 수년째 함께하는 소중한 동료이자 슈퍼스타 리서처로 일하고 있다.

인터뷰 중 지원자가 자신의 평가에 대해 충분한 피드백을 받을 가능성은 낮다. 물어보는 것이 좋겠지만, 많은 회사에서 정책상 지원자에게 피드백을 제공하지 않으며 '이 경우 _____을 더 필요로 합니다'와 같은 매우 일반적인 정보만을 제공한다. 한 번의 인터뷰를 통해 받은 시그널에 너무 많은 의미를 부여하지 말아야 한다. 인터뷰어가 기술적인 세부 사항에 대해 질문했거나, 지원자가 전혀 알지 못하는 내용을 질문했을 수도 있지만, 그러한 답변이 거절의 근본적인 이유가 될 가능성은 높지 않다. 인터뷰어가 지원자의 단편적인 지식을 캐물었을 가능성이 높고, 결과를 결정짓는 다른 요인이 있을 수도 있다.

그럼에도 불구하고 지원자가 해야 할 일은 인터뷰에서 좋았던 점과 그렇지 않았던 점을 돌아보는 것이다. 심층적인 기술 인터뷰가 부담스러웠는가, 아니면 즐거웠는가? 리서치 문제의 가설이 흥미로웠는가, 아니면 관심 밖의 문제였는가? 이러한 성찰은 미래 직무에 대한 적합성을 평가하고 앞서 설명한 대로 '위험 신호[red flag]' 리스트를 업데이트할 수 있는 아이디어를 제공해 준다.

12.4 채용 공고 및 지원

지금까지와 마찬가지로 일반적인 취업을 위한 조언보다는 퀀트 UXR 및 유사한 직무에 적용할 수 있는 몇 가지 제안 사항을 공유하고자 한다.

12.4.1 채용 정보 찾기

일부 기업에서는 채용 담당자가 적극적으로 지원자를 찾고 있으며, 운이 좋으면 지원자에게 직접 연락할 수도 있다. 그러나 이는 대부분 경력자에게 주로 이뤄지는 일이고, 일반적으로 신입 지원자들은 인디드[Indeed], 링크드인[LinkedIn], 회사의 공식 채용 게시판과 같은 전형적인 구직 사이트를 이용한다. 검색을 해 보면 UX 직함이 회사마다 조금씩 다르다는 점을 발견할 수 있을 것이다. 가능성 있는 검색어로는 'UX', '사용자 경험[user experience]', '사용자 리서치[user research]', '사용성[usability]', '디자인 리서치[design research]', '휴먼 팩터', 'HCI', '인간-컴퓨터[human-computer]' 등이 있다.

　마찬가지로, 정량적 리서치 직무의 표기도 다양하다. '정량적', '퀀트', '통계[statistics]', '데이터 사이언스[data science]', '실험[experimental]', '사이언티스트[scientist]' 등이 그 예다. 다양한 유형의 UX 리서치 직무와 퀀트 UXR이 다른 직무와 어떻게 다른지에 대한 논의는 3.3절과 3.4절에서 살펴볼 수 있다.

12.4.2 지원서 작성을 위한 기타 제안 사항

지원서 작성 시, 이력서[résumé]와 추천서[reference]를 요구할 가능성이 높다. 특히, 테크 업계에 처음 입문하는 지원자들이 관심을 가질 몇 가지 제안 사항이 있다.

12.4.2.1 정보 수집 인터뷰

운이 좋게도 비슷한 직급에서 일하는 사람을 알고 있다면 그 사람에게 정보 수집 인터뷰 informational interview가 가능한지 물어보는 것이 좋다. 친구의 친구, 수업을 받았던 강사, 콘퍼런스에서 만난 사람일 수도 있다. 이와 같은 연결고리가 없다면 개인적으로 잘 모르지만 특히 도움을 받은 웹상의 블로그 글이나 튜토리얼tutorial을 게시한 사람에게 연락해 볼 수 있다. 이들이 비슷한 메시지를 많이 받을 수 있다는 점을 염두에 두자.

지원하려는 직무와 최대한 가까운 직무에 있는 사람을 찾아보는 것이 이상적이다. 예를 들어, 퀀트 UXR에 지원한다면 퀀트 UXR이나 일반 UXR, 또는 회사의 데이터 사이언티스트를 찾아보자. 소프트웨어 엔지니어나 계정 매니저와 같이 다른 분야에 종사하는 사람은 도움이 될 만한 정보를 많이 알지는 못할 것이다.

정보 수집 인터뷰의 목표는 일상적인 업무, 성과에 필요한 스킬, 직무의 장단점에 대해 알아보는 것이다. 상대방이 지원하기를 권장한다면, 다음으로 살펴볼 추천서를 요청할 수도 있다.

12.4.2.2 추천 및 추천인

많은 기업에서 재직 중인 구성원으로부터 채용 지원자 추천을 받는다. 일반적으로 현 직무 담당자가 이전 직장, 업계 행사, 학연 등을 통해 우수한 지원자를 알고 있을 가능성이 높기 때문이다.

추천을 받으려면 해당 직무에 종사하는 지인에게 부탁할 수 있다. 지인은 이력서 사본을 요청할 것이며, 과거에 함께 일한 적이 있는 경우 지원자의 업무에 대해 간단한 평가서를 작성해 줄 수 있다.

이러한 방식은 인터넷 지원서에서 '일반'으로 접수되는 지원서와 차별화된다는 장점이 있다. 최종적으로 채용될 경우 추천한 구성원에게는 보너스나 기타 보상이 있을 수 있다.

다음으로 하지 말아야 할 몇 가지 사항을 제시하고자 한다. 첫째, 모르는 사람에게 추천을 요청하지 않는 것이 좋다(대신 12.4.2.1절에서 언급한 정보 수집 인터뷰를 먼저 요청하는 것이 좋다). 둘째, 두 명 이상의 구성원에게 추천을 요청하지 않는다. 한 사람이 추천하면 이미 시스템에 등록된다. 셋째, 온라인으로 지원한 경우에는 추천을 요청할 필요가 없다. 이미 시스템에 등록돼 있으므로 구성원들의 시간을 낭비할 수 있다. 대신, 지원자에 대해 잘 아는 사람이라면 추천인으로 등록하는 것이 좋다. 넷째, 추천인에게 여러 포지션에 대해 여러 번 추천을 부탁하거나 짧은 기간 내에 많은 요청을 하는 것은 지양해야 한다. 직책과 추천인을 신중하게 선정해 다시 요청할 때까지 기다리는 편이 낫다.

12.4.2.3 자기소개서

경험상 테크 직무의 경우 일반적으로 자기소개서^{cover letter}가 필수는 아니며 채용 전형에 포함돼 있지 않거나 요구하더라도 인터뷰어에게 공개하지 않기도 한다.

하지만 일부 조직에서는 자기소개서를 중요하게 생각한다. 자기소개서를 요구하거나 제출할 기회가 있다면 작성하는 것이 좋다. 특히 지원자의 스킬이나 백그라운드에 대해 추가 설명을 통해 더 명확히 할 수 있고, 해당 조직에 지원하는 구체적인 이유가 포함돼 있다면 도움이 될 수 있다. 하지만 이력서에 자기소개서를 첨부해 시스템에 억지로 끼워 넣는 등 인위적인 노력이 필요하다면 생략하는 편이 좋다.

12.4.2.4 CV vs. 이력서

보통 이력서를 요청받게 되는데, 대신 학력, 경력, 연구 경험 등이 보다 상세하게 기술된 CV^{Curriculum Vitae}를 제출하기도 한다. 이력서는 일반적으로 1~2페이지 정도인 반면, CV는 훨씬 더 길다는 차이점이 있다.

길이를 중요하게 생각하는 회사도 있고, 지나치게 길지 않으면 크게 신경 쓰지 않는 회사도 있다. 우선 양식에 맞춰 이력서를 제출한 다음, 너무 짧을까 염려된다면 채용 담당자에게 CV를 제출하는 것이 적절할지 문의하는 것이 좋다. 괜찮다면 관련성이 있는 세부 사항까지 포함해 원하는 분량의 CV를 제출할 수 있다.

예를 들어, 출판물이나 특허가 있는 경우 기재하는 것이 도움이 될 수 있으며, 이력서 페이지가 길어지는 것에 대해 걱정할 필요는 없다. 반면에 참여했던 소규모 프로젝트, 프레젠테이션 또는 수행한 업무 등 모든 것을 나열할 필요는 없다.

즉, 이력서는 자신의 경험, 백그라운드, 스킬을 전달하는 데 필요한 만큼만 작성하고 그 이상은 담지 않는 것이 좋다.

이력서에서 기술적인 스킬을 과장해서 작성해서는 안 된다. 이력서에 기재된 모든 내용은 심층 인터뷰에서 다뤄질 것이며, 특히 적절해 보이지 않거나 실현 가능성이 희박해 보이는 경우 더 주의 깊게 살펴볼 것이다. 인터뷰어와 채용 위원회를 불쾌하게 하는 가장 흔한 사례 중 하나는 인터뷰 중에 엄연히 부족한 것으로 밝혀질 전문성을 내세우는 경우다. 인터뷰어로부터 어떤 질문을 받아도 답변할 만큼 준비돼 있지 않다면 그 부분은 제외시켜야 한다.

그렇다고 해서 실제 경험을 바탕으로 한 자신의 전문성을 과소평가해서도 안 된다. 목표는 심층 인터뷰를 피하는 것이 아니라 심층 인터뷰가 이뤄져야 할 부분을 정확하게 파악하는 것이다. 자신의 역량을 명확하게 표현한다면 인터뷰가 자신의 강점 분야를 중심으로 흘러가도록 하는 데 도움이 될 것이다.

12.4.2.5 개인 웹사이트 및 오픈 소스 프로젝트

웹사이트나 GitHub 프로젝트와 같은 공개 코드가 있다면 인터뷰어가 이를 검토할 가능성이 높다. 걱정할 필요는 없다. 이는 좋은 신호라고 할 수 있다. 이런 프로젝트는 반드시 이력서에 포함시켜야 한다.

6장에서 설명했듯이 프로그래밍 인터뷰의 핵심 목표는 지원자가 프로그래밍을 할 수 있는지 평가하는 것이다. 오픈소스 프로젝트는 자연스럽게 지원자가 프로그래밍을 할 수 있다는 인증이 되기 때문에 인터뷰에서는 지원자의 관심사와 일반적인 역량에 집중할 수 있다.

공동 작업자와 함께 프로젝트를 수행한 경우, 자신이 한 일과 다른 사람이 한 일을 명확히 하고 기대치를 적절하게 설정할 수 있도록 해야 한다. 그렇지 않으면 모르는 언어를 사용하거나 주어진 문제보다 더 어려운 문제를 해결하라는 요청을 받는 등 오해의 소지를 만들 수 있다.

12.5 핵심 포인트

12장에서는 많은 내용이 다뤄졌기 때문에 세부 사항을 반복하기보다는 몇 가지를 강조하고자 한다.

회사마다 인터뷰 방식이 매우 다르다. 정보 수집 인터뷰를 통해 미리 인사이트를 얻거나 최소한 채용 담당자에게 기대 사항에 대해 신중하게 문의함으로써 추가 정보를 얻을 수 있다.

기술적인 세부 사항에 대해 너무 걱정할 필요는 없다. 이러한 지식을 벼락치기로 대비하는 것은 거의 불가능하다. 대신 자신의 스킬과 업무 능력을 자신감 있고 명확하게 표현하고, 자신의 관점에서 회사를 평가하는 것이 중요하다. 가장 좋은 준비는 직무, 회사의 전략 방향성, 실제 업무에 대해 더 많이 파악하는 것이다.

12.6 더 알아보기

지원자는 '잘 알겠습니다. 그런데 실제로 인터뷰에서 어떤 질문이 받게 될까요?'라고 질문할 수 있다. 또는 채용 매니저라면 '무엇을 물어봐야 할까요?'라고 할 수 있다. 어떤 쪽이든 4~6장을 살펴보면 도움이 될 만한 인터뷰 주제가 자세히 나와 있다. 또한, 부록 B에 최소한의 요구 사항과 고급 스킬을 요약한 추천 루브릭이 제시돼 있다.

앞서 언급했듯이, 인터뷰를 위한 속성 강좌에서 기술적인 스킬을 배우려는 시도는 추천하지 않는다. 인터뷰 준비만을 위한 자료도 추천하지 않는다. 실제 프로젝트에 참여해 해당 분야에 대해 더 많이 배우거나 통계에 대한 지식을 향상시키는 데 더 많은 시간을 할애하는 편이 효과적이라고 생각한다.

이러한 영역에 대한 구체적인 참고 문헌은 다음과 같다.

- **프로그래밍과 통계가 포함된 실습 프로젝트**: 이 책의 동반서인 R[25] 또는 파이썬[127]
- **데이터 사이언스를 위한 통계에 대한 다양한 접근법**: 피터 브루스Peter Bruce와 앤드류 브루스 Andrew Bruce, 『Practical Statistics for Data Scientists』[11]
- **관련 분야에 대한 일반적인 지식이 필요한 경우**: 로빈슨Robinson과 놀리스Nolis, 『Build a Career in Data Science』[114]

13

리서치 프로세스, 보고, 이해관계자

신입 퀀트 UXR이라면 이해관계자와의 협업에 대해 궁금한 점이 많을 것이다. 이해관계자는 누구인가? 그들과 어떻게 협력하고 소통할 수 있나? 리서치 요청을 받으면 어떻게 해야 하나?

　이러한 질문은 업계에 익숙하지 않은 학계 출신 UXR에게 특히 중요하다. 이해관계자의 기대에 부응할 필요는 있지만, 그렇다고 그들이 요구하는 대로 해야만 하는 것은 아니다. 학계의 공동 연구자들과 하듯이 리서치 방법에 대해 그들과 깊이 있게 논의해야 한다는 의미도 아니다. 또한, 리서치 결과를 전달하는 방식도 달라야 한다.

　13장에서는 이해관계자와의 바람직한 관계와 그렇지 못한 관계의 일반적인 유형에 대해 공유하고자 한다. 이를 통해 더 나은 관계를 형성하고 일반적인 오해에 대비해 보다 효과적인 리서치를 수행할 수 있다.

13.1 초기 이해관계자

가장 넓은 의미의 이해관계자는 보고서나 제안서와 같은 리서치 결과물을 검토하거나 영향을 받는 모든 사람을 말한다. 퀀트 UXR의 경우, 일반적인 이해관계자는 PM, 경영진, UX 디자이너, 소프트웨어 엔지니어, 동료 리서처다(직무 정의는 2.1절 참조). 달리 말하면, 이해관계자는 리서치를 통한 결과를 원하거나 필요로 하는 사람이다.

13.1.1 이해관계자의 요구 및 니즈

이해관계자의 주요 질문 사항은 그림 2-1에 표시된 제품 라이프사이클에 부합하며, 표 3-2 (3.2.2절)에 몇 가지 일반적인 질문들을 정리했다. 이러한 질문들은 크게 다음의 네 가지 영역으로 살펴볼 수 있다

- 고객은 누구인가? (개발 전 단계)
- 고객에게 필요한 것은 무엇인가? (초기 니즈)
- 이 제품이 이러한 니즈를 충족시킬 수 있는가? (개발 단계)
- 고객이 이 제품에 얼마나 만족하는가? (개발 후 단계)

아마도 다음과 같은 이해관계자의 질문이 더 자주 등장할 수도 있을 것이다.

- [어떤 제품]이 더 적합한 제품인지 검증할 수 있는가?
- [어떤 제품]에서 개선해야 할 사항은 무엇인가?

첫 번째 리스트와 두 번째 리스트의 차이점은, 첫 번째는 사용자 중심이며 고객에게 필요한 것이 무엇인지 묻는 반면, 두 번째는 팀 중심이며 미리 결정된 제품 아이디어를 평가하는 데 중점을 둔다는 점이다. 이는 제품을 개발해 출시하면 보상을 받는 업계의 보상 모델을 따른다. 이해관계자들은 가능한 한 빨리 제품을 출시하기를 원하며, 좋은 아이디어라는 것을 '검증'받기를 기대한다.

그러나 비즈니스의 대표이자 사회적 책임 의식을 가진 크리에이터인 이해관계자들은 조금 다른 차원의 평가를 필요로 한다. 그들은 [어떤 제품]이 세상에 진정한 가치를 제공할 수

있는지에 대해 가능한 한 구체적으로 사용자들의 솔직한 평가를 필요로 한다는 것이다. 이 제품이 언맷 니즈unmet needs, 즉 충족되지 않은 니즈를 충족시키며 사용자의 삶에 도움이 될 것인가?

팀 중심 모델에서는 제품이 이미 언맷 니즈를 충족시킬 것이라는 가정에서 시작하는 경우가 많다. 팀은 제품 아이디어에 큰 기대를 걸고 고객이 이에 반응할 것으로 예상한다. 그러나 이런 경우 팀이 제품 개발에 대한 보상을 받고 자부심을 갖게 되는 경우라도, 사용자는 아무 혜택을 느끼지 못할 수도 있다. 오히려 사용자 입장에서는 돈, 시간, 관심, 노력, 감정 등의 대가를 지불해야 한다. 사용자가 가치를 발견하지 못하면 결국 제품을 사용하거나 구매하지 않는다.

퀀트 UXR의 임무는 시스템이 이해관계자를 압박해 즉각적인 제품 평가에 지나치게 집중할 때에도 이해관계자가 꼭 알아야 할 내용을 파악할 수 있도록 돕는 방법을 찾는 것이다.

13.1.2 의사결정에 집중하기

이해관계자의 주의를 집중시키는 한 가지 방법은 구체적인 의사결정 사항에 대해 질문하는 것이다. 해당 결정에 대해 어떤 조치를 취할 수 있는가? 이해관계자가 결정을 내리기 위해 무엇을 알아야 하는가? 그러한 정보를 알지 못했을 때 발생할 수 있는 위험은 무엇인가? 이해관계자들은 종종 UX 리서치를 통해 얻을 수 있는 의사결정을 구체화하는 데 어려움을 겪는다. 이는 UX 의사결정에 대한 그들의 사고 모델이 A/B 테스트의 개념으로 한정돼 있기 때문일 수 있다. 다음은 UX 리서치를 통해 해결할 수 있는 기본적인 의사결정과 관련된 질문 유형이다.

- 우리가 가장 집중해야 할 가치가 있는 사용자 니즈는 무엇인가?
- 다음 버전의 제품을 위해 기존 제품의 어떤 문제를 개선해야 할까?
- 다양한 사용자 니즈 중에서 우선순위를 어떻게 둘 것인가? 이유는 무엇인가?
- 제한된 리소스를 갖고 이 기능을 개발해야 하는가, 아니면 다른 기능을 개발해야 하는가? 이유는 무엇인가?
- 이 제품은 어떤 고객을 대상으로 할 것인가? 대상이 아닌 고객은 누구인가?

- 이 제품은 개발해야 할 가치가 있는가? 실제 사용자 니즈에 부합하는가?

위의 리스트 외에 더 많은 질문이 있을 수 있으며, 이해관계자와의 논의를 위한 사고의 폭을 넓히는 데 도움을 줄 것이다. 3.2.3절에서 추가 질문과 리서치 방법과의 연관성에 대해 설명하고 있다.

13.1.3 역방향 작업

가설 보고서와 같은 리서치 예상 결과물을 갖고 작업하는 것이 도움이 될 수 있다. 이렇게 하면 이해관계자가 의사결정을 내릴 지점을 정확히 파악하고 어떤 데이터와 분석이 필요한지 명확하게 인식할 수 있다. 이를 수행하는 간단한 방법은 이해관계자에게 예상 결과물을 제시하고 이를 통해 무엇을 할 것인지 질문하는 것이다. 예를 들어, 'CSat가 2점 하락한다고 가정해 보겠습니다. 어떻게 해결할 수 있을까요? 5점 하락하면 어떻게 해결할 수 있을까요?' 이렇게 묻는 과정을 통해 리서처로서 두 가지 중요한 질문에 답을 얻을 수 있다. 첫째, 리서치를 시작하기 전에 결정해야 할 사안이 있는가? 또는 명확히 해야 할 사안은 무엇인가?

둘째, 의사결정 사안이 있는 경우 리서치 결과의 정확도는 어느 정도까지 높여야 할까? 앞서 언급한 CSat 질문 예시에서 이해관계자는 2점 변화에는 크게 신경 쓰지 않을 수 있지만 5점 변화에는 상당한 관심을 보일 것이다. 이는 신뢰도와 표본 사이즈 측면에서 리서치를 설계하는 데 도움이 된다.

보다 완벽한 형태의 역방향 작업work backward은 데이터를 시뮬레이션해 가능한 분석, 차트, 최종 예상 결과물을 구축하는 것이다. 이는 이해관계자의 검토를 위한 자료로 더 적합하며, 시간이나 예산 요청을 뒷받침하는 직접적인 근거를 제공한다. 그러나 사전에 더 많은 작업을 필요로 하며, 신속한 수행이 가능하거나 나중에 코드가 필요할 소규모 프로젝트에 더 적합할 수 있다. 이러한 프로세스를 구축해 놓으면 최종 데이터셋을 투입해 즉각적으로 결과를 얻을 수 있고, 더 나아가 결과를 보고하기 전에 더 고민할 시간을 가질 수 있다.

역방향으로 작업하면 실제로 리서치를 수행하고 결과물을 작성하는 데 얼마나 많은 시간이 필요한지도 자연스럽게 고민하게 된다. 이해관계자가 다음 주에 결정을 내려야 한다면 몇 주가 걸리는 리서치 프로젝트를 통해 결과를 내려고 계획하는 것은 의미가 없다. 전 동료

였던 마이클 마골리스^{Michael Margolis}는 이해관계자에게 '이 정보가 언제까지 유용할까요?'라고 물어볼 것을 제안한다.

13.2 결과 보고

퀀트 UX 리서치 결과를 발표하는 데 가장 좋은 단 하나의 공식은 존재하지 않는다. 조직, 리서치 주제, 보고 대상의 범위와 경험, 리서처의 선호도에 따라 기대치가 달라진다.

오랜 실무자들의 생각에 이의를 제기할 수 있는 몇 가지 관찰과 권장 사항을 공유하고자 한다. 이는 학계나 업계에서 리서처로 전환하려는 이들에게 유용할 것이다.

13.2.1 리서치의 사용자로서 이해관계자

리서치 결과물을 디자인 제품으로 보고, 이해관계자를 해당 제품의 사용자로 생각해 보는 것이 도움이 될 수 있다. 앞서 언급한 바와 같이, 이해관계자가 원하는 것이 자신들이 필요로 하는 것과 일치하지 않을 수도 있다. 이는 제품과 사용자 간의 비유와 같은 맥락이다.

백그라운드에 따라 다르겠지만, 학계 출신 리서처의 경우 보고서를 작성할 때 권위가 있고 상세한 내용을 선호하는 경향이 있다. 이해관계자 및 다른 팀원들이 이에 대해 긍정적인 피드백을 줄 수도 있지만, 그들이 리서치 결과를 어떻게 다루는지 관찰하는 것이 중요하다. 그들이 리서치 결과에 따른 어떤 액션도 취하지 않고 있다면 리서치가 영향력을 발휘하지 못하고 있는 것이며, 이해관계자의 요구를 충분히 고려하지 않았기 때문일 가능성이 높다.

그렇다면 그들이 리서치에서 무엇을 필요로 하는지 어떻게 알 수 있을까? 바로 리서치 스킬을 통해 알아낼 수 있다. 리서치 결과물을 제품으로 생각하고 '사용자'가 '제품'을 경험하게 될 맥락을 이해하려는 노력을 해야 한다. 맥락을 바탕으로 사용자에 대한 공감대를 형성하는 것이 도움이 되며, 이를 통해 상대방이 원하는 바에 따라 더 쉽게 업무를 조정할 수 있다. 예를 들어, 경영진을 대상으로 하는 경우, 그들은 하루 종일 이 회의에서 저 회의로 이동하며 눈앞에 놓인 모든 주제를 빠르게 파악하고, 제한된 정보로 올바른 결정을 내리려고 노력하며 하루를 보내고 있을 수 있다. 아마도 매일 수백 통의 이메일이나 슬랙^{slack} 메시지를 확인하면서 회의에 참석하거나 회의 중간중간 휴대폰을 들여다보고 있을 것이다.

이러한 상황에서 리서치 결과를 발표하는 방식을 어떻게 조절할지 생각해 볼 필요가 있다. 경영진에게 길고 상세한 보고서를 발표하는 것이 적절해 보이는가? 팀이 특정 제품에 대한 의사결정에 있어 경영진의 승인을 구하는 경우, 그들의 니즈를 이해한다면 리서치 방법론을 자세히 설명하는 것을 넘어선 다른 형식의 발표가 필요하다는 것을 알 수 있다. 리서치 결과가 주는 의미에 집중해 발표한다면 경영진이 확신을 갖고 의사결정을 내릴 수 있도록 도울 수 있다.

더 나아가, 리서치 결과물을 리서처가 직접 설명하지 않아도 쉽게 재사용하고 참조할 수 있게 하는 방법도 함께 고려할 필요가 있다. PM이 대표로 리서처의 작업을 경영진에게 프레젠테이션해야 하는 경우 이를 얼마나 잘 지원하고 있는가? 각 슬라이드나 차트가 잘 정리돼, 전체적인 프레젠테이션 맥락에 매끄럽게 연결되는가? 다이어그램을 사용하거나 화이트보드에 스케치하는 등 리서치 결과를 더 쉽게 이해시킬 수 있는가? 예를 들어, HEART 프레임워크(7.1절) 같은 적절한 약어의 경우 기억하기 쉽기 때문에 결과적으로 더 유용하게 사용됐다.

13.2.2 두 가지 모델: 프레젠테이션 및 문서

리서치 결과를 발표하는 일반적인 모델에는 마이크로소프트 파워포인트^{Microsoft PowerPoint}, 구글 슬라이드^{Google Slides} 또는 유사한 소프트웨어로 만든 프레젠테이션 자료와 마이크로소프트 워드^{Microsoft Word}, 구글 독스 또는 기타 문서 편집기로 작성하는 문서가 있다. 각 모델의 장단점을 살펴보고자 한다.

세 번째 가능한 방식은 대시보드 또는 인터랙티브한 비주얼과 같이 설계된 제품으로 발표하는 것이다. 13.2.2절에서는 정적인 결과물을 중심으로 설명할 것이다. 대시 보드에 대한 논의는 7.2.3절 및 8.2.7절을 참조할 수 있다.

13.2.2.1 프레젠테이션 슬라이드 덱

슬라이드 덱^{slide deck}은 업계에서 리서치 결과를 발표하는 가장 일반적인 형식이다. 구글을 비롯한 다른 여러 회사에서 보통 다음과 같은 방식으로 프레젠테이션을 진행한다.

1. 리서처는 분석을 완료한 후 리서치 배경과 주요 결과를 함께 담아 프레젠테이션을 작성한다.
2. 팀의 동료 리서처, 디자이너, PM 파트너 또는 매니저에게 비공식적으로 검토를 받고 개선한다.
3. 두 번 이상의 공유회shareout meeting를 진행한다. 하나는 소규모 이해관계자 팀에게 바로 공유하는 회의이고, 다른 하나는 관심 있는 모든 사람이 참석할 수 있는 대규모 공유회로 진행한다. 이 공유회는 참석하지 못한 사람도 볼 수 있도록 녹화되기도 한다.
4. 프레젠테이션은 이메일, 슬랙 또는 조직에서 선호하는 다른 방식을 통해 동시에 공유된다.
5. 질의응답은 프레젠테이션 중에 슬라이드 덱의 댓글, 이메일 또는 슬랙을 통해 실시간으로 이뤄진다.
6. 코드와 같은 추가 자료는 관련 문서, 노트북 또는 기타 형식에 링크된다.
7. 최종 프레젠테이션은 참조할 수 있는 정식 아카이브 문서가 된다.

슬라이드의 장점

프레젠테이션 모델에는 두 가지 주요 이점이 있다. 첫째, 슬라이드 형식은 자료 형식과 시각적 스타일의 유연성이 뛰어나다. 리서처는 차트, 비디오, 녹음, 오버레이overlay, 주석, 콜아웃callout, 링크, 리서치 항목을 부각시키고 중요한 결과를 강조할 수 있는 요소들을 쉽게 포함할 수 있다. 둘째, 라이브 프레젠테이션의 선형적 특성은 리서처가 내러티브와 발표 대상과의 공감을 형성하는 데 큰 통제력을 갖게 한다. 잘 구성된 프레젠테이션은 연구 결과를 전달하는 데 있어 몰입감 있고 기억에 남는 방법이 될 수 있다.

슬라이드의 단점

프레젠테이션 모델에는 몇 가지 중요한 단점이 있다. 하나는 아카이브용 슬라이드에서는 스토리를 전달하기가 어렵다는 점이다. 슬라이드 덱은 종종 명확하지 않고 가독성이 떨어지며 실시간 발표에 의존하는 경우가 많다. 아카이브용으로 최적화된 슬라이드는 텍스트가 너무 많아 지루한 프레젠테이션으로 이어질 수 있다.

또 다른 문제는 고위 이해관계자가 한두 개의 슬라이드만 보고 나서 발표자에게 질문을 던질 가능성이 높다는 것이다. 프레젠테이션에 대한 액세스 링크가 있는 경우, 발표자가 리서치 배경에 대해 이야기하는 동안 건너뛰어 리서치 결과 슬라이드를 읽기 시작할 수 있다. 이렇게 선형적인 내러티브에서 바로 이탈하면, 프레젠테이션 순서를 다시 제어하기는 어렵다.

마지막으로, 프레젠테이션 모델은 리서처의 실제 발표 실력에 따라 달라진다. 자신감 있고 경험이 많거나 외향적인 사람은 비록 기본적인 리서치의 질이 낮더라도 설득력 있는 프레젠테이션을 할 수 있다.

13.2.2.2 리서치 보고 문서

슬라이드의 대안으로 크리스가 아마존에서 사용했던 방식은 논문이나 백서 형식의 문서로 공유하는 것이다. 이러한 보고서는 마이크로소프트 워드 또는 구글 독스와 같은 편집기를 사용하거나 노트북 또는 R 마크다운R Markdown 또는 구글 코랩Google Colaboratory과 같은 마크다운markdown 시스템을 사용해 작성할 수 있다.

이 접근 방식은 아마존에서 오랫동안 사용돼 왔다. 일반적인 단계는 다음의 두 가지 예외 사항을 제외하고는 슬라이드 프레젠테이션에 대해 설명한 단계와 동일하다.

- 결과물은 슬라이드가 아닌 서면 문서이며, 4~6페이지 이내로 제한된다. 기술적인 세부 사항이 아닌 중요한 요점과 결과만 포함해야 한다.
- 프레젠테이션 회의에서는 팀원들이 문서 전체를 읽을 수 있는 시간이 배정된다. 예를 들어, 회의의 첫 15분은 조용히 읽는 시간이다. 그런 다음 질문과 토론이 이어진다. 슬라이드 프레젠테이션은 필요하지 않다.

문서의 장점

읽을 시간이 확보된다는 전제로 문서 방식은 프레젠테이션 방식에 비해 두 가지 주요 장점이 있다. 보고서의 명확성, 간결성, 실행 가능성을 강조하고, 토론을 혼란스럽게 하는 질문을 던지기 전에 팀원들이 자료를 충분히 읽도록 한다는 점이다. 또한, 이러한 방식은 프레젠테이션 스킬을 강조하는 대신 글쓰기 스킬을 중시하며, 별도의 발표 없이도 아카이브 문서를 통해 내용을 파악할 수 있도록 해준다. 잘 작성된 문서는 프레젠테이션보다 더 효율적으로 정보를 전달할 수 있다.

문서의 단점

리서치 결과물로서 서면 문서의 가장 큰 한계는 형식이 유연하지 않다는 점이다. 플랫폼에 따라 다르지만, 슬라이드 프레젠테이션에서 다루기 쉬운 동영상이나 사운드 클립, 애니메이션, 상세 이미지, 차트에 주석 등을 포함하는 것이 어렵거나 불가능할 수 있다. 이러한 제약의 수준은 전달하고자 하는 결과물의 성격에 따라 달라진다. 회의 상황에서 문서를 검토하고자 하는 경우에는 프레젠테이션보다 훑어보기가 어려울 수 있다. 또한, 슬라이드 프레젠테이션도 마찬가지겠지만, 부실하거나 불분명하게 작성되는 문서가 많다.

13.2.2.3 보고 권장 사항

전반적으로 문서 기반 보고서의 장점이 슬라이드보다 더 큰 것으로 나타나는데, 이는 회의 중에 모든 사람이 문서를 읽을 수 있도록 시간을 확보한다는 전제하에 그렇다. 문서는 간결하고 명확하다는 점 때문에 발표자보다 보고 대상자가 리서치 결과에 더 몰입할 수 있도록 도와준다.

조직에서 슬라이드 덱을 사용하는 경우라면 문서를 대안으로 사용해 볼 것을 추천한다. 이는 조직 문화에 변화를 가져올 것이며 다음 사항이 도움이 될 수 있다.

- 원하는 내용을 보여 줄 수 있는 템플릿과 예시를 준비한다.
- 문서를 공유하기 전에 매니저에게 문서를 검토하고 피드백을 받도록 한다.
- 회의에서 조용히 문서를 검토할 수 있는 시간을 최소 10분, 길게는 15분 또는 20분 정도 할애하도록 한다.
- 문서 버전이 이메일 첨부파일로 유포되지 않도록 적절한 협업 시스템을 구축한다. 구글 독스는 뛰어난 협업 체계를 지원한다.

이 책의 웹사이트(https://quantuxbook.com)의 리소스에서 보고서 및 보고 템플릿의 예시를 확인할 수 있다.

13.3 좋은 결과물의 원칙

리서치 보고서를 프레젠테이션으로 전달하든 문서로 전달하든 몇 가지 원칙을 준수하면 리서치 영향력을 높이고 이해관계자를 더 행복하게 만들 수 있다.

13.3.1 의사결정을 위한 간결하고 집중적인 설명

첫 번째 원칙은 보고 대상이 액션을 취하기 위해 알아야 할 사항에 끊임없이 집중하는 것이다. 보고서나 프레젠테이션을 간결하게 작성하고 이해관계자가 의사결정을 내리는 데 필요한 정보에 초점을 맞춰야 한다.

이를 위한 효과적인 방법은 리서치 프로젝트를 시작할 때 답할 주요 질문의 개요를 작성하는 것이다. 데이터 수집을 시작하기 전에 이해관계자와 함께 검토하고 이를 바탕으로 리서치를 진행하는 것이 좋다. 그런 다음 보고서의 시작 부분에 질문을 기재하고 간략한 답변을 작성한다.

핵심 요약executive summery은 많은 도움이 된다. 핵심 요약은 주요 리서치 결과를 한두 문단 또는 하나의 슬라이드에 요약한 것으로, 학술 논문의 초록과 비슷하다. 보고 대상이 핵심 요약만 읽고 전체 문서의 중요한 세부 사항과 내용 흐름을 건너뛸까 우려되는가? 걱정할 필요 없다. 오히려 핵심 요약은 보고 대상이 무엇을 기대해야 하는지 알고 세부 사항을 더 효과적으로 받아들일 수 있도록 하는 데 도움이 된다.

이러한 원칙은 보고서나 프레젠테이션의 차트에도 적용된다. 특히 시간에 쫓기는 경우, 주석을 추가하거나 주요 데이터 포인트를 강조하는 등 차트 디자인의 우선순위를 정할 가치가 없다고 생각하는 경우가 흔하다. 이러한 요소는 종종 세부적인 사용자 지정이 필요하므로 만드는 데 시간이 오래 걸릴 수 있으며, 탐색용 데이터 분석 중에 만든 기본 차트를 간단히 재사용하고 싶은 유혹에 빠지기도 한다. 그러나 이러한 차트에서 얻은 인사이트가 이해관계자에게는 명확하지 않을 수 있다. 이해관계자의 요구 사항을 세심하게 고려하고(13.2.1절 참조) 신중하게 디자인 선택(예: 단순한 차트 유형 선택, 텍스트와 색상을 사용해 주요 결과를 강조하고 불필요한 군더더기를 제거)을 하면 차트가 실제로 영향력 있게 리서치 결과를 전달하는 데 매우 도움이 될 수 있다.

13.3.2 최소한의 기술 보고서

업계의 리서치 보고서는 기술적 우수성, 복잡성 또는 성취를 보여 주기 위한 것이 아니다. 보고서의 대상 중 거의 모든 사람이 보고서 작성자보다 분석 방법에 능숙하지 못하고, 데이터의 복잡성을 이해하지 못하며, 리서치가 인상적인지 그렇지 않은지 파악하지 못할 것이다. 이들을 감동시킬 수 있는 것은 명확하고 실행 가능한 결과다. 즉 보고서에는 다음 중 어느 하나도 되도록이면 포함돼서는 안 된다.

- 통계 모델에 대한 세부 정보
- 방정식
- 결과의 수렴, 품질 또는 신뢰성 확인
- 회귀 모델의 계수 요약과 같은 통계 모델 출력
- 통계적 유의성에 대한 해석
- 박스 플롯box-and-whisker plot, QQ 플롯Quantile–Quantile plot, 레버리지 플롯leverage plot, 상관 행렬 플롯correlation matrix plot, 산점도 행렬scatter plot matrix 등과 같은 통계 지식을 가정하는 플롯

대신 무엇을 포함해야 하는가에 대해서는 다음을 제안한다.

- 주요 질문과 답변
- 데이터 소스, 수집, 분석 방법에 대한 간략한 요약. 자세한 내용은 다른 부분에서 다뤄야 하므로 간결성을 강조한다.
- 핵심 답변과 이를 보강하는 플롯
- 결과의 불확실성이 높은지 낮은지에 관한 판단. 이는 종종 신뢰 구간이 있는 플롯이 도움이 되지만, '유의성'의 의미에 대한 해석에 집착할 필요는 없다.

기술적 세부 사항은 어떠한가? 중요하지 않은가? 중요하다. 그러므로 관심이 있는 사람을 위해 링크를 첨부하는 것이 좋다. 보고서에 간략한 기술 관련 별첨을 한두 단락으로 구성해 수행한 작업의 개요를 제공하자. 이 별첨에는 코드, 데이터셋 또는 기타 기술적인 세부 사항을 포함할 수 있다. 이렇게 하면 관심 있는 독자가 원할 때 세부 정보를 찾아볼 수 있다. 우

리의 경험에 비춰 볼 때 보통 한두 사람만 이러한 별첨을 찾아본다. 대부분의 사람은 세부 정보가 있다는 사실을 알고 안심하고 넘길 것이다.

13.3.3 편향성 배제

UXR의 임무는 팀이 사용자의 요구에 귀를 기울여 제품과 서비스를 개선하도록 돕는 것이다. 제품을 홍보하거나, 사용자의 요구와 무관하게 제품의 성공을 돕거나, 팀을 만족시키거나, 자신의 가치를 증명하는 것이 아니다. 이러한 결과도 중요할 수 있겠지만, 사용자의 요구에 집중하고 이를 팀에 전달한 후에 이뤄져야 한다(4.2절 참조).

보고서는 데이터와 분석을 통해 사용자로부터 실제로 무엇을 알게 됐는지 명확하게 전달하는 데 중점을 둬야 한다. 이는 흔히 두 가치 측면에서 잘못 전달되는 경우가 많다. 첫째, 너무 많은 리서처가 자신이 실제로 생각하는 바를 전달하기 주저하고 모든 내용을 모호한 통계학 용어로 포장하곤 한다. 그 결과 '이 샘플 데이터는 많은 사용자가 X에 관심을 보이고 있다는 추세와 일치하며, $p < 0.10$입니다'와 같은 표현이 도출된다. 이런 방식은 피해야 한다. 대신 간결하게 '사용자가 X를 원합니다'라고 전달하는 것이 훨씬 효과적이다.

둘째, 리서처는 사용자가 기존 디자인을 선호하지 않거나, 제품을 원하지 않거나, 비용을 지불하지 않거나, 필요성을 느끼지 못하거나, 팀이 기대한 방식으로 제품을 사용하지 않는다는 등의 부정적인 소식을 전달하는 것을 꺼리는 경우가 많다. 어려운 소식을 전하는 대신 개선 사항을 제안하는 것이 쉽다. 하지만 부정적인 소식이 진실된 뉴스라고 생각한다면 전달해야 한다(자세한 내용은 4.5.5절 참조).

13.3.4 재현 및 일반화 가능성

분석은 재현이 가능하고 일반화할 수 있어야 한다. 이 용어에는 좁은 의미와 넓은 의미가 있다. 좁은 의미의 재현 가능성은 다른 리서처가 똑같은 데이터 소스로부터 다른 샘플을 받아 동일한 방법으로 분석해도 일관된 결과를 얻을 수 있어야 한다는 것이다. 더 좁은 의미로는 같은 데이터셋과 코드를 사용하면 결과가 동일하게 나오는 것을 의미한다. 재현 가능성의 일반적인 문제는 임시 데이터 필터를 설정했다가 실행 취소하는 것을 잊어버리는 것과 같이 무심코 실행한 순서로 작업을 하는 것이다. 분석을 스크립트로 작성하고 주기적으로 실행하면 반복적으로 분석할 수 있다.

넓은 의미의 재현 및 일반화 가능성에는 다른 표본, 방법 또는 조건으로 리서치를 반복할 경우에도 높은 수준의 결과가 다시 도출되는지에 대한 평가가 포함된다. 다시 말해 그 결과를 진정 신뢰할 수 있는가? 다른 리서처가 다른 방법을 사용하더라도 해당 비즈니스에 대해 유사한 결과를 얻을 수 있을 것으로 기대하는가?

그렇게 확신한다면 보고서에서 명확히 설명하도록 한다. 그렇지 않다면 그 이유를 밝히고 추가 리서치를 위한 제안이나 권장 사항을 명시하도록 한다. 여러분은 리서치 전문가이며 조직은 여러분이 리서치 결과의 중요성과 신뢰성을 판단할 것으로 기대한다.

13.4 리서치 아카이브

리서치 아카이브는 팀이나 조직의 UX 리서치를 자세히 설명하는 프레젠테이션, 문서, 지원 자료의 모음이라고 할 수 있다. 리서치 아카이브는 쉽게 액세스할 수 있도록 작업을 한 곳에 모으고, 특정 제품이나 주제에 대한 이전 리서치를 찾아볼 수 있고, 팀이 수행 중인 리서치 업무를 보여 주며, 시간이 지남에 따라 축적된 지식을 쌓고, 신입 리서처와 신규 프로젝트를 수행하는 사람에게 예시를 제공하는 등 다양한 목적을 갖고 있다.

이러한 목표 중 일부는 다른 목표보다 달성하기 더 어렵다. 특히 리서치 아카이브에서 특정 제품이나 주제와 관련된 자료를 찾는 것은 여러 가지 이유로 쉽지 않다. 한 가지 이유는 기본적인 검색률의 문제다. 가능한 리서치 주제와 제품이 너무 많아서 수만 개의 리서치 문서가 있는 아카이브이지만 어떤 주제는 거의 또는 전혀 다루지 않았던 것일 수 있다. 또 다른 문제는 사람들이 같은 제품, 특히 같은 개념에 대해 서로 다른 용어를 사용한다는 것이다. 많은 주제가 모호하고 대부분의 리서치 보고서는 미래 관심사가 아닌 과거에 관한 것이다.

이러한 문제를 해결하기 위해 아카이브 작성자는 보고서를 분류하는 태그 시스템을 설계할 수 있다. 그러나 이러한 태그를 관리하는 것은 주관적일 뿐만 아니라 노동집약적이고 가치가 없게 느껴지기 때문에 지속적으로 유지하기 어려울 것이다.

조직이 오랜 시간 동안 축적한 지식과 정보를 잘 활용하고자 한다면 전담 큐레이터(예: UX 사서 또는 데이터 관리자)를 고용해 리서치 아카이브를 설계하고 유지 관리할 것을 추천한다. 그렇지 않으면 중앙 집중식 아카이브는 실질적으로 활용되기 어려울 것이다.

대신, 각 리서처가 개인적으로 선별된 간결한 리서치 아카이브 문서를 보관하는 것이 좋다. 이 개인 아카이브에는 리서처의 가장 중요한 작업을 분류해 간략한 요약과 전체 문서로 연결되는 링크가 포함돼야 한다. 표 13-1은 주제, 데이터, 간략한 요약, 링크 등 중요한 정보가 포함된 예시다.

표 13-1 개인 리서치 아카이브

주제	날짜	개요	보고서 전체 보기
Csat	2022년 10월	2022년 3분기 CSat 드라이버 및 세그먼트 분석	//link/report1
Csat	2022년 4월	2022년 1분기 CSat	//link/report2
사용자 니즈	2022년 6월	가정 내 가족 캘린더 사용 평가	//link/report3
구독료 책정	2022년 8월	캘린더 구독 요금에 대한 컨조인트 분석	//link/report4

이런 종류의 개인 아카이브는 관심 있는 리서치를 찾거나 할 때 향후 문서를 쉽게 찾을 수 있도록 하고, 성과 검토를 위한 지난 업무 목록을 보관하는 등 다양한 용도로 유용하게 사용할 수 있다. 개인별 아카이브 목록을 취합해 팀 단위 혹은 대규모 리서치 조직의 업무 아카이브를 구축할 수도 있다.

이러한 노력의 가장 중요한 요건은 작성자, 즉 개별 리서처들에게 유지 관리에 드는 노력을 상쇄할 만큼 충분한 가치를 제공해야 한다는 점이다. 표 13-1과 같이 간결하게 정리된 문서는 중앙 집중식 데이터베이스나 복잡한 아카이브보다 이러한 요건에 더 부합한다.

13.5 이해관계자에 관한 일반적인 문제

우리가 업무를 수행하고, 컨설팅을 하고, 리서처들을 멘토링하는 조직에서 반복적으로 나타나는 이해관계자 관련 문제가 있다. 13.5절에서는 이러한 문제를 최소화하거나 방지할 수 있는 방법을 제안한다.

13.5.1 의사결정 기준의 부재

앞서 여러 번 언급했듯이 리서치는 구체적인 의사결정이 필요한 명확한 문제가 있을 때 가장 효과적이다. 일반적인 문제는 이해관계자가 프로젝트에 '데이터가 의미하는 바가 무엇인지 확인해 달라'고 요청한 경우다.

예를 들어, 안경을 디자인할 때 더 가벼운 안경테를 만들려고 하면 생산비가 더 많이 든다고 상상해 보자. 사용자가 가벼운 안경테를 얼마나 선호하는지 알아보는 것이 합리적일 것이다. 이해관계자는 가벼운 안경테에 대한 사용자 니즈가 얼마나 강한지에 대해 데이터를 수집해 달라고 요청할 수 있다.

하지만 그 데이터로 무엇을 할 수 있는가? 그 데이터가 중요한 문제에 답을 주는가? 많은 사용자가 가벼울수록 좋다고 말하지 않는가? 이미 답을 알고 있을 것이다.

더 나은 접근 방식은 질문의 정확한 목적을 파악하는 것이다. 예를 들어, 소재 선택에 영향을 미치는 적정한 금액을 결정해야 하는 문제를 가정해 보자. 이 문제에서는 무게 대비 사용자의 지불 의향이 중요할 수 있다. 아마도 컨조인트 분석 연구가 필요할 것이다. 또는 안경의 인체 공학적 특성을 이해하고 프로토타입을 통한 실사 테스트로 안경테가 너무 무거운지 혹은 너무 가벼운지 판단해야 할 수도 있다.

13.5.2 임시 프로젝트

일부 이해관계자는 UX 리서치를 미리 계획하기보다는 필요에 따라 요청하는 용역 서비스처럼 여긴다. 예를 들어, 주간 임원 회의에서 두 가지 디자인 옵션 중 하나를 결정할 수 있는 정보가 충분하지 않다는 사실을 깨닫고, 다음 주 회의 전에 UX 리서치를 통해 의사결정을 위한 결과를 도출해 달라고 요청할 수 있다. 좀 더 극단적인 모델에서는 퀀트 UXR이 요청하면 즉시 답을 찾아주는 데이터 온 콜data-on-call 서비스로 여기는 경우도 있다.

이 상황에는 많은 문제가 숨어 있다. 이러한 유형의 단발적 리서치는 시간이 많이 걸리고 외부 협력 업체나 용역까지 포함할 경우 비용도 만만치 않다. 이러한 리서치는 팀에 혼란을 주고 선임 리서처의 능력을 경시하게 되는 결과를 초래한다. 또한, 역설적이게도 사전 리서치, 선행 테스트 또는 다른 프로젝트와의 조율 없이 리서치를 설계하기 때문에 해답이나 결과보다는 더 많은 의문을 낳는 경우가 생긴다.

따라서 보다 긴 기간에 걸친 리서치를 계획해 팀에게 효율성을 위해 프로젝트들을 통합할 수 있는 기회를 주고, 단기적인 A/B 평가를 넘어 더 많은 주제를 다룰 수 있도록 하는 것이 좋다. 그런 다음 프로세스를 미리 설계해 제품 라이프사이클의 적절한 단계에서 짧은 일정으로 반복해서 수행할 수 있도록 한다.

13.5.3 기회 비용

물론 아무리 좋은 계획 프로세스를 갖추고 있더라도 예상하지 못한 우선순위가 높은 질문이 발생할 수 있으며, 이를 어떻게 처리할지 결정해야 하는 상황이 있다. 이러한 경우, 이해관계자에게 기회 비용을 고려하도록 요청할 수 있다. 즉, 리서치 팀이 즉각적인 요청 A와 B를 수행한다면 C, D, E, F는 수행하지 못하게 된다. 그래도 괜찮은가?

다시 강조하지만, 임시 프로젝트를 피하기 위해 장기적인 리서치 계획을 수립하는 것이 중요하듯이 리서처나 리서치 매니저는 항상 프로젝트 간의 절충점과 어느 한 프로젝트에 전념하는 데 따른 기회 비용에 대한 문제를 제기해야 한다.

13.5.4 검증 리서치

일부 조직에서는 '제품 방향성 검증' 또는 '디자인 검증'이라는 측면에서 UX 리서치를 요청할 수 있다. 13.1.1절에서 설명했듯이 이해관계자의 관점이 사용자 중심이 아닌 팀 중심이기 때문에 이런 요청이 발생한다.

이러한 상황에서는 팀과 협력하고 보다 구체적으로 사용자 중심 질문에 집중해 답을 구해야 한다. 예를 들어, 디자인이 다른 대안보다 더 이해하기 쉬운지, 사용자에게 출시할 준비가 됐는지, 또는 디자인 도입을 통해 비즈니스 목표를 달성할 수 있는지 등을 파악하고자 할 수 있다.

13.5.5 통계적 유의성

'통계적 유의성'은 대부분의 이해관계자가 생각하는 것과는 다른 의미다. 이해관계자들은 이를 흔히 '중요하다', '사실이다', '반복 가능하다'는 뜻으로 잘못 해석하곤 한다. 그것이 리샘플링에 따른 기대치와 관련이 있다는 것을 이해하더라도, 다른 많은 불확실성의 원인은 고려하지 않을 가능성이 높다. 이에 대한 자세한 내용은 5.3.3절에서 다루고 있다.

통계적 유의성에 대한 언급이나 설명은 피하는 것이 좋다. 특히, 차트, 보고서 등에 통계적 유의성에 관한 용어를 사용하거나 표시하지 않길 바란다. 대신 실질적인 효과에 집중하는 것을 추천한다. 이해관계자가 중요한 결과 데이터에 집중할 수 있도록 도움을 주는 신뢰 구간을 제시하도록 한다.

예를 들어, N=200의 표본에서 CSat(8장 참조)가 81점에서 80점으로 감소했다고 가정해 보자. 당연히 이해관계자는 '왜?'라고 묻거나, 더 자세히는 '통계적으로 유의미한 결과인가?'라고 궁금해할 것이다.

이러한 질문에 대한 대답은 '아마도 데이터 노이즈일 것입니다'와 '통계적으로 의미는 없습니다'이지만, 아예 질문 자체를 유도하지 않는 것이 좋다. '변화 없음No Change'이라는 결과의 헤드라인으로 보고한 다음, 세부 정보에서 CSat 점수가 '81(CI=75-86)'에서 '80(CI=74-85), 95% 신뢰 구간 적용'으로 변화했다고 보고할 수도 있다. 이는 시간 경과에 따른 단순 비교를 가정한 것이다. 자세한 내용은 8장을 참조하자.

13.5.6 체리 피킹 결과

조사 결과를 공유할 때, 많은 이가 자신의 견해, 선호도 또는 특정 의제를 강화하는 사실과 수치만을 선택하는 경향이 있다는 점에 주의해야 한다. 이것은 악의적이라기보다는 자연스러운 인간 습성으로 보인다. 이를 완벽히 방지할 수는 없지만, 다음 세 가지 제안 사항이 도움이 될 수 있다.

- 질문과 결정 사항을 미리 명확히 해 조사 결과에 집중할 수 있도록 해야 한다.
- 프레젠테이션을 명확하게 하고 권장 사항에 대해서도 모호함이 없어야 한다.

- 리서치 질문과 직접적 연관이 없는 기술적 세부 사항과 근거 데이터는 포함하지 않는다.

여기서 우리가 흔히 볼 수 있는 최악의 사례는 데이터를 여러 가지 방식으로 분류하는 수십 개의 표를 만들어 제시하는 것이다. 예를 들어, 보고서에는 채택, 유지, 만족도, 추천 가능성 등 여러 UX 지표를 자세히 설명하고, 여러 제품이나 기능에 걸쳐 각각을 편집한 다음, 인구 통계학적 범주, 사용자 세그먼트, 비즈니스 지표 등 여러 추가적인 요인에 따라 각 조합을 더 세분화할 수 있다.

이러한 보고서는 초점이 불분명하고, 취해야 할 구체적인 행동 지침을 제시하지 않으며, 과도한 양의 정보를 제공한다는 점에서 위의 세 가지 제안 사항에 모두 위배된다. 가장 가능성 높은 경우는 이해관계자가 단순히 관심 있는 조사 결과만 선택한다는 것이다. 그렇지만 누가 그들을 비난할 수 있을까? 더 잘 구성된 결과 보고를 통해 그들이 집중하도록 도울 수 있을 것이다.

13.5.7 상충되는 결과

한 분야에 대해 여러 리서치가 진행되는 경우, 조사 방법론, 표본, 데이터 소스 혹은 분석 결과가 상충되는 상황이 발생할 수 있다. 이는 여러 가지 이유가 있겠지만, 특히 자주 발생하는 상황은 사용자가 진술한 행동이나 선호도가 실제 드러난 행동이나 선호도와 상충하는 경우다. 예를 들어, 사용자가 제품 로그에서 관찰된 사용 데이터와 매우 다르게 부정확한 제품 사용량을 설문 조사에서 응답하는 경우가 있다. 또는 사용자는 시장 데이터나 컨조인트 분석과 같은 보다 실질적인 분석 결과에 상반되는 제품에 강한 지불 의사를 표명하기도 한다.

이해관계자의 기대는 종종 물리학 및 엔지니어링에 대한 이해를 바탕으로 한다. 그들은 인간의 태도나 행동에 대한 측정이 물리적 시스템처럼 정확할 것이라고 기대하는 경향이 있다. 이러한 시스템에는 샘플이나 방법 전반에 걸쳐 매우 정확하게 측정할 수 있는 기본 '실제' 값이 있을 수 있다.

인간의 행동은 물리적 시스템과 상당히 다르며, 다양한 결과가 행동의 다양한 측면을 부각시킬 뿐 충돌하지 않는다는 점을 이해관계자가 충분히 이해할 수 있도록 대비하는 것이 중요하다. 예를 들어, 사용자는 제품의 가치가 높다고 여기기 때문에 제품에 대한 지불 의향이 높게 나타날 수 있다. 그러나 실제 구매 행동은 예산, 가용성, 다른 제품과의 비교(직접적인 경쟁 제품 및 시간과 비용이 드는 다른 외부 재화) 등의 요인에 의해 제약을 받기 때문에 실제 드러난 결과 가치는 훨씬 낮을 수 있다.

이해관계자에게 사회과학 데이터와 방법론의 미묘한 차이를 인식시키려는 시도는 하지 않는 것이 좋다. 그보다는 적절한 기대치를 설정하고, 데이터가 실제 행동이 아닌 인식이나 태도와 관련된 예를 제시해, 일치하지 않는 경우를 미리 설명하는 것이 좋다. 이를 통해 겉으로 드러나는 차이를 조율하는 동시에 사용자 니즈에 대한 추가적인 인사이트를 제공하는 더 전체적이고 완성도 높은 스토리라인을 제시할 수 있다.

13.5.8 부정적 결과에 국한된 이의 제기

마지막 문제는 이해관계자가 원하지 않거나 예상치 못한 결과에 대해서 불균형적인 반응을 보인다는 것이다. 이해관계자가 X를 만들고 싶은데, '사용자들이 X를 좋아한다'는 조사 결과가 나오면 이해관계자는 대개 그 결과를 기꺼이 받아들인다. 그러나 결과가 '사용자들이 X를 좋아하지 않는다'로 나오면 이해관계자는 조사 설계, 표본, 질문, 통계 분석 방법, 발표 내용 등에 이의를 제기하고 상반된 데이터(13.5.7절에서 설명한 상충되는 결과 등)를 제시할 수 있다. 크리스의 전 PM 동료인 에릭 바나Eric Bahna의 제안으로, 이러한 상황을 '부정적 결과에 국한된 이의 제기COIN, Challenge Only If Negative'라고 부르기로 했다.

COIN에는 두 가지 일반적인 전제 조건이 있다. 첫째, 이해관계자가 리서치 계획이나 리서처를 신뢰하지 않을 때 발생한다. 이는 이해관계자가 사후에 리서치 계획에 이의를 제기하거나 사전 협의가 이뤄지지 않았기 때문에 발생할 수 있다. 이는 리서치가 널리 알려졌지만 이해관계자가 많아 광범위한 협의가 불가능한 대규모 조직에서 종종 발생한다. 둘째, COIN은 이해관계자 중 누군가가 특정 결과를 반대할 때 발생한다.

COIN은 방법론적인 문제와 조직적인 문제를 동시에 안고 있다. 방법론적으로는 결과 검토에 있어 방향성을 띤 편향을 유발할 수 있으므로 학술적으로는 결과 방향에 관계없이 동등하게 검토해야 한다. 사실, 결과가 자신의 선호도와 일치할 때 오히려 더 많은 주의를 기울이고 면밀히 조사하는 것이 현명하며, 이는 COIN이 주는 편향성을 상쇄하는 데 도움이 될 것이다.

조직의 관점에서 볼 때, COIN은 리서처들에게 부정적인 리서치 결과를 발표해서는 안 되며, 발표할 경우 리서치에 어려움을 겪을 수도 있다는 신호를 준다. 이는 수행되는 리서치의 종류를 편향시키고 긍정적인 결과만을 제공하려는 의식적 또는 무의식적 동기를 유발한다(4.5.5절 참조).

COIN에 대처하기 위해 리서처는 미리 대비해야 한다. 리서치를 시작할 때 중요한 질문에 대해 여러 가지 방법을 사용할 계획을 세워야 한다. 결과가 부정적이라면 다양한 데이터셋과 방법을 사용한 보다 종합적인 결과 집합을 제시할 수 있다. 조직적으로는 누가 봐도 부실한 제품이나 기능을 포함하거나 COIN하는 경향을 가진 이해관계자가 관련돼 있어 이 문제가 발생할 가능성이 높은 프로젝트는 가급적 맡지 않는 것이 좋다. 하지만 사용자에게 해가 될 수 있는 제품이라면 그 제품을 개선하고 사용자를 돕는 윤리적 사명을 가져야 한다(4.5절 참조).

부정적인 결과가 도출돼 COIN의 대상이 됐다면 동료와 직속 매니저의 지원을 받아야 한다. 더 넓은 차원에서 보면, 7.5.2.1절에서 언급했듯이 이 문제는 실패를 공개적으로 인정하지 않거나 그로부터 배우려 하지 않는 조직 문화의 징후라고 할 수 있다.

13.6 훌륭한 이해관계자 찾기

앞서 설명한 어려움에도 불구하고 UXR의 가장 큰 보람은 자신의 작업을 소중히 여기고 사용자로부터 배우고자 하는 훌륭한 이해관계자와 함께 일할 때다. 이들과 지속적으로 협력하는 것이 가장 큰 보람 중 하나라고 할 수 있다.

이러한 파트너를 우연히 찾을 수도 있고, 리서치에 잘 응답하고 적시에 좋은 질문을 제공하는 PM을 찾을 수도 있다. 그렇지 않다면 좀 더 노력이 필요할 수도 있다. 한 가지 전략은 잠재적인 이해관계자를 인터뷰하는 것이다. 리서치를 통해 알고 싶은 것이 무엇인가? 리서치 결과를 어떻게 활용할 것인가? 질문과 접근 방식이 일치하는 이해관계자가 있다면 그와 함께 협력할 수 있도록 최선을 다해야 한다.

그런 파트너를 찾았다면 주저하지 말고 더 높은 수준의 전략적 리서치 문제를 제안하거나 이에 대한 그들의 의견을 물어보길 바란다. 그들도 여러분과 마찬가지로 더 큰 프로젝트에 도전하기를 원하며, 여러분의 리서치가 그들에게 도움이 되는 동시에 그들도 영향력이 큰 프로젝트와 성과 검토 지원을 통해 여러분에게 도움을 줄 가능성이 높다.

13.7 핵심 포인트

이해관계자와의 소통은 리서처의 업무에서 가장 중요한 부분 중 하나이지만, 이해관계자가 리서치 분야에 있어서 전문가이길 기대할 수는 없다. 그들이 디자인, 엔지니어링, 제품 매니지먼트 또는 전략 분야의 전문가인 것과 같이 리서치의 전문가는 리서처다.

몇 가지 기억해야 할 사항은 다음과 같다.

- 이해관계자가 던지는 질문이 반드시 리서치에 적합한 질문은 아니다. 이해관계자가 질문을 구체화할 수 있도록 지원해야 한다(13.1.1절).
- 리서치 프레임을 구축하는 가장 좋은 방법은 구체적인 의사결정에 참여하는 것이다 (13.1.2절).
- 리서치 결과로부터 역방향으로 작업하는 것이 도움이 된다. 이해관계자에게 시뮬레이션 또는 예시 데이터를 사용해 결과가 어떤 식으로 나올 수 있는지 예상 결과물을 제시하고, 프로젝트에 본격적으로 착수하기 전에 이 프로젝트가 도움이 될 것인지 협의하는 것이 좋다(13.1.3절).
- 리서치 결과물을 하나의 제품으로 여기고, 이해관계자를 해당 제품의 사용자로 생각할 수 있다. 그에 따라 그들의 니즈에 맞춰 리서치를 설계할 수 있다.
- 리서치 보고서는 슬라이드 자료로 제공하는 것이 가장 일반적이지만(13.2.2.1절), 대신 서면 문서를 작성하는 것도 상당한 이점이 있다(13.2.2.2절).
- 문서는 프레젠테이션 스킬보다는 리서치 결과에 집중하게 하고 발생할 수 있는 무작위적인 질문을 예방할 수 있다. 하지만 리서처만의 노력으로 조직의 프레젠테이션 문화와 서면 작성 문화를 바꿀 수는 없다.

- 좋은 보고서는 간결하고, 행동 지침에 초점을 맞추며, 최소한의 기술적인 내용을 담고, 편향된 내용이 없어야 한다(13.3절). 특히 리서치를 더 돋보이게 하기 위해 편향된 부분을 포함하는 것은 위험하다.
- 리서치 아카이브는 기존의 리서치 보고서들을 정리하고, 참조하고, 공유할 수 있는 좋은 방식이다. 하지만 지나치게 복잡하고 관리하기 번거로운 경우가 많다. 리서처에게 유용하고, 유지될 가능성이 높은 간단한 대안은 선별된 '한 페이지' 프로젝트 목록으로 만드는 것이다(13.4절).
- 이해관계자의 질문이 부적절한 데에는 여러 가지 이유가 있는데, 일반적으로 이해관계자가 UX 리서치의 특성을 잘 모르기 때문이다. 여기에는 즉흥적인 질문, 의사결정 기준의 부재, 부정적인 결과에만 국한된 이의 제기 등이 포함된다. 이러한 문제는 일반적으로 리서치 사이클 초기에 집중하고 소통함으로써 개선할 수 있다(13.5절).

13.8 더 알아보기

조직마다 상황이 다르기 때문에 시간이 지남에 따라 이해관계자와 협력하는 법을 알게 된다. 하지만 다음 활동이 이해를 높이는 데 도움이 될 것이다.

- 팀 내에 리서치 아카이브가 있는지 알아보고 다양한 프로젝트의 보고서를 읽어 본다.
- 업무와 직접 관련이 없더라도 동료의 리서치 발표에 참석해 이해관계자와의 대화를 관찰한다.
- 동료들과 멘토링에 관한 주제로 논의하면서 일반적인 성공 요인이나 이해관계자와의 문제에 대해 들어 본다.
- 보고서를 공유하기 전에 동료 퀀트 UXR 또는 일반 UXR에게 보고서에 대한 피드백을 요청한다. 가능하면 자신보다 팀에서 더 오래 근무했거나 보고 대상을 더 잘 아는 동료를 찾아본다.
- PM이나 디자이너 등 업무적으로 가까운 이해관계자 한두 명을 찾아서 대규모 프레젠테이션에 앞서 이들에게 미리 프레젠테이션을 해본다. 피드백을 얻을 수 있을 뿐만 아

니라 가장 가까운 동료가 예상 못해 당황하는 일도 방지할 수 있다.

더 자세한 이해를 위해 몇 가지 도서를 추천한다. 크리스탄 크럼리쉬^{Christian Crumlish}의 저서인 『Product Management for UX People』[37]은 UX가 제품 개발팀의 광범위한 니즈, 목표, 업무와 어떻게 연관되는지에 대한 인사이트를 제공하는 책으로 적극 추천한다. 테크 회사에서 UX 직무를 처음 맡은 사람이라면 꼭 읽어 보길 바란다.

또한, 이해관계자가 의사결정 과정에서 직면하는 어려움에 대해 자세히 살펴볼 수 있는 도서가 있다. 이를 통해 이해관계자를 이해하고 새로운 리서치 방향을 제시하는 데 도움이 될 수 있다. 카플란^{Kaplan}의 『The 360° Corporation』[65]은 비즈니스 결과, 직원의 요구, 사회적 발전, 생태적 책임, 규제 요건, 기타 성과 사이에서 이해관계자가 반드시 고려해야 하는 절충점을 살펴본다. 이 책을 통해 비즈니스의 '성공'이 무엇인지에 대한 시야가 넓어지고, UX 리서치가 제품 평가를 넘어 어떻게 기여할 수 있는지에 대한 아이디어를 얻을 수 있다.

이해관계자를 위한 기술 문서는 간결하고, 명확하며, 핵심을 짚고, 가능한 한 비기술적인 내용을 담아야 한다는 점을 강조했다. 그린^{Greene}의 『Writing Science in Plain English』[53]는 리서치 내용을 작성하기 위한 훌륭한 입문서이자 재충전을 위한 책이다.

차트를 통해 결과를 효과적으로 전달하는 방법에 대한 자세한 내용은 콜 누스바우머 내플릭^{Cole Nussbaumer Knaflic}의 『데이터 스토리텔링 연습』[71]을 참조하길 바란다. 이 책에는 차트 디자인과 설명에 시간과 노력을 투자할 가치가 있는 이유를 알려 주는 많은 예시가 나와 있다. 이 책은 특히 엑셀 차트에 중점을 두고 있지만, 어떤 도구를 통해 생성된 데이터 그래픽이라면 모두 적용할 수 있는 원칙들을 제시하고 있다.

마지막으로, 매년 열리는 퀀트 UX 콘퍼런스^{Quant UX Con}는 퀀트 UXR을 위한 독보적이고 유일한 콘퍼런스다. 이 콘퍼런스에서는 다양한 조직에 속한 많은 퀀트 UXR과 그의 동료들이 업계 리서치 주제에 대해 논의하는 프레젠테이션을 진행한다. 또한, 이해관계자와의 소통 및 커리어 개발에 대한 강연도 다수 진행된다. 퀀트 UX 콘퍼런스에 대한 자세한 내용은 다음 링크(https://quantuxcon.org)에서 찾아볼 수 있다.

14

퀀트 UXR을 위한 커리어 개발

정량적 UX 리서치 직무가 생긴 지 20년이 채 되지 않았고, 장기적인 커리어 경로도 이제야 등장하기 시작했기 때문에 14장에서는 책의 다른 부분처럼 구체적인 지침을 제공하기에는 어려움이 있다. 14장에서는 정성적 또는 정량적 UXR 모두를 위한 전형적인 테크 산업에서의 모델을 살펴볼 것이다. 가능한 한 UXR에 특화된 사례를 공유하고자 한다.

14장의 대부분은 이미 업계에서 일하고 있는 독자들에게는 친숙할 것이다. 신입 리서처들을 위해 개념, 용어, 기대치를 공유하고자 한다. 그러나 일반적인 문제와 커리어 성장에 대한 사례들이 업계의 시니어 리서처들에게도 도움이 될 것이다. 이 주제는 주로 개별 리서처를 대상으로 하지만, 퀀트 UXR의 성장을 돕고자 하는 관리자들도 관심을 가질 만한 내용이다.

14장에는 이 책의 다른 장에 비해 개인적인 의견과 관찰 내용이 많이 포함돼 있다. 우리가 살펴본 가장 일반적인 상황에 대한 조언과 설명은 정보를 제공하기 위한 것이므로 모든 개별 사례에 적용할 수는 없다. 우리의 조언이 도움이 될지 여부는 여러분의 판단에 따라 결정해야 한다.

종합적인 결론을 이야기하자면, 퀀트 UX는 잘 닦인 길이라기보다는 다양한 경로가 존재하는 흥미롭고 역동적인 분야라는 것이다. 업계의 모든 이가 함께 정의해 나가고 있기 때문에 진로에 대한 명확한 가이드는 존재하지 않는다. 자신의 관심사, 열정, 성취에 따라 여러분 자신뿐만 아니라 모든 퀀트 UXR의 미래가 결정될 것이다.

14.1 업계 커리어 경로의 핵심 요소

UXR이 있는 테크 회사에서는 일반적으로 커리어에서 중요하게 여기는 네 가지의 공식적이고 문서화된 요소가 있다.

- **채용 기준 및 절차**: 12장에서 채용 기준에 대해 설명하며, 부록 B에 가상의 루브릭 세트가 나와 있다.
- **기술 수준**: 여기서는 직급, 직책, 급여 범위, 일반적인 책임 범위를 정의한다. 예를 들어, 모든 직무에 적용되는 신입 사원과 고위 직원에 대한 기술 수준이 있을 수 있다. 이에 대한 자세한 내용은 14.1절에 설명돼 있다.
- **커리어 사다리**: 이는 특정 직무에 대한 직급별 요구 사항을 정의한다. 예를 들어, UXR(신입)과 시니어 UXR 간의 차이점을 정의한다. 커리어 사다리career ladder는 14.1.2절에서 자세히 살펴볼 수 있다.
- **커리어 사다리 내의 트랙**: 이 트랙은 UXR이 커리어 사다리를 올라갈 때 가능한 다양한 모습을 보여 준다. 가장 일반적으로 개인 기여자IC, Individual Contributor 트랙과 매니지먼트 트랙에는 차이가 있다. 14.1.3절과 14.1.5절에서 IC와 매니지먼트 트랙에 대해 설명한다.

조직마다 직급, 커리어 사다리, 트랙의 세부 사항은 다를 수 있다. 그럼에도 불구하고 공통점을 갖는데 14.1.1절에서 살펴보고자 한다. 정확한 직위, 직급 또는 기타 세부 사항에 대해 너무 걱정할 필요는 없다. 대부분의 조직은 전반적인 구조가 매우 유사하지만 다양한 세부 요소가 존재한다.

14.1.1 직급

일반적으로 UX 조직에는 대부분의 구성원을 포괄하는 대략 6~8개의 직급이 있으며, 직급에는 관련 직책과 함께 고유 번호가 부여된다. 구글에서 근무할 당시 UXR의 IC 직급은 표 14-1에 나와 있는 바와 같다.

표 14-1 구글의 사용자 리서치 직급(크리스가 근무한 2022년 기준)

직급	공통 직책
L2	UX 리서처 / UX 리서치 어시스턴트
L3	[퀀트] UX 리서처 II
L4	[퀀트] UX 리서처 III
L5	시니어 [퀀트] UX 리서처
L6	스태프 [퀀트] UX 리서처
L7	시니어 스태프 [퀀트] UX 리서처
L8	수석 [퀀트] UX 리서처

표 14-1에서 '퀀트'를 괄호 안에 넣은 이유는 퀀트가 일반 UXR 직급과 별도로 정의되지 않을 수 있기 때문이다. 퀀트 UXR은 퀀트에 부합하는 특정 기준에 따라 채용될 수 있지만, 그 이후에는 다른 유형의 UXR과 마찬가지로 표준화된 방식으로 직급을 부여받는다.

이 외에도 업계에는 다양한 직급 체계가 있다. 예를 들어, 마이크로소프트에는 구글의 5단계(L3-L7)와 대략 동일한 범위를 가진 10단계(58-67)의 직급이 있다. 직급은 순서 기반이며 직군에 따라 범위는 다를 수 있다. 이는 바로 구글에서 UXR 직급에 L1이 없는 이유다.

누군가의 명시된 직책이 반드시 직급으로 정의되는 것은 아니다. 예를 들어, L4 UXR의 다양한 직함이 있을 수 있다. 'UXR', '퀀트 UXR', '에스노그래퍼', '설문 조사 과학자', '리서치 과학자' 등이 있다. 일부 회사에서는 직책이 주로 개인의 선호도에 따라 결정되며, 개인은 명함이나 사내 디렉터리에 자신의 직책을 어떻게 설명할지 선택할 수 있다. 구글의 뛰어난 퀀트 UXR 동료 중 한 명은 스스로를 '데이터 잔해 분석가^data exhaust analyst'로 명명했다.

직급도 회사마다 정확하게 일치하지는 않기 때문에 한 회사의 '수석^principal' 또는 '이사^director'가 다른 회사에서는 '스태프 리서처^Staff Researcher'일 수 있다. 다음 웹사이트(https://

www.levels.fyi)에는 테크 기업에 대한 사용자 제공 정보가 있다(주의할 점은 경험상 급여에 대해서는 매우 부정확한 정보가 제공되지만 상대적으로 직급 방향성 비교 측면에서는 유용하다).

14.1.1.1 직급, 책임, 전문성

각 직급의 책임 범위는 다소 모호하게 정의돼 있다. 예를 들어, 구글에서 UXR L4는 일반적으로 특정 제품 기능과 관련된 리서치, 즉각적인 제품 출시, 단기 프로젝트(예:1~3개월) 등을 담당한다. UXR L5는 여러 기능 또는 전체 제품에 영향을 미치는 중기 프로젝트(3~12개월)를 담당한다. UXR L6는 전체 제품에 영향을 미치는 작업과 전사적 차원의 리더십 또는 전문성을 보여 줘야 한다.

UXR은 상위 직급으로 갈수록 더 광범위한 스킬을 기대한다. UXR L4는 설문 조사나 A/B 테스트와 같은 몇 가지 리서치 방법에서 깊은 전문성을 발휘하길 기대하는 반면, UXR L5는 더 넓은 범위의 방법론에서 강점을 보여 줄 것으로 기대한다. 이는 다음과 같이 즉, 'L4는 기능 테스트를 위한 리서치를 맡을 수 있고, L5는 전체 제품에 대한 퀀트 리서치 아젠다를 맡아 진행할 수 있다'는 말과 같이 '오너십^{ownership}'의 관점에서 이해할 수 있다.

흔히 볼 수 있는 유해하고 악의적으로 직급을 오용하는 사례는 직급을 기준으로 동료의 리서치의 중요도나 진위를 평가하는 경우다. 안타깝게도 '저 사람은 L7이야' 또는 '저 사람은 L3에 불과해' 같은 언급으로 마치 L7의 리서치가 더 중요하다는 듯이 말하는 경우가 종종 있다. 절대 그렇게 하지 말아야 한다. 다른 사람이 그런 판단을 한다면 정중하게 이의를 제기할 방법을 생각해 봐야 한다.

14.1.1.2 직급 및 보상

직급은 기본급, 보너스, 주식 상여 등의 가능한 급여 범위를 정의하는 보상 밴드^{compensation band}와 연계된다. 이는 후에 설명하는 문제인 '높은 직급이 항상 더 좋다'는 믿음의 원인이라고 할 수 있다(14.2절).

여기서 두 가지 사항을 알아 둘 필요가 있다. 첫째, 이런 이야기를 들어 본 적은 없겠지만, 보상 밴드는 일반적으로 인사팀에 요청함으로써 확인할 수 있다. 국가마다 법적인 측면이 다르기 때문에 자세히 설명하지는 않겠지만, 인사팀은 급여에 대한 질문을 받는 데 익숙하기 때문에 급여 범위를 문의한다고 해서 나쁘게 생각하지는 않을 것이다.

둘째, 직급 간의 차이가 생각보다 크지 않다는 것이다. 크리스는 기본급이 1.6%만 인상된 상태로 한 직급에서 상위 직급으로 승진한 적이 있다(10~20% 인상이 일반적이다). 14장의 뒷부분에서 설명하겠지만, 보상이 자신의 요구를 충족할 만큼 충분하다면 승진 자체보다는 현재 하고 있는 일에 대한 만족감에 가치를 둬야 한다고 생각한다.

14.1.2 커리어 사다리

커리어 사다리는 직무에 있어서 각 직급에 요구되는 책임, 기대치, 기준을 정의한다. 여기에는 사례, 승진 요건에 대한 정보, 관련 교육 또는 참고 자료 등이 포함된다.

커리어 사다리가 퀀트 UXR이 앞으로 해야 할 일이 무엇인지 알려 줄 것이라고 기대한다면 실망할 수 있다. 커리어 사다리는 '제품 요구 사항에 적합한 리서치를 설계하고 수행함' 또는 '디자인 및 엔지니어링에 관한 의사결정에 영향을 줄 수 있는 시기 적절하고 실행 가능한 리서치 요약본을 작성함'과 같은 모호하고 일반적인 문구로 채워져 있다. 이 문구들은 우리가 임의로 작성한 예시이긴 하지만 보통 이런 식으로 표현돼 있다.

커리어 사다리는 애매모호하기 때문에 성과 검토 및 승진 시점에 유용하다는 점 외에는 명확히 설명할 수 없다(14.3절 참조). 또한, 성과 검토를 앞두고 팀의 기대에 부응하고 있는지 매니저와 논의해야 하는 시점에 중간 점검을 위해 살펴볼 수 있다. 성과 검토 및 승진의 경우, 커리어 사다리를 명시적으로 인용하고 자신의 성과와 연관시키는 것이 좋다. 사다리를 직접 인용하고 자신의 성과를 사다리의 해당 문구와 연결해 그 요구 사항을 어떻게 충족했는지 입증할 필요가 있다. 특히 승진의 경우 자신의 직급보다 +1 또는 +2 직급의 내용을 인용해 이미 상위 직급의 업무를 수행하기 시작했음을 증명하면 큰 도움이 될 수 있다.

모든 조직이나 직무에 커리어 사다리가 있는 것은 아니며, 대기업에서 더 흔히 찾아볼 수 있다. 조직에 커리어 사다리가 없는 경우 매니저 및 인사팀에 문의해 사다리 도입을 논의해 볼 수 있을 것이다.

14.1.3 커리어 트랙: IC 및 매니저

많은 테크 및 엔지니어링 조직에서 직급이 올라간다고 해서 반드시 관리직이 되는 것은 아니다. 대신, 일반적으로 IC와 매니저를 위한 트랙이 있으며, 이론적으로는 둘 다 가능한 최고 직급까지 평행하게 이어진다. 따라서 IC 또는 매니저로서 상위 1% 내외로 임원으로 승진할 수 있는 기회가 있다.

이러한 병행 트랙parallel track의 목표는 구성원들이 자신에게 적합하지 않은데도 관리직을 맡아야 하는 부담을 줄이는 것이다. 성과가 뛰어난 엔지니어나 리서처는 매니저로서의 역할에 관심이 없거나 능력이 없더라도 엔지니어나 리서처로 일하는 것에 대한 성과는 인정받아야 한다. 반대로, 매니저로서의 역할에 관심이 많고 적성에 맞는 인재가 있다는 것 또한 인정해야 한다. IC와 매니저 간의 승진 기회와 급여가 균등하게 주어지면 각자에게 더 적합한 선택을 할 수 있다.

표 14-2는 IC와 매니저의 직함을 직급별로 정렬한 예시(크리스와 케리가 근무할 당시 구글 기준)를 보여 준다. UX 매니저 직급은 L5부터 시작되며 그 이전에는 IC 직책만 존재한다(이는 분야별로 다르다는 점에 유의해야 한다. 예를 들어, PM에 대한 관리는 더 높은 직급에서 가능하다).

표 14-2 UX 매니저 직급과 IC 직급 비교

직급	매니저 직함	IC 직함
L4	해당 없음	UXR III
L5	UX 매니저	시니어 UXR
L6	UX 매니저 II	스태프 UXR
L7	시니어 UX 매니저	시니어 스태프 UXR
L8	UX 디렉터	수석 UXR
L9	시니어 UX 디렉터	(드물게) 전문위원 리서처
L10	UX 부문 부사장	(매우 드물게) 회사 고유의 타이틀

항상 그렇듯이 구체적인 직급과 직급에 따른 직함은 회사마다 다르다. 표 14-2는 주로 IC와 매니저 트랙이 어떻게 서로 병행되고 있는지 보여 주는 예시라고 볼 수 있다.

관리직으로 갈 것인지, IC로 남을 것인지는 영구적인 선택은 아니다. 많은 UX 담당자(그리고 PM과 엔지니어)가 시간이 지남에 따라 두 트랙을 오가기도 한다. 일반적인 패턴으로는 한동안 매니저로 경험을 쌓은 후 한두 번의 승진을 거쳐 IC 직책으로 전환하는 경우가 많다.

14.1.4 직급의 분포

직급은 균일하게 분포돼 있지는 않다. 직급 명칭(L3, L4, L5 등)의 선형적인 특성 때문에 많은 사람이 직급을 직원들이 정해진 순서대로 올라가는 단순한 승급 과정으로 오해할 수 있다. 실제로는 그 빈도가 가우스 분포^{Gaussian distribution}와 더 비슷하며, 최고 직급에 도달하는 경우는 드물고 대부분의 구성원이 커리어의 많은 시간을 '중간'으로 표기된 직급에서 보내게 된다.

이를 부정적으로 인식해서는 안 된다. L4, L5, L6 등 표면적으로 중앙에 있는 것처럼 보이는 직급은 사실상 상당한 전문성과 높은 책임감, 그리고 많은 자율성을 갖고 있는 높은 단계다. 엔지니어, PM, 리서처, 디자이너, 마케터, 영업 사원 등 이른바 중간 단계에 있는 모든 사람이 고객이 사용하는 모든 제품과 서비스를 만들어 낸다. 이러한 기여도는 상위 직급의 기여도보다 결코 낮지 않다.

그림 14-1은 IC 트랙 및 매니저 트랙으로 구분된 L2-L10 직급의 가상 직원 분포를 나타낸다. L5와 L6에서 두 트랙의 직원 수가 많이 겹치는 것을 볼 수 있다. 이 직급은 매니저 트랙에서는 가장 일반적인 직급이며, 매니저보다 IC의 수가 더 많다. 두 분포는 잘려진 (가우스) 분포와 유사하며, 매니저 직급은 L5에서 시작되고 L8 이상에서는 IC가 거의 없는 것으로 나타난다.

그림 14-1 상황의 궁극적인 결과로는 IC에게 매니저 트랙으로 전환하도록 압력을 가하는 것이 된다. 이론적으로는 IC로서 L6 이상으로 승진하는 것이 가능하지만 점점 더 어려워지고, L7 이상에서는 대부분의 분포가 매니저로 전환된다. 이는 다음에 논의할 커리어 트랙에 있어 선택의 문제로 연결된다.

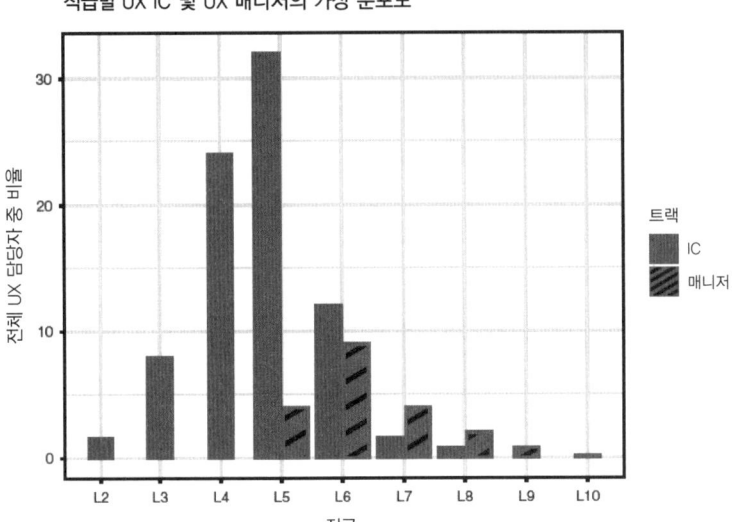

직급별 UX IC 및 UX 매니저의 가상 분포도

그림 14-1 대기업의 UX 조직에서 IC 및 매니저의 일반 (가우스) 분포를 보여 주는 예

14.1.5 IC와 매니저 중 선택하기

UXR로 몇 년을 일하고 나면 IC로 계속 일할 것인지, 아니면 관리직에 도전할 것인지 선택의 기로에 서게 된다. 선택을 쉽게 생각할 수도 있다. 상위 직급에 상대적으로 더 많은 매니저가 있다면 그것이 승진을 위한 최고의 트랙이 아닐까?

그럴 수도 있겠지만, 승진이나 매니저가 되는 것이 주요 목표인 경우에만 해당된다. 매니저 직급은 스트레스가 더 심할 수 있으며, IC보다 오히려 자율성과 통제권이 적을 수 있다는 반대 의견도 있다. 다시 말해, 매니저의 역할을 맡는다는 것은 조직의 지시 사항에 훨씬 더 많이 종속된다는 뜻이다. 매니저는 공식적인 라인을 따르고, 지지하며, 홍보하고, 다른 사람들에게도 이를 요구해야 한다. 이에 반해 IC는 상대적으로 동향에 대한 의견을 자유롭게 개진하거나, 특정 프로젝트를 거부하는(물론 성과 평가에 타격을 받을 수 있지만) 등 보다 독립적으로 행동할 수 있다.

우리의 경험상 최고의 매니저는 사람들과 함께 일하는 것을 진정으로 즐기고 그들이 뛰어난 능력을 발휘하도록 돕는 동시에 자율성을 장려하고 IC가 자신의 업무에 대한 인정과 관심, 보상을 받을 수 있도록 지원하는 사람이다. 이러한 매니저는 결국 자신에게 보고하는 사람들의 신임을 받게 되고, 이는 모두에게 유익한 결과로 이어진다.

최악의 매니저는 자신이 팀보다 더 똑똑하고, 자신의 임무는 다른 사람들에게 무엇을 해야 하는지 지시하는 것이며, 자신이 가장 많은 공로를 인정받아야 하고, 직원들이 업무를 게을리하지 않도록 면밀히 감시해야 한다고 믿는 사람들이다. 팀원들은 이런 리더를 원망하게 되고 최고의 직원들은 이직하게 될 것이다. 이를 방치하면 팀원들의 불만과 저조한 성과로 이어질 수 있다. 잘못된 관리의 또 다른 일반적인 패턴은 주의력과 타이밍에 관한 것이다. 바쁜 매니저는 진행 중인 업무에 의미 있는 피드백을 제공할 만큼 충분히 참여하지 못하다가 '뭔가 잘못됐다'고 인식할 때만 갑자기 마이크로매니징에 돌입하는 경우가 바로 그렇다.

매니저 트랙을 고려하고 있다면 자신의 스타일과 그 스타일이 앞서 설명한 방향 중 어떤 방식으로 발현될지 신중하게 생각해 봐야 한다. 기술적 탁월함과 영향력에 더 많은 관심을 갖고 있다면, IC로 남는 것을 강력히 추천한다.

매니저 트랙을 시도해 보고 싶은 사람들을 위해 두 가지 제안을 하고자 한다. 첫째, 정규직 직원FTE, Full-Time Employee 관리 업무의 대안으로 계약직 인력에 대한 관리 업무를 시도해 볼 수 있다. FTE 관리에는 성과 검토, 관리 교육, 다른 매니저와의 회의 등 훨씬 많은 업무 부담이 발생한다. '임시' 계약직을 관리하다 보면 이 업무에 대한 자신의 호불호를 파악할 수 있다.

둘째, 데이터를 수집한다. 동료들의 캘린더가 공개돼 있다고 가정하고, 그 캘린더를 주의 깊게 살펴보고 자신이 선호하는 작업인지 검토해 본다. 또한, 자신의 매니저나 신뢰할 수 있는 다른 매니저에게 캘린더를 살펴볼 수 있게 요청한다. 그런 다음 그들의 일정에 대한 자신의 반응을 솔직하게 답해 본다. 그 일정이 부담스러운가? 아니면 체계적이거나 흥미로운가? 하루 종일 코딩하고 데이터를 분석하는 것이 즐거운가? 아니면 예산, 채용 또는 성과 관리에 대한 의사결정에 관여하는 데 시간을 보내고 싶은가?

IC에게 자신보다 낮은 직급의 매니저가 있는 경우가 종종 있다. 그림 14-1에서 보면 L6 IC가 L6 매니저보다 더 많다는 것을 알 수 있으며, 각 매니저가 여러 명의 보고를 받지만 일부 L6 IC가 L5 매니저에게, 또는 L7 IC가 L6 매니저에게 보고하는 것은 전혀 드문 일이 아니다. 같은 직급(L5 또는 L6 등)의 매니저가 있는 경우는 훨씬 더 흔한 일이다. 이는 매니저가 다른 직원들 위에 군림하는 존재가 아니라 직원들 곁에서 그들의 능력을 보완하는 존재로 인식해야 한다는 사실을 강조한다. IC와 매니저 모두 서로를 격려하고 지원해야 한다.

14.2 직급에 관한 문제

L3에서 L4, L5 등으로 이어지는 겉으로 드러나는 직급의 점진적 특성이 지나치게 강조돼 커리어와 업무 만족도를 떨어뜨리는 경우가 너무 많다. 직원, 매니저, 조직이 직급 '상향'에 대한 집착에 빠지기 쉽기 때문이다.

이러한 집착은 세 가지 문제를 반복적으로 발생시킨다. 첫째, 직원들, 특히 신입의 경우 '높은 직급이 더 좋다'고 믿는 경우가 일반적이다. 신입은 가능한 한 높은 직급에서 시작해야 한다는 의식을 갖는 경우가 많다. 이로 인해 어려움을 겪는 상황에 처할 수 있고, 다음 단계로 승진하는 데 더 오랜 시간이 걸리는 경우 불만이 생길 수 있다.

둘째, 직원들과 매니저가 커리어 사다리를 통해 '승진'하는 데 집중하도록 조장한다는 점이다. 매니저는 승진에 필요한 업무에 중점을 두기 쉬운데, 그것이 해당 직원에게는 가장 중요하거나 시급하거나 또는 바람직한 성과가 아닐 수도 있다.

셋째, 직급이 올라갈수록 승진이 점점 더 어려워진다는 점이다. 영향력이 높아지고 성과가 증가함에 따라(14.3절 참조), 직급 간의 실질적인 '간격'이 더 크게 벌어진다. 현실적인 직급 체계에서는 그림 14-1의 누적 백분위 분포와 유사하게 IC 직급의 L4, L5, L6, L7, L8이 L15, L40, L70, L96, L99 정도의 격차로 볼 수 있다.

14.3 성과 평가 및 승진

성과 평가perf, performance reviews는 거의 모든 테크 분야의 직원에게 끝없는 불안감을 안겨 준다. 이는 직원의 업무에 대한 분기별, 반기별, 또는 연간 평가이며, 일반적으로 서면 피드백과 공식적인 평가가 모두 포함된다.

승진promo, promotion은 직급이 높아지는 것으로, 그에 따라 급여와 책임도 함께 상승한다. 승진은 강력한 성과 검토 패턴을 요구하지만, 일반적으로 별도의 절차이며 성과 검토만으로 보장되지는 않는다. 14.3절에서는 perf와 승진을 차례로 살펴보겠다.

14.3.1 성과 평가

성과 평가 등급은 보통 4~6단계(보통 5단계)로 부여되는 경우가 많다. 표 14-3에는 성과 평가 척도의 예시와 각 등급을 받을 수 있는 직원의 비율이 나와 있다. 이 척도는 다양한 회사에서 텍스트 또는 숫자 라벨을 통해 등급을 나누는 체계와 유사하다.

표 14-3 성과 평가 척도 예시

등급	대상 비율	참고
개선 필요	5%	반드시 개선해야 하며, 그렇지 않으면 해고됨
기대 충족	40%	업무 수행에 있어 직무 설명과 일치하나 탁월하지는 않음
기대 이상	30%	기대 이상의 성과를 얻었으며 업무 수행이 탁월함
기대 이상 큰 성과	20%	상위 직급에 준하는 탁월한 업무 수행
최우수	5%	독보적으로 뛰어난 업무 성과 및 기대 이상을 뛰어넘는 기여도

표 14-3에서는 두 가지 중요한 사실을 유추할 수 있다. 첫째, 최고 평점을 받는 사람은 극소수다. 이는 현재 직급의 기대치에 따라 달라지며, 학교에서 'A'를 받는 것과는 다르다. 단 5%의 UX 담당자만이 '최우수' 등급을 받는다면, 그 등급을 받지 못한 채 수년 또는 평생을 일할 수도 있다. 그렇다고 걱정할 필요는 없다. 둘째, 거의 모든 사람이 '기대 충족' 이상의 점수를 받는다. 이는 채용을 잘하고 훌륭한 직원으로 구성된 조직에서 흔히 볼 수 있는 모습이며, 재능 있는 동료가 많은 회사에서 업무를 잘 수행하는 것만으로도 충분히 좋은 결과라고 볼 수 있다.

평가 등급은 어떻게 정해지는가? 회사마다 다르지만 일반적인 방식은 해당 직원이 자신의 업무 성과를 직접 문서화하고 기술한 다음(14.3.2절), 동료 또는 다른 매니저가 검토할 평가 등급을 제안하고 매니저가 최종 등급을 부여하는 방식이다. 많은 조직에는 할당된 평가 등급 또는 부분 할당 등급이 있다. 예를 들어, 조직에서는 직원 5% 또는 10%가 최저 등급을 받도록 비율이 정해져 있으며, 높은 등급 비율도 제한할 수 있다.

또한, 많은 조직에서 스택 랭크stack rank 시스템을 사용하는데, 이 시스템은 팀 내 모든 직원들, 예를 들어 특정 제품의 모든 UX 담당자 또는 모든 UXR을 상대적 기여도에 따라 가장 높은 순위에서 가장 낮은 순위로 정렬한다. 그런 다음 표 14-3에 표시된 백분율과 같이 지정된 분포에 따라 스택 순위가 등급으로 매핑된다.

스택 랭크나 지정 배분과 같은 고정된 제도는 직원 만족도와 근속에 해가 될 수 있다는 리서치 결과가 적지 않다[139]. 우리는 조직에서 처벌보다는 보상을 중시하기를 권장한다. 여기서 성과 평가 시스템을 언급하는 것은 이를 권장하기 위해서가 아니라 업계에서 행해지는 제도를 설명하기 위한 것이다.

14.3.2 영향력

성과 등급은 일반적으로 제품 또는 비즈니스에 미치는 영향력을 기준으로 부여된다. 그렇다면 영향력이란 무엇인가? 이에 대한 솔직한 답은 동료와 경영진이 '영향력'이 있다고 말하는 모든 것으로 정의된다는 것이다.

영향력의 가장 일반적인 결과로는 제품, 전략 또는 프로세스의 변화를 들 수 있다. 예를 들어, 특정 디자인의 선택, 주요 기능 및 사양의 선택, 제품 출시 여부 또는 특정 고객 세그먼트에 집중하는 전략적 결정에 영향을 미치는 것, 또는 여러 동료나 고객이 사용하는 프로세스, 도구, 코드 라이브러리 등을 구축하는 것 등을 포함한다. 간단히 말해 영향력이란 해당 직원의 업무 활동으로 인한 긍정적인 변화를 의미한다.

퀀트 UXR의 경우, 이러한 변화는 많은 이해관계자에게 분산된 방식으로 영향을 미치기 때문에 자신의 업무로부터 기인한 것으로 판단하기 어려울 수 있다. 객관적인 지표, 즉 제공한 정보를 바탕으로 한 구체적인 의사결정이나 사용자 리텐션 개선과 같은 측정 가능한 결과가 있을 때마다 이를 문서화해 성과 리뷰에 포함하면 도움이 된다. 또한, 제품 성공을 측정하는 데 사용되는 주요 지표를 정의하는 등 조직적 성과를 가져올 수도 있다.

그러나 가장 중요한 것은 동료나 경영진이 자신의 업무를 어떻게 평가할지에 관해 소통하는 것이다. PM이 여러분의 업무가 영향을 미쳤다고 평가한다면 앞서 정의한 바대로 변화를 가져왔다는 의미다. 관련 업무를 수행하고 영향을 미친 직후에 면담을 요청하는 것이 가장 좋으며, 수 개월 후에 있을 성과 리뷰까지 기다려서는 안 된다. 자신의 업적에 좋은 피드백을 달라고 동료들을 성가시게 하지 않아야 하지만, 동시에 자신의 업적을 공유하는 것을 부끄러워하지도 말아야 한다. 충분한 피드백과 지나친 피드백 사이의 균형을 맞추기 어렵기 때문에 매니저나 동료 멘토와 지속적인 대화를 나누는 것이 좋다.

14.3.3 승진

승진에는 추천 모델nomination model과 보상 모델reward model의 두 가지 제도가 있다. 가장 일반적으로 생각하는 추천 모델에서는 스스로를 승진 대상으로 지명하고 그에 대한 근거를 문서화해야 한다. 그런 다음 매니저의 평가가 이뤄지고 경영진 또는 승진 위원회와 같은 별도의 조직이 최종 결정을 내린다.

보상 모델에서의 승진은 공식적인 지명이나 진급이 고려되고 있다는 사실조차 인지하지 못한 채 주어지는 경우다. 경영진이 모든 이의 업무를 살펴본 후 진급이 합당하다고 판단하면 승진시키는 경우다.

보상 모델은 절차가 덜 복잡하고 감정적 부담과 실망의 우려가 적기 때문에 전반적으로 추천 모델보다 더 효과적이라고 생각한다. 추천 모델은 추천서 작성을 위해 많은 시간과 노력이 요구되고, 결과에 집착하는 감정적 소모가 크기 때문이다.

테크 업계에 새로 입문한 사람이 참고할 만한 승진 절차에 대해서 몇 가지 세부 사항을 공유하고자 한다.

- 승진은 다음 상위 직급에서 일할 준비가 됐을 때 이뤄지는 것이 아니라 이미 다음 상위 직급처럼 일하고 있을 때 이뤄진다. 회사는 당신이 그 일을 할 수 있을지에 대한 도박을 하고 싶은 것이 아니라 이미 그 일을 하고 있다는 사실을 알고 싶어한다.
- 승진을 위해서는 높은 성과 평가 점수가 필요하지만 그 자체만으로 충분하지 않다. 현재 직급에서 꽤 좋은 성과를 내는 것뿐만 아니라 다음 상위 직급의 성과도 보여 줄 수 있어야 한다.
- 승진을 위해서는 성과 평가 점수 외에도 매니저와 고위 직급의 이해관계자 모두의 지지가 필요하다. 예를 들어, 공식적으로 정해진 바는 아니지만 X 레벨로 승진하려면 X+2 또는 X+3 직급에 있는 몇몇 사람의 동의가 필요하다. 따라서 L5로 승진하려면 L7 또는 L8에 있는 두세 명의 평가자의 동의가 필요할 수 있다. 상위 직급에게 지지를 요청하는 것을 부끄러워할 필요는 없다. 다시 한번 강조하지만, 보상 모델에서는 개인이 직접 나서지 않아도 매니저가 묵묵히 알아서 진급을 관리해 준다는 점이 이 모델의 장점이라고 할 수 있다.

한 가지 주목해야 할 점은 보상 모델에서는 승진을 위해 따로 노력할 필요가 없다는 것이다. 또한, 진급을 반드시 수락해야 하는 것도 아니다. 현재 직급에 만족한다면 그 지위를 유지하는 것이 현명할 수도 있다. 업무상 즐거움, 영향력, 만족도를 높일 수 있는 다른 방법도 존재한다. 직급이 높아질수록 기대치가 높아지고 프로젝트와 일상 업무가 변화하며, 이것이 원하는 방식으로 흘러가지 않을 수 있다. 또한, 테크 직무의 경우 승진 없이도 한 직급 내에서 급여 인상이 가능한 적절한 예산을 갖고 있는 경우가 많다.

달리 말하면, 시니어 또는 스태프 UX 직책 또는 그에 상응하는 직급은 업무 수행에 있어 탁월한 성과가 강하게 요구되고, 특히 승진이 매우 정치적이거나 자신이 좋아하는 업무에서 멀어진다면, 현재의 직급을 즐기면서 임의적인 직급 체계에 대해 집착하지 않는 것이 더 만족스러울 수 있다.

추천 모델에서는 '한번 시도해 보자'라는 태도로 승진 절차를 시작했더라도 진급하지 못할 경우 예상보다 더 크게 낙담할 가능성이 높다. 그 결과 프로젝트나 팀을 바꾸거나 이직을 하고 싶다는 생각이 들 수 있다.

낙담하기보다는 현실적으로 생각하는 것이 좋다. 더 높은 연봉, 더 높은 존중, 더 큰 영향력 등 승진의 이점은 모두 가치 있고 보람 있는 일이다. 하지만 이러한 혜택은 개인적인 희생과 조직의 높은 기대치를 수반한다. 개인의 성향과 목표에 따라 커리어 전반에 걸쳐 이러한 것들 사이에서 균형을 맞추는 것 또한 중요한 일이다.

14.4 개인 성향과 목표

개인의 목표에 따라 커리어를 선택해야 한다는 것은 당연한 진리지만, 실제로 그렇게 하기는 쉽지 않다. 자신의 목표가 스스로 명확하지 않은 경우가 종종 있다. 개인이 성장하고 경험하면서 시간이 지남에 따라 목표가 변화하고 사회적, 제도적 압력에 영향을 받기도 한다. 14.4절에서는 어느 정도 명확성을 확보하는 데 도움이 될 수 있는 몇 가지 사례를 공유하고자 한다.

14.4.1 극대화 vs. 만족화

노벨상을 수상한 정치학자, 경제학자이자 컴퓨터 사이언티스트인 허버트 사이먼^{Herbert Simon}은 개인의 심리적 특성으로 볼 수 있는 의사결정 방식으로 극대화^{maximizing}와 만족화^{satisficing} [134]에 대해 설명한다. 커리어를 결정함에 있어서 극대화 방식을 취하는 사람들은 모든 정보를 심도 있게 검토하고 모든 옵션을 고려해, 많은 연구와 숙고 끝에 가장 최적의 선택에 도달하려고 노력한다. 이와는 대조적으로 다른 이들은 어떤 선택이든 더 나은 대안이 있을 수 있다는 생각을 바탕으로 '충분히 좋은' 옵션을 선택함으로써 결정에 만족할 수 있다는 것이다.

모든 선택을 하나의 접근 방식으로만 하는 사람은 거의 없다. 특성이 아닌 유형으로 설명하는 것이 다소 비약적이지만, 단순화를 위해 특정 영역에서 더 자주 취하는 방식을 고려해 '극대화형^{maximizer}' 또는 '만족추구형^{satisficer}'으로 설명할 수 있다.

경험상 극대화형은 퀀트 UXR의 가장 일반적인 유형이다. 따라서 이 유형에 해당한다면 퀀트 UXR로서 더 나아가 테크 리서치 업무로 좋은 회사에서 일할 가능성이 높다. 이 경우, 심층적 리서치와 역량 개발의 기회를 제공하는 다양한 과제에 도전함으로써 커리어 만족도를 높일 수 있다. 특히 공용 도구 구축, 교육, 또는 출판과 같이 전문성을 입증할 수 있는 경우에 더욱 강화될 수 있다. 반면, 조직 내 정치와 같이 통제하기 어려운 상황에 의존하거나 피상적인 분석 및 보고와 같이 계속 변화하며 깊이를 쌓기 어려운 직무에서는 불리할 수 있다. 직무를 고려할 때는 일상적인 업무와 그 업무가 본인의 스타일에 맞는지 신중하게 고민해야 한다.

극대화형에게는 두 가지 일반적인 위험이 있다. 첫째, 경영진이 이들의 동기를 이해하지 못할 수도 있다. 이로 인해 매니저가 극대화형이 열중하는 업무에 직접적으로 반대하거나 (예: 새로운 학습 방법, 교육, 또는 출판 등을 중단하라는 요구), 극대화형이 좋아하지 않는 일(의견 수렴 회의나 빠르지만 반복적인 업무 등)에 참여하도록 지시할 수 있다. 둘째, 이들의 흥미를 유발하는 프로젝트가 부족할 수도 있다.

만족추구형에게 UX 리서치 직무는 탁월한 커리어 선택지라고 할 수 있다. 이 직무는 타 업계의 어느 직종에 뒤지지 않을 만큼 안정적이고 수요가 많으며 급여도 높은 편이다. 또한, 뛰어난 동료들과 교류하고, 흥미로운 제품을 개발하고, 사용자를 위한 기술을 향상시키는 과정에서 개인적인 보람을 느낄 수 있다. 표준화된 리서치 방법을 사용하면 업무 자체도 예측이 가능하다. 시니어 UXR(L5)은 리서치 프로그램을 책임지고 운영할 수 있지만, IC 업무에 방해가 되거나 부담이 될 정도로 운영 관리 업무가 요구되는 직책은 아니기에 충분히 자율성을 누릴 수 있다.

14.4.2 빌더 vs. 탐험가

만족화와 극대화의 차원을 가로지르는 또 다른 개인적 성향이 있다. 우리는 이 개념을 철학자와 사상가들에게 적용했던 철학자 T.K. 승Seung[130]의 이론을 빌려 구축building과 탐색exploring이라고 부른다. 승은 '정착자settler'라는 용어를 사용했지만, 우리는 '빌더builder'라는 용어를 선호한다.

빌더는 수년에 걸쳐 방법론과 접근 방식을 발전시키면서 특정 문제에 집중한다. 승의 철학을 잠시 빌리자면, 아리스토텔레스Aristotles, 토마스 아퀴나스Thomas Aquinas, 임마누엘 칸트Immanuel Kant, 그리고 최근에는 존 롤스John Rawls 같은 철학자가 빌더에 포함된다고 할 수 있다. 아리스토텔레스와 같은 철학자들은 방대한 영역을 다루고 있지만, 시간이 지남에 따라 그들의 업적에서 공통점이 명백히 드러난다. 빌더는 웅장하고 체계적인 구조를 만들 수 있다.

탐험가explorer는 변화하는 관심사에 따라 문제와 방법론 사이를 넘나든다. 한 세트의 문제를 하나의 접근 방식으로 해결했다가 완전히 다른 문제로 전환하며, 주제나 방법의 연속성, 심지어는 시간의 흐름에 따른 일관성에는 관심이 없을 수도 있다. 철학자 플라톤Plato, 프리드리히 니체Friedrich Nietzsche, 루트비히 비트겐슈타인Ludwig Wittgenstein, 그리고 상당 부분 T.K. 승 자신도 이 부류에 속한다. 탐험가들은 체계적인 통합을 시도하지 않거나, 시도하더라도 초기 비트겐슈타인처럼 후에 완전히 새로운 스타일을 위해 쌓아 온 것을 포기하기도 한다. 탐험가들은 한 가지 문제를 심도 있게 다루고 나서 다른 문제로 넘어가곤 한다.

퀀트 UX 영역에서 빌더는 CSat 조사나 로그 분석과 같은 영역에서 점점 더 전문가로 거듭날 수 있다. T자형 스킬에 대해서는 몇 차례 논의한 바 있는데(4.1.1절), 특정 영역에 '정착settling'하는 것이 모순되는 것은 아님을 언급하고자 한다. 설문 조사, A/B 테스트, 로그 및 행동 분석, CSat, 선택 모델링 등 퀀트 UX의 모든 영역은 깊이가 깊을 뿐만 아니라 폭이 매우 넓다.

퀸트 UXR 탐험가는 시간이 지남에 따라 여러 다른 프로젝트를 진행한다. 한 탐험가가 한 번은 심층 로그 분석을 수행하기도 하고, 어떤 때는 심리 측정 프로젝트나 정성적 리서치를 수행할 수도 있다. 이들은 일반적으로 리서치 설계에 대한 폭넓은 전문성을 바탕으로 몇 가지 서로 다른 방법에 대한 깊이 있는 전문성을 갖추고 있다.

탐험가 또는 빌더로서 만족하거나 성과를 극대화할 수도 있다. 만족 추구형 탐험가satisficing explorer는 특정 영역에서 '충분히 잘했다고 만족하고 다음 영역으로 넘어간다. 반면, 극대화형 탐험가maximizing explorer는 새로운 영역에서 '모든 것을 배우기 위해' 열정적으로 학습하다가 다음 주제가 나오면 포기할 수 있다. 극대화형 빌더maximizing builder는 한 분야에 대해 깊이 있는 지식을 쌓아 세계적인 수준의 전문가가 될 수도 있다. 만족 추구형 빌더satisficing builder는 모든 세부 사항을 포괄적으로 이해하는 데 집착하지 않고 자신의 업무를 즐겁게 수행하고, 유용한 결과물을 전달하는 것으로 만족할 것이다.

이러한 유형들은 퀸트 UXR 또는 일반 UXR, 디자이너, 엔지니어, PM 또는 기타 다른 기술 직군 모두에게 적용될 수 있다. 중요한 것은 자신의 스타일을 이해해 기대치를 설정하고 그에 맞는 선택을 할 수 있어야 하며, 다른 사람의 의견이나 부담감보다는 자신의 필요와 스킬에 더 많은 주의를 기울여야 한다는 것이다.

14.5 커리어 경로에서 스킬 쌓기

커리어 전반에 걸쳐 실력을 쌓아 가고자 할 때, 초기에는 멀티암드 밴딧MAB, Multi-Armed Bandit 문제가 발생한다[135]. 여러 개의 슬롯머신 중 어떤 레버를 당겨야 잭팟을 터트릴지 알 수 없듯이 통계, 프로그래밍, 질적 연구, 프로젝트 관리, 인적 관리 등 다양한 스킬을 쌓을 수 있는 기회는 많지만, 그중 어떤 스킬을 통해 자신이 어떤 성과를 낼 수 있는지는 알 수 없다.

우리가 제안하는 방법은 기술적인 MAB 문제를 해결할 때와 마찬가지로, 여러 가지 경로를 시도하고 자신에게 중요한 것이 무엇인지 스스로 평가하고 그 결과를 지켜보는 것이다. 보람을 느끼는 분야가 있다면 점진적으로 더 많은 노력을 기울이되 거기에 모든 노력을 쏟지 말고 다른 분야에 대해서도 지속적으로 학습하길 권장한다. 이 전략은 T자형 스킬을 쌓는 것과 같은 맥락이다(4.1.1절). 실력이 성장함에 따라 폭과 깊이가 계속 늘어날 것이다.

14.5.1 스킬 개발 분야

MAB와 T자형 전략을 고려해 몇 가지 사례 및 권장 사항을 공유하고자 한다.

14.5.1.1 퀀트인가, UX인가?

퀀트 UX 커리어 초기에는 사용자의 니즈에 맞게 제품을 디자인하고 개선하는 UX 측면에 더 큰 관심을 갖거나, 통계 모델링이나 프로그래밍 같은 기술적 측면에 집중하는 퀀트에 중점을 둘 가능성이 높다. 두 가지 경로의 갈래에서 하나를 결정하기보다는 두 영역의 스킬들을 병행해 실력을 쌓아가는 것이 좋다.

한편, 강하게 그리고 지속적으로 퀀트 측면으로 치우친다면, 결국 데이터 사이언스 또는 이와 유사한 직무로 전환하고 싶어질 수 있다(3.4절 참조). 필요한 스킬을 갖추고 있다면 기술 직무 간의 이동은 일반적으로 쉬운 편이다.

14.5.1.2 정성적 리서치 스킬

대부분의 퀀트 UXR이 정성적 리서치를 꺼리는 경향이 있다. 사용자 인터뷰와 같은 정성적 리서치 활동에 익숙해지면 퀀트 프로젝트에 대한 이해뿐만 아니라 다른 UX 전문가와의 관계 및 이해를 높이는 데 도움이 된다. 이는 퀀트 UXR IC로서의 당면한 업무에 도움이 될 뿐만 아니라 나중에 일반 UX 직무를 맡거나, 일반 UXR을 관리하는 매니저가 됐을 때 도움이 될 수 있다. 정성적 UX 리서치에 대한 이해도를 높일 수 있기 때문이다. 정성적 이해의 폭을 넓히기 위한 첫 번째 영역은 사고 구술법, 즉 싱크어라우드Think-aloud 프로토콜[42]을 중심으로 개별 심층 인터뷰IDI, Individual Depth Interviews를 수행하는 방법론을 배우는 것이다.

싱크어라우드 프로토콜은 전통적인 사용성 리서치[44]뿐만 아니라 정량적 리서치, 특히 설문 조사 리서치의 사전 테스트에도 적용할 수 있다. IDI를 선호한다면 사용성 실험실 연구usability lab studies[99], 일반 인터뷰general interviewing[78], 가정 방문home visits과 같은 필드 리서치field research, 포커스 그룹 리서치focus group research[73]에 대해서도 지속적으로 학습하는 것이 좋다.

14.5.1.3 일반 UX 리서치를 포함한 UX 일반론

이 책 전체에서 퀀트 UXR은 일반적으로 UX 리서치 직무의 한 부분임을 강조했다. UX 리서치와 UX 조직을 더 많이 알면 알수록 퀀트 UXR로서 더 좋은 성과를 낼 수 있다.

14.8절에 여러 권장 사항이 나와 있지만, UX 스킬을 쌓기 위한 가장 중요한 두 가지 추천 사항은 정량적 방법론뿐만 아니라 정성적 방법론을 사용해 다양한 리서치를 실행하고, UX 담당 업무를 배우는 데 시간을 투자하는 것이다.

일반 UXR 동료에게 그들의 연구 리서치를 참관할 수 있게 요청하는 것이 좋은 시작점이 될 수 있다. 리서치를 계획하기 위한 디자이너 및 PM과의 회의에 동행해 보는 것도 좋다. 사용성 실험실 연구나 필드 리서치 프로젝트에 참관해 기록을 남기는 자원 봉사를 하는 것도 방법이다. 원하는 경우 결과 보고서 작성을 지원하고 프레젠테이션에 참석하도록 한다. 그리고 다음 단계로 직접 정성적 리서치를 진행하며 그들에게 도움을 요청해 본다. 정성적 리서치를 자주 수행하지 않는다고 하더라도 배우는 것이 많을 것이며, 퀀트 UXR로서는 보기 드물게 폭넓은 프로젝트 경험을 토대로, 성과 리뷰에 좋은 피드백을 남겨 줄 동료가 생길 것이다.

14.5.1.4 프로그래밍

프로그래밍 스킬에 관한 질문은 비교적 간단하고 명료하다. 중급 수준의 프로그래밍을 할 수 있는가? 그렇지 않다면 6장에 설명된 스킬을 개발할 것을 강력히 추천한다.

이미 중급 이상의 프로그래밍을 하고 있다면 더 높은 수준의 프로그래밍 실력을 쌓는 대신 통계 기술을 쌓는 것을 고려하는 편이 좋다. 통계에 대한 지식을 쌓는 것이 퀀트 UXR로서 성과를 내는 데 더 많은 도움이 되며, 프로그래밍 전문가가 많은 테크 회사에서 고유한 강점을 가질 수 있다.

프로그래밍에 대한 고급 기술을 쌓고 싶다면 공동 작업 코딩(Git 또는 현재 조직에서 사용하는 도구), 노트북 및 기타 팀 기반 데이터 분석 플랫폼(Jupyter, RStudio/Posit notebooks, Observable 등), 단위 테스트, 패키지 및 라이브러리 개발, 분산 컴퓨팅(즉 클라우드 컴퓨팅), 전산 통계 등에 특히 더 관심을 기울이기 바란다.

14.5.1.5 통계

앞서 언급했듯이, 퀀트 UXR이 스킬 향상을 위해 시간을 투자하는 가장 좋은 방법은 통계를 더 많이 배우는 것이다. 통계에 관한 지식이 많지 않다면, 통계를 배움으로써 훨씬 더 다양한 프로젝트를 빠르게 수행할 수 있고, 통계에 관해 많이 알고 있다면 새로운 도구, 방법론, 접근 방식을 발견해 그 영향력과 성취감을 더 크게 누릴 수 있다. 통계에 대한 심화 학습을 위한 구체적인 권장 사항은 5.6절에 나와 있다.

14.5.2 멘토 찾기

많은 회사에서 공식적인 멘토링mentoring 프로그램을 운영하고 있으며 신입사원이 되면 멘토 mentor를 배정받을 수 있다. 멘토와 멘티mentee의 관계는 대체로 무작위로 결정되는데, 어떤 멘토와 멘티는 서로 잘 맞지 않는 반면, 또 어떤 멘토와 멘티는 오랫동안 상호 유익한 관계를 유지한다.

조직의 규정과 관계없이 다음 세 가지 영역에서 조언을 구할 수 있는 멘토를 찾는 것이 좋다.

- 회의 일정 조율, 회의실 예약, 사용자 모집, 리서치 업체 선정, 업체 계약서 작성, 출장 계획, 경비 청구와 같은 일상적인 조직의 문제에 대한 조언을 구할 수 있다. 이에 대한 멘토는 일반 UXR 동료일 수도 있고, 팀의 UX 프로그램 매니저일 수도 있다. 이러한 관계는 산발적이고 임시적이긴 하나 큰 도움이 될 수 있다.
- 조직의 코드 저장소를 활용하거나 통계 모델을 해석하는 기술적인 리서치 이슈 등에 대해 주저 없이 도움을 요청할 수 있다. 모든 대규모 조직에는 문서화되지 않은 집단 지식이 있으며, 이러한 지식은 개인과 개인 간 공유를 통해서만 배울 수 있는 복잡한 시스템이 존재한다
- 조직에서의 일상적인 만족도, 성과 평가 작성 방법, 승진 방식과 같은 커리어 문제와 관련된 질문을 할 수 있다.

이 세 가지 영역 모두 한 명의 멘토가 담당할 수도 있지만, 두 명, 세 명 또는 그 이상의 관계가 있을 가능성이 높다. 멘토를 찾는 가장 좋은 방법은 동료들의 관계를 살펴본 다음 간

단히 물어보는 것이다. 공식적인 멘토링 프로그램이 있다면 좋겠지만 꼭 그런 제도를 거칠 필요는 없다.

14.6 시니어 IC를 위한 경로

최근까지 스태프 이상의 직급을 가진 퀀트 UXR은 거의 없었다. 소프트웨어 엔지니어들 사이에서도 시니어(표 14-1의 체계에서는 L5) 이상의 커리어 궤적을 특성화하기는 어렵다. 윌 라슨Will Larson은 그의 저서[80]에서 [엔지니어로서] 기술 리더십을 갖는 커리어 경로에는 모호한 부분이 만연해 있어 스태프 이상의 직급에 대한 질문에 답하기는 어렵다고 언급하고 있다.

대기업의 모든 UXR보다 10:1, 20:1 또는 그 이상 많은 수로 존재하는 엔지니어의 상황이 불투명하다면 퀀트 UXR의 상황은 더욱 어둡다고 할 수 있다. 따라서 우리가 강조하고 싶은 점은 바로 경로가 애매하다고 해서 혼자의 문제로 치부하지 말아야 한다는 것이다. 각 개인은 경로를 만들어 가는 데 기여할 수 있다는 긍정적인 결론이 있을 수 있다. 매니저라면 여기서 주목할 필요가 있다. 퀀트 UXR로서 스태프 이상의 직급은 창의성, 성장, 직무 개발의 기회를 제공해야 한다. 시니어 IC들이 정해진 커리어 사다리의 지침이나 디자이너나 엔지니어들이 걸어온 경로를 그대로 따를 것이라고 기대하지 말아야 한다.

또한, 퀀트 UXR은 이직하는 경우도 흔한 편이다. 우리가 10년 이상 알고 지낸 퀀트 UXR 중 아직도 퀀트 UXR 직무를 맡고 있는 사람은 거의 없다. 이들이 다음으로 흔히 선택하는 직무는 일반 UXR, UX 매니저, 데이터 사이언티스트, 개발자, 프리랜서 UXR(컨설턴트), PM 등이다. 이러한 선택지를 보는 것도 좋지만, 이 분야가 발전함에 따라 퀀트 UX 내에서 성장하고 머물 수 있는 기회가 더 많아지는 것이 바람직하다.

퀀트 UXR이 다른 직무로 이동하는 것은 반드시 퀀트 UXR의 성장과 승진이 제한돼 있기 때문만은 아니며, 복합적인 스킬을 갖춰야 하는 퀀트 UX의 특성(4.1절 참조)과 어떤 스킬을 얼마나 깊이 있게 갖추고 있는가에 기인하는 바가 크다. 통계, 프로그래밍, UX 등 복합적인 스킬을 모두 갖춘 사람은 시간이 지남에 따라 자연스럽게 한 영역에서 더 깊이 있게 발전할 수 있으며, 이를 통해 해당 영역이 더 강조되는 직무로 이동할 수 있다. 예를 들어, 케리는 최초의 시퀀스 선버스트 시각화(9장 참조)를 생성하기 위해 자바스크립트를 배운 후, 자바스크립트 프로그래밍에 대한 더 심층적인 스킬을 쌓고 싶어 몇 년 동안 데이터 시각화 개발자로 활동했다.

고위 직급에 대한 명확한 정의는 없지만, 스태프 이상의 퀀트 UXR IC가 일반적으로 따라가는 세 가지 경로가 있다. 테크 리드[TL, Tech Lead], 에반젤리스트[evangelist], 전략 파트너[strategic partner]다. 이는 직급을 반영한 것이 아니라 고위직 리서처가 중점적으로 연구할 수 있는 분야를 나타낸다. 이 직급 패턴은 엄격하게 구분된 것이 아니라 실제로는 중복될 수 있는데, 서로 상충되는 목표인지 아니면 시너지 효과를 내는지 여부에 따라 장단점이 존재한다. 그중 한 분야를 중점적으로 다루고 기대치를 신중하게 설정하는 것이 도움이 된다고 본다. 모든 유형을 동시에 깊이 있게 다루려고 시도하는 것은 성공하기 어렵다.

14.6.1절에서는 각 유형에 대해 설명하고 장점과 단점을 간략하게 살펴보고자 한다.

14.6.1 스태프 이상 직급 패턴 1. 테크 리드

퀀트 UXR 테크 리드는 규모가 크고 범위가 넓으며 특히 중요하고 복잡한 프로젝트를 맡을 수 있다. 때때로 개별 프로젝트를 진행하기도 하지만, 대부분은 다른 퀀트 UXR의 업무를 조율, 통합하거나 기술적 토대를 다지는 업무를 하는 경우가 많다. 퀀트 테크 리드는 특정 문제를 해결하기 위한 리서치 접근 방법과 도구를 개발한 후에 다른 퀀트 UXR이나 일반 UXR이 자신의 프로젝트에서 유사한 문제를 다룰 때 재사용할 수 있도록 제공한다.

이 책에는 이런 종류의 작업에 대한 세 가지 예가 나와 있다. 첫째, 케리는 구글의 초기 퀀트 UXR 팀을 이끌며 UX 지표의 필요성을 깨닫고, 그 결과 구글뿐만 아니라 다른 회사에서도 널리 사용되는 HEART 프레임워크를 개발했다(7장 참조). 둘째, 크리스는 선택 모델링과 고객 니즈 평가를 위한 도구를 개발했다. 그가 개발한 MaxDiff 도구는 수백 명의 UXR 동료들이 사용하고 있다(10장 참조). 마지막으로, 케리의 시퀀스 선버스트 시각화는 제품을 통해 집계된 사용자 경로를 표현하는 일반적인 문제에 우아한 솔루션을 제공하며, 테크 업계 전반에서 이를 활용하고 있다(9장 참조).

테크 리드 패턴의 장점은 퀀트 UX 리서치의 핵심 스킬에 가장 잘 부합한 유형이라는 점이다. 이는 많은 퀀트 UXR이 커리어를 쌓아 가면서 상상하고 희망하는 일이기도 하며, 스태프 이상 직급의 UXR에게 가장 흔한 패턴이기도 하다.

하지만 퀀트 UXR의 핵심 업무와 가장 밀접하다는 점이 가장 큰 단점이기도 하다. 비전문가인 이해관계자에게 고급 방법론과 접근 방식의 필요성 또는 어떤 문제가 왜 쉬운 문제가 아니라 어려운 문제인지 등 이해시키기 어려울 수 있다. 이런 경우 퀀트 테크 리드는 어려운 문제 해결에 대한 보상을 받지 못하게 되는 반면 흥미가 떨어지는 일상적인 업무 요청도 받을 수 있다.

테크 리드에게 또 다른 리스크는 관리와 IC 업무의 병행을 요구받는 것이다. 이는 종종 테크 리드가 선호하는 IC 업무를 지속할 수 있는 기회와 함께 매니저 트랙에서 보다 명확한 승진 가능성이라는 모든 이점을 갖게 되는 윈윈win-win 상황으로 포장되기도 한다. 하지만 우리의 경험상 예상대로 되지 않는 경우가 많은 편이다. 당장 눈앞에 닥친 관리 업무의 압박으로 IC 업무를 포기하거나 매주 훨씬 더 많은 시간을 근무해야 하는 상황이 자주 발생한다. 겸직을 수락하기 전에 비슷한 직책을 맡고 있는 다른 동료들과 이야기를 나누고, 앞서 언급했듯이 그들의 캘린더를 살펴보길 바란다.

테크 리드로서 성공하기 위한 가장 중요한 요건은 업무의 난이도와 해결하고자 하는 문제의 가치를 이해하는 경영진과 이해관계자를 확보하는 것이다.

14.6.2 스태프 이상 직급 패턴 2: 에반젤리스트

에반젤리스트 패턴은 테크 리드와 밀접한 관련이 있으며, 종종 한 사람이 이 두 가지 역할을 모두 맡기도 한다. 테크 리드가 시스템을 구축하고 대규모 작업을 이끌며 문제를 해결하는 반면, 에반젤리스트는 이러한 솔루션을 다른 사람들에게 전파한다. 에반젤리스트는 다른 리서처든 이해관계자든 큰 조직을 대상으로 퀀트 UX 리서치의 모범 사례를 전파하는 역할을 담당한다.

테크 리드와의 주요 차이점은 노력의 상대적 속성과 영향력을 판단하는 방식에 있다. 테크 리드는 문제의 난이도와 솔루션의 가치에 따라 평가되지만, 에반젤리스트는 다른 이들에게 미치는 영향력으로 평가된다. 에반젤리스트가 다루는 특정 문제는 그 자체로는 특별히 어렵지 않으며, 이 역할의 가치는 특정 문제를 조직 전체에 공유한다는 데 있다.

이 책과 관련된 하나의 예로 크리스가 구글에서 만든 CSat 프로그램을 들 수 있다(8장 참조). 이 활동의 가치는 단일 프로젝트의 구체적인 난제 해결에 있는 것이 아니라 프로세스를 구축, 공유, 홍보, 시연해 널리 채택될 수 있도록 한 경험과 노력에 있다고 할 수 있다.

에반젤리스트 역할의 장점은 기술적인 업무와 교육 등 다양한 스킬을 활용할 수 있다는 점이다. 많은 동료와 교류하고 그들의 업무에 미치는 영향을 직접 확인할 수 있다는 점에서 직접적인 보람을 느낄 수 있다. 단점으로는 에반젤리스트의 기여도가 분산되는 면이 있어, 경영진을 중심으로 한 조직 개편이나 인사 이동이 있을 때 평가 절하되는 경우가 있다는 점이다. 또한, 탐험가 또는 극대화형의 퀀트 UXR에게는 지루하거나 반복적인 업무가 될 수도 있다(14.4절 참조).

에반젤리스트 패턴의 성공에 가장 크게 기여하는 요소는 타인의 협력과 전문성으로 안타깝게도 자신이 통제하거나 선택할 수 없는 부분이다. 여러 가지 이유로 다른 사람에게 영향력을 행사하지 못할 수도 있다. 조직 내에서 다른 목표를 갖고 있을 수도 있고, 이상적인 업무지만 다른 프로젝트에 비해 덜 중요하다고 생각할 수도 있으며, 이해관계가 직접적으로 상충되는 비전이나 계획을 갖고 있을 수도 있고, 경영진 간에서 분쟁이 발생해 갈등을 야기할 수도 있다.

14.6.3 스태프 이상 직급 패턴 3: 전략 파트너

전략 파트너 패턴은 고위 직급 UXR이 경영진인 이해관계자(가장 일반적으로 부사장, 또는 고위급 임원)의 관심이 높은 중요한 프로젝트를 맡는 경우다. 전략 파트너는 '[어떤 상황]으로 인해 우리 비즈니스가 직면한 위험이 어느 정도인가?' '[어떤 트렌드]에 적응하기 위해 향후 5년 동안 어떻게 변화해야 하는가?' 또는 '다음 대규모 제품 투자는 무엇이어야 하는가?' 등 규모가 크고 중요하며 장기적인 문제를 해결하기 위한 리서치를 주도한다.

전략 파트너로서 수행하는 리서치의 장점은 흥미진진하고 자부심을 가질 수 있으며, 미래 지향적인 엄청난 영향력을 지닌다는 점이다. 경영진의 직접적인 관심을 받게 되므로 즉각적인 신뢰와 함께 향후 성과 검토나 승진 시 강력한 지원을 받을 가능성도 높다. 리서치 계획을 실행하는 데 필요한 상당한 예산이나 인력을 확보할 수 있다. 신제품 부문의 리서치 책임자 등과 같은 장기적인 승진을 약속받을 수도 있다. 무엇보다 제품을 개발해 출시하는 일상적 업무에서 벗어날 수 있을 것이다.

우려되는 점 또한 장점과 거의 비슷하다. 모든 테크 회사에서 비즈니스는 궁극적으로 성공적인 제품에 의존하기 때문에 제품 엔지니어링으로부터 분리되는 것은 리스크가 크다고 할 수 있다. 비즈니스가 침체되거나 경영진이 바뀌면 이러한 특수 프로젝트가 가장 먼저 중단되는 경우가 많다. 경영진의 세심한 관심은 높은 요구 사항과 스트레스, 오해 가능성을 감수해야 하는 만큼 부담이 크다. 임원들은 종종 리서치를 통해 도출할 수 있는 결과보다 더 빠르고 결정적인 결론을 기대한다. 기질에 대한 문제이기도 하다. 그들의 좋은 점만 보일 수도 있지만, 긴밀히 소통하다 보면 그들이 얼마나 압박감 속에서 행동하는지 알게 될 것이다. 그들이 무례한가? 아니면 나르시시스트narcissist인가? 애착이 강한 아이디어에 대해 부정적인 정보를 전달했을 때 어떤 반응을 보이는가?(4.5.5절 참조)

자신의 성향과 불안한 마음에 대해 솔직해질 필요가 있다. 이렇게 크고 중요한 일을 맡는다는 것이 설레는가? 그 일을 해낼 수 있는 자신의 능력에 확신이 있는가? 회사에서 여러분의 제안에 큰 베팅을 하길 원하는가? 아니면 실수하거나 다른 사람에게 보여지는 것에 대한 압박감에 끝없이 걱정되는가?

전략 파트너의 상황은 모두 각기 다르지만 한 가지 주의할 점이 있다. 보고할 임원이 개인적으로 마음에 들지 않고, 기술적인 지식은 부족하더라도 리서치에 대한 이해도가 낮아 신뢰하기 어렵다면, 전략 파트너 역할은 재앙이 될 수 있다.

14.7 핵심 포인트

퀀트 UXR 직무는 모두가 정의하고, 만들어 가며, 진화시키고, 변화시킬 수 있는 엄청난 잠재력을 갖고 있는 새로운 분야다. 크리스는 구글에서 10년 동안 5개의 다른 제품 팀에서 근무했으며, 그중 4개 팀에서 처음으로 퀀트 UXR 업무를 담당했다. 케리는 최초로 퀀트 UX 직무를 만드는 데 도움을 줬고, 이 첫 팀에서는 다른 많은 퀀트 UXR 업무의 기반이 된 초기 과제들을 수행했다.

테크 기업 및 기타 산업과 조직에서 퀀트 UXR의 여정은 이제 막 시작됐다고 할 수 있다. 14장에서 다룬 사항들을 정리하면 다음과 같다.

- 대기업에는 매우 포괄적인 용어이긴 하나 승진의 단계를 나타내는 직급이 존재한다 (14.1.1절).
- 커리어 단계에 따라 직무의 역할과 책임을 정의하는 커리어 사다리가 존재한다. 커리어 사다리는 일반적으로 퀀트 UXR(14.1.1절)의 퀀트 직무 측면에 대해서는 모호하지만 성과 검토, 승진, 일반적인 커리어 문제에 관해 참고할 수 있다.
- 많은 조직에서 IC와 매니저를 위한 두 가지 트랙을 운영하고 있다. 매니저가 되지 않고도 고위 직급의 IC로 승진할 수 있다(14.1.3절).
- 매니저 트랙과 IC 트랙 중 첫 번째 선택은 커리어 중간 시점('시니어 리서처') 즈음에 이뤄진다. 이는 영구적인 선택은 아니며, 많은 UXR이 시간이 지남에 따라 트랙을 전환하기도 한다(14.1.3절).
- 대부분의 직급 체계에서 사용되는 획일화된 선형적 라벨은 오해의 소지가 있다. 직급은 고르게 분포돼 있지 않으며, 가장 고위 직급에는 UXR이 거의 전무하다(14.1.4절). 어느 시점부터는 더 이상 진급을 시도하지 않고 '시니어' 직급에 머무는 것이 오히려 의미 있고 탁월한 커리어 선택이 될 수도 있다(14.3.3절).
- 성과 검토 및 승진에서 가장 중요한 것은 영향력이다. 영향력은 매니저와 동료들이 말하는 영향력이 무엇이든 간에 순환적으로 정의된다. 퀀트 UXR에게 중요한 것은 여러분이 전달하는 결과물과 그 결과물이 다른 사람에게 얼마나 유용한지에 따라 평가받는 것이지, 방법의 기술적 정교함이 평가 대상이 아니라는 점을 기억해야 한다(14.3.2절).
- 커리어 목표를 분류할 때 극대화형인지 만족추구형인지, 탐험가인지 빌더인지를 기준으로 자신의 성향을 판단해 보는 것이 좋다(14.4절). 퀀트 UXR로서 이러한 성향은 양립 가능하지만 성향 파악은 커리어 경로 선택에 도움이 될 수 있다.
- 커리어를 쌓는 동안 스킬 개발에 있어서는 T자형에 주의를 기울여 폭과 깊이 모두를 갖추도록 노력해야 한다. 관심 분야에 따라 여러 영역에 걸쳐 경험하고 배울 수 있다 (14.5.1절).
- 스태프 또는 수석 직급의 시니어 UXR의 경우 정해진 로드맵은 없으며 모든 직책이 대부분 개별적으로 이뤄진다. 생각해 볼 수 있는 세 가지 패턴은 테크 리드, 에반젤리스트, 전략 파트너가 있다(14.6절).

14.8 더 알아보기

특정 스킬을 배우기 위한 권장 사항은 14.5.1절, 5.6절, 6.6절에 정리돼 있다. 5장부터 10장까지의 '예제'를 통해 학습 내용을 더욱 탄탄하게 다질 수 있다.

일반적인 커리어 학습을 위한 몇 가지 추천 사항은 다음과 같다. 퀀트 UX의 UX 측면을 강조했듯이, 업계에 처음 입문하는 사람이라면 일반적인 UX 방법론을 자세히 알아두면 도움이 될 것이다. 이른바 정성적 UX 방법이라고 불리는 일반적 방법론으로는 백스터[Baxter], 커리지[Courage], 케인[Caine]의 『Understanding Your Users』[4]를 추천한다. UX 조직이 사용자 중심 디자인에 접근하는 방법에 대한 일반적인 책으로는 크룩[Krug]의 『(사용자를) 생각하게 하지마!』[74]가 있다.

UX 리서치의 일상적인 업무가 궁금하다면 번스타인[Bernstein]의 『Research Practice』[6]를 추천한다. 이 책은 UXR로서 어떻게 진입해서 성공하고 성장하는지에 대한 수십 명의 UXR의 이야기와 성찰을 담고 있다. 퀀트 UXR에만 국한된 것은 아니지만, 대부분의 주제가 퀀트 UXR과 관련이 있다.

업무 성향에 관련해 이 글을 참고한다면, 여러분은 극대화형이거나 탐험가이거나 혹은 둘 다에 해당할 가능성이 높다(14.4절). 그렇다면 셔[Sher]의 『Refuse to Choose!』[131]를 읽어 보기 바란다. 이 책은 '스캐너[scanner]'라고 불리는 사람들(우리가 탐험가라고 부르는 것과 매우 유사한 유형)의 직업에 대해 논의하고 있다. 커리어와 관련된 여러 가지 스타일을 고려하도록 인사이트를 줄 것이다.

시니어 UXR을 위한 세 가지 추천서가 있다. UX 관리에 관심이 있다면 룬드[Lund]의 『User Experience Management』[86]를 참고하길 바란다. 또한, 시니어 직급 이상의 IC 기회에 대해 자세히 알아보려면 라슨[Larson]의 『스태프 엔지니어』[80]를 읽어 보는 것도 좋다. 라슨은 주로 소프트웨어 엔지니어링 전문가이지만, 이 책은 비기술적인 내용을 다루고 있으며 대부분의 인사이트와 추천 사항은 엔지니어링뿐만 아니라 UX 연구 분야의 스태프 이상의 직급에도 적용된다. 특히, 라일리[Reilly]의 『개발자를 넘어 기술 리더로 가는 길』[112]은 상위 직급에서 직면하는 개인적인 도전, 변화, 보상에 대한 논의가 잘 정리돼 있어 도움이 된다. 엔지니어뿐만 아니라 UXR에게도 적용 가능성이 높다.

일반적인 커리어에 대한 조언이 필요하다면 로빈슨^{Robinson}과 놀리스^{Nolis}의 『데이터 과학자 되는 법』[114]을 추천한다. 퀀트 UX보다는 데이터 사이언스에 초점을 맞추고 있지만, 커뮤니티, 이해관계자와의 협력, 채용 지원, 기술적 스킬에 대한 내용은 모두 퀀트 UXR과 관련이 높다.

매년 열리는 퀀트 UX 콘퍼런스에서 수백 명의 퀀트 UXR이 모여 리서치 발표를 공유하고, 기술 워크숍에 참여하고, 커리어에 대해 논의한다. 퀀트 UX 콘퍼런스는 여러분의 기여를 환영하고 미래를 창조하기 위한 새로운 커뮤니티다. 자세한 내용은 다음 링크(https://quantuxcon.org)에서 확인할 수 있다.

15

퀀트 UX의 미래 전망

퀀트 UX는 앞으로 어떠한 방향으로 발전할 것인가? 이 책을 통해 살펴본 바와 같이 퀀트 UX는 명확하고 고정된 개념이나 정의가 없으며, 모두가 그 역할을 만들고 확장해 나가면서 진화하고 있다. 15장에서는 2023년의 현재 트렌드를 바탕으로 퀀트 UX의 네 가지 미래 비전에 대해 설명한다.

이 네 가지 방향은 상호 배타적인 것이 아니며, 미래에는 각 방향이 모두 실현될 것이 분명하다. 물론 이 분야가 성장하고 변화함에 따라 이들 간의 상대적인 조합은 달라질 수 있다. 이는 '미래는 이미 여기 와 있다. 다만 그다지 고르게 분포돼 있지 않을 뿐이다'[50]라는 공상 과학 소설가 윌리엄 깁슨^{William Gibson}의 말을 떠올리게 한다.

15.1 전망 1: UX 데이터 사이언스

첫 번째, 퀀트 UX 조직 내에서 일하는 데이터 사이언스 출신 인력이 점점 더 많아질 것이다. 이러한 흐름은 인간을 대상으로 한 리서치의 중요성을 소홀히 할 수 있지만, 머신러닝 및 프로그래밍과 같은 기술 역량을 강화할 수 있다.

이 전망이 네 가지 미래 중 가장 가능성이 높을 것으로 예상되는데 그 이유는 퀸트 UX 직을 맡을 후보자에 대한 수요, 학문으로서 데이터 사이언스 분야의 성장, 직무를 수행할 수 있는 데이터 사이언티스트의 증가, 데이터 사이언스 스킬이 퀸트 UXR에게 가장 중요한 기술적 역량이라는 이해관계자들의 일반적인 인식 등 여러 가지 요인이 작용한다.

이러한 전망의 문제점은 퀸트 UX 분야에서 가장 중요한 인간 중심적인 측면을 상실할 수 있다는 점이다. 데이터 사이언티스트는 일반적으로 인간 대상 리서치에 대한 교육을 거의 받지 않는다(3.4.5절 참조). 또한, 우리는 퀸트 UX와 관련이 높은 분야는 통계학이라고 생각하는데, 이 분야는 머신러닝을 강조한다(5.1.1절 참조). 데이터 사이언스는 이미 너무 크고 포괄적이기 때문에 이 모든 분야를 포함한다는 주장도 있다.

이와 관련해 채용 매니저에게 주로 권장하는 바는 데이터 사이언티스트가 UX 조직의 목표에 적합할 것이라고 단정하지 말아야 한다는 것이다. 후보자를 신중하게 평가하고 인간 중심 또는 UX 경험에 대한 근거 자료를 검토해야 한다.

개별 퀸트 UX의 경우, 시류에 맞춰 더 강력한 기술 역량을 개발하거나, 혼합 방법 UX와 같은 다른 직무로의 전환을 고려할 수 있다(15.3절 참조). UX로 전환하는 데이터 사이언티스트의 경우, 필요에 따라 인간 중심 및 인간과 컴퓨터 인터랙션 리서치에 대한 추가 지식을 습득하는 것도 좋다.

15.2 전망 2: 컴퓨테이셔널 사회 과학

또 다른 전망에는 인간 중심적인 측면이 퀸트 UX의 핵심이 되는 것이다. 퀸트 UX는 인간 중심 리서치, 인지 심리학, 행동 연구, 설문 조사 과학을 강조하는 반면, 로그 분석 및 A/B 테스트와 같이 데이터 사이언스와 중복되는 기술 영역은 데이터 사이언스 팀에서 점점 더 많이 다루게 될 것이다. 퀸트 UX는 심리학, 사회학, 정치학, 기타 분야에서 실행되는 컴퓨테이셔널 사회 과학computational social science의 접근 방식을 점점 더 많이 반영하게 될 것이다.

이러한 미래는 두 가지 방향의 상호 작용에서 기인한다. 첫째, 퀸트 UX와 데이터 사이언스의 관계를 명확히 하고자 하는 움직임으로부터 비롯된다. 둘째, 학계, 정부, 컨설팅 업계에서 이직하는 사회 과학 출신들로 인해 퀸트 UX 후보자에 대한 높은 수요가 부분적으로 충족되고 있다는 점에서 비롯된다.

이러한 방향은 퀀트 UX의 일부 영역에서는 축소, 다른 영역에서는 성장과 가속화를 의미할 수 있다. 프로그래밍에 대한 기술적 요구 사항이 낮아지거나 사라질 수 있으며, 일반적인 추론 통계를 넘어선 통계학에 대한 강조가 높아질 수 있다. 잠재 변수 분석, 그래프 모델, 구조 모델, 층화 샘플링 및 일치 샘플링, 사회 과학에서 자주 사용되는 유사한 방법들이 더 강조될 것이다.

이는 퀀트 UX에 있어 안정적이고 가치 있는 방향성이 될 수 있지만, 컴퓨팅 기반 사회 과학에 대한 깊이 있는 지식을 갖춘 후보자를 구하는 데는 한계가 있을 수 있다. 이러한 스킬은 가치가 높고 상대적으로 드물기 때문에 채용 매니저가 이 유형의 후보자를 찾을 수 있다면 적극 채용할 것을 권장한다. 사회 과학 출신이라면 퀀트 UX 분야의 커리어를 고려해 보길 강력히 추천한다.

15.3 전망 3: 혼합 방법 UX

일반 UXR들이 고급 통계 기술과 프로그래밍을 점점 더 많이 활용하게 될 것이라는 점도 가능성 높은 전망 중 하나다. 이는 '혼합 방법mixed method' UX 리서치 직무(3.4.2절 참조)의 성장으로 인해 퀀트 UX가 일반 UX 리서치에서 분화되는 데서 비롯된다.

이러한 미래는 퀀트 UX의 성과와 함께 UX 리서치의 역할이 확대됨에 따라 발생할 수 있다. 설문 조사, 심리 측정, 인체 공학 등 이 책에서 정의한 퀀트 UX와는 다른 방식으로 '정량적'인 많은 분야의 깊이 있는 리서처를 포함해 UX 팀을 구성하는 경우가 점점 더 많아지고 있다. 하나의 전문 분야를 개척하려고 하기보다는 이러한 각 전문 분야가 UX 리서치에 공존할 수 있도록 하는 것이 바람직하다.

정량적 리서치와 정성적 리서치를 함께 관리하고 평가하는 것이 어렵다는 점이 이 전망의 도전 과제라고 할 수 있다. 이는 각기 다른 교육, 스킬, 리서치 프로세스, 이해관계자와의 소통, 제품에 영향을 미치는 방식 등을 포함한다. 서로 다른 전문성을 가진 팀원들을 채용, 관리, 검토, 승진시키고 두루 만족시키는 것은 어려운 일이다. 각 분야가 영향을 미치는 다양한 방식을 고려해 보상 모델을 결정하는 것도 어려운 일이며, 그 결과 일부 전문 분야에 대한 기대와 인력이 집중될 가능성도 있다.

이 모델에서는 개별 UXR이 적절한 사전 준비나 지원 없이 방법론을 사용하도록 하는 경우가 있다. 예를 들어, 통계에 대한 교육을 받지 않은 일반 UXR이 복잡한 통계 모델을 사용하거나 오용할 수 있으며, 퀀트 UXR이 소규모 샘플 리서치의 미묘한 차이나 실시간 리서치의 윤리적 문제에 대한 적절한 검토 없이 정성적 리서치를 진행할 수도 있다.

반면에 적절한 주의와 관리, 협업을 장려하는 보상 구조가 뒷받침된다면 이 모델은 매우 유망한 모델이라고 생각한다. 각 구성원이 제너럴리스트가 될 필요 없이 다양한 방법론을 혼합할 수 있으며, UX 리서치에서 가장 중요한 사용자 중심의 관점을 유지하면서 다양한 프로젝트를 수행할 수 있다(4.2절 참조).

15.4 전망 4: 퀀트 UX의 발전

네 번째 전망은 퀀트 UX가 UX 리서치 내에서 하나의 전문 분야로 계속 진화하는 것이다. 이는 퀀트 UX가 계속해서 성장하며 고유한 리서치 정체성을 발전시켜 가는 경로다.

이러한 전망의 두 가지 동인은 UX 이해관계자들의 정량적 분석에 대한 수요가 점점 높아지고 있다는 점과 퀀트 UXR과 그 매니저가 이 직무를 보다 명확하게 규정하길 바라는 요구가 증가하고 있다는 점이다. 일부 조직에서는 그동안 퀀트 UXR을 다른 모든 UXR과 동일하게 공식적인 직무로 채용해 왔지만, 퀀트 UXR의 고유한 속성을 바탕으로 한 명확한 지침이나 정의돼 있는 커리어 사다리가 없어 혼란을 초래했다(14.12.2절 참조). 현재 이러한 조직 중 일부는 퀀트 UXR에 특화된 커리어 사다리, 직급, 성과 검토 기준, 그리고 퀀트 UXR을 일반 UXR의 '하위 직군'이 아닌 고유한 직군으로 자리매김하는 데 필요한 제반 요소를 모색하고 있다.

이 경로는 로그 분석가, 사회 과학자, 설문 조사 과학자 등 지금은 명확히 구분하지 않고 직무를 수행하고 있는 퀀트 UX 담당자들 간의 차이를 규정함으로써 퀀트 UX 내에서 직무의 전문적 세분화를 가져올 것으로 기대할 수 있다(3.3절 참조). 이를 통해 퀀트 팀은 이해관계자를 교육하고, 모든 퀀트 UXR이 제너럴리스트가 돼야 한다는 부담에서 벗어나서 프로그래밍 및 고급 통계와 같은 특정 기술이 필요한 경우를 명확히 파악할 수 있다.

또한, 승진 프로세스를 투명하게 하고 궁극적으로 퀀트 UX 매니저 역할을 명확하게 정의할 수 있을 것으로 기대한다. 혼합 방법의 전망(15.3절)에서 예상되는 다양한 방법론의 혼재와 달리, 퀀트 UX 리서치에 대한 집중도와 전문성이 높아질 것이다.

이러한 미래는 퀀트 UX의 고유한 특성을 유지하면서 더 많은 기술과 다양성을 허용하기 때문에 이상적이라고 볼 수 있다. 또한, 퀀트 UXR이 일상적으로 마주하는 영향력의 정의, 다른 직무와의 차이점, 장기적인 커리어 발전과 관련된 중요한 질문들을 해결할 수 있을 것으로 기대한다.

그러나 이 경로에 방해가 되는 몇 가지 요인이 있다. 특히 데이터 사이언스 분야의 압도적으로 큰 규모, 퀀트 UXR과 다른 직무의 차이점에 대한 이해관계자의 이해 부족, 정량적 방법론이 다른 UX 방법론과 명확하게 구분되지 않는다는 점, UX 채용 매니저가 UX 또는 인간 대상 리서치 경험을 포기하면서 통계 및 프로그래밍 스킬을 갖춘 후보자를 채용해야 한다는 부담으로 인해 어려움을 겪을 수 있다.

이 책의 전반에 걸쳐 설명했듯이 퀀트 UXR은 다른 직군에서 쉽게 대체할 수 없는 고유한 전문성을 갖고 조직에 기여할 수 있다. 이러한 장점은 퀀트 UX 스킬을 습득하고자 하는 개인과 UX 팀을 구축하는 조직에 대한 지속적인 투자를 정당화할 만큼 충분히 크다고 할 수 있다.

이 경로를 선택하는 데 따르는 리스크는 크지 않다. 향후 퀀트 UX가 우리가 기대하는 방향과 다르게 전개되더라도 그로 인한 부정적인 결과는 거의 없을 것이다. 퀀트 UX 리서치는 일반 UX 리서치, 데이터 사이언스, 기타 유관 업무와 많은 공통점을 갖고 있기 때문에 해당 역할의 명칭, 성격, 또는 조직의 위치가 변경되더라도 뛰어난 IC의 역량은 앞으로도 유효하고 가치 있게 여겨질 것이다.

15.5 더 알아보기

퀀트 UX의 미래 전망에 대해 자세히 알아볼 수 있는 가장 좋은 방법은 직접 참여해 미래를 만들어 가는 것이다. 이 책이 여러분에게 인사이트를 주고 여러분의 커리어 여정에 계속 도움이 되기를 바란다.

조직에 합류해 퀀트 UXR이 되거나 다른 업무에서 이 책의 접근 방식과 방법론을 사용하는 것 외에도 연례 퀀트 UX 콘퍼런스(http://quantuxcon.org)에서 퀀트 UX의 미래를 정의하는 데 적극적으로 참여하고 있는 다른 사람들과 소통할 수 있다.

15.6 마무리

여기까지 읽어 준, 혹은 15장만 읽었을 수도 있는, 혹은 이 책의 마지막 페이지까지 어떤 내용을 담고 있는지 읽어 준 독자들에게 감사를 표한다. 가장 중요한 사실은 여러분이 퀀트 UX의 미래를 만들어 가는 데 도움을 줄 수 있다는 점이며, 언젠가 만나 볼 수 있기를 기대한다.

부록

A

퀀트 UX 직무 기술서 예시

다음은 정량적 UXR의 직무 기술서의 예시다. 루니 툰즈^{Looney Tunes} 만화영화 〈로드러너^{Road} ^{Runner}〉 시리즈에 등장하는 가상 회사 'ACME 로켓 기반 제품^{Rocket-Powered Products}'[83]의 UX 매니저 관점에서 작성한 것이다.

당신이 만약에 퀀트 UX 지원자라면, 필요한 스킬 목록에 대한 설명 및 참고 사항을 12장에서 읽어 보길 바란다. 직무 설명에 나열된 모든 요구 사항이 실질적인 요구 사항은 아닐 수 있다.

채용 매니저는 이 기술서의 일부를 해당 제품에 맞게 업데이트해 자유롭게 재사용할 수 있다.

정량적 사용자 경험 리서처

ACME 로켓 기반 제품에서는 훌륭한 사용자 경험이 비즈니스 성공의 토대라고 할 수 있습니다. 정량적 사용자 경험 리서처(이하 퀀트 UXR)는 정성적 UXR, UX 디자이너, PM, 로켓 엔지니어와 협력해 로켓을 통해 사용자의 일상을 개선하기 위해 지속적으로 연구하고 고민하는 직무입니다.

ACME 퀀트 UXR은 사용자 니즈를 심층적으로 이해하기 위해 리서치를 기획하고, 현장 조사, 분석, 보고를 수행합니다. 이를 통해 다음과 같은 질문에 답을 구하게 됩니다. 사용자가 원하는 것은 무엇입니까? 사용자가 사용하는 로켓의 기능은 무엇입니까? 로켓의 기능 사용 여부는 사용자의 성향 및 로켓 경험의 다른 요소와 어떤 관련이 있습니까? 사용자들은 ACME 로켓에 얼마나 만족합니까? 더 나은 경험을 제공하고 로켓의 사용성을 확장하려면 어떻게 해야 합니까? 마지막으로, 이 모든 질문에 대한 근거는 무엇입니까? ACME의 퀀트 UXR은 정성적 UXR 동료들과 협력해 사용자에 대한 정량적, 정성적 이해를 통합적으로 제공하게 됩니다.

사용자 리서치, 정량적 분석, 로켓에 대한 관심이 있으신 분이라면 ACME에서는 여러분의 의견을 듣고 싶습니다. 아래를 클릭해 온라인으로 지원하시기 바랍니다.

담당 업무

- 로켓 기반 제품에 대한 사용자의 요구, 선호도, 경험 전반을 평가하기 위한 정량적 리서치 프로젝트를 설계, 현장 조사, 분석
- 사용자의 만족도, 태스크 성공률, 기타 로켓과의 상호 작용 측면에 대한 사용자 경험 지표를 정의하고 측정
- 디자이너, 정성적 UXR, PM과 협력해 신규 및 기존 로켓 제품에 대한 리서치 요청의 우선순위 결정
- 우주비행사, 디자이너, PM, 엔지니어, 경영진 등 이해관계자에게 리서치 결과 및 제안 사항 보고
- 로켓을 통해 사용자의 일상을 개선할 수 있는 새로운 리서치 기회 영역 발굴

최소 자격 요건

- 심리학, 컴퓨터 사이언스, 인간과 컴퓨터 인터랙션, 인지 과학 또는 관련 분야의 학사 학위 및 이와 동등한 업무 경험이 있는 자
- 인간 행동 데이터에 대한 실험적 리서치 설계에 대한 전문성을 입증할 수 있는 자
- 통계 분석을 수행할 수 있고 인간 행동 데이터를 처리하기 위한 관련 프로그래밍 코드를 작성할 수 있는 능력을 갖춘 자

우선 자격 요건

- 심리학, 컴퓨터 사이언스, 인간과 컴퓨터 인터랙션, 인지 과학, 기타 정량적 사회 과학 등 관련 분야에서 정량적 리서치에 중점을 둔 석사 또는 박사 학위 소지자
- 4년 이상의 프로덕트 디자인 팀 내 UX 리서치 업무 경험자
- R 또는 파이썬과 같은 전산 또는 통계 프로그래밍 언어에 대한 숙련도를 갖춘 자
- 기술 통계, 선형 회귀, 다변량 분석, 통계적 추론 등 통계 분석 방법에 대한 폭넓은 지식을 갖춘 자
- 설문 조사 설계, 로그 분석 및 A/B 테스트에 대한 전문성을 갖춘 자
- 강력한 커뮤니케이션 및 프레젠테이션 능력을 갖춘 자
- 로켓 관련 사용, 개발, 리서치 경험자

퀀트 UX 채용 루브릭 예시

여기서는 부록 A의 직무 기술서 예시와 4장, 5장, 6장에서 소개한 기술 간의 잠재적 적합성을 평가하기 위해 가능한 몇 가지 루브릭을 간략하게 설명하고자 한다. 이 루브릭은 저자들의 견해를 바탕으로 한 것이며, 어떤 회사나 특정 업계 기준에서 도출된 것은 아니다. 이러한 루브릭은 퀀트 UXR 후보자에게 기대하는 바를 나타내며, 각 기술적 스킬 범주의 '최소' 섹션으로 합리적 기준점을 제공한다고 볼 수 있다.

조직이나 직책에 따라 정확한 요구 사항은 다르지만, 개별 지원자의 경우 이러한 루브릭을 통해 채용 위원회가 지원자의 역량을 어떻게 평가할지 짐작할 수 있다. 조직에서 이러한 요구 사항의 리스트를 가이드로 공유할 것이라고 기대해서는 안 된다. 만약 리스트가 있다면 엄격한 평가를 위해서라기보다는 논의를 돕기 위한 용도라고 볼 수 있다.

이 루브릭을 읽을 때 각 '최소' 섹션에 나열된 스킬은 모든 지원자에게 반드시 필요한 기술이다. '보통~고급' 섹션에 나열된 스킬은 선택적 사항이지만, 이 중 일부 스킬은 채용 상황에 따라 필수로 요구될 수 있다. 지원자는 퀀트 UXR의 T자형 기술 분포에 따라 적어도 한 가지 범주에서는 '보통' 또는 '고급' 숙련도를 갖출 필요가 있다(4.1.1절 참조).

최소한의 스킬만 갖추고 보통 또는 고급 스킬 중 일부만 갖췄다 하더라도 걱정할 필요는 없다. 이러한 기술 중 일부는 습득하는 데 수십 년이 걸릴 수 있으며 일반적으로 퀀트 UX 신입 지원자에게는 기대되지 않는다.

이러한 기준은 직급에 맞게 적절히 조정될 수 있다. 예를 들어, L3(14.1.1절 참조)와 같은 신입의 경우 범위가 좁고 일정이 짧은 리서치 계획이 요구되는 반면, 고위직(L5)에게는 더 광범위하고 장기적이며 포괄적인 리서치 접근 방식이 요구될 것이다.

만약 당신이 채용 매니저라면, 여러분의 니즈와 조직에 적합한 루브릭을 작성하는 데 다음 리스트를 참조하길 바란다. 다음 리스트의 일부를 자유롭게 수정해 사용해도 좋다.

퀀트 UXR 지원자를 평가하기 위한 루브릭

스킬: UX 리서치(4장)

최소 스킬

- 사용자 경험과 관련된 데이터 소스 및 측정값을 고려해 사용자 중심 관점의 리서치를 설계한다.
- 샘플링, 표본 편향성, 반복적 리서치의 원칙을 이해한다.
- UX 디자인의 A/B 테스트 및 이와 유사한 리서치를 위한 적절한 계획을 수립한다.
- 인간 대상 리서치에 대한 학위 과정, 교육 또는 직무 경험이 있다.

중급 및 고급 스킬

- 로그 분석 또는 설문 조사와 결합된 반복적인 A/B 테스트와 같이 여러 구성 요소로 이뤄진 리서치 계획을 수립한다.
- 종단적 리서치 시퀀스를 설계해 제품 요구 사항을 보다 완전하고 체계적으로 다룬다.
- 리서치 요청을 보다 광범위한 사용자 경험 목표에 부합시킬 수 있도록 전체적인 그림을 명확히 제시한다.
- 정성적 UX 리서치와 연계해 '왜?'라는 질문에 대한 인식과 이를 해결할 수 있는 계획을 수립한다.

- 리서치를 계획하고 결과를 해석함에 있어, 포용성, 다양성, 접근성에 대해 고려한다.
- 리서치 윤리에 관한 문제를 적극적으로 고려하고 해결한다. 개인 정보 보호와 같은 리서치 윤리의 일반적인 이슈에 민감하다.
- 리서치 계획 시 그 결과를 UX, 엔지니어링, 비즈니스 이해관계자가 수행할 수 있는지 실현 가능성 여부를 확인한다.
- 외부 UX 콘퍼런스나 회사 내부 UX 이벤트 등 UXR 또는 UX 담당자를 위한 커뮤니티 활동이나 이벤트에 참여한다.
- UX 조직에서 2년 이상 리서처로 일한 경험이 있다.
- 심리학, 통계학, 인간과 컴퓨터 인터랙션, 사회 과학 또는 인간 대상 리서치와 관련된 기타 분야에서 대학원 과정을 이수했거나 학위를 갖고 있다.
- 정량적 UX 리서치와 함께 정성적 UX 리서치에 대한 스킬을 보유하고 있다.

스킬: 통계(5장)

최소 스킬

- 다양한 데이터 유형에 대한 적절한 보고, 중심 경향치central tendency 측정, 사분위수 등 기술 통계학에 대해 명확히 이해한다.
- 데이터를 일반적인 통계 전산 처리 시스템으로 불러와 분석할 수 있다.
- 필요에 따라 신뢰 구간 및 기타 불확실성 지표를 사용한다.
- 기본적인 추론 테스트(예: t-테스트)를 정확하고 능숙하게 설명한다.
- 전통적인 '통계적 유의성'의 가정과 한계를 이해한다.
- 표본 편향과 일반화에 대한 문제 의식을 갖고 있다.

중급 및 고급 스킬

- 통계적 추론의 신뢰성과 타당성에 대한 잠재적 위험성을 고려하고 해결한다.
- 일반적인 선형 모델과 그 가정 및 한계에 대해 높은 이해도를 갖고 있다.
- 왜곡된 데이터, 편향된 샘플, 다변수 상호 작용에 대한 적절한 통제를 통해 통계 분석을 설계한다.

- A/B 테스트, 로그 분석, 회귀, 설문 조사, 군집 분석 및 분류 리서치 방법 중 하나 이상의 통계적 전문성을 입증할 수 있다.
- 통계 분석의 다중공선성을 이해하고 이를 완화할 수 있다.
- 복잡한 통계 분석을 개발할 때 적절한 모델 비교 통계와 함께 여러 모델을 사용한다.
- 통계와 함께 머신러닝 방법을 적용한다.
- 머신러닝과 통계의 차이점에 대한 관점을 갖고 있으며 이를 설명할 수 있다(참고: 단 하나의 정답은 없음).
- 다변량 통계에 대한 대학원 수준 이상의 과정을 이수했다.
- 새로운 통계 분석 방법을 개발한 경험이 있다.
- 현직 통계 전문가 수준에 준하는 통계 스킬을 갖고 있다.

스킬: 프로그래밍(6장)

최소 스킬

- 통계 분석에 사용되는 범용 프로그래밍 언어(R, 파이썬, 줄리아, MATLAB 등)에 대한 경험이 있다(SQL 및 SPSS는 이 '범용' 요건에 해당되지 않음).
- 데이터 처리 및 분석과 관련된 직무에 적합한 문제를 해결하기 위해 논리적으로 올바른 코드 또는 의사 코드를 작성한다(참고: 즉각적인 구문상의 올바른 코드는 필요하지 않으며, 논리적 정확성에 중점을 둠).
- 함수 및 제어 구조(예: 루프)를 적절하게 사용한다.
- 데이터, 출력, 경계 조건에 대한 가정을 명확히 한다.
- 정확성을 보장하기 위해 테스트 케이스에 주의를 기울인다.
- 인터랙션 없이 처음부터 끝까지 전체 스크립트로 실행되는 코드를 작성할 수 있다.

중급 및 고급 스킬

- 코드 작성 시 상위 수준의 구조부터 시작해 개별 코드 섹션으로 점진적으로 구현한다.
- 분리 가능한 함수 단위로 사고하고 부작용이 발생하지 않도록 코드를 작성한다.
- 데이터 파일을 병합하기 위해 논리적으로 올바른 코드를 설계할 수 있다(예: SQL JOIN

명령어, 어떤 언어로든 가능함).

- SQL을 사용해 데이터 가져오기 및 병합이 가능하다.
- 여러 프로젝트에서 개발을 수행했거나, 각 프로젝트에서 수천 줄의 코드 작성을 통해 기여한 경험이 있다.
- 여러 프로그래밍 언어를 중급 이상의 수준으로 능숙하게 다룰 수 있다.
- 에지 케이스edge case를 사전에 고려하고 일부는 코드에서 처리한다.
- 코드에 대한 단위 테스트를 설계한다.
- 실제 데이터 처리 또는 수치 계산 문제에서 알고리듬의 복잡성을 정확하게 파악한다.
- 다른 애널리스트와 함께 코드 리뷰에 참여한다.
- Git, GitHub, Microsoft Visual Studio 또는 사내 협업 플랫폼과 같은 협업 코딩 도구를 사용한다.
- 코드 기반 웹사이트 또는 최종 사용자 모바일 또는 데스크톱 애플리케이션을 개발해 출시한 적이 있다.
- 오픈 소스 코드 라이브러리를 공개한 경험이 있다.
- 컴퓨터 사이언스 관련 교과 과정을 이수했거나 학위가 있다.
- 소프트웨어 개발자로 일한 경험이 있다.
- 현직 소프트웨어 엔지니어 수준의 프로그래밍 기술을 갖고 있다.

스킬: 리서치 커뮤니케이션(4장과 13장)

최소 스킬

- 리서치에 적합하도록 이해관계자의 질문을 명확히 해석한다.
- 리서치 결과가 어떻게 사용될지 적극적으로 질의하고 공유한다.
- 리서치의 필요성, 사용된 방법론, 데이터, 결과, 제안 사항, 한계점에 대한 명확한 설명과 함께 리서치 프로젝트를 제시한다.
- 리서치 설계, 표본 유효성, 한계에 대한 질문에 방어하지 않고 명확하게 답변한다.

중급 및 고급 스킬

- 업계 이해관계자를 대상으로 2년 이상의 UX 리서치 발표 경험이 있다.
- 모든 이해관계자가 읽고 이해할 수 있는 독자적인 프레젠테이션을 작성한다.
- 글을 명확하고 간결하게 작성한다.
- 주요 결과를 강조하기 위해 명확한 데이터 시각화를 활용한다.
- 이해관계자를 위한 리서치 결과와 제안 사항을 기술적인 세부 사항과 신중하게 분리한다. 기본 문서는 리서치 결과에 따른 실행에 집중하고, 세부 사항은 동료가 기술적으로 활용할 수 있도록 제공한다.
- 역방향으로 작업해 리서치 결과에 대한 프레젠테이션을 미리 구상하고, 이를 위한 리서치 및 분석을 설계한다.
- 제품 영역에 따라 보고서와 프레젠테이션 자료를 선별해 리서치 아카이브를 유지 관리한다.
- 접근성에 주의를 기울여 시각 장애나 기타 장애가 있는 청중을 위한 프레젠테이션을 설계한다.
- 콘퍼런스와 같은 외부에서 대규모 청중을 대상으로 리서치 결과를 발표한 적이 있다.
- 출판물, 초청 프레젠테이션, 소셜 미디어 또는 각종 행사에서 리서치 커뮤니케이션 분야의 리더로 인정받고 있다.
- 리서치 발표 또는 출판물로 수상한 적이 있다.

부록

C

참고 문헌

이 부록에는 이 책에 수록된 참고 문헌이 나열돼 있다. 참고 문헌 항목은 알파벳순으로 저자 이름, 날짜순으로 나열했다.

각 참고 문헌 앞 번호는 본문에서 해당 항목을 식별하기 위해 사용했다. 예를 들어, '참조 [109]'라는 인용문은 R Core Team의 저서, R: A Language and Environment for Statistical Computing을 나타낸다.

1. Aliannejadi, M., Zamani, H., Crestani, F., & Croft, W. B. (2021). Context-aware target apps selection and recommendation for enhancing personal mobile assistants. *ACM Transactions on Information Systems (TOIS)*, *39*(3), 1–30.

2. American Psychological Association. (2017). *Ethical Principles of Psychologists and Code of Conduct*. American Psychological Association. Retrieved from https://www.apa.org/ethics/code/ ethics-code-2017.pdf

3. Barter, R., & Yu, B. (2017). *superheat: A Graphical Tool for Exploring Complex Datasets Using Heatmaps*. Retrieved from https://CRAN.R-project.org/package=superheat

4. Baxter, K., Courage, C., & Caine, K. (2015). *Understanding Your Users: A Practical Guide to User Research Methods* (2nd ed.). Morgan Kaufmann.

5. Bengtsson, H. (2022). *matrixStats: Functions that Apply to Rows and Columns of Matrices (and to Vectors)*. Retrieved from https://CRAN.R-project.org/package=matrixStats

6. Bernstein, G. (2021). *Research Practice: Perspectives from UX Researchers in a Changing Field*. Greggcorp.

7. Bolger, N., & Laurenceau, J.-P. (2013). *Intensive Longitudinal Methods: An Introduction to Diary and Experience Sampling Research*. Guilford Press.

8. Bostock, M., Rodden, K., Warne, K., & Russell, K. (2021). *sunburstR: Sunburst "Htmlwidget"*. Retrieved from https:// CRAN.R-project.org/package=sunburstR

9. Bottomley, L. (1995). EPA-HTTP. Retrieved from https://ita.ee.lbl.gov/html/contrib/EPA-HTTP.html

10. Breiman, L. (2001). Statistical modeling: The two cultures. *Statistical Science, 16*(3), 199–231.

11. Bruce, P., Bruce, A., & Gedeck, P. (2020). *Practical Statistics for Data Scientists: 50+ Essential Concepts Using R and Python* (2nd ed.). O'Reilly Media.

12. Callegaro, M., Manfreda, K. L., & Vehovar, V. (2015). *Web Survey Methodology*. Sage.

13. Card, S., Moran, T. P., & Newell, A. (1983). *The Psychology of Human Computer Interaction*. Lawrence Erlbaum Associates.

14. Carver, R. (1978). The case against statistical significance testing. *Harvard Educational Review, 48*(3), 378–399.

15. Chapman, C. (2002). Designing software ethics. In *Proceedings of the Society for Philosophy in the Contemporary World (SPCW), 8th Annual Meeting*. Santa Fe, New Mexico.

16. Chapman, C. (2005). An exploration of writing acts. In *Proceedings of the Society for Philosophy in the Contemporary World (SPCW) 11th Annual Meeting*. Cullowhee, North Carolina.

17. Chapman, C. (2005). Software user research: Psychologist in the software industry. In R. D. Morgan, T. L. Kuther, & C. J. Habben (Eds.), *Life After Graduate School in Psychology: Insider's Advice from New Psychologists* (pp. 211–225). Psychology Press. Retrieved from https://bit.ly/3ykMhIO

18. Chapman, C. (2006). Exploration of a contractarian procedure for participatory design. In *Proceedings of the Society for Philosophy in the Contemporary World (SPCW) 12th Annual Meeting*. Cullowhee, North Carolina.

19. Chapman, C. (2006). Fundamental ethics in information systems. In *Proceedings of the 39th Annual Hawaii International Conference on System Sciences (HICSS 2006)*. IEEE.

20. Chapman, C. (2013). 9 things clients get wrong about conjoint analysis. In B. K. Orme (Ed.), *Proceedings of the 2013 Sawtooth Software Conference* (pp. 1–11). Dana Point, CA: Sawtooth Software.

21. Chapman, C. (2020). Mind your text in marketing practice. *Journal of Marketing, 84*(1), 26–31.

22. Chapman, C., Alford, J. L., & Love, E. (2009). Exploring the reliability and validity of conjoint analysis studies. In *Proceedings of the Advanced Research Techniques (ART) Forum 2009*. Retrieved from https://drive.google.com/file/d/10pmiji7U_Vw69q673Nz7ZkRMh4mS6P9v/view?usp=sharing

23. Chapman, C., Bahna, E., Alford, J. L., & Ellis, S. (2022). *choicetools: Tools for Choice Modeling, Conjoint Analysis, and MaxDiff Analysis of Best-Worst Surveys* (GitHub R package 0.0.0.9081.). Retrieved from https://github.com/cnchapman/choicetools

24. Chapman, C., & Callegaro, M. (2022). Kano analysis: A critical survey science review. In B. K. Orme (Ed.), *Proceedings of the 2022 Sawtooth Software Conference*. Orlando, FL.

25. Chapman, C., & Feit, E. M. (2019). *R for Marketing Research and Analytics* (2nd ed.) Springer.

26. Chapman, C., Lahav, M., & Burgess, S. (2009). Digital pen: Four rounds of ethnographic and field research. In *Proceedings of the 42nd Hawaii International Conference on System Sciences (HICSS 2009)*. IEEE.

27. Chapman, C., & Love, E. (2006). Marketing research and UX research. Personal communication.

28. Chapman, C., Love, E., & Alford, J. L. (2008). Quantitative early- phase user research methods: Hard data for initial product design. In *Proceedings of the 41st Annual Hawaii International Conference on System Sciences (HICSS 2008)*. IEEE.

29. Chapman, C., & Milham, R. (2006). The personas' new clothes: Methodological and practical arguments against a popular method. In *Proceedings of the Human Factors and Ergonomics Society 50th Annual Meeting*. San Francisco, CA: Human Factors; Ergonomics Society (HFES).

30. Chapman, C., Xu, K. Z., Callegaro, M., Gao, F., & Cipollone, M. (Eds.). (2022). *Proceedings of the 2022 Quantitative User Experience Conference (QuantUXCon 2022)*. Quantitative UX Association.

31. Chihara, L. M., & Hesterberg, T. C. (2019). *Mathematical Statistics with Resampling and R* (2nd ed.) Wiley.

32. Christian, B. (2020). *The Alignment Problem: Machine Learning and Human Values*. WW Norton & Company.

33. Chrzan, K., & Orme, B. K. (2019). *Applied MaxDiff: A Practitioner's Guide to Best-Worst Scaling*. Sawtooth Software.

34. Conway, D. (2010). The data science Venn diagram. Retrieved from http://drewconway.com/zia/2013/3/26/the-data- science-venn-diagram

35. Croissant, Y. (2018). *mlogit: Multinomial Logit Models*. Retrieved from https://CRAN.R-project.org/package=mlogit

36. Croll, A., & Yoskovitz, B. 『린 분석(성공을 예측하는 31가지 사례와 13가지 패턴(Lean Analytics: Use Data to Build a Better Startup Faster)』(한빛미디어, 2014).

37. Crumlish, C. (2022). *Product Management for UX People: From Designing to Thriving in a Product World*. Rosenfeld Media.

38. Cunningham, S. (2021). *Causal Inference: The Mixtape*. Yale University Press.

39. DeVellis, R. F. (2016). *Scale Development: Theory and Applications* (4th ed.). SAGE Publications.

40. DiCiccio, T. J., & Efron, B. (1998). Bootstrap confidence intervals. *Statistical Science, 11*(3), 189–228.

41. Displayr. (2022). *flipMaxDiff: MaxDiff Experimental Design and Analysis* (R package version 0.1.0.)

42. Ericsson, K. A., & Simon, H. A. (1998). How to study thinking in everyday life: Contrasting think-aloud protocols with descriptions and explanations of thinking. *Mind, Culture, and Activity, 5*(3), 178–186.

43. Everitt, B. S., Landau, S., Leese, M., & Stahl, D. (2011). *Cluster Analysis* (5th ed.) John Wiley & Sons.

44. Fan, M., Shi, S., & Truong, K. N. (2020). Practices and challenges of using think-aloud protocols in industry: An international survey. *Journal of Usability Studies*, *15*(2), 85–102.

45. Franks, B. (2020). 97 *Things About Ethics Everyone in Data Science Should Know*. O'Reilly Media.

46. Furr, R. M. (2021). *Psychometrics: An Introduction* (4th ed.). SAGE Publications.

47. Gabadinho, A., Ritschard, G., Müller, N. S., & Studer, M. (2011). Analyzing and visualizing state sequences in R with TraMineR. *Journal of Statistical Software*, *40*(4), 1–37. https://doi.org/10.18637/jss.v040.i04

48. Gabadinho, A., Studer, M., Müller, N. S., Bürgin, R., Fonta, P.-A., & Ritschard, G. (2022). *Trajectory Miner: A Toolbox for Exploring and Rendering Sequences* (Version 2.2-4.) Retrieved from https://cran.r-project.org/web/packages/TraMineR/index.html

49. Gelman, A. (2021). Reflections on Breiman's two cultures of statistical modeling. *Observational Studies*, *7* (1).

50. Gibson, W. (1999). Interview on NPR Talk of the Nation. Radio. Retrieved from http://www.brianstorms.com/archives/000461.html

51. Google. (2011). Ten things we know to be true. Retrieved from https://about.google/philosophy/

52. Gourville, J. T. (2004). *Why Consumers Don't Buy: The Psychology of New Product Adoption*. Harvard Business School.

53. Greene, A. E. (2013). *Writing Science in Plain English*. University of Chicago Press.

54. Grinstead, C. M., & Snell, J. L. (1997). *Introduction to Probability*. American Mathematical Society.

55. Grolemund, G., & Wickham, H. (2011). Dates and times made easy with lubridate. *Journal of Statistical Software*, *40*(3), 1–25. Retrieved from https://www.jstatsoft.org/v40/i03/

56. Hadley Wickham. (2007). Reshaping data with the reshape package. *Journal of Statistical Software*, *21*(12), 1–20. http://www.jstatsoft.org/v21/i12/

57. Harrell, F. E. (2015). *Regression Modeling Strategies: With Applications to Linear Models, Logistic and Ordinal Regression, and Survival Analysis* (2nd ed.) Springer.

58. Helveston, J. P. (2021). Using formr to create R-powered surveys with individualized feedback. Retrieved from https://www.jhelvy.com/talks/2021-01-21-surveys-with-formr/

59. Hesterberg, T. (2020). *Advice for Statisticians and Data Scientists Interested in Working at Google*. Retrieved from https://bit.ly/3Aph498

60. Hilbe, J. M. (2009). *Logistic Regression Models*. Chapman & Hall/CRC.

61. Hope, R. M. (2022). Rmisc: Ryan Miscellaneous. Retrieved from https://CRAN.R-project.org/package=Rmisc

62. Ismay, C., & Kim, A. Y. (2019). *Statistical Inference via Data Science: A ModernDive into R and the Tidyverse*. CRC Press.

63. Jarrett, C. (2021). *Surveys That Work*. Rosenfeld Media.

64. JASP Team. (2022). JASP (Version 0.16.2)[Computer software]. Retrieved from https://jasp-stats.org/

65. Kaplan, S. (2019). *The 360° Corporation: From Stakeholder Trade- Offs to Transformation*. Stanford Business Books.

66. Karimi, Z., Baraani-Dastjerdi, A., Ghasem-Aghaee, N., & Wagner, S. (2016). Using personality traits to understand the influence of personality on computer programming: An empirical study. *Journal of Cases on Information Technology, 18*(1).

67. Keiningham, T. L., Cooil, B., Andreassen, T. W., & Aksoy, L. (2007). A longitudinal examination of net promoter and firm revenue growth. *Journal of Marketing, 71*(3), 39–51.

68. Kernighan, B. W., & Ritchie, D. M. (1988). *The C Programming Language* (2nd ed.) Pearson.

69. King, R., Churchill, E. F., & Tan, C. (2017). *Designing with Data: Improving the User Experience with A/B Testing*. O'Reilly.

70. Kline, R. B. (2015). *Principles and Practice of Structural Equation Modeling* (4th ed.) Guilford Press.

71. Knaflic, C. N. 『데이터 스토리텔링 연습(Storytelling with Data)』(에이콘출판, 2021)

72. Kohavi, R., Tang, D., & Xu, Y. 『A/B 테스트 신뢰할 수 있는 온라인 종합 대조 실험』(에이콘출판, 2022)

73. Krueger, R. A., & Casey, M. A. (2014). *Focus Groups: A Practical Guide for Applied Research* (5th ed.) SAGE Publications.

74. Krug, S. 『(사용자를) 생각하게 하지마!(Don't Make Me Think, Revisited: A Common Sense Approach to Web Usability)』(인사이트, 2014)

75. Kuhn, M. (2018). *caret: Classification and Regression Training.* Retrieved from https://CRAN.R-project.org/package=caret

76. Kuhn, M., & Johnson, K. 『실전 예측 분석 모델링(*Applied Predictive Modeling*)』(에이콘출판, 2018)

77. Kwartler, T. (2017). *Text Mining in Practice with R.* Wiley.

78. Ladner, S. (2014). *Practical Ethnography: A Guide to Doing Ethnography in the Private Sector.* Routledge.

79. Larson, W. (2019). *An Elegant Puzzle: Systems of Engineering Management.* Stripe Press.

80. Larson, W. 『스태프 엔지니어(Staff Engineer: Leadership Beyond the Management Track)』(길벗, 2022)

81. Livingston, G. (2015). *Childlessness Falls, Family Size Grows Among Highly Educated Women.* Pew Research Center.

82. Lohr, S. L. (2022). *Sampling: Design and Analysis.* CRC Press.

83. Looney Tunes Wiki. (2022). ACME. Retrieved from https://looneytunes.fandom.com/wiki/ACME

84. Louviere, J. J., Flynn, T. N., & Marley, A. A. J. (2015). *Best- Worst Scaling: Theory, Methods and Applications.* Cambridge University Press.

85. Love, E., & Chapman, C. (2007). Issues and cases in user research for technology firms. In B. K. Orme (Ed.), *Proceedings of the 13th Sawtooth Software Conference* (pp. 43–50).

86. Lund, A. (2011). *User Experience Management: Essential Skills for Leading Effective UX Teams.* Elsevier.

87. Luster, J. (2022). Want help prioritizing items on your product roadmap? MaxDiff to the rescue! In C. Chapman, K. Z. Xu, M. Callegaro, F. Gao, & M. Cipollone (Eds.),

Proceedings of the 2022 Quantitative User Experience Conference (QuantUXCon 2022) (pp. 259–277).

88. Marshall, B. H. (2022). *Data Conscience: Algorithmic Siege on Our Humanity*. Wiley.

89. Martens, D. (2022). *Data Science Ethics: Concepts, Techniques, and Cautionary Tales*. Oxford Univ. Press.

90. Matloff, N. S. 『빅데이터 분석 도구 R 프로그래밍(The Art of R Programming: A Tour of Statistical Software Design)』(에이콘출판, 2012).

91. Maxwell, S. E., Delaney, H. D., & Kelley, K. (2018). *Designing Experiments and Analyzing Data: A Model Comparison Perspective* (3rd ed.) Routledge.

92. McCullough, B. D. (2021). *Business Experiments with R*. Wiley.

93. McDowell, G. L. 『코딩 인터뷰 완전 분석(*Cracking the Coding Interview: 189 Programming Questions and Solutions*)』(인사이트, 2017).

94. McElreath, R. (2020). *Statistical Rethinking: A Bayesian Course with Examples in R and STAN* (2nd ed.) CRC Press.

95. Müller, H., & Sedley, A. (2014). HaTS: Large-scale in-product measurement of user attitudes & experiences with happiness tracking surveys. In *Proceedings of the 26th Australian Computer-Human Interaction Conference (OzCHI 2014)* (pp. 308–315). New York, NY, USA. Retrieved from https://doi.org/10.1145/2686612.2686656

96. Navarro, D. J., Foxcroft, D. R., & Faulkenberry, T. J. (2019). *Learning Statistics with JASP*: A Tutorial for Psychology Students and Other Beginners. Retrieved from https://learnstatswithjasp.com

97. Neuwirth, E. (2022). RColorBrewer: ColorBrewer Palettes. Retrieved from https://CRAN.R-project.org/ package=RColorBrewer

98. Newton, J. D. (1987). *Uncommon Friends: Life with Thomas Edison, Henry Ford, Harvey Firestone, Alexis Carrel and Charles Lindbergh*. Harcourt Brace Jovanovich.

99. Nielsen, J. (1993). *Usability Engineering*. Morgan Kaufmann.

100. Nielsen, J. (2012). Thinking aloud: The #1 usability tool. Retrieved from https://www.nngroup.com/articles/thinking-aloud- the-1-usability-tool/

101. Norman, D. 『도널드 노먼의 디자인과 인간 심리(The Design of Everyday Things)』(학지사, 2016).

102. Norton, D. (2020). *Escape Velocity: Better Metrics for Agile Teams*. Onbelay.

103. Omiwale, O. E. (2022). Making a Sankey diagram. Retrieved from https://rpubs.com/oomiwale1/926103

104. Orme, B. K. (Ed.). (2012). *Latent Class Manual* (version 4.5). Sawtooth Software.

105. Orme, B. K. (2019). *Sparse, Express, Bandit, Relevant Items, Tournament, Augmented, and Anchored MaxDiff: Making Sense of All Those MaxDiffs!* Sawtooth Software. Retrieved from https://sawtoothsoftware.com/resources/technical-papers/sparse- express-bandit-relevant-items-tournament-augmented-and- anchored-maxdiff-making-sense-of-all-those-maxdiffs

106. Orme, B. K. (2019). *Getting Started with Conjoint Analysis: Strategies for Product Design and Pricing Research* (4th ed.) Research Publishers.

107. Patten, E. (2016). *The Nation's Latino Population Is Defined by Its Youth.* Pew Research Center.

108. Portigal, S. (2013). *Interviewing Users: How to Uncover Compelling Insights.* Rosenfeld Media.

109. R Core Team. (2022). *R: A Language and Environment for Statistical Computing.* Vienna, Austria: R Foundation for Statistical Computing. Retrieved from https://www.R-project.org/

110. Ramaswamy, V., & Cohen, S. H. (2007). Latent class models for conjoint analysis. In Gufstafsson, A., Herrmann, A., & Huber, F. (Eds.). (2007). *Conjoint Measurement: Methods and Applications.* (pp. 295–319). Springer.

111. Reichheld, F. F. (2003). The one number you need to grow. *Harvard Business Review*, *81*(12), 46–55.

112. Reilly, T.『개발자를 넘어 기술 리더로 가는 길(*The Staff Engineer's Path: A Guide for Individual Contributors Navigating Growth and Change*)』(디코딩, 2023)

113. Revilla, M. A., Saris, W. E., & Krosnick, J. A. (2014). Choosing the number of categories in agree–disagree scales. *Sociological Methods & Research*, *43*(1), 73–97. https://doi. org/10.1177/0049124113509605

114. Robinson, E., & Nolis, J.『데이터 과학자 되는 법(Build a Career in Data Science)』(한빛미디어, 2021)

115. Rodden, K. (2014). Applying a sunburst visualization to summarize user navigation sequences. *IEEE Computer Graphics and Applications*, *34*(5), 50–54.

116. Rodden, K. (2020). Why use a radial data visualization? Retrieved from https://observablehq.com/@observablehq/why-use-a- radial-data-visualization

117. Rodden, K. (2020). Sequences sunburst. Retrieved from https:// observablehq.com/@kerryrodden/sequences-sunburst

118. Rodden, K., Hutchinson, H., & Fu, X. (2010). Measuring the user experience on a large scale: User-centered metrics for web applications. In *Proceedings of the SIGCHI Conference on Human Factors in Computing Systems* (*CHI '10*) (pp. 2395–2398). Association for Computing Machinery. https://doi.org/ 10.1145/1753326.1753687

119. Rodden, K., & Leggett, M. (2010). Best of both worlds: Improving Gmail labels with the affordances of folders. In *Extended Abstracts of the SIGCHI Conference on Human Factors in Computing Systems* (*CHI '10*) (pp. 4587–4596). Association for Computing Machinery. https://doi.org/10.1145/1753846.1754199

120. Rossi, P. E., Allenby, G. M., & McCulloch, R. E. (2005). *Bayesian Statistics and Marketing*. John Wiley & Sons.

121. Sarrias, M., & Daziano, R. (2017). Multinomial logit models with continuous and discrete individual heterogeneity in R: The gmnl package. *Journal of Statistical Software, 79*(2), 1–46. https://doi.org/10.18637/jss.v079.i02

122. SAS Institute. (2022). *JMP 17 Design of Experiments Guide*. SAS Institute, Inc.

123. Sauro, J. (2018). Is the net promoter score a better measure than satisfaction? Retrieved from https://measuringu.com/nps-sat/

124. Sauro, J., & Lewis, J. R. (2016). *Quantifying the User Experience: Practical Statistics for User Research*. Morgan Kaufmann.

125. Sawtooth Software. (2022). *Past Conference Papers* (*1987–2022*). Retrieved from https://sawtoothsoftware.com/resources/events/conferences

126. Sawtooth Software. (2022). Export settings (MaxDiff), Lighthouse Studio Manual. Retrieved from https://sawtoothsoftware.com/help/lighthouse-studio/manual/analysis-manager-maxdiff-export-settings.html

127. Schwarz, J., Chapman, C., & Feit, E. M.『파이썬으로 하는 마케팅 연구와 분석(*Python for Marketing Research and Analytics*)』(에이콘출판, *2022*).

128. Sedgewick, R., & Wayne, K.『알고리즘(*Algorithms*)』(길벗, *2018*)

129. Sermas, R. (2012). *ChoiceModelR: Choice Modeling in R*. Retrieved from https://CRAN.R-project.org/package=ChoiceModelR

130. Seung, T. K. (1990). Settlers vs. Explorers in philosophy (graduate seminar discussion, attended by C. Chapman). Personal communication.

131. Sher, B. (2007). *Refuse to Choose!: Use All of Your Interests, Passions, and Hobbies to Create the Life and Career of Your Dreams*. Rodale Books.

132. Silge, J., & Robinson, D. (2017). *Text Mining with R: A Tidy Approach*. O'Reilly Media.

133. Silvia, P. J., & Cotter, K. N. (2021). *Researching Daily Life: A Guide to Experience Sampling and Daily Diary Methods*. American Psychological Association.

134. Simon, H. A. (1978). Rationality as process and product of thought. *American Economic Review, 68,* 1–16.

135. Slivkins, A. (2019). Introduction to multi-armed bandits. *Foundations and Trends in Machine Learning, 12*(1-2), 1–286. https://doi.org/10.1561/2200000068

136. Spool, J. M. (2017). Net promoter score considered harmful (and what UX professionals can do about it). Retrieved from https:// articles.uie.com/net-promoter-score-considered-harmful- and-what-ux-professionals-can-do-about-it/

137. Strathern, M. (1997). "Improving ratings": Audit in the British university system. *European Review, 5*(3), 305–321.

138. Sweigart, A. 『클린 코드, 이제는 파이썬이다(*Beyond the Basic Stuff with Python: Best Practices for Writing Clean Code*)』(책만, *2022*).

139. Tansey, C. (2023). What is 'stack ranking' and why is it a problem? *Lattice Magazine* Retrieved from https://lattice.com/library/what-is-stack-ranking-and-why-is-it-a-problem.

140. Train, K. E. (2009). *Discrete Choice Methods with Simulation*. Cambridge Univ. Press.

141. Travis, D., & Hodgson, P. 『UX 리서치(*Think Like a UX Researcher*)』(에이콘출판, *2021*).

142. Tsitoara, M. (2019). *Beginning Git and GitHub: A Comprehensive Guide to Version Control, Project Management, and Teamwork for the New Developer*. Apress.

143. Tukey, J. W. (1986). Sunset salvo. *The American Statistician, 40*(1), 72–76. Retrieved from https://www.jstor.org/stable/2683137

144. Tullis, T., & Albert, W. (2022). *Measuring the User Experience: Collecting, Analyzing, and Presenting Usability Metrics* (3rd ed.) Morgan Kaufmann.

145. Wainwright, K., & Remy, L. (2022). Your surveys aren't accessible. In C. Chapman, K. Z. Xu, M. Callegaro, F. Gao, & M. Cipollone (Eds.) *Proceedings of the 2022 Quantitative User Experience Conference (QuantUXCon 2022)*.

146. Wang, B., Wu, P., Kwan, B., Tu, X., & Feng, C. (2018). Simpson's paradox: examples. *Shanghai Archives of Psychiatry*, *30*(2), 139–143.

147. Wei, T., & Simko, V. (2021). *R package corrplot: Visualization of a Correlation Matrix*. Retrieved from https://github.com/taiyun/corrplot

148. Wickham, H. (2016). *ggplot2: Elegant Graphics for Data Analysis* (2nd ed.) Springer.

149. Wickham, H., & Grolemund, G. (2017). *R for Data Science*. O'Reilly Media.

150. Wickham, H., Hester, J., Chang, W., & Bryan, J. (2022). *devtools: Tools to Make Developing R Packages Easier*. Retrieved from https://CRAN.R-project.org/package=devtools

151. Wickham, H., & Seidel, D. (2022). *scales: Scale Functions for Visualization*. Retrieved from https://CRAN.R-project.org/package=scales

152. Wilke, C. O. (2022). *ggridges: Ridgeline Plots in ggplot2*. Retrieved from https://CRAN.R-project.org/package=ggridges

153. Wirth, N. (1976). *Algorithms + Data Structures = Programs*. Prentice-Hall.

Legend

그림 9-1 아침 뷔페 고객들의 메뉴 선택 시뮬레이션 데이터에 대한 선버스트 다이어그램(본문 206쪽)

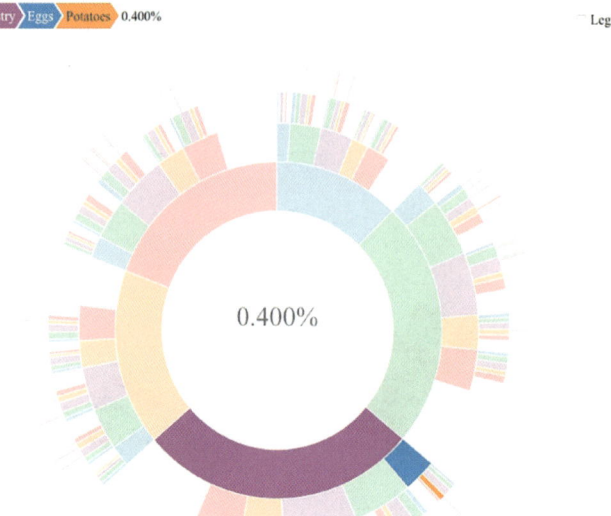

그림 9-2 선버스트 다이어그램의 외부 링에서 이벤트 위로 마우스를 올리면 여러 이벤트가 포함된 시퀀스의 비율 빈도를 보여 준다. 이 경우는 오른쪽 하단 방향의 'Pastry-Eggs-Potatoes' 시퀀스를 보여 준다.(본문 207쪽)

그림 9-3 EPA 웹사이트 데이터 중 최소 2회 이상 관찰된 시퀀스들에 대한 선버스트 다이어그램(본문 215쪽)

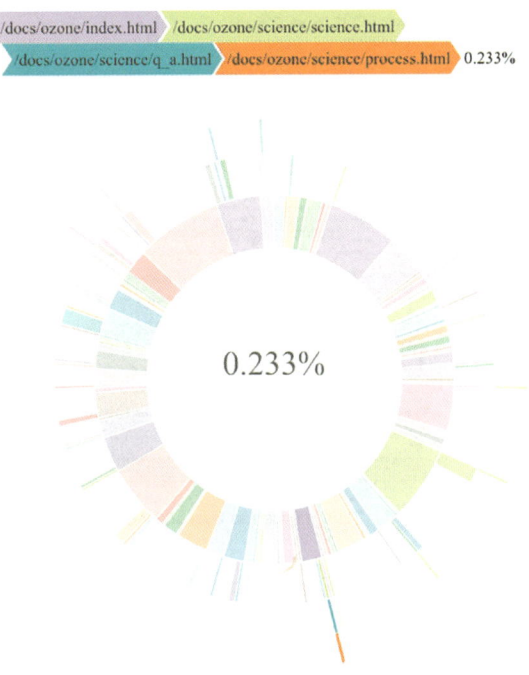

그림 9-4 선버스트 다이어그램에서 네 가지 이벤트가 있는 단일 경로를 선택해 표현한 결과. 차트의 오른쪽 하단에 표시된 경로는 관찰된 시퀀스의 0.233%에서 발생한다.(본문 216쪽)

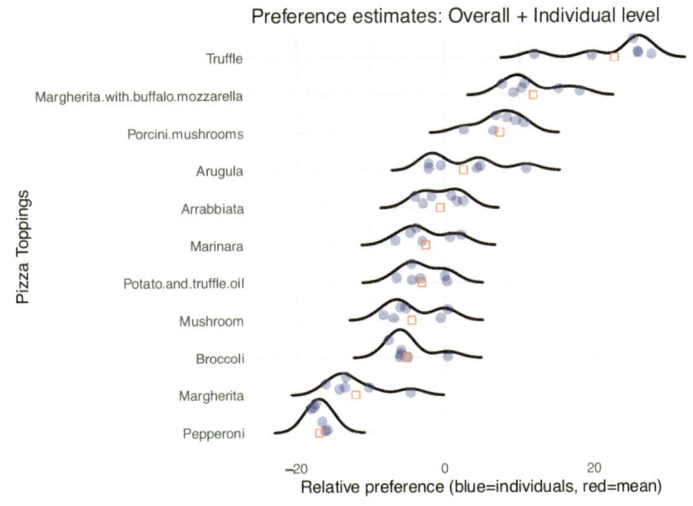

그림 10-4 6명의 데이터로부터 계산한 개개인의 피자 선호도 추정치(본문 230쪽)

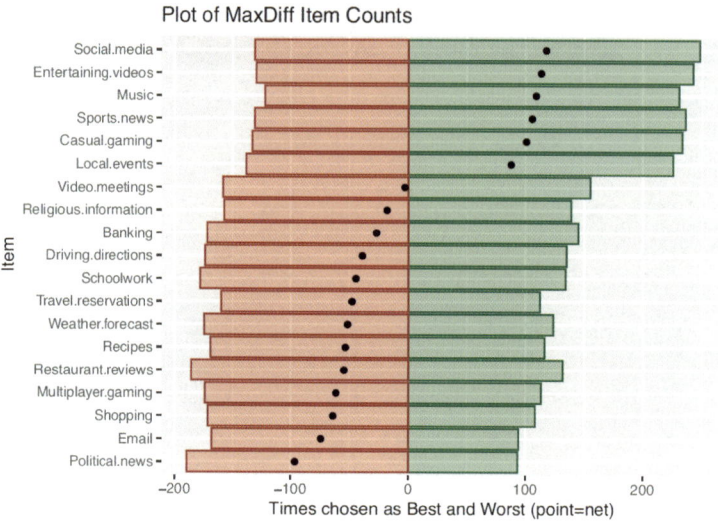

그림 10-8 각 항목이 최고 또는 최악으로 선택된 횟수와 그 차이를 나타낸 항목 카운트 플롯. HB 추정 전에 데이터를 빠르게 점검하는 데 유용하다.(본문 265쪽)

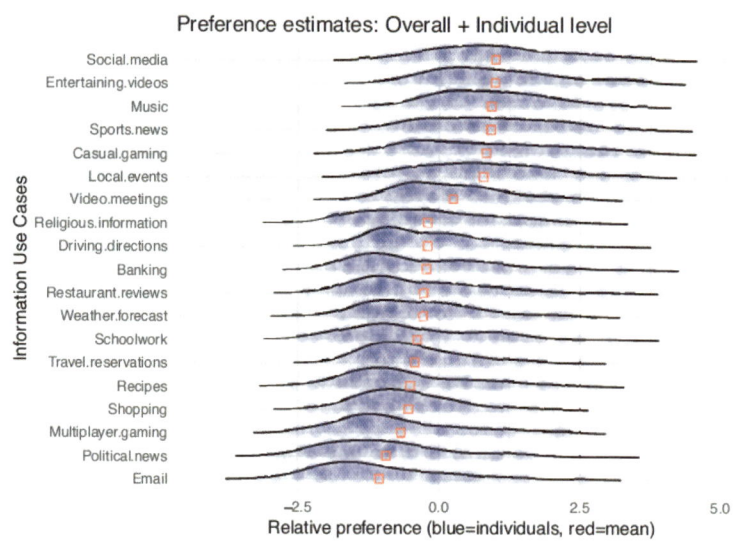

그림 10-10 정보 사용 사례 데이터에 대한 개별 선호도의 추정 분포, N=200(본문 267쪽)

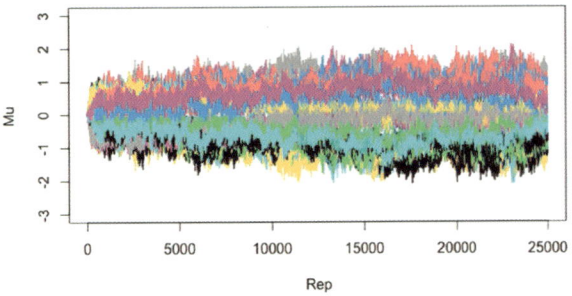

그림 10-11 16,000 – 25,000번 반복에서 후반부에 잘 수렴된 HB 추적 그래프. 이 추적 그래프는 약 13,000번 반복까지 범위가 확장된 후 평탄해진다. 그 이후에는 각 선이 수평에 가까운 값을 중심으로 변동하며 일관된 범위를 나타낸다. 이러한 추정 값은 보고 및 해석에 적합하다.(본문 269쪽)

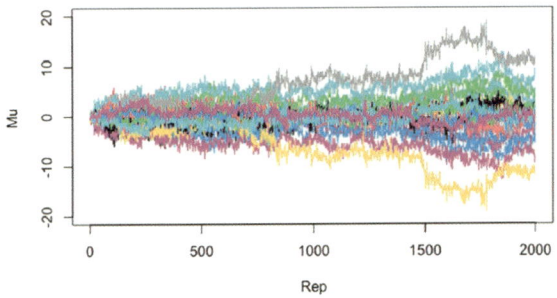

그림 10-12 아직 수렴되지 않은 HB 추적 그래프. 1,500번 반복부터 그래프의 스케일이 증가하며 개별 항목에 대한 추정 선이 평평하지 않고 일관된 값에 중심을 두지 않는다. 이러한 추적 그래프에서는 HB 반복을 10,000번 또는 20,000번 더 실행해야 한다.(본문 269쪽)

찾아보기

ㅅ

ㅈ

퀀트 UX 리서치

정량 데이터로 사용자를 이해하고 제품을 **혁신**하는 법

발행 · 2025년 9월 30일

지은이 · 크리스 채프먼, 케리 로든
옮긴이 · 이선민, 김현진

발행인 · 옥경석
펴낸곳 · 에이콘출판 주식회사

주소 · 서울시 양천구 국회대로 287 (목동)
전화 · 02)2653-7600 | **팩스** · 02)2653-0433
홈페이지 · www.acornpub.co.kr | **독자문의** · www.acornpub.co.kr/contact/errata

부사장 · 황영주 | **편집장** · 임채성 | **책임편집** · 강승훈 | **편집** · 임지원, 임승경 | **디자인** · 윤서빈
마케팅 · 노선희 | **홍보** · 박혜경, 백경화 | **경영지원** · 최하늘, 김희지

함께 만든 사람들
교정 · 교열 · 배규호 | **전산편집** · 한지혜

깊이 있는 콘텐츠로 미래를 준비하는 지식 플랫폼, 에이콘출판사

인스타그램 · instagram.com/acorn_pub
페이스북 · facebook.com/acornpub
유튜브 · youtube.com/@acornpub_official